빈당한데 맞혀 놀이

빈탕한데 맞혀 놀이
多夕으로 세상을 읽다

2011년 10월 28일 초판 1쇄 인쇄
2011년 11월 2일 초판 1쇄 발행

지은이 | 이정배
펴낸이 | 김영호
펴낸곳 | 도서출판 동연
편   집 | 조영균 디자인 | 이선희 관 리 | 이영주
등   록 | 제1-1383호(1992. 6. 12)
주   소 | 서울시 마포구 망원2동 472-11 2층
전   화 | (02)335-2630
전   송 | (02)335-2640
이메일 | ymedia@paran.com
홈페이지 www.y-media.co.kr

ISBN 978-89-6447-158-6 93230

Copyright ⓒ 이정배, 2011

이 책은 저작권법에 따라 보호받는 저작물이므로 무단 전재와 복제를 금합니다.
책값은 뒤표지에 나와 있습니다.
잘못된 책은 바꾸어 드립니다.

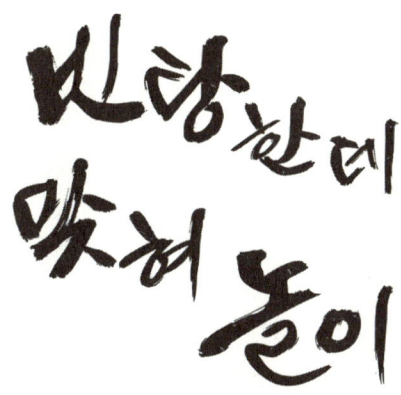

多夕으로 세상을 읽다

이정배 지음

머리말

일전에 펴낸 多夕에 대한 첫 번째 책 『없이 계신 하느님, 덜 없는 인간』에서 필자는 향후 두 방향에서 多夕을 더 연구하겠다는 의지를 밝힌 바 있었다. 그 하나는 多夕 개인에 대한 연구만이 아니라 한국에서 생산된 多夕학파의 기독교 이해를 밝혀 그것을 교토학파의 불교적 신학과 비교 성찰하겠다는 것이며 다른 하나는 多夕사상을 현대적 담론 속에서 재의미화하겠다는 것이었다. 금번에 출간되는 『빈탕한데 맞혀 놀이 – 多夕으로 세상을 읽다』는 바로 후자의 계획을 이룬 것으로 多夕신학의 현대적 가치를 재발견한 저서라 할 것이다. 『없이 계신 하느님, 덜 없는 인간』에 보여준 독자들의 반응이 의외로 컸기에 필자는 감사하는 마음으로 계획한 일들을 성사시키고 싶었다. 하여 다소 서두른 감이 없지 않으나 국내

외에서 생산 유통되는 주요 담론들을 열심히 배웠고 그 흐름 속에서 多夕을 보았으며, 역으로 多夕의 시각에서 뭇 담론들을 비판적으로 성찰할수 있었다. 본 책 제목이 「빈탕한데 맞혀 놀이」라는 多夕 고유의 개념으로 확정 짓게 된 것은 동연 편집실의 공로이다. 본 책 내용을 꼼꼼하게 읽고 교정하는 중에 본래 의도한 제목을 부제로 하고 多夕 고유의 개념을 사용하자고 마지막 순간에 제안한 것이다. 그리되어야 앞선 책『없이 계신 하느님, 덜없는 인간』과의 의미상 연결이 쉬울 것이란 의견이었다. 욕망이란 이름의 전차를 탄 세상과 덜 없어 더러운 인간의 자기 구원을 위해 없이 있는 그분과 하나 되는 일, 곧 빈탕한데 맞혀 노는 것이 필요 막급한 삶의 과제라 여겨졌다. 본 책에서 多夕신학과 맞닥트린 담론들을 열거하자면 다음과 같다.

우선 서론 논문에서 필자는 나 자신의 신학적 실존, 삶의 여정 속에서 만난 多夕의 의미를 정리해보았다. 그간 뭇 이론들과 만나 씨름을 해왔으나 내 자신을 온전히 무릎 꿇게 한 사건으로서 多夕 및 多夕학파의 생각을 의미화한 것이다. 첫 장에 속한 세 논문은 소위 역사적 예수 연구 결과물들과 탈脫민족주의 이론들과의 대면을 통해 多夕이 이들 담론들 속에 내재된 서구적 갈등, 곧 역사적 예수와 그리스도, 민족과 탈민족주의 간의 대립을 동양적으로 극복하는 과정을 적시한다. 본 장에서 제시된 자속과 대속의 불이不二적 성격 나아가 多夕의 '얼 기독론'의 재해석으로서 다중多衆 기독론을 통해 이들 서구 담론에 대한 동양적 응답을 접할 수 있을 것이다. 둘째 장에서는 역으로 한국 고유한 종교들, 즉 유교와 불교와 만날 수 있는 신학의 적실한 가능성으로서 多夕사상을 언급했다. 축軸의 시대 종교들의 영향력이 실재하는 한국 땅에서 서구식의 어떤 종교다원주의 유형도 이런 실상을 온전히 밝힐 수 없다는 판단에서이다. 이 점에서 多夕은 한국 고유한 〈천부경天符經〉의 귀일歸一사상의 빛에서 기독교를 비롯한 유불 종교를 풀었기에 두 번째 차축(後天) 시대에 합당한 회통적 기독교를 말했다는 것이 필자의 확신이다. 마지막 장에서는 우리 시대의 화두인 생명담론과 多夕사상의 상관성을 논하고 싶었다. 진화생물학자로서 생태학에 관심 깊은 E. 윌슨의 통섭統攝적 생명론을 多夕의 눈으로 비판했고 다윈 진화론에 대한 서구적 논의구조 속에 뛰어들되 종種의 멸종으로 치닫는 현실에서 多夕신학의 얼과 구조가 얼마나 더 현실적 대안일 수 있는가를 역설코자 했다. 동서양에서 논의되는 생명담론들의 빛에서 多夕의 생명사상을 자리매김한 것도 읽어볼 가치가 있을 듯싶다.

물론 필자는 본 책이 얼마만큼 미흡한 것인지를 잘 안다. 아직까지도 多夕을 충분히 읽지 못했고 그의 사상을 온전히 이해한 상태도 아닌 까닭이다. 세상에 소통 중인 제반 담론들 역시도 충분히 연구하지 못한 것 또한 사실이다. 그럼에도 성급하게 이런 책을 내놓는 것은 多夕 및 多夕학파에 대한 연구가 너무나 과거에 치중되었다는 아쉬움 때문에서였다. 아울러 상호 다른 사상적 체계를 연결 짓는 시각을 얻는 것도 본 책이 줄 수 있는 공헌이라 생각한다. 근본적으로는 본 책을 통해 시론試論적이긴 하나 동양적으로 학문하는 길이 독자들에게 각인되었으면 하는 바람이다. 신학은 말할 것도 없이 학문 풍토 전반에 걸친 오리엔탈리즘을 벗겨내는 것이 본 책이 의도했던 바인 까닭이다.

또한 본 책은 필자가 교수생활 25년을 지나면서 그 세월의 의미를 되새기며 준비한 소박한 작품이기도 하다. 그간 필자와 관계를 맺고 살아온 길벗들의 눈에 필자의 신학 여정이 오롯이 그려질 수 있을 것이다. 더구나 올해는 동료 학자이자 아내인 이은선李恩選과 더불어 두 아이를 키우며 30년을 살아온 뜻 깊은 시점이기도 하다. 마침 이은선 교수 역시도 정성을 쏟아 자신의 삶과 신학이 담긴 한 권의 책을 준비해왔기에 비슷한 시기에 책이 출판될 것이다. 이에 우리 부부는 인생에 있어 소중한 인연을 맺은 분들을 모시고 처음으로 조촐하게 책 출판을 기념하는 자리를 만들고자 한다. 하늘과 이웃 그리고 가르침을 주신 어른들을 모신 감사의 자리, 향후 삶을 새롭게 다짐하는 희망의 자리가 되길 바라서이다. 하여 본 책은 아내 이은선을 비롯한 이분들 모두에게 바치는 책이 될 것이다. 이와 함께 제몫을 감당하며 잘 자라준 아이들, 연극 연출가로서 영국 유학의 길을 떠난 경성敬誠과 스포츠와 의학을 통해 세계를 바라보려는 융화融和에게도 고마운 마음을 전한다. 본 책의 출판을 위해 성심껏 마음써 준 동연의 김영호 장로님과 편집실 여러분들의 수고에 머리를 숙인다.

2011년 9월
학교 연구실에서 이정배

차례

머리말 ·· 5

서론_ 미정고未定稿로서의 예수 ··· 13
  — 多夕 유영모를 만나기까지 —
  1. 신학적 영향사影響史의 개관 ··· 13
  2. 오늘의 시각에서 본 가족사와 학창시절 ··························· 16
  3. 一雅 변선환 선생 ··· 19
  4. 프릿츠 부리와의 만남 ·· 23
  5. 스승 없이 스승되어 살기 ··· 29
  6. 초현실주의 신학자 이신李信의 재발견 ······························· 34
  7. 토착화 신학의 절정으로서 多夕학파의 기독교 이해 ········ 37
  8. 신학함의 동반자가 있어 행복했던 25년 ··························· 40

제1부 한국 신학의 두 과제,
토착화와 세계화를 아우른 多夕의 기독론

1장. 多夕신학에서 본 '역사적 예수'의 기독론 ················· 45
    들어가는 글 ··· 45
    1. 역사적 예수 연구가들의 기독론 비판의 근거 ··················· 49
       - 부활 이전/이후 예수상像의 구별
    2. 초자연적 유신론 및 인습화된 '케리그마' ····················· 56
       - 바울 신학과의 연계를 중심하여
    3. 역사적(부활 이전) 예수의 신성神性과 영靈기독론 ··············· 63
       - '참사람'으로서의 그리스도 이해
    4. 역사적 예수의 한국적 재再케리그마화 ······················ 70
       - 영靈기독론에서 多夕의 '얼' 기독론으로

2장. 多夕신학 속의 자속自贖과 대속代贖, 그 상생相生적 의미 ········· 75
    들어가는 글 ··· 75
    1. 기독교 케리그마Kerygma는 불변의 상수常數인가? ··············· 77
    2. 역사적 예수 삶의 탈脫현대적 조명 ·························· 79
    3. 多夕의 예수 이해, 상생적 구속론의 사상적 토대로서 〈天符經〉과 三才사상 ··· 81
    4. 역사적 예수 삶의 재再케리그마화로서 多夕의 스승기독론 ········ 85
       - 대속代贖과 자속自贖의 상생相生적 차원
    나가는 글 ··· 89

3장. 민족과 탈脫민족 논쟁의 시각에서 본 多夕신학 ················· 90
    - A. 네그리의 『제국』과 『다중』의 비판적 독해
    들어가는 글 ··· 90
    1. 토착화 신학의 토대로서 '한국적 주(정)체성', 그 실체는 있는가? ··· 94
    2. A. 네그리의 민족주의 비판의 새 차원 ······················ 100
       - '제국'의 도래와 세계적 가난의 실상
    3. 다중多衆의 삶정치Biopolitics와 '유러피언 드림, 그 공감의 정치학' ··· 108
    4. 한국적 '통섭론'에서 본 새문명론과 多夕의 '다중多衆' 기독론 ····· 117
       - 3세대 토착화론에 대한 소견
    나가는 글 ··· 129

제2부 두 번째 차축시대와 회통적 기독교
- 종교다원주의의 한국적 이해

1장. 귀일歸一사상에 근거한 多夕의 유교 이해 ·················· 135
    들어가는 글 ·················· 135
    1. 多夕의 시각에서 본 유교와 기독교 만남의 역사 및 평가 ·········· 138
    2. 역사적 유교의 한계와 歸一사상에 근거한 유교 본래성 이해 ······· 145
    3. 유교경전에 대한 多夕의 신학적 해석학 ·················· 153
    4. 성서 풀이 속에 나타난 후천後天시대의 多夕의 기독교상像 ······· 161
      - 귀일歸一사상에 근거하여
    나가는 글 ·················· 170

2장. 多夕신학 속의 불교 ·················· 172
    들어가는 글 ·················· 172
    1. 삼재론三才論의 틀에서 이해된 多夕의 신학적 회통 원리 ········ 175
    2. 불교와 기독교 간의 소통 원리로서의 여래장如來藏 사상 ········ 179
      - 삼재론三才論에 대한 불교적 이해
    3. '自他不二' 적 구원(해탈)론으로서 십자가 사건 ·············· 185
      - 돈오돈수頓悟頓修적 점수漸修론과의 대화
    4. '얼나' 와 불교적 '無我' (成佛) ·················· 192
      - '덜 없는 인간' 을 넘어서

3장. 기독교의 동양적, 생명적 이해 ·················· 199
    - '빈탕한데 맞혀 놀이' 와 진물성盡物性을 중심으로 -
    들어가는 글 ·················· 199
    1. 없이 계신 하느님과 귀일歸一사상 ·················· 202
    2. 십자가와 참(얼)나 ·················· 205
    3. 바탈(本然之性)로서의 성령 ·················· 206
    4. 빈탕과 하나되는 삶 ·················· 210
      - 자속과 대속의 불이不二적 관계
    나가는 글 ·················· 214

제3부 多夕으로 오늘의 세상 읽기
- 多夕신학과 현대 사조와의 만남

1장. 생명담론의 한국적 실상 ·· 221
    – 생명담론으로서 多夕신학의 자리매김을 위하여
    들어가는 글 ·· 221
    1. 생명의 형이상학적 이해, 그 새로운 시도들 ························· 224
    2. 신과학의 전일적 생명론과 그에 대한 비판적 논의들 ············· 230
    3. 진화생물학의 생명담론 실상과 전개 및 비판 - '通涉' 개념을 중심으로 ········ 235
    4. 한국에서 전개된 자생적 생명철학 ······································ 240
        - 동학, 多夕 그리고 에코페미니즘의 한국적 수용
    나가는 글 - 현대적 생명담론과 多夕사상의 치열한 만남을 꿈꾸며 ······· 245

2장. 한국적 통섭론通涉論으로서의 多夕신학 ······················· 248
    – E. 윌슨의 '생명의 편지'에 대한 한 답신
    들어가는 글 ·· 248
    1. 에드워드 윌슨의 『생명의 편지』 풀어 읽기 - 생명을 위한 연대의 제안 ········ 251
    2. 『생명의 편지』에 대한 기독교적 응답 ·································· 255
        - 토마스 베리의 우주 진화적 신학과 샐리 맥페이그의 성육신적 생태신학을 중심하여
    3. 기후 붕괴 및 종의 멸종 시대와 多夕의 생명사상 - '統攝'을 넘어 '通涉'으로 ······ 264
    4. 한국적 통섭론通涉論의 시각에서 본 『에코지능』과 『생체모방』 ············· 272
        - 多夕 생명사상의 구체적 실상
    나가는 글 ·· 278

3장. 種의 기원과 種의 멸종 사이에서 본 '多夕의 없이 계신 하느님' ······ 281
    들어가는 글 ·· 281
    1. 다윈 진화론의 핵심 내용과 기독교와의 갈등 배경 ················· 283
    2. 진화론에 대한 현대적 논의들 - 유물론적 진화론에 대한 비판을 중심으로 ······ 287
    3. 진화론적 유신론에 대한 신학적 논의들 - 설계, 성사聖事를 넘어 '약속'으로? ······ 295
    4. 창조와 성육의 통합으로서의 우주적 그리스도와 多夕의 '없이 계신 하느님' ······ 301
        - 약속을 넘어 '책임'으로!
    나가는 글 ·· 310

    주 ··· 312
    논문 출처 ·· 360

■
서론

미정고未定稿로서의 예수

– 多夕 유영모를 만나기까지 –

1. 신학적 영향사影響史의 개관

정상적으로 은퇴하려면 아직도 10년 가까운 세월이 남아 있다. 하지만 공부를 일찍 마친 관계로 다른 분들의 평생 기간만큼을 이미 신학대학의 교수로서 살아왔다. 세상의 이치, 신학의 흐름을 꿰뚫을 만한 혜안은 없으나 25년을 지난 시점에서 내 자신이 무엇을 말했고 어떤 담론을 수용·공유하며 살아왔으며, 그리고 어떤 생각을 학계에 펼쳐냈는지 생각할 시점은 되었다고 여겨진다. 필자는 여성신학자였던 몰트만 부인이 편집한 『나는 어떻게 달라져 왔는가 Wie ich mich geaendert habe?』란 책을 통해 이 글을 쓸 수 있는 많은 생각을 얻었다. 유럽 대륙에서 50년간 신학의 동지로 살아왔던 70세를 넘긴 노교수들의 한결같은 신학적 고백이 심금을 울렸던 것이다. 시대가 달라지고 삶의 경험이 질적으로 변화된 상황에서 이들은 공히 신학이 옛 모습 그대로 항존하는 일을 수치라 생각했다. 수년 전 타계한 여성신학자 도르테 죌레Dorothee Soelle(1929-2003)의 경우가 특히 그러했다. 그는 아브라함과 이삭, 야곱의 하느님으로부터 아우슈비츠 경험 이후 신 죽음의 정치신학자로 변신했고 여성의 자의식 발견을 통해 하느님 여성성을 재발견했으나 죽음 직전에 이르러 하느님을 신비, 즉 어느 경우든 정의의 편에 서게 하는 신비의 하느님을 설파했던 것이다. 같은 맥락에서 바젤의 신학자 하인리히 오트Heinrich Ott 역시도 역사성과 공간성의 확보를 신학함에 있어 본질로 여겼다.『신학입문』에서 그는 베드로전서 3장 15절—"…너희 중에 있는 소망의 이유를 묻는 자가 있거든 대답할 것을 준비하되 언제든 온유와 두려움으로 하라…"—을 통해 신학의 본질을 간파했고 특히 본문이 말하는 '온유와 두려움'을 신학이 역사성과 공간성의 토대에서 비롯하는 것으로 이해했다. 한스 큉Hans Küng의『돌발 속의 신학Theologie im Aufbruch』역시 신학을 일종의 패러다임Paradigma으로 볼 수 있는 눈을 선사했다. 한편 서거한 지 이제 막 한 달이 지난 미국 신학자 고든 카우프만Gordon Kaufmann의『신학방법론』또한 다른 시각에서 필자의 신학적 지평을 넓혀준 귀한 책이었다. 신학을 통합 학문적 성격으로 규정했으며 그에 따른 '사실' 적합한 재구성의 학문으로 자리매김했던 까닭이다. 신학자에게 십자가란 창조 세계를 설명하는 온갖 지식을 습득하여 세상의 나갈 방향을 제시하는 것과 다르지 않다는 그의 지적은 내겐 지금도 살아 있는 언어로 작용한다. 신학의 언어는 예수의 언어가 그랬듯 도그마Dogma가 아니라 은유Metaphor라는 여성신학자 샐리 맥페이그Sallie McFague 역시 필자에게 소중한 신학적 유산이다. 그러나 무엇보다 필자의 신학 방향을 정위토록 한 분은 '세계 개방성'과 '책임'의 신학자로 불리는 프릿츠 부리Fritz Buri 교수였다. 불트만 좌파의 학자로서 신학함에 있어 비非케리그마화Entkerygmatizierung를 주창한 그는 기독교의 탈脫서구화에 결정적 영향을 미쳤으며 초월 관계된 다양한 삶(종교)의 길을 공론화시켰다.

20대 후반, 바젤 유학시절에 수용한 이런 신학적 이해 탓에 필자 역시도 이웃 종교는 물론 뭇 사상과 조우할 수 있었고 최근에는 다석多夕학파로 칭稱하는 유영모, 함석헌, 김흥호를 비롯해 '역사적 예수' 연구의 성과물들을 읽어내고 있다. 일아一雅 변선환 교수를 스승으로 모신 것을 나는 영예이자 멍에이며, 축복이자 책무로서 운명과 같은 것으로 받아들인다. 신학적 소신을 위해 자신을 버리는 길을 택했던 一雅, 그로부터 배운 토착화와 종교다원주의가 필자에게 피할 수 없는 평생의 과제로 각인되어 있는 까닭이다. 로마인 백부장이 예수의 죽음을 하느님 아들의 죽음으로 최초로 고백했듯 一雅 사후 장례식 자리에서 이웃 종교인들이 그를 참 좋은 '목사님'으로 믿고 진실로 애도哀悼한 것을 보면 그의 삶은 결코 틀린 것이 아니었다. 아내로서만이 아니라 신학의 도반으로서 30년을 함께한 이은선 교수도 배움으로 치자면 이들 반열에 들지 않을 수 없다. 파편화된 시간을 살며 글을 쓰고 생각을 키우는 모습 그리고 평생 과제로 인식한 유교와 기독교 그리고 페미니즘을 한 주제로 엮어내는 치열한 학문성에 고마움을 느낀다. 필자가 JPIC 주제와 조우하면서 '한국적 생명신학'이란 고유한 신학 작업을 펼치게 된 것도 그의 성性, 성誠, 성聖의 통합적 시각에 도움받은 바 크다. 이상과 같은 학문적 영향사影響史를 바탕으로 필자는 지난 세월을 돌이키며 4반세기에 걸쳐진 신학자의 삶을 반추해보고자 한다.

2. 오늘의 시각에서 본 가족사와 학창시절

초등학교 시절 나는 충북 보은의 먼 시골에 계신 부모님을 떠나 당시 이화여대를 다니는 누님과 함께 자취하며 서울서 생활했다. 본래 서울에서 태어났으나 부모님의 사업 실패로 전 가족이 어머니 고향으로 내려가 농사일을 하였으되 자식의 앞날을 걱정한 어머니의 고집으로 아홉 살 나이에 무작정 서울로 올려 보내진 것이다. 지금 기억으로는 당시 외롭고 서러운 눈물을 많이 흘렸던 것 같다. 친구들 따라 집안 배경과는 무관한 동네 교회를 기웃거리기 시작한 것도 그때쯤일 것이다. 누님은 달랐으나 부모님 세대는 기독교와 어떠한 접촉도, 조그마한 인연도 없었다.

서울에서 큰 사업을 하시던 부친은 한문을 읽을 줄 아셨던 유교인이었고 어머니는 때마다 목욕 재개하고 뒷마당에서 집안을 위해 소원을 비는 무속신앙을 지녔던 분이었다. 취학 이전의 어린 필자는 제사 때마다 상 앞에서 몸소 쓰신 축문祝文을 읽으며 자신의 불효不孝를 애통해 하며 큰 울음을 삼키는 아버지를 의아하게 생각한 적이 많았다. 해마다 칠월칠석이면 예쁘게 단장하신 어머니께서 장독대 앞에서 정화수를 떠놓고 아주 긴 시간 동안 두 손을 모아 무엇인가를 위해 기도하는 모습도 기억에 남는다. 이미 어린 자식을 두세 차례 앞세워본 경험이 있었기에 늦게 얻은 자식의 앞날을 위해 모친은 동네 무당을 수양어머니로 부르라고 한 적도 있었다. 그에게 자식을 팔면(?) 생명이 길게 보존되리란 생각 때문이다. 돌이켜 생각하면 사업 실패로 인한 선택이었으나 부모님은 시골에서 각각의 방식으로 자신들의 종교성을 충족히 펼치면서 자신들 인생 후반기를 일구신 것 같다. 아버지는 자신의 유교적 지식을 근거로 동네의 대소사를 염려하고 주도하는 마을 훈장의 역할을 하셨고 어머니는 동네를 위해 큰 손의 소임을 자청하셨다. 탁발승은 물론 걸인, 행인 들이 찾아와도 어머니는 자신의 큰 손으로 그들을 섭섭지 않게 보내셨다.

 이런 정황을 직접 본 적도 많았으나 방학 중 집에 와서 마을 사람들이 하는 말을 들은 경우가 허다했다. 하지만 자신의 꿈을 실현시키지 못했던 아버지, 더 이상 가족의 장래가 어둡지 않기를 바라는 어머니, 두 분의 기대를 한 몸에 받고 정작 나는 어린 나이에 서울서 외롭게 지내야만 했다. 공부 때문에 방학이라도 시골에 일주일 이상 머물지 못하게 하시며 "어이 가라"는 어머니의 눈물 머금은 손사래, 서울에서 돈이 필요하다 편지하면 읍내까지 20리 길을 지게로 곡식을 져 날라 팔아서 전신환을 보내주신 아버지의 정성을 알기까지 많은 시간이 걸렸다.

 어린 시절의 나 역시 부모님을 닮아 동정심이 많았다. 초등학교 6학년 겨울, 아버지께서 상경하여 당시로서는 값나가는 가죽 잠바를 사주고 가셨다. 부친 귀향 후 그 옷을 가지고 있던 돈과 함께 평소 길목에서 구걸하던 걸인에게 입혀주고 멋쩍어 줄달음쳤던 일이 기억난다. 그 옷이 아깝지 않았고 오히려 마음이 즐거웠던 것은 철이 없어서만은 아닌 듯하다. 후일 필자가 감신에서 토착화 신학 전통을 만나고 一雅 선생의 종교다원주의가 낯설지 않았던 것도 이런 가족 배경의 덕택이었을 듯싶다.

 열심히 중학교 입시공부를 했으나 고배를 마셨고 재수했지만 원하는 중학교에 재차 들어가지 못했다. 후기 시험을 앞두고 고민했고 누님 친구들의 자문을 받았다. 더 좋은 후기 중학교들도 많으나 기독교 정신으로 세워진 대광중학교에 가라는 권유가 있었다. 대광중고등학교 6년간 나는 참으로 행복했고 오늘의 나를 존재토록 한 인생관을 확립하는 시기였다. 그때의 마음과 지금의 마음이 거의 흡사함을 아직도 느끼고 있다.

최초로 기독교 정신세계에 입문했고 그 일을 위해 중고등학교 시절을 '올인' 한 것이다. 6년간 나는 그곳에서 신앙부장, 반장, 학생회장, 부회장 등 여러 중책을 맡았고 대광학교를 설립한 영락교회에 적을 두며 학생회 활동에도 열심을 다했다. 정신, 이화 여중 학생들의 적극 지원으로 1천 명 가까운 중등부의 임원이 된 것을 무척 자랑스럽게 생각했다. 고등학교 시절에는 친구의 부친이 장로였던 평동교회로 적을 옮겼으며 그곳에서 평생 '멘토Mentor'가 되셨던 장기천 목사님을 만날 수 있었다. 이 일은 참으로 뜻밖의 사건이었으나 나에게는 너무도 큰 은총이었다. 후일 감리교 감독회장이 되셨던 그는 당시 고등학생의 눈에도 사람됨의 크기가 달리 보였다. 그분의 가족 구성원처럼 사랑받으며 자랐고 급기야 그의 영향으로 신학교 문을 두드릴 수 있었다. 장기천 목사의 둘도 없는 친구가 一雅 변선환 선생이었다는 것 역시 필자에게 기쁨이었다.

지금도 기억하는 장기천 목사님의 말씀이 있다. 신학생의 장래는 본인의 자질과 좋은 목사, 좋은 교수가 삼위일체적으로 관계되어야 한다는 것이었다. 이 말은 지금 후학들과 내 제자들에게 건네주는 말이 되고 있다. 당시 그분의 설교는 매주 쩡쩡 울리는 사자후였다. 시국 문제를 성서적 관점에서 가슴 뛰게 풀어낸 올곧고 당찬 어른이었다. 나에게 남아 있는 실낱같은 정치의식은 그분의 유산일 것이다. 신학적으로 같지 않았으나 장기천 목사는 친구 一雅의 학문세계를 존중했고 이해하는 통 큰 목회자이기도 했다. 30대 중반 초년 목회자 시절 인천에서 젊은 법정 스님을 교회 강단에 세운 일로 유명했다. 이후 나는 학부, 대학원 전 과정을 장기천 목사 지도하에 평동교회에서 보냈고 전도사로 활동하면서 그분 목회를 보필하는 기회를 얻었다. 갑작스럽게 군 입대 통지를 받았을 때 유럽 여행 중에 있던 목사님이 여정 일체를 취소하고 입대 기도를 해주러

서둘러 귀국하신 일은 지금 생각해도 고마움에 몸 둘 바를 모를 일이다. 고인이 되셨으나 지금껏 그분 가족들과는 친형제자매 이상으로 관계하며 지내고 있다.

대광 중고등학교와 평동교회는 내 청소년기의 모든 것이었다. 2년 전 5월 학창시절 은사였고 이후 교장으로 은퇴하신 김유영 선생님께서 나에게 모교 교장직을 제시하셨다. 감당할 수 없는 일이라 사양했고 일부 모교 이사들이 一雅의 제자임을 문제 삼아 마지막 단계에서 성사되지는 않았으나 나에겐 참으로 행복한 일이었다. 고교 은사께서 옛 제자를 기억하여 중책을 맡기시려는 마음에서 다시 눈시울이 뜨거웠고 인생을 잘못 살지 않았다는 기쁨을 느낄 수 있었던 까닭이다.

3. 一雅 변선환 선생

장기천 목사의 전폭적 지원하에 신학교에 덜컥 입학은 하였으되 집안 형편과 분위기로 보아 그리 쉽게 결정할 사안은 아니었다. 나에게 집안을 다시 일으켜 세워줄 것을 기대했던 부모님이었으며 기독교에 대한 이해가 일천했던 가풍 탓에 필자는 신학교 입학 소식을 숨겼고 서울의 모 대학에 적을 두었다고 거짓말을 할 수밖에 없었다. 그러나 어느 순간 아버님이 이를 눈치 채셨으나 상당 기간 모른 척하신 것으로 기억된다. 시골 동네 분들이 어느 대학에 합격했는가를 물어오면 종종 내가 거짓으로 아뢴 대학 명名을 말씀하곤 했다. 그 순간은 지금도 나에게 고통으로 기억되고 있다. 그렇다고 이실직고할 수도 없는 일, 자연스럽게 들통 나기를 기다릴 수밖에 없었다. 부친께서 내 거짓을 아셨다고 직감하는 것은 고교 재학시절 다음과 같은 사건이 있었기 때문이었다.

한창 기독교 신앙에 취해 물불을 가리지 않고 살던 어느 방학, 시골집에서 아버지와 신학 논쟁이 벌어졌다. 당시 나는 부모의 신앙 양식을 미신이라 몰아쳤고 그분들 삶의 흔적들을 지워버리려고 별별 무모한 성서 이론을 동원했다. 성장 과정에서 한 번도 손찌검을 않던 부친이셨으나 그날 나는 참으로 크게 매를 맞았고 부친의 역정을 온몸으로 느껴야 했다. 당시 어머니는 문 밖에서 울고 계셨다. 부친 역시 그 사건 이후 며칠간 식음을 전폐하시고 자식의 앞날을 걱정하신 듯하다. 그날 신앙 논쟁 중에서 장차 목사가 될 것이란 말을 아버님께 내뱉었으리란 생각이 든다. 이런 해프닝을 거쳐 신학교를 찾은 나는 마음속의 죄책감을 지울 수 없었다.

2학년이 되던 해 감리교단은 감독 선거 후유증으로 두 동강이 났었다. 지금 기억으로 160여 차례의 투표가 있었던 듯하다. 매 투표 시時마다 열불 나게 기도했으나 단 한 표의 요동도 없었고 결국 감독을 뽑지 못해 양분되는 현실을 목도한 것이다. 이곳 신학교에서 배출된 목사들이 저렇다면 내 선택이 잘못된 것일 수밖에 없다는 절망감이 들었고 부모님 얼굴 뵙기가 더욱 민망했다. 심각한 고민 끝에 군에 입대하는 방식으로 고민을 뒤로 미뤄 놓고자 했지만 떠밀리다시피 3학년이 되었고 총학생회장이란 직분을 맡게 되었다. 그것이 다행인 것은 만약 군에 입대했더라면 바젤 대학에서 막 귀국하신 一雅 선생님과의 만남이 오늘과 같지 않았을 것이란 생각 때문이다. 학생회 활동을 통해 그분과의 빈번한 학술적 사귐을 하며 절친한 스승과 제자의 연을 맺었던 것이다.

올해가 벌써 一雅 선생님이 작고하신 지 16주년 되는 해이다. 강의 매

순간 그는 사자후를 토했고 보통 20-30분 정도 강의 시간을 넘겨가며 문학과 종교, 웨슬리 신학, 토착화론, 현대신학 등 흥미로운 주제를 가르쳐 주셨다. 한 차례 강의에 흑판을 20번 이상 지우셨던 것으로 기억된다. 매일 아침 강의 시작 전 1시간을 먼저 나와 독일어 성서를 가르치셨고 1년 뒤에는 그 역할을 나에게 맡기셨다. 지금 생각하면 3학년 되던 해 그분과의 만남이 없었더라면 기독교 배경이 전무하던 나는 분명 신학교를 등졌을 것이다.

우선 그분의 신학은 나 자신의 멍에를 가볍게 했다. 부모의 신앙세계를 무가치한 것으로 폄하하며 신학교에 왔으나 마음이 편치 않았고 여전히 목사, 장로를 부모로 둔 친구들과 견주며 왜소함을 느끼고 있던 시기였다. 하지만 一雅의 강의는 기독교 밖의 신앙세계를 존중토록 가르쳤고 누구든지 자신의 전통에서 초월 관계된 책임적 삶을 살 수 있고 그렇게 하는 게 구원의 길인 것을 역설했다. 그는 칼 바르트를 신학적 파시스트로 본 야스퍼스의 철학적 신앙과 도스토예프스키의 문학에 근거하여 기독교 밖의 실존에 대한 배려뿐 아니라 기독교적 구원을 새롭게 조명했다. 총신대 박아론 교수와 '교회 밖의 구원'을 주제로 논쟁한 기억이 새롭다. 당시 학생들은 전부는 아니었으나 선생님의 학문적 작업을 응원했고 그의 해박한 신학에 경탄을 금하지 못했다. 그분의 영향하에 학회활동을 하던 당시 학생들 10여 명이 현재 감신대 교수가 되어 있다는 사실이 이를 증명한다. 물론 지금은 여러 이유로 그분과 신학적 노선을 달리 하고 있지만 말이다.

학생회 활동의 일환으로 학술제를 열었던 때의 일이었다. 당시 변선환 선생이 강연 주제로 택한 것은 "공空과 십자가"였다. 생전 처음 들어보는 '공空', 그것이 기독교의 십자가와 무슨 관계가 있어 제목을 그리 정했는지 정말 생소했다. 행사 당일 날 사회자로서 강단 위에서 보니 청중의 절반이 스님과 수녀 들로 가득 차 있었다. 어떤 경로로 소식을 들었는지 최초로 열린 종교 간 대화의 자리에 이웃 종교인들로 넘쳐났던 것이다. 낯선 불교 개념을 기독교 신앙과 연결 짓는 선생님의 논리가 귀에 들어온 것은 그로부터 한참 뒤의 일이었다. 그것이 감신대의 토착화 신학 전통의 맥락 속에 있다는 것을 어렴풋이 알 수 있었다. 이런 배움을 통해 나는 유교와 무속의 토대에서 자란 성장배경이 오히려 자랑스럽게 느껴졌다. 상처가 치유되고 해방감을 느꼈으며 신학함의 묘미를 맘껏 즐기게 된 것이다.

　서세동점의 시기, 이 땅의 사람들이 저마다 무용지물이 된 자신의 전통(과거)을 버리기 급급할 무렵 '동양지천즉 서양지천東洋之天卽 西洋之天'을 말했던 정동교회 목사 최병헌, 특별계시를 인정한다는 이유로 일반계시(동양 종교)를 부정할 수 없다고 했던 최초의 신학자 정경옥, 유불선 중 하나를 부여잡고 토착화 신학을 전개한 해천海天, 소금素琴 그리고 一雅 선생, 이에 나는 그들을 배출한 감신의 신학적 전통에 대한 자부심이 생겼고 나 역시 그 선상에서 자리매김되길 바라는 마음도 간절해졌다. 이후 一雅 선생은 불교와 기독교의 대화를 넘어 아시아 종교성과 아시아의 가난 문제로 눈을 돌려 민중신학의 도전에 응답해야만 했다. 정치적 무관심에 대한 민중신학적 비판에 토착화 신학의 한계를 절감했던 것이다. 하지만 가난의 문제를 수용한 만큼 그는 종교다원주의 관점에서 아시아의 종교성을 더 한층 강조했다. 민중신학의 당파적 관점을 수용하되 그를 넘어서려고 했던 까닭이다. 소위 그가 주창한 아시아 종교해방 신학이 그것이었다. 이 시기에 一雅는 바젤 대학 스승들의 관점을 넘어섰고 아시아 신학자들, R. 파니카, A. 피에리스, M. 토마스 같은 신학자의 소리를 강의 중에 역설했다. 아시아의 가난과 종교성을 본문 삼고 서구 신학을 각주로 이용하는 '종교 신학'의 시대가 오길 꿈꾼 것이다.

그러나 이런 신학적 전환은 당시 감리교 정치상황에서 종교재판으로 귀결되었고 출교라는 시대착오적 결정 앞에 휘둘렸다. 당시 상생相生이란 미명하에 타협안이 제시되기도 했으나 선생은 응할 수 없었다. 후문이지만 당시 그의 제자 이현주 목사의 충언, "그냥 그렇게 죽으시라"는 소리가 역할을 했다고 한다. 이런 정황은 내가 교수로 부임받아 강의하면서 목도했던 일이다. 너무 시기적으로 앞선 이야기를 하고 있는 셈이다. 여하튼 나는 一雅의 지도하에 그의 스승 프릿츠 부리의 '판토크라토르 Pantokrator(전능자) 기독론'을 주제로 석사 논문을 썼고 그 인연으로 1982년 3월 바젤 대학 신학부로 유학을 떠날 수 있었다.

一雅는 자신의 선배이자 동료인 이신李信 박사의 딸 이은선을 어느 성탄절 전야에 소개시켜 1981년 가을 결혼에 이르게 했고, 함께 떠날 수 있도록 여건을 마련해주셨다. 석사 논문을 마치고 늦게 군에 입대했던 연유로 물리적으로 자유롭지 못했던 필자를 대신해 선생께서 궂은일도 마다하지 않은 것이다.

4. 프릿츠 부리와의 만남

내가 20대 후반에 이르렀을 무렵 결혼과 제대, 유학이 거의 3개월 사이에 동시적으로 일어났다. 유학을 코앞에 둔 상황에서 긴 세월 그분과 함께 배우며 신학의 길을 함께 가리라 생각했던 장인 이신李信 박사의 갑작스런 소천은 가족들 모두에게 너무도 큰 상처였다. 짧게 만났으나 나의 삶에 미친 그분 영향력은 후술하겠다. 당시로서는 모든 것이 정신없는 상황에서 발생한 것이기에 반추할 여유가 많지 않았다. 이은선과의 결혼을 맘껏 축복하셨고 바젤 유학을 하늘의 은혜라 말씀하신 순복음 기도원에서의 그분의 마지막 말씀을 잊을 수 없다. 여하튼 1982년 2월 우리 부부는 유럽 각 지역으로 입양될 여섯 명의 아이를 안고 업고 걸리면서 비행기에 탑승했다. 비행기 삯이 당시로서는 감당하기 쉬운 상황이 아니었던 까닭이다. 지금 생각하면 두 번 다시 할 일이 아니지만 그 경험이 삶에 많은 도움이 되었다. 유학 중 유럽에서 만난 한인 입양아들의 삶을 유심히 볼 수 있는 계기가 된 것이다.

一雅 선생은 유학을 앞둔 우리에게 당신 부부는 불교와 기독교 간 대화를 공부했으니 일찍 소천하신 해천海天의 뒤를 이어 유교와 기독교를 연구하라는 과제를 부여했다. 우리 부부가 주자학과 양명학을 각기 신학의 파트너로 삼아 연구할 수 있었던 것은 이런 연유에서다. 一雅 선생 부부의 지도교수였던 프릿츠 부리 교수가 一雅의 제자인 우리 부부의 지도교수가 된 것은 결코 흔한 일이 아니었다. 당시 칼 바르트의 아성에 도전하며 바젤 대학에서 독자적 영역을 개척했던 부리 교수는 이미 불교에 대한 연구를 종료했고[1] 유학사상에 대한 이해로 넘어가고 있었다. 우리 부부와의 만남을 통해 스스로도 항차 군자君子 개념을 신학화할 생각이었던 것 같다. 불교 연구를 위해 이미 일본 교토에 2년간 체류한 바 있던 그는 유학 기간 내내 하와이 등지에서 열린 유학사상 세미나에 참석하여 공부했고, 그곳에서 발표된 엄청난 자료를 필자 부부에게 선물(?)로 안겨주었다. 이런 열정과 관심은 그의 신학이 K. 야스퍼스의 철학적 신앙과 A. 슈바이처의 생명 외경론에 근거하였기에 가능한 일이었다.

야스퍼스는 계시 실증주의자 바르트를 종교적 파시스트라 불렀고 기독교적 계시 신앙에 맞서 인간의 보편적 실존에 근거한 철학적 신앙을 주창했던 철학자였다. 19세기 자유주의 신학을 '오직 말씀'의 빛에서 난파시키려 했던 바르트와 달리 슈바이처는 '생명 외경'(will to live)에 근거해 아래로부터의 가능성을 새롭게 복원시키려 했던 사상가였다. 바르트 교의학 중 창조론에는 이런 슈바이처를 한껏 비판한 대목이 상당 부분 나온다. 부리의 신학적 삶은 슈바이처에 대한 동경에서 시작되었고 후일 그와 평생 서신으로 사상적 교류를 했으며, 이를 묶은 책이 출판되어 있다. 바젤 대학 철학부 교수였던 야스퍼스를 부리는 '교회의 교사'라 부르며 교부들 수준으로 그 사상적 의미를 격상시켰고 야스퍼스의 철학적 토대에서 슈바이처의 신학 내용을 창조적으로 관계시켜 자신의 독자적 소리를 냈다. M. 베르너 지도하에 썼던 그의 박사 논문은 예수를 '의지'의 권위로 보았던 슈바이처의 '철저 종말론'에 관한 것이었다. 후일 의지는 초월 관계된 실존이라는 말로 발전되었다.

  이런 부리 교수가 베른 대학에서 바젤로 초빙될 때 바르트가 기氣를 쓰고 반대했다는 공식적 기록이 회자되고 있다. 그러나 바젤 대학은 종교 개혁 시기 에라스무스를 보호했고 니체에게 강단을 맡겼으며, 히틀러를 피해 망명한 야스퍼스에게 교수직을 수여한 인문주의의 산실이었다. 이런 입장에서 교수 채용의 권한을 지닌 바젤 시는 바르트가 아무리 세계적 학자라 하더라도 한 사람의 신학적 견해만이 지배하는 학문 현실을 용납하지 않았다. 그렇기에 바르트의 막강한 반대가 있었음에도 그와 사상적으로 판이한 부리를 베른 대학에서 전격 바젤 대학으로 초빙했던 것이다. 바르트의 아성에 도전해 학문적 세계를 구축한 부리의 자부심은 대단했다. A. 슈바이처를 좋아해 신학도가 된 베른의 방앗간 집 아들이 스위스 명문가 출신으로 세계적 석학이 된 바르트와 나란히 바젤 대학의 교수로,

에라스무스의 무덤이 있는 바젤의 대표적 교회 목사로서 활동하게 되었던 까닭이다.

당시 일흔을 넘긴 부리 교수 부부는 우리에게 조부/모와 같은 존재였다. 그들도 우리 부부를 학문적 손주Enkelkind로서 인정해주었다. 당신 제자였던 변선환의 제자로서 자신의 지도를 받고 있는 20대 후반의 한국인 부부를 몹시 사랑한 것이다. 하지만 2년 6개월에 걸친 군생활의 학문적 공백은 유학 초기 쉽게 회복되지 않았다. 언어능력도 부족했고 외국 생활의 부적응 탓에 몸무게가 10킬로 이상 빠지는 등 심각한 상황이 1년 동안 지속되었다. 긴 안목으로 이런 부족한 상황을 지켜본 부리 교수의 인내가 없었다면 나는 성격상 공부를 마치지 못했을 것이다. 건강상 이유로 유학생활의 포기를 심각하게 생각하던 시점이 있었던 것도 사실이다. 당시 이은선이 짊어져야 했던 걱정과 염려는 지금 생각해도 미안할 뿐이다. 지금은 연출가로 활동하며 영국으로 유학을 준비하고 있는 첫아들 경성敬誠의 예기치 못한 출산도 그때의 일이었다.

유학생활 중 잊을 수 없는 것은 마인츠 대학 구약 교수로 은퇴한 칼 바르트의 둘째 아들, 크리스토퍼 바르트Christopher Barth 집에서 4년 이상의 긴 세월을 살게 된 일이다. 인도네시아 선교사 경험이 있던 그들이었기에 아시아인들에 대한 이해가 있었고 우리 부부를 함께 살 수 있도록 배려한 것이다. 사는 동안 갈등이 없진 않았으나 그들 편에서 보면 쉽지 않은 결단을 한 것이다. 무엇보다 신학적으로 대척점에 서 있던 부리의 제자를 바르트 가족이 받아준 것은 대단한 일로서 지금도 감사하고 있다. 그곳에 살면서도 당당함을 잃지 않고 동양적 심성으로 그들에게 호감을 심어준 이은선의 덕택으로 바르트 집안을 깊게 이해하는 계기가 되었고 지금도 그의 자녀들과는 형제처럼 지내고 있다. 이는 박사학위 취득만큼이나 소중한 유학의 선물이었다. 우리 부부로 인해 부리 교수와 바르트 가족이 왕래하고 안부를 물으며 가까운 관계를 유지하게 된 것도 기쁨으로 기억되어 있다. 바르트 교수는 내가 밤늦도록 타이프를 치며 논문을 쓰고 있을 때 방문을 두드리며 동양사상에 대한 관심을 표명하기도 했다. 칼 바르트 아키브가 인접해 있는 관계로 한국, 일본 등지에서 많은 방문객들이 그 댁을 찾기도 했는데 바르트를 우상처럼 떠받드는 그들의 태도를 이해할 수 없다는 표정으로 바라보는 모습을 여러 차례 목격한 바 있다.

여하튼 바젤에서 나는 한국 토착화 신학의 관점에서 13세기 주희, 16세기 퇴계와 율곡을 신자유주의 신학을 대표하는 슐라이에르마허와 헤르만, 트뢸치와 비교하며 400여 쪽에 이르는 긴 논문을 써서 1986년 박사학위를 취득했다. 신新유학과 신新개신교 간의 대화를 시도한 것이다. 정확한 논문 제목은 다음과 같다. "토착화 신학의 관점에서 본 신新유학과 신新개신교 간의 공동의 구조와 문제점 탐색". 부리 교수는 이 논문을 만족스럽게 수용했고 부심인 H. 오트 역시 좋게 평가했다. ―雅 선생께서 맡기신 과제―유교적 신학―를 마무리했다는 안도감으로 행복했다. 하지만 라틴어로 치러진 학위 수여식 동안에 마음속에 공허함이 밀려왔다. 그렇게 원하던 학위였으나 정작 내 자신의 삶은 하나도 달라진 것이 없다는 현실을 발견한 것이다. 삶이 없는 신학박사, 그것이 주는 부담감이 지금껏 마음속을 떠나지 않고 있다. 이런 이유로 슐라이에르마허 부분을 쓸 때 생겼던 특별한 경험을 소개하고 싶다.

주지하듯 그의 주저 『종교론』과 『신앙론』 사이에는 『변증법』이란 다리가 있다. 이는 당시 헤겔 등의 동료 학자들의 비판에 대한 답을 시도한 것으로 자신의 신학 원리인 감정을 이성과 의지의 변증법적 이행 과정의 산물로서 서술한 책이다. 슐라이에르마허 자신도 『변증법』의 내용을 수도 없이 고쳐 쓰며 신학자의 철저성을 입증하려 애썼다. 이런 과정을 이해하여 글로 표현하는 작업은 머리에 쥐나는 일이었다. 긴 시간을 헤매고 있던 어느 날 밤 슐라이에르마허를 꿈속에서 만났다. 꿈속에서 정확히 내 생각이 멈춰선 그 부분을 지적하며 그에 대한 답을 주는 것이었다. 너무도 생생한 꿈이라 즉시 일어나 날이 밝도록 책상 앞에 앉아 실마리를 풀어냈던 기억이 새롭다. 언젠가 복음서의 예수 역시도 이처럼 만나볼 수 있기를 소망해본다. 이는 예수에 대한 내 물음이 논문을 쓰던 그때처럼 그렇게 절실해져야 가능한 일일 것이다. 이 역시 삶과 신학의 상관성 물음으로 귀결될 주제라 생각한다.

논문을 끝내고 귀국할 시점이 되었다. 하지만 당시 이은선은 바젤에서 현대 희랍어와 석사논문을 마치고 이제 막 박사논문을 시작하는 중이었다. 더구나 지금 체육학 전공 후 의학전문대학원 입시를 앞두고 있는 둘째 융화融和를 몸속에 두고 있는 상태였다. 부리 교수는 이런 우리를 두고 정신적·육체적으로 생산 활동이 활발한 부부라고 농담을 했다. 그러나 내심 그에겐 걱정도 많았던 것 같다. 남편도 없는 상황에서 아이 둘과 함께 논문 과정을 마칠 수 있는지에 대한 선생으로서의 안타까움이었을 것이다. 하지만 장학금 기간도 연장되었고 이은선의 학문적 의지를 인정한 바르트 가족을 비롯한 많은 분들의 도움으로 1986년 우리 부부는 잠시 이별해야만 했다. 큰아이라도 한국에 데려올까도 생각했으나 한국에 계신 어머니 역시 상당히 편찮으신 상황이었다. 위독하신 어머니를 걱정하며 며느리의 귀국을 종용하는 여러 소리도 많았다. 이래저래 이은선은 고통스런 시간을 보내야 했다. 정작 논문까지 마무리하기로 결정했으나 그의 몸 상태 역시 말이 아니었다. 귀국을 앞둔 나는 당시 그 상황을 헤아리지도 못할 만큼 철이 없었다. 모교 교수로 초빙되었다는 생각에 두 아이와 함께 학위 과정을 마친다는 것의 실상을 잊은 것이다. 종종 기억이 그때로 돌아가면 나는 이은선에게 아무런 말을 할 수가 없다. 2년 후 다시 만날 때까지 두 아이와 함께 그가 겪은 고통은 상상을 불허할 정도였을 것이다. 여하튼 바젤 비행장에서 헤어진 뒤 2년 가까운 세월 중에 둘째가 태어났고 이은선도 학위를 무사히 마칠 수 있었다. 참으로 고맙고 감사한 일이 아닐 수 없다. 그 순간을 돌이켜보면 삶이 발자국마다 은혜였다고 고백하지 않을 수 없다.

5. 스승 없이 스승 되어 살기

1986년 가을 학기부터 모교 감신대학교에서 가르칠 수 있는 기회를 얻었다. 지금으로서는 생각할 수 없는, 약관의 나이(32세)에 교수가 된 것이다. 당시 감신에는 종교철학과가 신설되어 있었기에 가능한 자리였다. 물불을 가리지 않고 열심히 가르쳤고 바젤에서 받은 뭇 도움을 기억하며 학생들에게 그것을 되갚고자 여러모로 마음을 썼다. 신설된 학과에 재학중인 학생들은 일정 부분 열등감을 지니고 있었다. 신학과에 적을 두지 못한 회한이 적지 않았기에 감신 공동체에 쉽게 접붙여지지 않았다. 다행히도 종교철학과 첫 입학생이 4학년 되던 해에 교수가 되었던 관계로 이들에게 형처럼 편안한 존재가 되는 것을 일차 목적이라 여겼다. 오히려 나보다 나이가 많은 학생들도 있었기에 교수라는 생각을 잊는 것이 나을 듯싶었다.

지난 25년간 나는 제자들에게 고양이로 만족치 말고 한국 교계를 향해 포효하는 호랑이로 살 것을 주문했다. 이것이 스승을 억울하게 잃어버린 필자가 스승으로서 해야 할 사자후라 여겼던 것이다. 고양이의 존재가 아무리 많은들 세상은 달라지지 않는다. 그들은 자기가 먹고 살기 위한 길을 갈 뿐이다. 그러나 언젠가 호랑이 새끼가 그들 중에서 뛰쳐나온다면 세상을 변화시킬 것이란 믿음이 있었다. 다행히도 이들 중에서 주류 교회와 생각을 달리하는 흐름이 감지되고 있다. 교계 안팎에서 제 몫 이상을 감당하는 제자들이 존재하게 된 것이다. 오지 선교사를 비롯해 영화감독, 작가들도 여럿 생겼다. 김용성, 박일준, 서동은, 김장생, 이한영, 신익상, 심은록, 최태관 등을 비롯한 철학과 신학 분야에서 월등한 실력을 쌓은 박사 제자들도 제법 많아졌다. 다종교 사회를 긍정하며 소신껏 교회를 섬기는 전승영, 김오성, 하태혁, 김대년 등과 같은 목회자가 된 제자들이 적지 않은 것도 기쁜 일이다. 바라기는 이들이 앞으로도 못난 스승을 디딤돌 삼아 한국 교회와 사회를 위해 더 큰 몫을 감당해주었으면 한다.

그동안 강의실에서 이들을 만나 생각을 키웠던 과목들을 생각해보니 다음의 것들이 떠오른다. 칸트, 하이데거, 야스퍼스 등 유럽 사상가 소개를 비롯해 조직신학, 생태신학, 유교와 기독교 대화, 한국 종교사상가, 종교와 과학 간 대화, 토착화론, 인류와 종교, 수행론, 오리엔탈리즘, 포스트모더니즘 등에 관한 것이다. 최근에는 역사적 예수를 조직신학적 관점에서 강의하고 있다. 대학원에서는 이들을 심화시켜 기독교 자연신학, 동서생명이론, 종교철학, 유럽 신학계의 동향(A. 슈바이처, E. 융겔, W. 판넨베르크, J. 몰트만, H. 큉, G. 카우프만) 등을 가르친 것으로 기억한다.

최근 나는 학생들에게 '벼락'이란 별명을 얻게 되었다. 가끔씩 강의실에서 화를 내며 학생들을 야단치기 때문에 얻은 애칭이다. 기대치에 너무도 어긋나면 참을 수 없는 분노가 치밀 때도 있지만 대개 그것은 반쯤은 쇼다. 자신들에게 경각심을 주려는 목적에서 생겨난 일로 학생들도 이해하고 있다. 시대가 달라진 상황에서 이런 나의 객기를 받아주니 고마운 일이다. 스승이 사라진 자리에서 스승이 되는 일은 참으로 고독한 일이었다. 지난 25년간 내 스승이 짊어졌던 운명을 피할 생각을 해본 적이 없다. 그로 인하여 좋은 것도 불이익도 모두 나의 삶의 일부가 되었던 것이다.

주지하듯 필자는 한국 신학계에 토착화 신학자로서 변선환의 제자란 말 이외에도 생태신학자로 각인되어 있다. 1986년 귀국 이후 동문회가 마련한 첫 강연에서 서구 기독교의 반자연적 성격을 생태적 위기상황의 빛에서 지적한 게 학계의 호응을 받은 것이다. 지금은 생태신학에 관해 글을 쓰는 학자들이 많이 있지만 당시만 해도 죽재 서남동 이후로 처음이라는 평가를 얻었다. 그가 민중신학으로 방향을 돌렸던 까닭에 생태신학을 충분히 발전시키지 못했음으로 그 역할을 나에게 기대한 것이다.

사실 내가 학위 논문을 쓸 때만 해도 환경 및 생태에 대한 의식을 키우지 못했다. 이 주제에 관해서는 이은선이 나보다 앞섰다. 당시 그녀는 기독교 윤리학을 담당하던 M. 로호만 교수에게 "자연과의 사귐Die Umgang mit der Natur"이라는 논문을 제출한 바 있었다. 귀국할 무렵 우연히 JPIC 대회가 열린다는 소식을 접했고 그것을 위한 제안이 『시간이 촉박하다Die Zeit draengt』란 책명으로 출간된 것을 알게 되었다. 부랴부랴 관련된 자료를 모아 귀국했고 교수 초임시절 관련된 자료들을 섭렵하기 시작했다.

여하튼 1990년 서울서 열린 JPIC 대회 주제는 필자로 하여금 신학적으로 씨름해야 할 이유가 되었다. 필자가 신학의 화두로 '생명'을 택한 것도 이런 이유에서이다.

우선 『시간이 촉박하다』란 책을 번역했고 읽은 자료를 근거로 『창조신앙과 생태학』이란 책을 펴냈다. 나의 이름을 건 최초의 책들이다. JPIC를 발의했던 바이체커 Weizsacker가 그 공으로 명예신학박사 학위를 받는 자리에서 행했던 강연도 번역해서 소개했고 강원용 목사께서 주관한 88서울 올림픽 기념학술대회 자리(아카데미)에서 시인 김지하와 함께 그와 긴 시간 대화를 나눌 수 있었다. 세계적 가난, 핵무기의 과다 보유, 생태계 파괴가 항존하는 상황에서 기독교 정신이 구현되기는 멀었고 그 구원 역시 요원하다는 바이체커의 생각에 나는 적극 동의할 수밖에 없었다. 적어도 기독교가 성육신을 중시하는 '땅의 종교'라면 말이다. 신천옹 함석헌에게 3·1 독립운동이 자신의 삶을 결정짓는 획기적 사건이 되었듯이 1990년 한국 땅에서 열린 JPIC 대회는 나 자신의 신학 지평과 삶의 모형을 달리 만든 획기적 사건이 아닐 수 없었다.

하지만 나는 서구 생태학적 사유를 추종할 수만은 없었다. 문제의식은 공유하되 한국적으로 공헌할 수 있는 길이 있다고 판단했던 까닭이다. 토착화 신학의 문제의식 때문이었다. 실상 바이체커 자신도 특정 종교, 특정 이념만이 JPIC 문제를 해결할 수 없음을 알고 있었다. 그렇기에 저마다의 지역에서 자신들의 생각을 갖고 이 문제와 씨름할 것을 종용했던 것이다. 에코페미니즘 Ecofeminism을 읽고 J. 몰트만을 비롯한 서구 생태신학 사조를 섭렵하면서 배운 것도 많았으나 그럴수록 한국적 자료들 속에 묻혀 있는 생태의식의 깊이에 더한층 마음이 끌렸다.

내가 유학시절 공부한 성리학은 물론 동학에서 배운 시천주侍天主의 생태영성은 서구 어느 생태신학자들의 그것보다 깊고 심오했다. 이 점에서 나는 자신을 험한 세상 '다리'로 비유하신 선생님의 말씀을 따라 그를 딛고 한걸음 앞으로 나갈 수 있었다. 그의 종교해방 신학의 지평 속에 '자연'(생명)의 관점이 없는 것을 비판하기도 했다. 하지만 돌아가신 시점까지 선생님 역시도 그동안 눈에 들어오지 않던 '자연' 주제를 그가 좋아하던 탁사濯斯 최병헌 자료에서 다시 찾아 읽으셨고 서구 문명 비판을 동양 종교의 시각에서 더한층 심화시키셨다. 이 시기 나는 서구 생태신학 사조를 한국적 종교문화 토양에서 전적으로 재구성하는 방식으로 '한국적 생명신학'을 전개하였다. 1996년 출간된 『한국적 생명신학』이 바로 그것이다. 시천주侍天主를 비롯하여 풍수지리설, 후천개벽설後天開闢說 등의 개념이 필자에게 소중하던 시기였다.

자연에 대한 이해가 깊어질수록 현대 과학의 이론 역시 호기심의 대상이었다. 생태학과는 다른 차원에서 접근해야 하는 분야이기에 쉽지는 않았으나 기왕지사 '생명'을 주제로 삼았던 까닭에 이 분야에 대한 연구 역시 피할 수 없는 주제라 생각했다. 처음에는 카프라(물리학), 쉘드레이크(생물학) 등의 신과학 사조를 읽었고 나중에는 그 한계가 눈에 밟히는 관계로 주류 물리학의 견해를 살폈으며, 그를 근거로 현대 신학을 전개한 판넨베르크, 폴킹혼 등의 과학신학을 공부했다. 제자들과 함께 공부하면서 그들의 주요 저서들을 번역하기도 했다. 그때 함께 했고 그 주제로 석사 논문을 썼던 박일준 박사가 지금 종교와 과학 분야에서 두각을 나타내는 학자로 성장해 있음은 고마운 일이다. 이런 연구 결과로 『기독교 자연신학』, 『켄 윌버와 신학』이 출판되었고 폴킹혼의 『과학시대의 신론』을 비롯한 몇 권의 책을 번역하여 세상에 내놓을 수 있었다. 후일 새길교회에서

"생명신학"을 주제로 10회에 걸쳐 강의를 했고 그것이 『생명의 하느님과 하느님 살림살이』란 제목으로 출간되었다. 조직신학회 총무, 부회장, 회장직을 두루 거치면서 '과학과 신학의 대화'를 중심으로 몇 차례 세미나를 했고 그것을 논총(9집)으로 엮어낸 것도 현대 과학과 조우하려 했던 나의 통합 학문적 관심에서 비롯된 것이다. 지금은 문화신학회 책임자가 되어 '한류'에 대한 신학적·종교적 성찰을 주도하고 있다.

6. 초현실주의 신학자 이신李信의 재발견

가장 짧게 만났으나 긴 여운을 남기며 삶에 영향을 미치는 분이 있다. 그는 필자의 장인으로서 해천海天 유성범과 一雅 변선환 등과 친분을 갖고 있었으며 화가이자 신학자 그리고 희랍어, 히브리어를 비롯해 일본어와 한문에도 조예가 깊은 분이었다. 한겨레신문사 조현 기자가 신문지상에 한국의 영성가 시리즈 일환으로 얼마 전 소개한 바도 있다. 결혼 후 한 달 만에 소천하신 관계로 몇 번 만날 수 있는 기회가 없었다. 살아생전 그분과 대면한 경험이 서너 번에 불과한 것 같다. 一雅 선생에 의해 건네진 필자의 석사 논문 하나만 보고 딸과의 결혼을 내심 허락하신 그분의 삶과 사상을 재발견한 것은 그의 사후 20년이 지난 시점이었다. 당시 그분의 병이 깊음을 알았을 때 필자의 모친께서 하신 말씀이 기억난다. "네 삶이 복되려면 장인이 오래 살아야 한다." 필자가 복이 없어서인지 좀 더 생존하셨다면 신학적 사유를 나누며 정말 행복한 삶을 공유했을 터인데 아쉽기 그지없다.

그는 부산상고 졸업 후 당시 출세 길을 마다하고 신학교(감신대)로 발길을 옮겼다. 그렇게 좋아하던 그림마저 놓고 근본(神)을 찾았던 것이다. 전도사 시절 그는 자생적인 그리스도 환원운동을 접했고 감리교 울타리라는 작은 기득권마저 버리고 그리스도의 길을 찾았다. 그 마음으로 1960년대 초 다섯 가족을 뒤로하고 홀로 미국으로 건너가 6년에 걸쳐 벤더빌트 신학대학에서 박사학위를 취득했다. 신구약성서의 묵시적 의식을 초현실주의자들의 시각으로 현대화시켜낸 논문이었다. 유학 중 자투리 시간을 활용해 그림을 그렸고 그 작품을 팔아 가족들 생활비까지 보내야 하는 상황에서 일궈낸 일이었다. 하지만 귀국 후에도 그의 삶은 결코 평탄치 않았다. 그리스도의 교회 교단에 적을 두었으나 미국 선교사들의 횡포를 그냥 볼 수 없었고 그들과 불화는 그에게 교수직을 허락지 않았다. 충북 괴산 산골에서 목회하며 들판에서 돌을 주워 몸소 교회를 건축했으며 그 와중에도 글을 쓰고 전국 각지의 신학교에서 강의를 하며 가족을 부양했다. 1970년대 초 그리스도의 교회 교단 신학자들과 평신도들이 힘을 합쳐 '한국 그리스도의교회 선언문'을 만방에 공포했다. 평신도들도 참여했던 신학운동은 기독교 역사상 참으로 드문 일이었다. 한국적 주체성, 종교성에 대한 강조, 나아가 한국 교회의 대미 종속성 탈피 등은 지금 생각해도 획기적 내용이라 생각한다. 그는 몇 차례에 걸쳐 '슐리얼리즘의 신학' 혹은 '영의 신학'을 쓰려고 시도했었다. 하지만 그에게는 집필할 시간이 주어지지 않았다. 본회퍼의 '저항'과 키에르케고르의 '고독'을 사랑한 신학자이기도 했다. 그와 그 가족은 정말 가난하게 생활했으나 자식들에게 가난보다 더욱 큰 문제는 상상력의 빈곤인 것을 가르쳤다. 인간이 하느님 형상인 것을 그는 상상력에서 본 것이다. 상상력을 갖고 인간은 하느님처럼 생각할 수도, 살 수도 있는 까닭이다. 필자와의 짧은 만남에서 이신李信 박사는 민중신학이 말하는 가난, 자신은 그것을 온

몸으로 살아냈다고 말씀한 적이 있다.

  그가 남긴 그림 수십 점이 자식들 집 여기저기에 걸려 있다. 모두가 추상화이고 인간의 영적 여정에 관한 내용이며 초현실적 기법으로 그려져 있다. 그에겐 묵시문학이 영적 양극성의 산물이었던 것이다. 오늘을 사는 우리는 그의 시대처럼 가난하게 살지는 않으나 심각한 영적 빈곤의 상태에 놓여 있다. 상상력의 빈곤이란 치명적 병을 앓고 있는 것이다. 상상력, 그것은 李信의 신학적 자존심이기도 했다. 그의 손은 언제든 창조력으로 가득했다. 무엇이든지 그의 손에 들어가서 갈고닦여지면 보물로 변했다. 성북동 성곽에서 주은 옛 기왓장을 갈고닦고 새겨 예수 상을 만들어놓은 것을 지금 강원도 횡성의 작은 아키브에 보관하고 있다. 거리 장터를 돌아다니다 김교신이 사용한 성서를 발견하곤 그것을 지극 정성으로 수리하여 소중하게 간직하신 것도 알고 있다. 그것 역시도 아키브에서 보관 중이다. 오늘과 같이 쉽게 버리고 새로운 것을 거침없이 소비하는 시대에 李信의 삶, 손의 창조력을 지닌 삶은 진정 세상을 구원하는 길이 아닐 수 없다. 나는 그의 사후 20년이 되는 시점을 기해 그의 삶과 사상을 조명하는 비교적 긴 논문 "이신李信의 슐리얼리즘Surrealism과 예술신학"을 썼다.

  벌써 올해 말이면 그가 소천한 지 30주년이 된다. 이 해를 추모하며 나와 가족들은 李信에 대한 세미나를 준비했다. 지난 9월 23일 한국문화신학회 주관으로 30주년 추모학술제가 성대하게 열렸던 것이다. 단순히 가족이어서가 아니라 이 시대에 수없는 생각거리를 펼쳐놓을 수 있는 삶을 지닌 사상가란 생각을 지금도 지울 수 없다. 내가 본 글에서 李信의 장章을 마련한 것은 그가 준 또 다른 신학적 통찰 때문이다. 향후 나는 종교(신학)와 과학 그리고 예술의 총체적 시각에서 이천 년 기독교 역사를 조망하고 그 틀에서 신학적 교리를 교정하고 싶다. 신학 교리만을 학습하는 현재의 신학 교육은 메마른 교조주의자만을 양산할 것이기 때문이다. 이 점에서 李信은 필자에게 예술을 바라보는 새로운 눈을 선사했다. 그가 남긴 그림을 이해하려면 예술사에 대한 엄청난 공부가 있어야만 한다. 상상력 또한 그의 그림을 이해하기 위한 전제조건이다. 그분 그림 몇 점을 해석해보았으나 난공불락처럼 여겨진다. 一雅의 제자란 이유만으로 석사 논문만 읽고 결혼을 승낙하신 마음에 감사를 표하며 향후 신학 인생을 李信의 학문적 영향사 속에 놓을 생각이다.

7. 토착화 신학의 절정으로서 多夕학파의 기독교 이해

2009년 봄 필자는 多夕 유영모에 관한 연구서 『없이 계신 하느님, 덜 없는 인간』을 펴낸 적이 있다. 직전 해에 출판된 『켄 윌버와 신학 – 홀아키적 우주론과 기독교의 만남』에 이어 문광부 우수학술도서로 지정된 책이다. 필자가 유영모를 연구하게 된 것은 오로지 이화여대 은퇴 후 감신 교정에서 15년간 명예 대우 교수직을 수행하신 김흥호 선생님의 덕택이다. 그는 그 옛날 多夕에게 배움을 얻었듯이 필자를 홀로 앞에 두고 당신 스승의 가르침을 전해주었다. 一雅 사후 그분은 필자에게 스승, 곧 탈존 脫存의 새 모습을 보여주었다.[2] 어느 학기는 선생님 연구실에서 독대하며 多夕의 주역사상을 배운 바 있었다. 그의 직간접적 영향으로 多夕 유영모의 기독교 이해에 눈뜬 것은 필자에게는 대단한 축복이었다. 一雅 선생께서 토착화를 말씀했지만 아시아적 종교성 내지 종교다원주의에 무게 중심을 둔 것과 달리 多夕사상은 토착土着/토발土發의 전형적 모습이었다. 多夕을 알게 되면서 그의 제자들에 대한 관심 역시 증폭되었다. 함석헌의 『뜻으로 본 한국 역사』를 다시 읽게 되었고 민족주의의 전형적 모습을 지닌 신채호와의 차이도 알 수 있었다. 관觀을 얻은 한 사람으로 인해 한국 역사가 이렇듯 달리 읽힐 수 있다는 사실에 전율하기도 했다. 20대에 읽은 책이 나이 50줄에 접어들어 이처럼 떨림과 울림이 될지를 전혀 생각지 못한 것이다.

　필자의 多夕 연구는 크게 세 방향에서 진행되었다고 볼 수 있다. 첫째는 多夕의 동양적 기독교를 서구 종교다원주의 틀에서 다루되 그와의 변별력을 강조했다. 소위 그의 '얼기독론'을 서구 다원주의 시각의 급진적 내재화로 본 것이다. 최근에는 그의 '얼기독론'을 '다중多衆기독론'이란 이름으로 개칭하기도 했다. 두 개의 '탈脫'―탈현대와 탈식민성―을 의식했던 까닭이다. 둘째는 多夕사상을 일본 교토학파와 견줄 만한 사상체계로 이해하는 일이었다. 해서 필자에겐 多夕 한 사람만이 중요하지 않았고 함석헌·김흥호를 비롯하여 박영호 등 多夕을 스승으로 모신 이들의 사상과 多夕과의 관계를 묻는 일이 소중했다. 多夕학파란 이름하에 이들을 함께 묶을 수 있는 틀거지를 발견하고자 했던 것이다. 이 와중에 불교에 촛점을 맞춘 교토학파의 기독교 이해와 다른 점도 확연히 드러났다. 무게 중심이 기독교에 있었던 까닭에 이들에게 예수는 이론적 전거만이 아니라 고백적 토대였던 것이다. 마지막으로 필자는 多夕의 기독교 사상을 민족문화 속에 스며든 〈천부경〉, 그 영향사의 정점으로 보았고 유불선儒佛仙은 물론 동학東學과도 회통할 수 있는 대승적 틀을 그에게서 발견했다. 십자가를 수행적, 자/타불이自/他不二적 대속론代贖論의 차원에서 설명한 것이 바로 그 핵심 증거이다. 성직만 있고 수도修道의 개념이 간과된 한국 기독교에게 그의 수행적 기독론은 상당히 유의미하다. 향후 필자는 多夕이 남긴 난해한 원전을 더욱 깊이 읽어갈 생각이다. 그러나 多夕을 과거적 시각에서가 아닌 현대 신학적 주제들과 맞부닥트릴 계획이다. 이미 다중多衆, 생태신학, 진화신학, 역사적 예수 연구의 차원에서 多夕을 조명한 글들을 준비해놓았다. 물론 이런 글쓰기는 多夕 한 개인의 차원에서만이 아니라 多夕학파의 차원에서 포괄적으로 가능할 수 있을 것이다.

필자의 多夕 연구는 순수 종교적·이론적 차원에서만 비롯하지 않았다. 처음에는 의식치 못했으나 동양적으로 이해된 십자가 개념 속에 진정으로 세상을 구원할 새로운 케리그마kerygma가 있다고 확신하기 시작했다. 多夕에게는 십자가를 지신 스승 예수가 중요했고 그의 십자가를 '일좌식 일언인一座食 一言仁'이란 말로서 동양적으로 풀어낸 것이다. 십자가가 세상을 구원할 수 있는 힘인 것은 그것을 믿는 차원을 넘어 그렇게 사는 길밖에 없을 터, '일좌식 일언인'이란 말 속엔 자본주의와 맞설 수 있는 삶의 에토스가 가득 차 있다. 소승적으로 자신 한 몸 수신修身하는 차원이 아니라 세상에 가득 찬 죽음의 세력(자본주의)과 맞서는 길이란 것이다.

나 역시도 처음에는 多夕사상 속에서 개인적 차원만을 보았다. 그러나 그의 전 재산이 오늘의 동광원의 기초가 되었다는 소식을 접하며 '제 뜻 버려 하늘(아버지) 뜻' 이룬 예수의 십자가는 오늘날 반反생태적 천민자본주의와의 싸움이 되어야 한다고 생각했다.[3] 인간을 치열하게 공적公的인 삶으로 부르는 것, 사私와의 사투死鬪를 벌리는 일이 多夕에게 '일좌식 일언인'으로서의 십자가였던 것이다. 필자가 多夕사상 속에서 한국적 생명신학의 정수를 재인식하고 이에 몰두하게 된 것도 결국 이런 이유 때문이다. 多夕사상 속에 신학적 화두인 '생명'을 발견한 것은 필자에겐 은총 그 자체였다. 향후 한국적 생명신학의 차원에서, 아니 내 자신의 삶 속에서 多夕사상을 깨치고 체화시키는 일이 과제로 남아 있다. 하느님의 도우심이 필요할 뿐이다.

8. 신학함의 동반자가 있어 행복했던 25년

어린 시절부터 부모와 떨어져 살았던 관계로 고생은 많았으나 가난하게 살았던 기억은 없다. 다른 학자들에 비해 순조롭게 공부하고 일찍 교수가 된 탓에 학문하는 일에 전념할 수 있었던 것은 참으로 고마운 일이다. 그래서 고생하는 후배 학자들, 제자들을 보면 마음이 무겁고 미안하다. 그래서 간혹 25년간의 교수생활을 접는 것이 도리가 아닌가 하는 생각도 여러 번 해왔다. 돌이켜보면 지금 이 시점까지 이르는 과정에서 뭇 사람들의 도움이 컸다. 자리를 잡으면 누구나 제 잘난 맛에 살지만 유학 시절 받았던 은총의 감각을 잃는다면 신학자는 물론 신앙인의 자격도 없을 것이다. 해서 필자는 은총을 갚을 길을 생각하며 살 때가 되었다고 매번 다짐한다. 지금보다는 더욱 공公적인 삶을 살아야 한다는 당위성을 느끼고 있는 중이다. 은퇴까지 남아 있는 9년 남짓한 기간을 어떤 식으로 살아야 할지 많은 상념이 떠오른다.

나에겐 여성신학자로 살아온 삶의 동반자가 있다. 어느 누구에게나 쉽게 찾아오는 행운은 아닐 것이다. 처음 만났을 때 우리의 신학적 출발점은 너무도 달랐다. 나의 경우 실존Existenz이 출발점이었고 이은선 교수는 우주Kosmos가 생각의 토대였다. 함께 공부하며 격렬한 토론 끝에 같은 곳을 향해 삶을 나룰 수 있게 된 것이 고마울 뿐이다. 지난 세월 동안 나는 이런 저런 관심으로 학위 논문의 주제를 더 이상 발전시키지 못했으나 이은선은 유교와 기독교에 페미니즘을 더하여 이들 셋을 상호 관계 짓는 일에 전념했다. 앞서 언급한 성性, 성誠, 성聖의 신학방법론이 그 작업의 열매이다. 그 틀로 조직신학의 책도 엮어냈으니 교육철학자로서뿐 아니라 여성조직신학자의 삶도 온전히 살아냈다. 반복되는 일상사로 힘겨워 하고 절망도 하지만 그래도 자신의 몸을 예기禮器로 만들려는 노력을 단념치 않는다. 집에만 가면 말이 없어지는 나에게 그녀는 자신이 읽는 책의 내용을 전해주려고 애를 쓴다. 그녀 덕에 직접 읽지 않고도 내용을 아는 척했던 경우가 참으로 많았다. 두 아이에게 좋은 책을 사 나르며 책에 대한 내용을 혼신을 다해 장시간 이야기하는 것도 그녀의 일이었다. 공적인 삶을 결심하도록 요구하는 것도 그녀가 먼저다. 옳다고 여기는 사안에 대해서는 타협보다는 지키는 쪽을 택해왔다. 정치적 의식도 나보다 깊다. 여성정치학자 아렌트를 좋아하게 된 것도 그런 성향 탓인 듯하다. 노무현 대통령의 죽음을 억울하게 생각하며 그를 신학적으로 조명한 정치평론을 자발적으로 쓴 적도 있다. 때로 설교에 대한 아픈 비평을 들었던 것도 괴로웠으나 고마운 일이었다. 책과 아침 기도 시간만 허락되면 인생을 기쁘게 살 수 있다는 말도 귀에 생생하다. 향후 10년의 삶을 계획하는 것도 최근 자주 거론되는 대화의 주제이다. 때론 내가 감당할 수 없을 정도의 과격한 미래를 전망하고 제안하기도 한다. 어쨌든 이은선 교수는 지난 30년간 나의 삶에 가장 큰 영향을 미친 존재이다. 부부를 넘어 생각을 나눌 수 있는 동료란 생각을 피차 하고 산다.

이미 알려져 있듯 우리 부부는 강원도 횡성에서 소박한 공간을 꾸밀 생각을 해왔고 그곳에서 할 일을 구체화시키고 있다. 그곳 명칭은 '현장顯

藏아카데미'로 불릴 것인바, 얼마 전 타계하신 유승국 선생님께서 지형의 특성을 고려하여 주역周易의 말씀에서 찾아주신 것이다. 그곳에서 펼쳐질 계획이 단박에 이뤄질지 아니면 시간을 두고 우회할지는 아직 불투명하다. 필자가 감당해야 할 학문적 몫이 있고 모교 감신을 위한 책무가 아직 남아 있는 까닭이다. 많은 교수들과 두루 잘 지내지는 못했으나 평생 그들로 인해 외롭지 않고 행복했던 몇몇 동료 교수들이 있었던 것도 하느님의 은혜이다. 오늘까지 필자가 대화문화아카데미에서 미력한 책임을 감당하게 된 것도 살아생전 강원용 목사님의 사랑을 많이 받은 덕이다. 그분은 늘 필자의 작업을 격려하셨고 이런 저런 기회를 많이 주셨다. 제자 김장생 박사가 강 목사님의 손주 사위가 된 것도 이런 인연의 과실果實일 것이다.

나는 이 글의 제목을 "미정고未定稿로서의 예수"라 정했다. 이는 본래 多夕 선생의 예수관을 드러내는 말이다. 예수를 자신의 스승이라 믿고 그의 길을 동양적 방식으로 따랐던 多夕이 우리에게 그 길의 성격을 알리는 말인 것이다. 분명한 것은 그 길이 아직 끝나지 않았다는 사실이다. 이는 기독교 정신이 아직 구현되지 않았다는 말과 의미 상통한다. 최근 기독교 역사를 공부하고 현실을 성찰할 때마다 드는 생각이 있다. 그것은 지난 2천 년 동안 기독교가 로마를 기독교화한 것인지 아니면 로마가 기독교를 로마화시킨 것인지에 대한 물음이다. 이 고민이 지속되는 한 多夕의 미정고로서 예수상은 교회와 관계하는 내 자신의 삶의 방식을 좌우할 듯싶다.

1부

한국 신학의 두 과제,
토착화와 세계화를 아우른 多夕의 기독론

1장

多夕신학에서 본
'역사적 예수'의 기독론

들어가는 글

현실 교회의 난맥상이 회자될 때마다 사람들은 초대교회 내지 예수에게로 돌아가야 할 것을 희망한다. 이천 년 역사를 거치면서 교회가 주는 물이 생수가 아닌 흙탕물로 변했다는 공감 때문이다. 그러나 우리가 돌아가야 할 곳이 초대교회인지 아니면 역사적 예수인지를 재차 묻지 않을 수 없다. 초기 신앙 공동체의 고백적 산물로서 성서는 그 자체로 역사적 예수에 대한 해석인 까닭이다. 소위 신앙의 그리스도와 역사적 예수 간의 일치 여부가 현대 성서학계의 핵심 사안이 된 것도 이 점을 반영한다. A. 슈바이처와 R. 불트만을 거치면서 역사적 예수를 더 이상 알 수 없다는 것이 지난날의 통념이었다. 하지만 역사적 예수 없는 신앙의 그리스도가 가현설假現說에 빠질 수 있다는 그 제자들의 생각도 결코 틀리지 않다.[1] 이 점에서 필자는 예수에 관한 신앙과 역사의 시각을 각기 복음주의와 자유주의로 양분하는 것에 이의를 제기한다.[2] 물론 현금의 역사적 예수 연구(예수 르네상스)는 부활 이후의 고백과 무관한 사실적 예수상의 회복을 위해 신앙과 역사 간의 단절을 방법론적으로 택한다. 두 시각 간의 단절 자체가 목적이 아니란 말이다. 역사(사실)의 복원을 위해 신조화되어간 신앙 공동체 내부자의 시각을 잠시 탈각시킬 뿐이다. 필자가 이 글에서 제 역사적 연구가 중에서 M. 보그의 입장을 택하려는 것도 판단중지를 통해 역사에 근거한 새로운 신앙을 제시하고자 하는 까닭이다. 역사적 예수의 '기독론'은 양자 간의 분리를 통해서는 정초되기 어렵다는 것을 필자 역시 긍정한다. 그럼에도 역사적 예수상이 기독론의 시대적 역할을 위해 복원되어야 한다는 주장에는 한 점의 이의도 없다.

주지하듯 '예수 르네상스'가 미국 성서학계에서 세勢를 득得할 수 있었던 몇 가지 이유들이 있었다. 우선 나그 함마디Nag Hammadi 문서의 발견 이래로 고대 언어를 습득한 학자들이 독일 성서학의 권위에 주눅 들지 않고 자유롭게 기독교의 근원을 추적할 수 있었던 까닭이다. 초대교회 이전의 기독교 모습들, 즉 하느님 나라가 신앙 공동체 내부자의 시각으로 한정되기 이전의 상황이 적나라하게 소개된 것이다. 다음으로는 미국적 상황을 들 수 있겠다. 유럽과 달리 다민족·다종교적 배경과 치열한 세속화의 과정을 거치면서 미국 성서학은 간間(교차)문화적 시각에서 성서 연구에 매진했던 것이다. 달리 말하자면 예수 당시와 오늘을 신앙 공동체 외부자의 시각에서 연구한 결과다. 지식 사회학, 성서 고고학, 문화

인류학의 관점이 예수운동을 오늘의 의미로 부각시켜낸 것이다. 끝으로 보수 근본주의 기독교의 폐해를 경험한 미국의 지성인들에 의한 종교적 영성에 대한 갈급함이 또한 요인일 듯싶다. 진화론을 비롯한 현금의 과학적 세계관은 신앙의 그리스도를 감싼 초자연적 신관, 유신론의 틀을 더 이상 인정치 않고 있다. 이런 정황에서 영靈의 사람으로서 예수의 재발견은 대안 문화를 향한 동력으로 크게 주목받고 있는 것이다.[3] 이런 이유로 지난 10년간 복음주의 일색의 한국 기독교 내에서 역사적 연구 결과물들이 번역 소개된 것은 의미가 크다.[4] 역사적 예수에 터하여 믿기를 넘어 예수 살기를 목회의 근본 강령으로 삼는 공동체 운동까지 형성되었으니 그 열매가 한국에서 맺어진 셈이다. 최근 새로운 기독교, 기독교인의 재주체화를 표방하며 Q문서를 비롯하여 도마복음 연구가 활성화되고 있는 것도[5] 모두 기독교 뿌리 찾기의 일환이라 하겠다.

하지만 필자 보기에 역사적 예수의 한국적 수용에 있어 아직 정리되지 않은 문제가 있다. 그것은 역사적 예수와 신앙의 그리스도 간의 관계성 문제이다. 인습화된 케리그마 신앙의 토대 위에 역사적 예수를 덧입히는 방식의 양자 간 결합은 충분치도 바람직하지도 않다.[6] 일찍이 바젤의 신학자 프릿츠 부리Fritz Buri가 말했던바, 비非케리그마Entkerygmatizierung[7] 작업을 통한 새로운 관계 정립이 필요할 뿐이다. 달리 말해 초자연적으로 고백된 신앙의 그리스도, 곧 인습화된 케리그마는 영원한 상수常數일 수 없고 그 역시 문화적 산물이기에 역사적 예수가 한국적 토양에서 재再케리그마화되어야 한다는 사실이다. 인습화된 서구적 기독론이 아닌 역사적 예수를 토착화시켜야 한다는 주장인 셈이다. 이 땅에 심겨져야 할 '씨앗'이 기독론이 아니라 예수란 말이다.

이 점에서 필자는 후술할 주제인 多夕 유영모의 '얼기독론' 내지 '스승

기독론'에 주목한다.⁸ 평생 한국(동양)적 기독교를 구축했던 多夕신학의 요체는 십자가로 대변되는 예수의 삶이었고 그런 삶을 산 예수가 그에게 유일무이唯一無二한 의중지인意中之人으로서 재케리그마가 되었던 까닭이다. 물론 십자가에 대한 多夕의 탈脫맥락적 이해는 서구 신학자들의 역사적 예수상像과 변별력을 적시할 것이다. 하지만 탈맥락화는 의당 그리 되어야 할 일이다. 성서는 저마다 다른 시공간 속에 사는 우리에게 "너희는 날 누구라 하느냐"고 묻고 있기 때문이다.⁹ 바울의 기독교가 이미 그랬었고 북미의 역사적 예수 연구가들 역시도 미국의 정치·문화적 정황을 반영한 것이 틀림없다.¹⁰ 이 점에서 역사적 예수와 그리스도의 관계를 多夕의 고유한 시각으로 정리하여 기독교(인)의 재주체화(토착화)를 모색하는 일은 참으로 의미 깊다. 이에 필자는 다음의 절차로 본 주제를 풀어 나갈 생각이다.

우선 첫 장에서 부활 이전과 이후의 예수상을 엄격히 구별하는 M. 보그의 성서신학적 입장을 논쟁적 차원¹¹에서 소개할 것이며 둘째로는 초자연적 유신론 성상(Icon)의 신학적 한계 및 모순을 적시하되 그를 바울 신학과 연계시켜볼 작정이다. 그리고 셋째로는 보그가 말하는 부활 이전의 예수상을 상세히 소개하고 그를 오늘 우리와 관계시킬 수 있는 방식을 깊게 탐색할 것이다. 오로지 역사적 예수의 기독론을 정립하기 위함이다. 마지막으로 필자는 영을 매개로 역사적 예수의 케리그마화를 주장하는 보그의 기독론을 넘어서는 철저한 재케리그마의 형태를 앞서 언급했듯 多夕(토착화)신학의 시각에서 설명코자 한다.

1. 역사적 예수 연구가들의 기독론 비판의 근거
  - 부활 이전/이후 예수상像의 구별

복음서의 근간을 이루는 Q자료의 실체가 밝혀지고 도마서의 중요성이 부각되면서 역사적 예수, 소위 부활 이전의 예수에 대한 관심이 성서학계에 고조되기 시작했다. 이들 자료가 중요한 것은 기독교 케리그마의 본질로 일컬어진 동정녀 탄생, 부활, 재림 그리고 대속代贖 등의 초자연적 사건에 대해 일체 언급이 없을 뿐 아니라 그 상태로서 초기 예수 공동체를 형성해왔다는 사실에 있다. 성서가 기독교 전통 안에서 정경화正經化되기까지 이들 자료들이 여타의 것들과 300년 이상을 공존했다는 것은 중요한 사안이다. 비록 이 자료들 간에 갈등이 없지 않았겠으나 상대를 부정하는 이단 시비 같은 게 없었던 것이다. 또한 정경화된 성서를 기록 순으로 분석해보아도 예수가 신화화(초자연주의)·신앙화되는 과정을 여실히 알 수 있다. 예컨대 마가복음과 요한복음을 성서적 다양성의 표현이라 보기에는 60-70여 년에 걸친 교리적 발전 과정으로 인해 그 차이 역시 쉽게 해소되기 어렵다. 요한복음에 기록된 선재설先在說은 Q는 물론 마가자료의 빛에서 볼 때 너무도 엄청난 비약적 변화인 까닭이다. 기독교가 로마의 국교가 되는 과정에서 부활 이전의 예수상이 위축되고 초자연적 유일신의 성상聖像으로 발전된 것도 객관적 사실 중의 하나다.

주지하듯 초기 교회는 창세기 1-3장에서 로마 권력과 맞설 수 있는 자유의지를 읽었으나 후일 로마화를 주도했던 신학자들에 의해 같은 본문이 인간 타락의 징표로 재해석되었던 것이다.[12] 이런 정황에서 인간의 원죄설이 전면에 등장했고 그럴수록 대속설과 교회(사제)론이 중요해졌으며 초자연적 유일신 개념이 강조되어야만 했는데, 이는 결국 기독교와 로마 제국 간의 밀착 가능성을 보여준다. 기독교가 로마를 기독교화했다기보다는 오히려 로마가 기독교를 로마화했다고 보는 편이 더 사실에 가깝다는 것이다. 역사적 예수 연구가들이 당시 로마 제국 속에서 활동하던 부활 이전의 예수 연구에 골몰하는 이유 중 하나도 바로 이 점을 수정키 위함이다. 하지만 이런 과정에서 소위 케리그마 신학자들의 비판이 결코 적지 않았다.[13] 역사적 예수/신앙의 그리스도의 분별 속에 전제된 역사성의 문제를 비롯하여[14] 세속 이념理念에 경도된 성서 해석을 우려했던 까닭이다. 인습화된 신조에 적응된 목회 현실에 역사적 예수가 부담이었던 것도 비판의 요체였을 듯하다. 그럼에도 초자연적 유신론의 옷을 입은 케리그마 신학의 폐해를 직간접적으로 경험했고 그것이 더 이상 '시대 적합'치 않다는 판단으로 인해 역사적 예수 연구는 한국에서 그 독자층을 넓혀가고 있는 중이다. 본 장에서 필자는 내재적 비판[15]의 맥락에서 예수의 의미를 달리 생각하는 두 성서학자의 생각을 정리할 생각이다. 부활 이전과 이후의 예수에 대한 M. 보그의 생각을 명시할 목적에서이다.

톰 라이트와 함께 썼던 『예수의 의미』 서문에서 마커스 보그는 교회 안에서만 통용되는 예수가 아니라 밖에서도 유의미한 예수상을 바라며 이를 위해 예수 시대의 외부자들의(교차문화적) 시각이 필요함을 역설했다. 이는 항차 탈근대 시대의 예수를 염두에 둔 포석이기도 하다. 이에 반해 톰 라이트는 내부자의 시각을 중시하며 복음서 재료의 예수 의존성을 한층 강조하지만 이들 모두 역사적 예수가 당시의 지평과는 다른 진리를 내포할 수 있다는 사실을 확고히 했다.[16] 주지하듯 보그는 역사적 예수가 인습화된 신앙의 그리스도와 달랐다고 주장하는 학자다. 교회 공동체의 증언, 곧 부활 이후의 예수로부터 역사적 예수의 분리를 방법론적으로

선택한 것이다. 이는 역사적 사실만을 중시하는 객관적 역사학자의 견해와는 다르다. 복음서의 예수를 역사 자체가 아니라 기억된 역사의 은유적 표현이라 보기 때문이다.[17] 실제로 복음서의 기록이 예수 사후 30-40년이 지난 뒤 생겨난 것임을 누구도 부정할 수 없다. 예수 사후 체험적 실재로서의 예수가 정경화正經化되는 과정에서 은유는 교리로 대체되었고 그 과정에서 부활 이전의 예수가 실종되었다는 것이 보그의 관점이다. 역사적 예수상의 복원을 위해 보그는 초기 전승들의 저작 연대를 분별했고 그 문서들 속에 나타난 예수를 당시의 문화·사회적 상황, 곧 로마 통치하의 유대적 배경에서 이해했으며 예수의 사명을 오로지 하느님의 관점에서 통찰했다. 도래할 하느님 나라를 선포하며 기존 질서에 이질적이었던 예수에 대한 기억이 오히려 정경화된 예수의 핵심이란 것이다.[18]

그러나 성서적 기록이 부활 체험 이후 내부자의 신앙적 열정의 산물이라는 이견도 만만치 않다.[19] 정경이 결코 은유(기억)만이 아니라는 것이다. 부활이 기독교 신앙에 있어 역사적인 결정적 의미라는 주장이다. 여기서 라이트 역시 신앙과 역사의 통합된 세계의 중요성을 강조했다. 역사와 신앙 모두가 예수를 아는 길이 될 수 있다는 것이다. 역사와 신앙을 방법론적으로 분리한 보그에 대한 일침이라 하겠다. 분리가 의심의 해석학을 망상의 해석학으로 변질시킬 수 있다고 본 것이다.[20] 또한 부활 이전/이후 예수상의 구분을 초기 교회가 알지 못했다고 생각한다. 신앙의 근거를 부활(역사)에 두는 것도 문제지만 양자를 분리시키는 데에도 동의하지 않는 것이다. 이 점에서 라이트는 예수를 하느님 나라의 선포자만이 아니라 자신의 현존과 사역을 통해 하느님 나라가 이스라엘 역사 속에 개입함을 믿은 존재라고 했다.[21] 대안 문화의 활성자라는 보그의 생각을 뒤엎는 발상인 것이다. 미래가 현재적으로 사건화되었다는 자각이 있었던 까닭이다. 예수 스스로가 메시아로서 백성들의 구원을 가져올 자라는 자의식의 소유자라는 것은 보그와 결정적으로 달라지는 지점이다.²² 보그 역시도 역사와 신앙을 함께 생각하는 신학자임이 틀림없다. 하지만 부활 이전의 예수에게 메시아적 칭호 대신 유대적 신비가²³의 자리를 그에게 부여할 뿐이다. 메시아란 초대교회의 체험(부활) 속에서 예수의 삶과 죽음을 역사화시킨 결과라는 것이다. "(메시아와 같은) 그런 언어는 은유화된 역사이며, 이 경우에 은유화된 것은 예수 자신, 그의 삶과 죽음이다."²⁴ 이는 교회 공동체의 증언 자체가 그에게 부정되지 않았음을 보여준다. 부활 이후 예수조차 부활 이전의 관점으로 환원시킨 크로산 같은 학자들과 달리 보그의 경우 양자를 구별할 뿐 한쪽으로 소급시키지 않은 것이다. 하지만 부활 이전의 예수를 탈정경화, 비메시아적 시각에서 탐색해야 한다는 논거는 시종일관 지속되었다. 『신에게 솔직히』의 저자 J. 로빈슨을 사사한 성공회 J. 스퐁Spong 감독의 주저들이 밝힌 대로 복음서 전승이 시간의 흐름을 따라 초자연적 언어로 고양된 것이 분명하기 때문이다.²⁵

이 점에서 필자는 라이트보다 보그의 입장을 따르고자 한다. 예수의 메시지와 목적 대신 예수 자신이 집중될 경우 오늘과 같은 배타적 기독교가 생겨나기 십상인 탓이다. 앞서 본 대로 보그는 역사적 예수를 유대적 신비가로 이해했다. 예수에게서 하느님 체험, 곧 신성한 존재와 연결된 강한 합일의식(우주 배꼽)이 강렬했다는 것이다. 신비가인 예수에게 하느님은 초월적인 타자이자 지금 이곳에 내주하는 범재신론적 존재임이 틀림없다.²⁶ 지금 '이곳'(내재)과 이곳 '이상'(초월)의 양면을 지닌 그의 신 체험은 정경화 과정에서 두드러진 초자연적 유신론과는 맥이 전혀 달랐다. 보그가 하느님의 영, 즉 모두를 감싸안는 영Encompassing Spirit을 강조하는 것도 이런 이유에서다. 이런 뿌리 경험[27]은 예수를 불의와 맞서게 했고 중개자 없이 신과 소통할 수 있는 직접적 길(向我設位)을 민중들에게 선사하였다. 로마 지배의 앞잡이 역할을 하던 성전체제(向壁設位)의 전복을 말한 것도 이런 맥락일 것이다.

성 금요일에 있었던 예수의 십자가 죽음 역시 부활 이전/이후를 대별해서 이해해야 할 획기적 사건이다. 여기서 보그는 멜 깁슨 주연의 영화 "Passion of Christ"의 'Passion'을 예수의 대속적 수난보다 하느님 나라를 향한 열정으로 볼 것을 주문했다.[28] 대속적 죽음을 부활절 이후의 공동체적 고백으로 본 것이다. 반면 라이트는 옛적의 A. 슈바이처가 그랬듯 자신의 죽음을 통해 하느님 나라가 도래할 것을 믿은 메시아적 소명과 목적의 증표라 하였다.[29] 즉 예수의 죽음이 유대 민족의 속죄를 위해 최종적인 악과의 마지막 투쟁이었다는 것이다. 하지만 이 점에서 보그는 속죄적 죽음과 메시아적 소명 간의 불일치를 경험했다.[30] 그의 마가복음 연구서『예수의 마지막 일주일』은 예수 죽음의 부활 이전以前적 의미를 잘 밝혀주고 있다. 예수 생애 마지막 한 주간을 기록한 마가복음서는 로마 지배체제의 상징인 예루살렘 입성[31]과 그 체제에 빌붙은 성전 심판을 중심 내용으로 삼았고 결국 그의 죽음은 그로 인한 것임을 적시했다는 사실이다. 하느님 나라 열정 탓에 야기된 예수의 죽음을 보그는 성취된 예언, 곧 수난의 목적성과 연루시키지 않았고 예언이 역사화된 것으로 보았다.[32] 즉 부활 이전의 예수 죽음을 신앙 공동체가 히브리 성서 본문들과 일치시켰다는 말이다. 보그는 이를 부활 이후의 창작이라고까지 말하고 있다. 이에 반해 속죄신학이 유대적 차원을 넘어 전 인류에게로 확장되는 과정(요일 2:2)에서 속죄를 예수 스스로 자신을 이해한 종말론적 행동으로 보는 라이트의 시각도 유의미하다.³³ 포로기 이스라엘 민족을 구원코자 했던 하느님이 예수의 자의식 속에서 더욱 보편적으로 확장되었다는 것이다. 하지만 본래 이스라엘 민족을 위한 것이 온 세상을 위한 것이라는 발상에는 동의하기가 쉽지 않다. 더욱이 죄의 보편성을 강조하는 맥락이라면 말이다. 이는 유대 중심주의적 세계관의 산물이 아니겠는가?

이제 마지막으로 논할 것은 부활 그 자체에 대한 이해 및 해석의 문제이다. 톰 라이트에 의하면 초대교회는 십자가 처형으로 예수가 육체적으로 죽었으나 육체적으로 다시 부활했음을 믿었다. 유대적 배경에서 부활은 하느님 시대(새 창조)의 도래를 의미했다.³⁴ 아직 현재는 지속되나 장차 올 시대가 시작되었다는 것이다. 초대교회가 예수의 메시아성(케리그마)을 선포한 이유도 바로 여기에 있다. 바울이 말한 부활, 곧 '영적인 몸'은 비신체성을 선호하는 희랍적 차원이 아니라 부패된 현재를 초월하는 미래적 특질이란 것이다.³⁵ 비록 예수 한 개인에게서 일어났으나 부활이 역사와 종말과 연루된 한에서 그것을 미래에 대한 희망, 보편적 인류에게 선사될 새 출애굽의 징표로 보았다. 이 점에서 라이트는 장사된 예수 몸에서 발생된 유일무이한 사건을 문자대로 수용할 것을 권면한다.³⁶ 역사적 난관인 부활을 인정하는 것만이 예수의 메시아성을 풀어내는 지름길이란 것이다.

하지만 보그의 생각은 이와 달랐다. 부활이 기독교의 핵심인 것을 부정치 않았으나—왜냐하면 제자들 속에 예수가 살아 있고 주님이란 것이 확연했기에—소위 육체적 부활 그 자체는 부활절 진실과 무관한 것이라 여겼다.³⁷ 바로 이 점이 부활 이전/이후의 예수상을 가름하는 분기점이 아닐 수 없다. 보그는 '엠마오를 향한 도상'(눅 24:13-35)에서 부활사건의 본질을 읽어냈다. 죽었다고 생각한 예수가 제자들 자신과 함께 길을 걷고 있다는 체험인 것이다. 즉 예수 생전 체험했던 권능을 그의 죽음 이후에도 지속적으로 체험하고 있다는 사실이다.[38] 해서 보그는 부활 이후의 예수를 '체험적 실재experiential Reality'란 말로 명명한다. 예수가 살아 있고 여전히 주님이란 제자들의 고백이 바로 부활의 현실태란 것이다. 이는 라이트의 속죄신학이 전제하듯 보편적 죄와 무관하며 오히려 당시 지배체제인 로마가 결코 주님일 수 없다는 생사를 건 고백이라 생각한다.[39] 하여 부활은 삶의 명령이 된다.[40] 세상의 진짜 주인을 따라야 한다는 것이다. 해서 보그는 바울 서신의 다음 구절에 주목했다. "죽은 사람의 부활이 없다면 그리스도께서 살아나지 못했을 것입니다. … 죽은 사람이 살아나는 일이 없다면 그리스도께서 살아나신 일도 없었을 것입니다."[41] 이 본문은 보편적 부활이 예수 부활로 생겨난 것이 아니라 오히려 그것이 예수 부활을 위한 전제이며 예수의 부활과 인간(제자)의 부활이 동시적 사건일 수밖에 없음을 적시하고 있다. 결국 빈 무덤과 출현한 몸에 의거해 부활을 확신하는 것보다 지속적인 삶(靈)의 체험으로 예수의 주님 됨을 고백한 제자들에 의해 객관적(역사적) 증언들이 후술되었을 개연성이 높다고 생각한다.[42] 이 점에서 성부/성자가 동일 본질이란 신학적 교리에 대한 보그의 시각을 제시할 필요가 있다.

의당 보그에게 부활 이전/이후의 예수와 하느님의 관계 설정이 다를 수밖에 없다. 부활 이후의 예수는 신적 실재이겠으나 역사적 예수는 하느님의 육화Embodyment로 묘사된다.[43] 그러나 후자의 경우 초월적 유신론을 상정치 않는 것이 요체이다. 범재신론, 곧 영의 사람으로 예수를 이해했던 까닭이다. 부활 이후의 뭇 예수 이미지 역시 은유라는 것이 보그의 절대적 확신이었다. 부활 체험이 예수에 대한 증언들의 출처란 생각 때문이다. 이 점에서 보그는 니케아 신조 역시 당시 문화권 안에서 토착화된 한 범례로 이해할 것을 종용한다.[44] 얼마든지 다른 은유가 범례화될 수 있다는 말이다. 결국 예수가 하느님의 결정적 계시임에는 틀림없으나 1세기의 고백적 증언에 근거하여 기독교만이 유일한 구원이란 생각을 전면에 내세울 이유가 없다는 것이 부활 이전/이후의 예수상을 분별했던 보그의 마지막 결론일 듯싶다.[45]

2. 초자연적 유신론 및 인습화된 '케리그마'
- 바울 신학과의 연계를 중심하여

　M. 보그가 부활 이전의 역사적 예수에 무게를 둔 이유는 여럿이겠으나 핵심 중 하나는 진화론 이후 시대 및 탈근대의 시대적 변화 속에서도 여전히 예수의 주님 됨을 말할 목적에서이다. 그가 교차(間)문화적 방법론을 강조하고 성서 밖의 외부자의 시각을 도입한 것도 결국 역사적 예수와 오늘 우리 시대를 조우시킬 생각 때문이었다. 앞서 인용했던 가장 최근 저서 『기독교의 심장』은 역사적 예수와 범재신론을 근거로 이런 의도를 구체화시킨 수작秀作이다. 이 점에서 보그 역시도 그리스도론을 말하고 있는 셈이다. 본 사안은 다음 셋째 장의 주제이기에 여기서는 예수가 신화화·신조화되는 과정에서 결과된 이념성과 초자연적 유신론의 한계를 적시하고 그것이 현대적 정신 상황과 접촉점을 상실한 게토를 형성했는가를 살필 생각이다.

　주지하듯 한국 교회 현실은 변화된 세계를 인정치 않고 더한층 인습화된 신앙체계를 견고히 하는 것을 신앙 양태라 칭稱하는 경향이 있다. 정도의 차이는 있을지라도 대략적으로 보수 근본적 성격을 띤 한국 교회의 핵심 신조는 대략 다섯 가지 정도로 정리할 수 있다. 이는 부활 이후의 예수상에 대한 과도한 집중과 몰이해[46]의 결과일 것이다. 우선 성서를 신의 영감으로 계시된 무오無誤한 하느님 말씀이라 확신하며, 다음으로 동정녀 탄생을 그리스도 신성을 드러내는 징표라 믿고, 셋째는 예수의 십자가 죽음이 죄된 인류를 위한 오로지 대속代贖의 죽음임을 선포하며, 넷째로 예수의 육체적 부활을 개인적 죽음에 대한 승리의 표증이라 하고, 마지막으로 예수의 재림과 심판은 물론 죽음 이후의 세계를 보상받는다는 문자적 신뢰이다.[47]

현실 교회가 선포하는 메시지가 이런 신조信條에 근거하는 한 이들의 부정은 곧바로 기독교 자체의 부정과 동일시되곤 한다. 종교다원주의로 중세기에나 있을 법한 종교재판이 목하目下에 있었으며 교단에 의한 신학 검증이 강화되는 것도 이런 맥락에서다. 성공회 스퐁 감독의 지론至論인 바, 이런 신조들은 모두 초자연적 유신론의 틀거지를 배경으로 태동된 것이다. 예수가 초자연적 유신론(존재론)인 하느님의 유일무이한 육화肉化임을 말하기 위해 동정녀 탄생, 대속적 죽음, 육체적 부활, 재림과 심판의 문자적 의미가 강화되었다는 말이다. 또한 우리는 니케아 회의 전후의 과정 속에서 '예수가 어찌 하느님이 되었는가'를 이데올로기 비판의 형식을 통해 일리一理로서 배운 바 있다.[48] 예수의 신격(신성)화가 로마 지배체제의 후광後光과 무관치 않았다는 사실을 알게 될 것이다. 신학적 사안을 로마의 정치권력이 결정하고 교회가 지배체제의 안정을 보장하는 상호 간 결탁의 결과가 바로 초자연적 성상聖像인 기독론이었다는 것은 불편한(슬픈) 진실일 것이다.

물론 보그 역시도 이 점을 부정치 않았다. 우리 시대에도 여전히 초자연주의가 근본주의로 탈바꿈되어 교회 안팎에서 이데올로기로 기능함을 알고 있다. 그럴수록 역사적 예수가 초자연적 유신론을 탈각시킬 수 있는 유일한 길이란 것을 보그는 확신했다. 이 점에서 우리 모두는 다시 스퐁의 말대로 상술한 다섯 신조 없이도 기독교는 존재하며 기독교인이 될 수 있는 길을 모색해야만 한다. 더 이상 유배당한 기독교인을 양산시키지 않으려면 말이다. 『기독교, 변하지 않으면 죽는다』가 그의 책명이자 화두가 되었듯 우리의 좌우명으로 삼아야 마땅할 일이다. 우리의 과제는 의외로 복잡치 않고 단순하다. 예수를 '격하'(?)시키는 일 바로 그뿐인 까닭이다.[49]

이를 위해 보그를 비롯한 연구가들은 성서 속에서 역사적 예수의 초자연적 신성화 과정을 비판적으로 추적해내었다.[50] 바울에 대한 연구결과가 이전과는 전혀 달리 진행된 것도 주목할 사실이다. 주지하듯 기원후 50년, 가장 이른 시기의 자료인 Q문서 속에 앞선 다섯 가지 신조가 부재했다는 사실은 우선 놀라운 일이다. 초자연적 유신론의 흔적이 없다는 것은 새 기독교의 가능성을 열 단초가 되는 까닭이다. 그보다 다소 늦은 바울 서신들,[51] 적어도 마가복음의 기초가 된 이 자료에서도 동정녀 탄생, 육체적 부활 같은 초자연적 모티브가 생략되었다. 역사적 예수와 일차 바울 서신 간의 상관성은 본 장 말미에 후술할 것이나 다메섹 사건이 바울의 부활 체험과 다르지 않았다는 점을 강조하겠다. 적어도 바울의 부활 체험은 초자연적 유신론과는 무관했다는 사실이다. 이 점에서 바울에게 부활이 "사실fact은 아니었으나 진실true한 것"이었다고 한 크로산의 말은 의미 깊다.[52]

복음서의 모태가 된 60년 후반의 자료인 마가복음에도 초자연적 유신론의 내용이 본격화되지 않았다.[53] 바울보다 앞당겨졌으나 예수의 하느님 아들 된 시점을 요단강 세례 시時로 서술한 것이 그 증거이다. 부활의 예수를 초자연적으로 이미지화한 마가복음 16장 9-16절 부분이 그로부터 1백여 년 뒤 정경화 과정에서 삽입된 내용이란 것도 학계의 정설임을 참작할 일이다. 하지만 80년대의 자료인 마태복음에 이르러 초자연적 담론이 더욱 확고해진다. 마태는 동정녀 탄생을 말한 첫 번째 성서 기자였다. 이는 예수의 신적 본성이 탄생 시점으로 소급됨을 뜻한다. 부활의 육체성도 마태 자료[54]에 최초로 수록되어 있으나 바울의 부활 체험과는 차원이 같지 않다. 90년경의 자료인 누가복음에서 유신론적 경향성은 한층 강조되었다.[55] 육체적 부활의 사실성을 부각시켰고 부활 이후 승천 개념까지 구비해놓은 것이다. 천상의 공간까지 마련한 것은 유신론의 틀을 강화시킨 결과라 하겠다.

초자연적 유신론은 1세기 전후에 걸쳐 집필된 요한 서신에서 절정을 이룬다. 요한은 처녀 탄생의 수태고지보다 예수의 선재성先在性에 관심을 집중했다. 예수의 신성을 태초 이전으로 소급할 목적에서이다. 창조 시時부터 하느님과 함께 활동한 존재로서 예수는 간혹 삼위일체의 근거가 되기도 한다. 예수 죽음의 대속적 차원[56]을 명시한 것도 같은 맥락이다. 본래 인간 구원의 문제로 인해 예수 신성의 필연성이 제기되었던 까닭이다. 승천 이후 보혜사 성령을 보내는 예수의 이미지는 초자연적 유신론의 상像 없이 상상키 어렵다.

이처럼 기록된 시기에 따라 예수의 인간성이 후퇴하고 신성이 강조된 것은 초자연적 유신론의 틀로 역사적 예수를 해석했기 때문이다. 하지만 역사적 예수가 초자연적 유신론의 형태로 선포되는 교회적 현실은 가현설假現說을 비판했던 교회가 가현적 종교로 변질된 자기모순을 고지할 뿐이다.

일반적으로 한국 교회는 복음서보다 바울 서신을 선호한다. 부활을 강조한 바울의 케리그마 신학을 초자연적 유신론의 보고寶庫라 믿었기 때문이다. 어거스틴 이래로 종교 개혁자들 모두가 로마서를 통해 깨달음을 얻었던 것도 그 한 이유일 듯싶다. 하지만 역사적 연구가들은 바울 서신을 종교 개혁자들의 시각에서 해방시키려 한다.57 바울 서신 속에서 역사적 예수의 이미지와 중첩되는 메시지를 발견했던 까닭이다. 첫 번째 바울 서신들을 탈脫유신론(초자연주의)적 관점에서 독해할 수 있었던 것은 필자에게 깨달음이자 즐거움이었다. 보그와 크로산 이들은 바울을 초기 예수운동의 역사적 맥락에서 이해했다.58 바울이 로마 제국의 지배체제에 반하는 입장을 취했다는 것이다. 노예제도의 폐지(빌레몬서), 가부장제로부터의 탈주(고린도전서) 등이 바울신학의 핵심이란 말이다.59 로마의 지배체제와 구별된 사회적 평등이 바울신학에서 예수가 주님이란 고백과 동전의 양면과 같은 것이었다. 하여 바울은 영적靈的이란 말로써 로마 제국의 질서와 다른 삶의 양식을 지시할 수 있었다.60 로마 제국의 황제가 '주님'일 수 없다는 것이다. 바울 서신 속에서 수없이 사용된 '엔 크리스토In Christo'란 말이 바로 영적인 것이며 평등성에 헌신하는 삶의 양식을 지시했다.61

흔히 바울 서신을 종교 개혁가들의 영향 탓에 신앙 의인(Sola fide)의 관점에서 독해해왔으나 바울은 정작 믿음과 행위의 분리를 알지 못했고 오히려 '신앙 없는 행위' 자체가 문제였다. 기독교적 세례 이후에도 여전히 로마의 질서를 선망하며 추종했던 신앙인들의 삶이 '신앙 없는 행위'의 전형인 것이다. 오늘 대다수의 기독교인들이 이런 정황에 있음은 크게 탄식할 일이다. 이 점에서 바울의 십자가 이해도 대속 개념과 거리를 둘 수 있다.62 세상 죄를 담당하는 요한의 속죄와 달리 바울의 십자가는 제국을 상정할 때 그 뜻이 분명해진다.63 십자가의 그리스도는 제국을 거부할 수 있는 하느님 능력 자체인 까닭이다. 그렇기에 속죄란 바울에게서 언제든 참여의 길이었다. 소위 '참여적 속죄'로서 자속적 의미를 담지하고 있다. 신앙인의 편에서 볼 때 그리스도로 말미암아 세상이 죽어야 하기 때문이다.64 부활에 관한 첫 기록을 남긴 바울이지만 그에게 부활은 제국이 죽고 그리스도가 사는 체험적 실재였다. 달리 말하면 부활 역시도 제국이 아니라 예수를 따르라는 명령이란 사실이다.65 바울 서신 속에 자주 언급된 영/육 개념 또한 육체 혐오적인 것이 아님이 분명하다. 기독교인이면서 세상(제국) 질서를 정상이라 여기고 사는 삶 자체가 육을 지칭할 뿐이다.66 신과의 동등함을 포기했던 예수를 '하느님처럼' 되려고 했던 첫째 아담과 대비시킨 것도 이런 이유에서일 것이다.67 이렇듯 최초 기록된 바울 서신 역시 예수운동의 맥락 속에서 초자연적 유신론을 거세함으로써 오히려 탈현대적 정황 속에 무리 없이 안착될 수 있다고 생각한다.

이런 식의 역사적 예수 연구가 중요한 이유는 바로 탈현대적 세계상과 모순되지 않는 까닭이다. 신앙에 모순이 없을 수 없으나 모순 자체가 믿음을 정당화할 수 없다. 소위 '위로부터 아래'(Up down)로의 계시 사건도 중요하겠으나 '아래로부터 위'(Bottom up)를 향한 인간 경험 역시 소중한 시대가 되었다. 알기 위해 믿어야 하는 것만큼 믿기 위해 먼저 아는 것도 필요하다는 말이다. 주지하듯 기독교인들 역시도 예외 없이 진화론 이후 시대를 살고 있다. 진화론은 유신론과 모순되나 우주 및 지구 역사와 함께한 하느님을 새롭게 발견할 수 기회를 제공했다.[68] 따라서 범재신론 외에 달리 표현할 수 없는 '靈'으로서의 하느님, 이것이 예수의 원초적 종교 체험이었음을 밝히는 것이 진화론 시대에 신학적 관건이 되었다. 하느님은 우주 만물 및 인간 안에서 그들이 완성되기까지 생명의 힘으로 활동하는 분인 까닭이다. 초자연적 유신론의 성상으로서의 예수는 현대인에게 더 이상의 매력을 상실했다. 하느님을 생명으로 체험한 영의 사람 곧 '참인간' 예수가 시대가 요청하는 그리스도가 될 수 있을 뿐이다.[69] '신성神性'의 다른 이름으로서 '참사람'은 타자(성)를 초월로 아는 존재이기도 하다. 차이를 지닌 존재로서 저마다 자신의 방식으로 하느님(靈)을 체험할 수 있다고 믿은 것이다. 즉 스스로 중개자 되기를 원하지 않았다는 사실이다. 이처럼 탈현대는 새로운 '실재Reality'를 경험토록 요청받고 있는 시대이다. 삶을 규범화시켰던 종교가 방향을 달리 설정해야 할 '카이로스'적 시점이 된 것이다. 초자연적 신의 전능성이 결국 성/속, 기독교/타종교, 문명(백인)/야만(흑인), 남자/여자를 분리시키는 근간을 제공했던 것을 아는 까닭이다. 하느님 실재를—거룩(초월)이 아닌 자비(내재)로서[70]—달리 경험함으로써 역사적 예수는 성전과 여타 공간, 안식일과 일상성의 장벽을 단박에 깨칠 수 있었다. 진화론을 신학적으로 수용할 수 있었던 것도 바로 이런 실재관의 변화에 기인한다.[71] 예수의 수사학이 주로 비유였고 비유 대상이 거의 자연임을 상기할 때 우주 자연 역시 하느님의 자기표현의 장場이었던 것이다. 제국의 부조리를 목도하면서도 인간 및 우주가 하느님 은총의 영역임을 선포한 예수는 '오래된 새길'을 걸었던 분이 틀림없다. 예수는 원죄가 아닌 '원은총Original Blessing'[72]을 선포한 탈현대 신학자의 반열에 설 수 있는 열려진 존재였다는 것이다.

3. 역사적(부활 이전) 예수의 신성神性과 영靈기독론
   – '참사람'으로서의 그리스도 이해

M. 보그는 자신의 저서를 통해 초자연적 유신론보다는 범재신론이 성서적 하느님 이해에 실상은 더 적합한 것임을 역설했다. 오히려 그것이 더욱 정통에 가깝다고 주장하고 있다.[73] 그렇다고 범재신론이 유신론이 아닌 것은 결코 아니다. 하느님의 실재성을 누구보다 확신하는 까닭이다. 단지 하느님과 세계의 관계 맺음의 방식에서 초자연적 유신론의 무력함을 보았고 역사적 예수의 삶에서 하느님을 다시 찾은 것이다. 사실 조직신학의 영역에서 이런 논쟁은 해묵은 사안이다. 하느님의 신적 전능성(Creatio ex Nihilo)을 담지한 삼위일체 교리에 근거하여 초월과 내재를 회통시키는 몰트만과 삼위일체(전능성)를 포기하고 하느님의 세계 의존성을 십분 강조한 과정신학이 범재신론의 양축으로 논쟁 중이다.[74] 이들 역시도 범재신론을 성서 속의 '겸비의 그리스도'(Kenotic Christology)와 일치시키는 데 이의가 없다. 최근에는 이런 범재신론을 세계(자연)와 역사 안에서 그리고 그것들을 통해 무엇이 되어가는 어떤 것에 대한 은유Metaphor로 보는 시각도 존재한다.[75] 그만큼 하느님보다는 영을 생기生起시키는 세계를 주목하고 있는 상황이다. 성서신학자인 보그 역시도 이런 논쟁에 참여했고 그 시각을 역사적 예수 연구에 반영했을 듯싶다. 보그가 이해한 범재신론의 논점은 다음처럼 요약된다. 하느님은 삼라만상을 둘러싸는 영靈인바, 만물이 그 속에 존재한다. 하여 우주와 하느님은 처음부터 분리되지 않았고 영靈 안에 있다.[76] 그렇다고 보그가 하느님의 인격성 자체를 부정한 것은 아니다. 범재신론이 인격을 초월하는 일면을 갖지만 결코 비인격과 같지 않다는 것이다. 보그는 관계성의 다른 표현인 '임재Presence'

경험 속에서 인격/비인격 양면이 충족될 수 있다고 본 것 같다.[77] 자신의 삶을 성찰하고 자연을 관조하는 중에 신의 말씀을 헤아릴 수 있다는 것이다. 여기서 임재의 성격은 의당 은총이다. 내세를 위한 은총이 아니라 지금 여기서 하느님 사랑을 느껴 더 많은 관계성을 창조하기 위한 은총인 것이다.[78]

그렇다면 역사적 예수는 어떤 존재였고 하느님과 어찌 관계하였으며 그의 행위를 이해할 수 있는 근거는 무엇일까? 달리 말해 역사적 예수가 오늘 우리에게 'pro me'의 관계로 존재할 수 있겠는가의 물음이다. 흔히 예수를 하느님의 성육신이라 말한다. 하지만 유신론 이후의 신, 곧 범재신론의 맥락에서 이 개념을 이해하기란 쉽지 않다. 보그는 일단 예수를 하느님의 마음heart 혹은 심장이라 언표했다.[79] 예수 안에서 우리는 하느님이 누구이며 무엇을 원하는지를 가장 잘 알 수 있다는 것이다. 그래서 보그는 'Passion of Christ'의 'Passion'을 수난 대신 '열정'이란 말로 읽었다. 부활 이전의 예수가 하느님의 열정, 곧 그 마음을 잘 드러냈다고 본 것이다. 부활 이후 예수는 체험된 예수로서 점차 신격화되어갔다. 체험된 실재로서 그리스도 역시 중요하나 예수의 인간성을 박탈함으로 기독교의 위대성 역시 소멸되어버렸다.[80] 초자연적 유신론의 성상이 아닌 참사람 예수의 인간성 속에서 신의 임재, 곧 신성을 보는 것이 그래서 중요한 일인 것이다. 예수의 하느님 체험은 유신론적으로 이해된 하느님과 같을 수 없다는 말이다. 이 점에서 우리는 신화로부터 구별된 역사의 예수상을 하느님 체험의 시각에서 살피고 그런 영을 매개로한 체험의 보편 가능성 여부를 정리할 것이다.

주지하듯 예수 당시 유대 전통에 있어 영과 일상의 세계는 분리되면서도 교차되었다. 범재신론이란 본래 이런 세계를 일컫는 신학적 언어이다. 당시 정황에서 예수는 영의 실재를 경험한 존재로서[81] 당시 화석화된 유대 문화에 강력한 위험인물이었다. 영의 실재를 세속 영역에 매개하려 했던 예수는 종교 기득권자들에게 불편한 존재였을 것이다. 이런 예수를 보그는 대안 문화 창출을 위한 사회혁명가 내지 지혜자라 명명했다.[82] 로마의 통치하에 있던 팔레스타인이란 공간적 차원의 물적 토대와 유대 사회 내 공유된 인습적 지혜(율법)를 영의 사람 예수가 영의 힘으로[83] 근본에서 되물은 것이다. 여기서 스퐁은 이런 예수를 '부족 경계선의 파괴자'라 하였다.[84] 탈민족 논쟁이 활발한 오늘이지만 예수는 이미 인간의 자연적 한계마저 넘어설 것을 주창한 것이다. 유대인, 이방인의 구별은 물론 타자를 비하하는 인간의 자기 동일성 요구 일체를, 그것이 성性과 계급의 문제일지라도 과감하게 붕괴시키고자 했다. 바울의 다메섹 체험의 본질 역시도 이와 다르지 않았다. 율법과 지혜로 대변되는 유대인과 헬라인의 특수성 자체를 무화시킨 것이 부활 체험의 핵심이었기 때문이다.[85] 오늘의 시각으로 말한다면 종교의 경계선마저 허물어버린 것이다. 종교와 편견은 이 점에서 크게 다르지 않다.

　일찍이 아인슈타인은 편견을 허무는 일이 원자를 깨트리는 것보다 어렵다고 간파했다. 편견, 그것은 일종의 생존 수법으로 인간 속의 난치병과 같은 것인 까닭이다.[86] 오늘날 종교도 그리되었다. 참인간의 길에 눈 감고 자신의 확장을 위해 몰두할 뿐이다. 구원이 사람 잡는 정체성으로 변질되어버린 탓이다. 편견의 확장이 종교 의례(예배)의 본질을 이뤘기에 배타주의만 있고 보편주의의 자리가 실종되었다. 하지만 예수가 체험한 하느님은 일체의 편견, 이념, 종교의 장벽들이 사라질 때까지 인간성 안에서 역할 하는 생명의 힘이었다.[87] 편견과 틀 안에 안주하는 것이 영에

반한 삶이었고 제국을 주님으로 섬기는 생활이었다. 기독교가 예나 지금이나 제국의 종교라는 사실이 이를 일컫고 있다. 이 점에서 보그는 예수를 혁명가나 지혜자보다 유대교 신비주의자로 정의하는 것을 훨씬 선호했다. 혁명이나 지혜는 사실 영적인 하느님 체험에서 비롯하는 까닭이다. 영의 사람 예수가 혁명가 예수의 토대임이 틀림없을 것이다.[88] 신비가란 하느님 임재를 감感하여 지知하는 사람이다.[89] 들의 백합, 공중의 새조차 그에게 하느님 임재의 징표로 여겨졌으며 감옥 속의 존재와 자신을 일치시켰고 자신 깊은 곳에서 하느님의 소리를 들을 수 있는 존재였던 것이다. 하여 예수는 지금 우리에게 하느님의 심장 소리를 듣게 하며 그의 성격을 고지하는 은유이자 성례전이다.[90]

  은유라 함은 하느님 마음이 예수 속에서 육신으로 나타났음을 뜻하며 성례전은 역사적 예수를 통해 하느님 영이 역사화·현재화되었다는 의미이다. 육신이 된 하느님 마음과 하느님 영을 현재화시킨 매체, 바로 그것이 신비주의자 예수의 본 모습인 것이다. 초자연적 유신론 성상으로서의 예수와 전적으로 다른 성육신의 새 유형이라 하겠다. 여기서 스퐁은 이런 성육신은 믿어야 할 교리가 아니라 체험해야 할 현존이라 말했다.[91] 일체 편견과 사회적 통념을 부수는 혁명성, 비유와 경구로 반대자를 압도하는 지혜가 이제 우리 몫이 되어야 한다는 것이다. 하느님의 실재는 정의할 수 없고 오직 체험(感)할 수 있는 것인바, 바로 예수의 삶을 통해 하느님 영이 현재화된 까닭이다. 하여 역사적 예수가 신 자체일 수 없으나 신성의 담지자인 것은 분명하다. 스퐁의 말로 부연하면 예수의 신성은 그의 완전한 인간성, 즉 참사람 속에서 드러났다는 사실이다.[92] 참 인간성만이 영적 영역과 소통하며 하느님 생명의 영역으로 들어갈 수 있기 때문이다. 이것은 정작 오늘을 사는 우리에게 해당되는 말일 듯싶다. "…

크리스천이란 종교적 인간이 되는 것이 아니라 온전한 참사람(a whole human being)이 되는 것이다. 예수는 이 온전함의 초상肖像이고 이런 이유 때문에 나(스퐁)는 예수의 완전한 인간성이 하느님의 궁극적 표현이라고 생각한다."93 이는 항차 미래의 기독론, 곧 역사적 예수의 기독론을 위한 중요한 논거가 될 것이다.

따라서 여기서 다룰 마지막 주제는 역사적 예수와 그리스도 간의 상관성 물음이다. 즉 십자가가 더 이상 속죄의 수단이 아니라 참인간 예수의 초상이라면 그에게 'pro me' 곧 '나를 위한' 역할이 존재하는가에 대한 관심인 것이다. 이에 대한 답을 보그는 여타의 역사 연구가와 조금은 달리 분명히 제시한다. 부활 이전/이후의 예수상을 방법론적으로 구별했으되 함께 긍정한 것도 이런 답을 예상토록 했다. 보았듯이 보그는 시종일관 예수를 영의 사람이라 하였다. 심지어 비기독교인마저도 예수를 성령의 사람임을 인정할 것을 강조한다.94 당시는 영의 현존을 누구라도 수긍할 수 있는 상황이었다. 계몽주의 이후를 살고 있는 현대인들이 그것을 믿지 못할 뿐이다. 오늘의 종교도 믿어야 할 신념체계로 변질되었기에 성령의 임재를 원하되 실상은 낯설어 하고 있다. 이런 맥락에서 범재신론은 하느님 영의 보편성을 현대적 언어로 재활성화시키려는 신학적 노력의 일환일 것이다. 제국에 맞설 수 있을 만큼 강력한 영적 현존을 체험한 예수는 이성과 신념 체계에 익숙한 현대인들에게 도전이 될 듯하다.

예수의 삶은 성령이 그에게 아주 실재적이었음을 명시하는 너무도 분명한 징표이다. 그래서 보그는 예수를 '신적 열정을 보여주는 하느님의 육화된 심장'이란 은유로 언표했었다. 여기서 은유가 존재론적 차원의 성육신과 달리 체험되어야 할 현존 양식을 뜻한다는 것을 앞서 적시한 바 있다. 예수가 참인간, 곧 제자직을 위한 모델이란 말이다.⁹⁵ 이를 위해 예수는 하느님 영을 성례전으로 매개하는 존재였다. 예수는 그를 통해 하느님의 영이 현재화된 수단이었던 것이다. 그의 생애 내내 하느님 영이 그를 통해 나타났다는 것이 역사적 예수 연구의 요체였다. 그렇기에 교회의 성례전 속에서 재현되어야 하는 것 역시도 예수의 역사적 삶이어야 한다. 예수를 사로잡은 하느님(靈)이 실재하는 한 예수 삶의 재현은 오늘도 여전히 가능하며 그를 통해서 참사람의 길 역시 발생할 수 있는 것이다. 보그는 이를 '영기독론'이라 부르며 이것이 우리를 위한 구원의 사건이라 생각하였다. 참사람 예수가 하느님의 초상이었듯이 우리도 하느님 초상, 곧 육화된 심장일 수 있다는 것이다. 하지만 문제는 현대 문화가 영의 세계를 이질적으로 보고 예수가 받은 영이 우리 자신의 것이 될 수 있다는 생각을 하지 못하는 데 있다. 이는 참사람으로 이끄는 예수의 비전과 종교적 욕망이 상충되는 탓에 기인한다. 제국의 문화를 변혁시키기는커녕 제국화된 문화 종교로서 신앙을 사사화私事化하는 까닭이다. 해서 이 시대에 예수 그가 다시 오신다 해도 우리 손에 죽을 수밖에 없다는 것이 보그의 생각이다. 예수를 하느님 영의 성례전으로 알지 못하고 그 영이 성례전을 통해 우리에게 역사役事함을 따라 참사람, 곧 그의 제자가 되지 못하는 것이야말로 실상 '실질적 무신론자'인 것을 강변하였다.⁹⁶

여하간 범재신론을 근거로 영의 문화를 활성화시키는 것이 역사적 예수의 기독론적 과제가 될 것이다.⁹⁷ 하지만 이런 기독론은 종래의 그것과 여러 면에서 다를 수 있다. 성육신을 은유로 보았고 참사람 예수를 신적 깊이(神性)로 이해했던 까닭이다. 이 역시 범재신론이란 실재관의 변화에 기인한다. 그렇기에 보그 역시도 일체 종교를 성례전적 맥락에서 적극 이해했다.⁹⁸ 환원주의 방식에 의거했던 종래의 상대주의, 배타(절대)주의,

포괄주의의 종교 이해 방식과 분명한 거리를 두려 한 것이다. 여기서 성례전적 이해란 일체 종교를 절대(神性)를 매개하는 수단으로 보고 그 속에 담긴 '이상理想'과의 관계 맺음을 풍요롭게 함을 일컫는다. 모든 종교를 질그릇 속의 보물로 간주하는 방식으로서 종교다원주의를 설명하는 새 방식이라 하겠다. 하지만 이는 모두 영靈기독론의 신학적 틀에서 설명된다. 하느님 영이 결국 종교의 성례전적 토대인 까닭이다.

이런 이해에 터해 보그는 우리 시대의 실질적 무신론의 병폐를 치유—반反제국적 대안 문화를 창출—하는 것이 역사적 예수의 그리스도성性, 영기독론의 과제라고 믿었다. 하지만 그 역시도 종교 모두가 같다고 주장하지는 않는다. 개별 종교의 믿음과 교리 체계들이 문화와 언어의 특수성에 의해 제한적으로 나타남을 알기 때문이다. 그럼에도 성례전적 이해는 종교들의 경험세계, 가르침, 수행의 길, 감당해야 할 행동, 자비와 사랑의 열매 등에서, 한마디로 신성함 그 자체 속에서 모두가 다르지 않음에 더욱 무게 중심을 실었다.[99] 하느님 영을 종교의 공통 근거라 믿었기 때문이다. 하지만 자신의 기독교인 됨을 역사적 예수가 자신에게 익숙해진 신성함의 성례전인 까닭이라 설명했다.[100] 그러나 필자가 보기에 범재신론에 근거한 영靈기록론은 여전히 '높은 기독론'의 틀을 벗어나지 못했다. 초월/내재의 간극이 극복되지 않았고 인간 및 세계에 대한 긍정이 충분치 못한 탓이다. 역사적 예수의 기독론을 '민중'에게서 보려는 한국적 시도[101]는 필자와 방향은 다르나 영기독론의 한계를 적시할 수 있는 하나의 관점일 수 있다. 이런 이유로 마지막 4장에서는 多夕 유영모의 생각을 중심으로 역사적 예수가 그리스도가 될 수 있는 이유를 영靈기독론의 연장선상에서 설명할 생각이다.

4. 역사적 예수의 한국적 재再케리그마화
― 영靈기독론에서 多夕의 '얼' 기독론으로

앞서 보았듯 영靈기독론은 역사적 예수의 그리스도성性에 대한 보그의 신학적 연구 결과물이었다. 영(범재신론)을 매개로 방법론적으로 구분했던 부활 이전/이후의 예수상을 재통합하려 했던 것이다. 역사적 연구가들 중에는 부활 이전의 예수만을 케리그마로 인정하는 학자들도 없지 않다. 민중신학의 경우도 신앙의 그리스도 대신 역사적 예수를 '새로운' 그리스도로 인정하자는 입장의 한 표현인 것이다. 하지만 예수 영의 시공간적 편재성에 근거하여 보그는 양자를 통합시켰다. 그렇기에 그는 예수의 영과 접촉치 못하는 현대 문화의 병폐를 지적했던 것이다. 하지만 영적 불감증不感症을 계몽주의적 인간 탓으로 돌리기에는 인간 본성에 대한 이해가 부족한 듯싶다. 동양적 관점이 부재했던 까닭이다. 또한 영의 관점에서 예수 한 개인의 정체성이 과도하게 부각된 것도 내재적 비판의 대상일 것이다. 아울러 부활 이전/이후 문제가 서구 성서학의 요체인 것과 달리 수행 전통에 입각한 동양에서는 예수의 십자가가 본질임을 말하지 않을 수 없다. 동양적 상황에서 믿음과 수행은 결코 둘일 수 없는 까닭이다. 多夕 역시 보그만큼이나 하느님 영을 강조했으나 '靈'을 '얼'로 재再언표한 것은 이 점에서 대단히 중요하다. 이는 영의 급진적 내재화를 뜻하는 것으로, 범재신론의 동양적 재구성인 셈이다. 이런 맥락에서 필자는 多夕의 '얼' 기독론을 역사적 예수의 한국적 재再케리그마로 이해했고 그 과정과 결과를 이 글의 결론으로 제시할 것이다.

多夕 역시도 하느님 영靈이 우주 생성 이래로 한 번도 끊어져본 적이

없음을 강조했다. 영기독론이란 말은 없었으나 영의 실재에 대한 그의 확신은 보그와 같았다. 때로는 한글을 우리 민족에게 부여한 하느님 영이라 칭한 바 있으나 흔히 그것을 하늘이 부여한 인간 속의 바탈(本然之性)이라 풀어냈다.[102] 하지만 이는 인간 속의 어떤 속성을 지칭하는 것이 아니라 '없이 계신 하느님'의 인식 근거였다. 그것 없이는 생명 자체가 불가능한 절대 존재를 多夕은 '없이 있는 이'라 했던바, 그것을 인간의 '밑(끝)둥'에서 찾은 것이다. 해서 인간 속에 있지만 하늘과 다름없는 것으로 양자는 언제든 불이不二의 관계로 엮어져 있다. 역사적 예수 연구가들처럼 유신론적 초자연성을 하느님에게서 탈각시킨 것이다. '없이 계신 이'의 대상화를 종교 타락으로 보았고 이를 누구보다 경계했던 이가 多夕이었던 까닭이다. 성서에 나타난 예수의 자기 언급, "나를 본 자는 곧 아버지를 본 것이다"란 말도 실상은 자신 속의 '바탈', 곧 '얼'을 깨친 예수 자신의 체험적 언술일 수밖에 없다. 이는 인간의 경우에도 하등 구별이 없다. 인간 역시도 자신 속의 '바탈'을 깨달아 누구라도 하느님 아들, 곧 그리스도가 될 수 있다는 것이 多夕의 생각이었다. 이런 참나(眞我)를 얻는 일을 '믿음'이라 일컬었다. 염재신재念在神在란 말이 지시하듯 형이상학적 욕구는 언제든 하느님(바탈)이 있기에 일어날 수 있는 사건이기 때문이다.[103] 하지만 '바탈'이 하느님 영의 실재인 한에서 역사적 예수의 인간성 자체는 철저하게 상대화된다. 역사적 예수 자체가 존재론적으로 신神일 수 없다는 것이다.[104] 몸으로는 탐진치 삼독三毒을 지닌 일상의 보통 사람과 다를 수 없는 인간 그가 바로 역사적 예수다. 그리 해야 그가 진정한 인간인 것이다. 역사적 예수 연구가들의 예수 이해도 영에 편중(집중)된 모습을 보여주었다. 동정녀 탄생, 몸의 부활 같은 교리를 벗겨내긴 했으나 몸을 지닌 인간의 보편성 자체를 충분히 강조하지 못한 것이다. 세

차례의 광야 시험에 대한 증언에도 예수의 메시아성을 강조하려는 의도가 짙게 배어 있다.

하지만 예수의 그리스도성性, 그가 신적인 존재였던 것은 인간의 참 생명이 몸에 있지 않고 바탈에 있음을 알았던 유일한 사람이었기 때문이다. 보편적 인간의 한계인 '몸나'를 벗고 '얼나'로 솟구쳤던 것이 그리스도 됨의 증거였던 것이다. 해서 多夕에게 핵심은 언제든 예수의 십자가에 있다. '제 뜻' 버리고 '하늘 뜻' 구했던 예수의 십자가야말로 그리스도성의 징표라는 사실이다. 여기서 십자가란 대속의 개념을 상정치 않는다. 예수 스스로 자신의 바탈(얼)을 깨치려는 자속의 길이었을 뿐이다. 십자가를 통해 자신 속의 하늘(바탈)과 하나된 부자불이父子不二의 삶을 이뤄낸 존재라는 것이다. 이런 예수를 다석은 '얼사람'으로 보았고 천직에 매달리다 순직한 존재로 생각했다.105 여기서 예수의 신성을 적시하는 '얼사람'은 스퐁 감독이 말한 참사람과 다름이 없다. 심지어 多夕은 예수가 인간을 위해 피 흘려 속죄했고, 그를 믿으면 영생한다는 기독교 가르침은 자신과 상관없다고까지 말하였다.106 하여 십자가는 서구 기독교가 그렇듯 예수의 죽음이 아닌 그분 삶의 절정을 가리킨다. 이는 예수의 죽음이 대속을 위한 것이 아니라 의롭게 산 결과였다는 역사적 예수 연구가들의 생각과 정확히 일치하는 부분이다.

하지만 말했듯 多夕의 예수는 '얼사람'이었다. 이는 바탈을 지닌 여타의 인간과 다를 수 없는 존재임을 뜻한다. 누구라도 예수와 같은 바탈을 삶의 밑둥(本性) 속에 간직했기에 누구라도 본성상 그와 같고 그처럼 될 수 있다는 것이다. 서구 전통에서 감히 하기 어려운 말일 듯하다. 그렇기에 예수는 서구적 '주님Lord' 대신 바탈을 지닌 모든 이들의 스승이 된다. 多夕 자신도 예수를 유일무이한 자신의 스승이라 고백한 바 있다. 동양적 전통에서 스승은 어떤 혈연 관계를 능가하는 절대적 존재를 지칭한다. 스승과 제자는 진리를 나눈 관계인 까닭이다. 삼독三毒에 빠져 얼빠진(失性) 인간에게 십자가에 달린 예수는 길이고 진리이며 생명이었던바, 언표된 모든 것이 스승에 해당되는 말들이다. 이 점에서 김흥호는 스승을 '탈존脫存'이란 말로 풀기도 했다.[107] 자기가 없는 사람(실존)이 바로 스승이란 말이다.[108] 그렇기에 그는 길이 되었고 우리를 그 길로 이끄는 분인 것이다. 스승이란 길을 가다 우리도 자신처럼 길이 될 것을 바라시는 이다. 이런 스승기독론이 있기에 '얼사람' 예수는 우리에게 그리스도가 될 수 있다. 범재신론이라 하지만 영의 현존(임재)을 밖에서 찾는 것은 어려운 일이다. 인간 자신의 밑둥에서 영의 임재를 찾는 것이 훨씬 쉽고 본질적이다. 불교는 이를 조신祖信(見性)이라 했고 초발심初發心이란 말로도 언표했으며 유교 역시도 '천명지위성天命之謂性'을 가르쳐왔다. 영기독론은 예수가 받은 영을 감感하지 못한 현대인들을 탓하나 얼기독론은 얼나로 솟구친 얼사람 예수가 스승 되었기에 그 길을 따를 수 있다. 바탈이 일명 '받할'로서 품수稟受받은 것을 감당할 의무가 인간에게 있음을 각인시키는 까닭이다. 비록 이 과정에서 역사적 예수가 맞섰던 제국적 상황의 탈脫맥락화가 생겨나지만 이런 탈화脫化 과정을 통해 역사적 예수가 보편적 그리스도가 될 수 있는 여지를 만들기에 부정적으로만 볼 이유는 전혀 없다.

재차 강조하지만 역사적 예수의 영기독론은 현대인들에게 풍부한 감수성을 수여함에도 불구하고 그리스도성의 부족함을 지적받지 않을 수 없었다. 민중신학의 민중 대속론도 역사적 예수를 재케리그마화한 시도이기는 하나 오늘의 정황에서 설득력이 부족하다. 예수의 몸 숭배를 多夕이 철저히 거부했듯 민중 역시도 삼독의 실상을 드러내는 까닭이다. 민중을 탈현대적 시각에서 다중多衆으로 확대 해석하는 경향이 있기도 하지만 그럼에도 상황은 달라질 수 없다.[109] 예수가 걸었던 십자가의 삶, 그것이 부재하는 한 누구도 얼사람, 참사람이 될 수 없는 것이다. 하여 필자는 多夕의 시각하에 범재신론(하느님 靈)을 수행적 차원으로 철저히 내재화시켰고 이를 토대로 영의 사람 예수를 '얼사람'으로 이해했으며 그의 스승 됨으로써 오늘 우리에게도 여전히 케리그마인 것을 강조하고 싶었다.

2장

多夕신학 속의 자속自贖과 대속代贖, 그 상생相生적 의미

들어가는 글

'거짓된' 세계화의 반발로 생겨난 종교적 민족주의가 맹위를 떨치고 있는 것이 어제 오늘의 일이 아니다. 정황상 일리―理가 없지 않음에도 불구하고 종교가 근본주의의 옷을 입고 민족주의를 부추기는 것은 하지만 옳은 일이 아니다. 세계화의 병폐를 직시하되 민족주의의 범주를 '탈脫'하는 것이 종교의 역할이자 본질인 까닭이다. 하지만 한국 주류 기독교의 경우 납득하기 어려운 모습을 보이고 있다. 미국식 근본주의적 성서 이해에 기초하여 탈민족주의를 표방하며 민족의 가치, 문화 등을 폄하하기 때문이다. 이는 절대적 계시종교로서 구속신앙救贖信仰의 최후 보루라는 서구 기독교의 자기 이해로 인한 것이다. 따라서 한국 주류 기독교는 거짓된 세계화를 주도하는 서구 문명의 도구가 아닌가를 성찰할 필요가 있다. 이 점에서 필자는 한국 기독교의 핵심 과제로서 탈脫민족, 탈脫기독교적 신학을 모색하게 되었다.[1] 한국적 상황에서 두 유형의 '탈脫'이 동전의 양면처럼 함께 굴러가는 것이 종교의 본질에 근접함은 물론 사실 적합한 신학의 과제라 여겼던 까닭이다. 이는 근본주의적 기독교가 창시자 예수의 가르침과 일치하는지, 도그마에 대한 지적 승인이 신앙과 등가어가 될 수 있는지, 나아가 초자연적 실재로서의 신관神觀이 탈현대적 정황에서 수용 가능한 것인지의 물음과도 깊이 연루되어 있다.

이를 위해 필자는 스스로 비非정통(동양)적 기독교인임을 자처한 多夕 유영모의 예수 이해에 주목할 수밖에 없었다. 흔히 동서 종교의 차이를 자력自力/타력他力, 가역성/불가역성의 구도로 설정하지만 多夕의 경우 이 둘은 '불이不二'였고 '상생相生'적 관계에 있었다. 달리 말해 기독교의 대속代贖사상과 동양적 자속론自贖論이 상호 불가피한 보충 개념이었던 것이다. 이런 이유로 필자는 多夕의 예수 이해가 두 개의 '탈'을 성사시키는 그 사상의 핵심이라 생각했다. 향후 드러나겠지만 예수에 대한 그 자신의 실존적 관계— '스승기독론'—역시도 독특했다.[2] 유/불교와 기독교 간의 상생적 '포함包含'의 결과라 보아도 좋을 듯하다. 예컨대 물과 소금이 만나 소금물이 된 경지라 하겠다. 이제 이 글을 통해 필자는 자/타 상생적 多夕의 구원론을 다음과 같은 구도로 전개시켜볼 작정이다. 우선 기독교 핵심교리인 '케리그마Kerygma'의 본질을 비판적으로 이해할 것이며, 둘째로 새롭게 발견된 역사적 예수 삶을 탈현대적으로 조명해내고, 셋째로는 多夕 유영모의 예수 이해의 사상(한국)적 토대를 밝혀 그 속에 담긴 상생적 의미를 적시할 것이며, 끝으로 역사적 예수 삶의 재再케리그마화 차원에서 多夕의 스승기독론을 말할 것이다.

1. 기독교 케리그마Kerygma는 불변의 상수常數인가?

종교란 본래 보편적 범주와 개념 없이는 자신의 본질(경험 세계)을 표현하기 어렵다. 불가피한 체계로서 도그마가 필요하다는 말이다. 하지만 그것이 재구성되고 수정되는 여지를 남기지 않을 때 또는 창시자의 삶에 비춰 거듭 반성되지 않을 경우 공功보다는 화禍가 될 공산이 크다. 도그마Dogma(교리)에 대한 승인을 신앙이란 이름으로 강요하는 일은 타파되어야 할 인습인 것이다. 주지하듯 기독교는 2천 년 역사를 통해 수없이 도그마를 형성해왔다. 그중 케리그마Kerygma로 고백된 핵심 신조는 다음처럼 요약된다. "성서는 하느님 영감으로 기록된 변치 않는 말씀이며 동정녀 탄생은 그리스도 신성을 나타내는 징표이고 예수의 십자가 사건은 그를 믿는 자를 구원하는 대속代贖적 죽음이며 또한 예수의 육체적 부활은 죽음에 대한 승리의 표시인바, 그의 재림과 심판으로 죽음 이후의 세계가 보장된다."[3] 더 줄여 말할 수도 있다. 대속적 죽음과 그리스도의 초자연적 부활 사건, 그것이 바로 인습화된 기독교의 요체란 것이다. 이를 거부하면 기독교를 부정하는 것이고 교회 공동체의 지탄 대상이 될 수밖에 없다. 대속적 죽음을 죽은 하느님 아들 예수의 승인 여하에 따라 구원의 내연과 외포, 천국과 지옥의 공간적 차이가 생겨나는 상황이다. 그렇다면 초월적 유신론의 틀을 지닌 기독교 케리그마는 영원한 상수常數인 것인가?

결론부터 말하자면 기독교 케리그마 역시 문화 역사적 산물이란 사실이다. 케리그마의 선험적 본질성에 이의를 제기한 시도 역시 기독교 역사 내에서도 적지 않았다. 무엇보다 트뢸치E. Troeltsch는 기독교를 역사적 종교로 보아 도그마적 탐구 방식을 포기했고 불트만R. Bultmann 역시도 원시 기독교를 종교 혼합적 현상으로 이해했으며,4 바젤의 신학자 부리F. Buri는 불트만 좌파의 시각에서 비非케리그마화Entkerygmatizierung5를 주창한 바 있었다. 이들은 모두 초자연적 유신론의 성상聖像으로서 예수를 이해하는 것의 불가함을 말했던 신학자들이었다. 최근 역사적 예수 연구가 활성화되면서 영원한 상수常數로서의 케리그마 신학에 대한 비판이 더욱 거세지고 있다. 초자연적 유신론이란 초대교회적 필요성에 의한 것일 뿐 예수의 경우와는 무관하다는 것이다. 메시아Messiah, 인자人子 그리고 하느님 아들로 불리던 예수가 희랍세계 내의 전형적인 밀의종교密意宗敎의 옷을 입고 주(kyrios), 그리스도(christos)로 재개념화(토착화)되었다는 지적이다.6 실제로 후대에 기록된 문서일수록 예수의 신성神性이 강화되는 경향을 지울 수 없다. 신성의 기원을 예수 탄생 시時로 설정한 마태, 나아가 선재설先在說을 확정 지은 요한 서신은 최초의 복음서인 마가복음의 예수 이해와 현저한 차이를 드러내 보인다.7 이후 희랍, 라틴 교부들의 신학 작업을 통해 가장 구체적이고 역사적 존재인 예수가 우주 보편적 존재로 재탄생되었다. 이 과정에서 가현설을 비판했던 교회가 오히려 예수의 역사성을 간과한 가현假現적 종교로 변질되고 말았다. 바로 사도신경은 역사적 예수의 삶을 지워버린 가현적 기독교의 일면을 보이고 있는 것이다.

이처럼 기독교 케리그마 역시 문화 역사적 산물인 까닭에 기독교가 여타 종교 문화에 대한 강권적 태도를 취하는 일이 힘들게 되었다. 신학 전

공자로서 종교학자의 삶을 살았던 정진홍은 기독교 역시도 하나의 문화로서 이해되어야 마땅하다고 강변한 바 있다. 인도 신학자 파니카R. Panikar 또한 '대화적 대화Dialogical Dialogue'란 이름하에 기독교의 객관적 절대성을 포기한 바 있다. 동일한 세계관 내에서 태동된 종교 간에는 옳고 그름을 묻는 변증법적 대화가 요청되나 이질적 세계관을 배경으로 한 종교들 간에는 이해를 위한 대화對話만이 요청된다는 것이다.[8] 구성構成신학의 방법론을 채택한 맥페이그S. Mcfague 역시 존재론적 성육신 대신 '비유적' 기독론을 통해 실체론적 사유를 벗겨낸 바 있었다. 예수 언어 자체가 비유比喩였다는 사실로 인해 일체 도그마를 달리 생각할 수 있어야 한다는 것이다.[9]

2. 역사적 예수 삶의 탈脫현대적 조명

이처럼 인습화된 그리스도 케리그마가 상수常數가 아니라면 역사적으로 살았던 예수가 누구인지에 대한 궁금증이 더해진다. 역사적 예수의 흔적과 무관한 그리스도만으로는 원시 기독교(Urchristentum)를 충분히 설명할 수 없다. 물론 그 역도 마찬가지이지만 말이다.[10] 우선 역사적 예수 연구자들에 의하면 예수는 비非종말존적 현자賢者이다.[11] 예수의 수사학修辭學이 주로 잠언箴言과 비유比喩, 경구警句였다는 사실이 이를 반증한다. 이들 속에서는 종말론이나 초자연적 유신론의 흔적이 일체 발견되지 않는다. 오히려 예수는 민중적 삶의 자리에서 하느님 나라의 비전— '자비의 정치학'[12]—을 실현시키려 했던 카리스마적 지혜자로 보는 것이 옳다. 성聖/속俗의 분리를 강조하는 제사장 집단의 성결법을 깨뜨렸으며 신神/

인人간의 일체 중개자 개념을 난파시켰던 예수는 대안代案 문화의 활성자로 불리기도 했다. 그렇기에 예수는 결코 자신에 대한 신앙을 요구한 바 없었고 중개자로서의 속죄贖罪적 죽음, 곧 대속代贖사상 역시도 본래 그의 의중에는 없었다는 것이다. 당시 민중들의 현실에서13 금식禁食(종교)보다 잔치(日常)를 선호했고 안식일 그 자체보다는 사람이 우선이었으며, 늦게 일하러 온 일꾼에게도 동일한 품삯을 주셨던 까닭에 예수는 체제體制 전복자란 이름하에 로마와 유대 법에 따라 처형되었다는 것이 역사적 예수 연구가들의 주장이다. 그러나 그의 죽음이 결코 패배가 아니라는 것 역시 오늘까지 전래되는 성서 기자들의 증언이다. 예수를 죽였던 로마의 백부장이 그의 죽음을 하느님 아들의 죽음이라 고백했고 성전聖殿의 휘장이 찢어져 이원적인 성결법이 난파되었음을 보여주는 까닭이다.14 부활의 의미도 바로 이런 선상에서 이해된다. 두려움에 어찌할 줄 몰랐던 제자들이 예수의 길에 참여할 수 있게 된 까닭이다.

이렇듯 비실체적인 역사적 예수에겐 형이상학적 진리가 아니라 수행적 performative 진리가 중요했다. 오늘을 사는 우리에게도 역사적 예수의 삶이 새로운 케리그마가 되어야 한다는 소리가 높다. 세계 도처에서 정행正行의 권위를 지닐 수 있는 것이 '예수의 삶'이란 말이기도 하다. 이런 역사적 예수상像은 새로운 실재(Reality)를 요청하는 탈현대적 진리 이해와 맞물려 있다. 초자연적 유신론의 틀과 무관한 역사적 예수 삶이 일체의 이원론二元論적 구별을 허용치 않는 까닭이다. 우선 탈현대적 진리는 전능성을 본질로 하는 타자他者 대신 인간을 자극하며 돕는 관계적 존재를 선호한다. 이는 인간을 한순간도 떠나본 적이 없는 하느님 영靈의 실재성을 환기시킨다. 범재신론Panentheism은 이 점에서 이들 양자를 포괄하는 공통어가 될 듯하다. 역사적 예수 연구자들 역시 성서의 하느님을 삼라만상을 둘러싼 '포괄적 영encompassing Spirit'으로 부르는 데 익숙하다.[15] 인간의 자아 동일성을 폐기처분하는 탈현대 담론 역시 성결법을 부정한 예수의 근본 취지와 같은 맥락하에 있다. 병든 자, 감옥에 갇힌 자, 바로 그들에게 한 것이 내게 한 것이란 예수의 가르침은 타자를 초월로 보는 '타자성他者性'의 철학과 결코 다를 수 없을 듯하다. 예수께서 일체 중개자Broker 개념을 부정했다는 사실을 기억해야 할 것이다. 끝으로 역사를 전체화하는 거대담론巨大談論의 포기 역시 이들 모두에게 해당된다. 기독교 종말론에 대한 부정은 세계를 일양화一樣化하여 주변부를 희생시켰던 근대의 거대담론 해체와 다를 수 없는 것이다. 이 점에서 슈바이처A. Schweitzer의 철저徹底종말론적 예수상이 그간의 몰이해를 딛고 새로운 의미로 다가올 수 있다.

3. 多夕의 예수 이해, 상생적 구속론의 사상적 토대로서 〈天符經〉과 삼재三才사상

예수 없이는 기독교를 말할 수 없으나 그에 대한 이해의 틀을 달리하는 일은 기독교의 미래를 위해서도 필연적인 일이 아닐 수 없다. 필자가 탈현대 담론의 빛에서 역사적 예수상을 중첩시켜본 것도 바로 그 때문이다. 따라서 후대에 생겼던 대속代贖적 죽음만을 케리그마로 했던 교회는 이제 끊어져본 적 없는 하느님 영의 활동을 위해 자신의 도그마를 뒤로하고 예수의 비전Vision을 함께 나눌 시점이 되었다. 이는 기독교 역시도 대상적 믿음의 종교이기 이전에 수행修行적 깨침의 종교라는 사실을 환기시킨다.¹⁶ 이 점에서 多夕 유영모는 양자를 '불이不二' 내지 '상생相生'적 관계로 볼 수 있는 한국(동양)적 틀을 제시하고 있다. 교신敎信과 조신祖信으로 구별된 불교적 관점¹⁷마저 통전할 수 있는 얼개라는 생각도 언뜻 스친다. 이에 대속代贖과 자속自贖을 아우르는 多夕의 상생적 구속론, 곧 예수 이해의 한국적 토대가 소개되어야 할 것이다.

주지하듯 多夕사상의 연원은 정확한 저작 연대를 가늠할 수 없는 〈천부경天符經〉에로까지 소급된다.¹⁸ 유불선을 넘어서 있는 이 책 81자를 순수 한글로 풀어내면서 多夕은 "하늘 댛일 쪽월"이라 제목을 붙였다.¹⁹ 이는 하느님이 보증하는 말씀이란 뜻이다. 상중하경上中下經으로 된 〈천부경〉은 각기 무시무종無始無終한 일자一者로서의 천리天理, 삼라만상이 '하나'를 품고 있는 일자一者의 흔적이라는 것 그리고 우주 생성의 근원인 일자가 '참나'임을 밝힌 최초의 작품이다. 즉 상경上經이 생명의 본체(一始無始一 析三極無盡本)를, 중경中經이 생명의 현상(天二三 地二三 人二三 大三合六)을 그리고 하경下經이 인간 안에서 본체와 작용의 하나(人中天地一 一終無終一)됨을 각기 보여주고 있다. 이들은 저마다 보편성(정신), 특수성(물질) 그리고 보편과 특수의 합일을 말하는 것으로 인간 본성을 밝히면 우주 생성의 근원과 자신이 하나인 경지에 이를 수 있다고 했다. 〈천부경〉은 이를 일컬어 하나가 셋이고 셋이 하나인 경지라 하였다. 이로써 중국의 음양론陰陽論과 다른 한국 고유한 삼수분화三數分化의 세계관(一積十鉅 無匱化三)이 생겨날 수 있었다. 우주가 3의 조화에 의해 생성 발전한다는 것이다. 최치원의 난랑비鸞郎碑 서序가 밝힌 현묘지도玄妙之道가 바로 천지인天地人, 삼재三才의 천도天道를 일컫는바, 삼태극三太極의 연원이란 사실은 대단히 중요하다.²⁰ 포함삼교包含三敎와 접화군생接化群生의 체體로서의 현묘한 도

道는 유입된 유불선儒佛仙을 품으면서 일체를 살리는 힘(用)이었던 까닭이다.

여기서 특히 주목할 단어는 '함숨'이란 말이다. 이는 '함函'과 다른 것으로서 앞의 것이 물속에 소금이 녹아 소금물이 되는 맥락이라면 나중 것은 자신 속에 작은 상자를 품은 큰 상자의 형상을 일컫는다. 즉 '숨'이 실체를 탈脫하는 개념으로서 지평 확장의 개념인 반면 후자는 불변적 실체 개념에 근거한 반생명적 제국주의 틀이란 것이다.[21] 유불선 고유한 맛을 간직하면서도 그것을 아우르는 도道, 바로 그로 인해 만물이 이롭게 될 수 있다는 것이 〈천부경〉과 그 속에 담긴 삼재론三才論의 뜻인 것이다. 세계적으로 과학성을 입증받는 한글 창제 원리—특히 모음—역시 삼재론의 변화에 근거했다는 것은 주지의 사실이다.[22] 한글 자음의 삼수三數적 변화 역시 생명이 약동하고 변하는 형세를 잘 보여주고 있다. 동학東學의 시천주侍天主 사상에서도 삼재론의 영향사가 발견된다. '시侍' 자의 풀이인 내유신령內有神靈, 외유기화外有氣化, 각지불이各知不移가 바로 그것이다. '오심즉여심吾心卽汝心'의 경지에서 신과 자연 그리고 인간이 하나라는 것이 본문의 요지인 까닭이다. 〈천부경〉의 '인중천지일人中天地一'의 경지와 조금도 달리 보이지 않는다. 나아가 多夕은 불교와 유교 그리고 기독교를 삼재론의 빛에서 회통시킬 수 있었다. 불교의 법신法身, 화신化身, 보신報身과 유교의 천명지위성天命之謂性, 솔성지위도率性之謂道, 수도지위교修道之謂敎 그리고 기독교의 경우 '없이 계신 하느님', 부자유친(십자가)의 예수, 참(얼)나인 성령을 같게 본 것이다.

하지만 이런 삼재론은 본질에 있어 '하나(一者)'에 근거해 있다. 우주 만물을 생성시키는 영원한 신비이자 만물이 돌아갈 궁극처窮極處로서 시작도 끝도 없는 〈천부경〉의 일자—者가 삼재론의 토대란 사실이다. 多夕이 〈천부경〉을 중시한 것도 天地人 삼극三極이 종국에 '하나'로 돌아간다는 '귀일歸—' 사상 때문이었다. 이 '하나'는 동양적 사유 지평에서 무無 이외에 달리 표현할 길이 없다. 또는 〈천부경〉의 '하나'를 '반대의 일치' (Coincidentia Oppositorm)란 서구 신비주의와도 비견할 수 있을 것이다. 다른 경우로는 만물 속에 있으면서 만물을 초월하는 범재신론의 표상도 이에 해당될 수 있을 법하다. 어느 경우든 '보이지 않는 세계'(—者)를 긍정했고 그곳으로의 회귀를 궁극 목표로 삼은 것은 확연하다.23 하지만 개체 없이 전체(—)를 볼 수 없고 상대계相對界 없이 절대(—)를 만날 수 없다는 것 역시 부인할 수 없는 사실이다. 따라서 多夕의 '一者', 곧 없이 계신 하느님은 절대와 상대, 전체와 개체를 아우르는 개념일 수밖에 없었다. 우주 및 인간 속에 절대의식이 깃들어 있음을 믿는 까닭이다. 이 점에서 多夕은 '없이 계신 하느님'을 인간의 본성(밑동)에서 찾았다. 인간의 뿌럭지(밑동)를 절대(—者)의 하강으로 본 것이다.24 따라서 인간의 '밑동'을 파헤치는 일을 초월에로의 여정이라 하였다.

하지만 多夕은 이런 'A = 비非A'를 결코 논리적 차원에서만 이해할 수 없었다. '얼나'와 '몸나'의 구별을 전제로 '제 뜻' 죽여 '하늘 뜻' 이루는 수행적 삶이 중요했던 것이다. 그럴수록 多夕에게 예수 삶의 절정인 십자가(白死千難)가 중요했고 부자유친父子有親의 길로서의 유교적 효孝의 의미가 더욱 필요했다. 자신의 의지를 제어할 근거를 얻기 위함이다. 그에게 하늘 뜻 이루는 '귀일歸—', 곧 구원은 그만큼 수행의 산물이었던 까닭이다. 예수가 그에게 유일한 스승으로 고백되는 것도 이런 맥락과 무관치 않다. 하지만 그것 또한 '밑둥'으로서의 자신의 본래성에 대한 자각에서 생기生起하는 사건이었다. "몸나가 없는 곳에 한아님이 계시고 한아님

앞에는 얼나가 있다. 얼나가 있는 곳에 한아님이 계시다. … 얼나와 한아님은 하나다."[25] 이를 근거로 多夕은 교리적 원죄론과 결별했고 뭇 종교와 소통할 수 있었다. 바로 여기서 우리는 대속과 자속을 상생相生(不二)적 차원으로 승화시킨 多夕의 기독론 내지 구원론의 백미를 접할 수 있다. '귀일'에로의 길이 결코 하나일 수 없음 또한 多夕의 생각이었다. 하지만 多夕을 결코 서구적 종교다원주의자로 호도하는 것은 마땅치 않다.

4. 역사적 예수 삶의 재再케리그마화로서 多夕의 '스승기독론'
- 대속代贖과 자속自贖의 상생相生적 차원

일찍이 김흥호[26]는 자신의 스승 유영모를 유교와 도교를 불교 속에 수용했던 『원각경圓覺經』의 저자 종밀, 또는 도교와 불교를 유교 체계 속에 받아들인 『전습록傳習錄』의 저자 왕양명과 비유한 적이 있다. 한국과 같은 다문화권에서는 상대방을 부정하는 형태로는 기독교 선교가 불가함을 천명하기 위함이다. 여기서 중요한 것은 다시금 '함合'의 논리이다. 이 경우 '함合'은 서구에서 말하는 통섭統攝이 아니라 통섭通涉을 뜻한다.[27] 하나의 큰 줄기에 모두를 귀결시키는 방식이 아니라 상즉상입相卽相入의 구조란 말이다. 이를 위해 多夕은 '믿음'과 '수행'의 하나 됨을 말해야만 했다. 어느 것 하나만으로는 '절대絶對'의 종교, 귀일歸一의 경지에 이를 수 없는 까닭이다. 우선 多夕에게 믿음은 인간 속에 내재된 전체(하나), 곧 '밑둥' 또는 '얼'에 대한 깨침이었다. 이는 천인상관天人相關을 넘어 천인무간天人無間의 지경이라 해도 좋다. 多夕은 이를 개체 속에서 활동하는 전체의 영靈이라고 불렀다. 주지하듯 예수 역시도 자신을 '하나'의 하강, 허공의 아들로 깨달은 존재였다. 요한복음이 증거하는 독생자 예수란 바로 이런 '얼나'를 가리키는 것이다. 예수의 얼을 '없이 있는' 하느님의 리얼리티로 인정하는 多夕의 기독론은 그의 몸마저 신성시하는 아타나시우스Athanasius는 물론 하느님과의 존재론적 차이에 관심하는 아리우스Arius와도 달랐다. 나아가 그리스도를 믿는 것과 '얼'의 나를 믿는 일 그리고 하느님을 믿는 것이 결코 다를 수 없다고 했다. 소위 多夕사상을 '얼기독론'으로 총칭할 수 있는 근거인 셈이다. 우리 인간의 토대가 그리스도라고까지 말할 정도였다.[28] 예수가 그리스도라는 것은 그가 한번도 끊어져본 적이 없는 전체 생명이란 뜻이기도 했다. 예수 몸을 숭배하는 종교가 되지 말 것을 주문하는 이유도 여기에 있다. 독생자獨生子를 인간 모두에게로 확장시키는 多夕의 기독론은 따라서 서구적 종교다원주의 시각만으로 이해되지 않는다. 동양적, 한국적 맹아萌芽를 갖고 성육신의 의미지평을 급진적, 보편적으로 넓혔던 까닭이다. 예수의 일을 미정고未定稿, Never ending story로 본 것 역시 중요한 사안이다.[29] 항차 스승기독론의 길을 수행적 차원에서 제시하기 때문이다.

多夕 기독론의 백미는 소위 '얼기독론'에서 '스승기독론'으로의 이행 속에 있다. 달리 말하면 믿음과 수행修行의 홀론Holon적 일치이자 대속과 자속의 상생相生적 관계가 중요하게 된 것이다. 多夕은 석가와 공자 모두를 '얼'의 사람으로 보았으나 예수만을 자신의 스승으로 여겼다. "내가 마지막까지 잊을 수 없는 이는 예수 그리스도다. 내게 생명이라고는 예수밖에 없다."[30] 이는 배타적 예수론을 주장키 위함이 결코 아니었다. 십자가를 지기까지 하늘 뜻을 땅에 이루려 했던 예수의 지난한 삶을 자신의

모습 속에서 재현시킬 생각에서였다. 필자는 이를 역사적 예수 삶(십자가)의 토착화 또는 재再케리그마화라 명명할 생각이다. 늘 기도했고 한 끼만 먹었으며, 언디든 걷고 해혼解婚했던 '일좌식 일언인一座食 一言仁'을 재再케리그마의 내용으로 자리매김하겠다는 말이다. 多夕에게 십자가는 부자유친父子有親하려는 효孝의 절정이자 예수를 진정코 하느님 아들로 현실화(탄생)시킨 사건이었다.[31] 십자가 상에서 인간의 능동성과 수동성 즉 생사生死가 동시에 생기生起했다는 말이다. 불교적으로는 십자가 상에서 예수의 본각本覺이 시각화視覺化되었다는 의미일 것이다. 이로써 예수는 전체 생명이 되었고 오심즉여심吾心卽如心의 경지에 이르게 되었다. 이 경우 그의 힘은 일체의 생명 속에 현존하며 그들 생명을 변화시킬 수 있다. 소위 접화군생接化群生의 주체가 된 것이다. 이를 홀론적 구원론이란 말로 불러도 좋을 듯싶다.[32]

스승기독론 역시도 이런 선상에서 설명 가능하다. 주지하듯 동양 세계에서 스승이란 인간의 정신적 삶에 있어 생사여탈권을 지닌 절대존재이다. 多夕이 '믿음에 들어간 이'의 노래, 곧 자신의 오도송悟道頌을 부를 수 있었던 것도 스승과의 절대적 관계의 일면一面을 드러낸다. 스승이란 길을 가다 길이 되신 존재로서 우리 인간 모두를 그 길로 이끌어가는 까닭이다. 탈존脫存한 존재로서의 스승은 부모형제 간 혈육지정을 능가하는 절대적 인간관계의 표상으로서 인간을 '하나'로 이끄는 존재란 말이다.[33] 그렇기에 예수는 多夕에게 오로지 의중지인물意中之人物이었다. 그 스승은 자신이 그랬듯 우리에게도 길을 가다 길이 되라고 말씀한다. 스승기독론은 그래서 전통적 대속사상과는 거리가 멀다. 역사적 예수 연구가들이 대속사상을 예수의 고난 자체와 구별하듯 多夕 역시 그를 기독교의 핵심으로 보지 않았다. 예수의 십자가 역시도 그 자신에게는 자속自贖

의 길이었을 뿐이다. 그렇기에 하느님의 씨앗(바탈), 곧 얼이 우리에게도 있는 까닭에 스승 예수의 길(십자가)에 나서야 함은 당연지사다.

　독생자獨生子는 예수뿐이 아니며 예수 역시 미정고未定稿의 존재란 것이 바로 이를 염두에 둔 발상이었다. 몸(身)을 줄이고 맘(心)을 늘려 세상을 살리라는 말이다. 하지만 예수의 자속이 우리에게도 자속의 길을 가게 함으로 그것이 오히려 우리에게 대속이 되고 있음은 흥미롭다. 그가 십자가 상에서 '얼나'로 솟구쳤기에 그의 구원(자속)이 우주적 구원을 잉태할 수 있다는 말이다. 자속과 대속이 상생(상보)적 관계로 해명되는 맥락이다. 후일 '성서'에서 '뜻'으로 무게 중심을 옮긴 제자 함석헌이 씨올 중 씨올로서의 예수에게서 중보자 성격을 앗아간 것도 동일 맥락이다. 잠자고 있는 아들의 씨를 싹틔워 우리를 고난의 길로 내몰아 능동적 구원의 길을 걷게 한 이가 바로 예수란 것이다. 예수처럼 인간이 고난을 통해 '뜻'의 존재가 될 때 하늘과 공속共屬적 관계에 들 수 있다는 것이 제자 함석헌의 생각이었다. 내 속에 전체가 있고 전체 속에 내가 있는 까닭에서다. 함석헌의 다음 말로 자自/타他 불이적不二的, 자속自贖과 대속代贖의 상생적相生的, 상보적相補的 관계를 정리하며 글을 마무리 짓고자 한다.

　"… 그리스도는 예수에게만이 아니라 본질적으로 내 속에도 있습니다. 그리스도를 통해 예수와 나는 하나라는 체험에 들어갈 수 있습니다. 그때 비로소 그의 죽음은 곧 내 육肉의 죽음이요, 그의 부활은 곧 내 영靈의 부활이 됩니다. 속죄는 이렇게 해서 성립됩니다."[34]

나가는 글

이상에서 나는 多夕사상에 있어 자속과 대속의 상생적 관계를 최대한 약술했다. 이는 多夕사상을 〈천부경〉으로까지 소급하는 과정에서 가능한 일이었다. 주지하듯 多夕에게 얼기독론만 있다면 여타의 불교적 신학과 변별력이 없었을 것이다. 그의 스승기독론은 얼기독론에 근거하되 그를 넘어선 독특성을 드러내고 있다. 자속에 의존할 수밖에 없는 얼기독론과 달리 自/他不二(相生)적 구원의 실상을 접할 수 있는 탓이다. 나는 이를 多夕의 스승기독론을 기독교와 한국(동양) 사상 간의 상생적 접목接木의 결과로 본다. 유교 문화의 잔류량을 많이 지닌 한국 고유의 특성 속에서 십자가가 해석된 것이 그 이유 중 하나일 것이다. 이런 구원관은 결국 역사적 예수(삶)를 케리그마로 이해할 수 있는 새 틀이 될 것이며 탈현대적 정서와 조우할 수 있는 토대가 아닐 수 없다. 기독교의 미래는 스승기독론에 터한 수행修行적 기독교의 모습에서 찾을 수 있다는 것이 나의 조심스런 생각이다.

3장

민족과 탈脫민족 논쟁의 시각에서 본 多夕신학
- A. 네그리의 『제국』과 『다중』의 비판적 독해 -

들어가는 글

한국 신학계에 '토착화' 논쟁이 시작된 지 어언 50년이란 세월이 흘렀다. 본 논의가 1961년 「감신학보」를 통해 명시적으로 제기되었으니 햇수로 꼭 그리된 것이다.¹ 주지하듯 지난 반세기 동안 토착화 신학의 길은 결코 평탄치 않았으며 수차례 위기를 겪었다. 교계 안팎을 지배해온 배타적 구원관과 선교정책으로 인함이었다. 하지만 감리교 신학 전통 안에는 '동서양의 하늘을 같게 본'(東洋之天卽 西洋之天) 최병헌과 '특별계시가 일반계시를 부정할 이유가 될 수 없다'고 했던 정경옥이 있었다. 소수라서 외로웠지만 해천海天 윤성범과 소금素琴 유동식은 본 문제의식을 신학적으로 심화시켜 토착화 논의를 본격적으로 공론화했다. 당시 한국 신학계는 이를 경천동지驚天動地할 사건이라 여겼고 폄하하기 바빴다. 하지만 이들로 인해 신학 함에 있어 '한국적 주체성'의 소중함이 후학들에게 실존적·학문적으로 이어졌다. 이들이 없었다면 한국 신학사神學史는 존재할 수 없었을 듯싶다. 혼합주의²란 오해를 무릅쓰고라도 서구 신학과의 변별력을 말하는 것이 이들의 시대적 책무였던 것이다. 바로 海天의 『성誠의 신학』과 素琴의 『풍류신학』은 한국적 유교와 무속의 계시적 차원을 긍정한 신학적 산물이었다. 海天 선생의 이른 타계가 너무도 안타깝고 미수米壽에 이른 오늘까지 홀로 한국 사상의 광맥을 캐신 素琴 선생의 한결같음이 고맙다.

하지만 문화적 정체성에 역점을 둔 토착화 신학은 격동기의 한국 정치적 현실에 너무도 안일했다. 토착화 신학이 선교의 과제가 '독립'³이었던 일제 강점기의 저항적 에토스로부터 크게 벗어나지 못한 탓이었다. 이들에겐 민족의 정(㊦)체성이 민족 내부의 모순보다 언제든 우선했던 것이다. 이로부터 1970-80년대 국내의 정치 경제적 모순과 갈등상황에서 비롯한 '민중신학'이 한국 신학계의 쟁점이 되었고 토착화론은 크게 위축되었다.⁴ 더욱 민중신학이 한국적 문화정체성 자체를 변혁시키려 했던 까닭에 토착화론이 직면한 위기는 결코 작지 않았다. 안병무의 '사건의 신학', 서남동의 '민담(恨)의 신학'이 주는 매력에 서구 신학자들까지 매료될 지경이었다. 이 상황에서 一雅 변선환의 역할은 토착화 신학의 불씨를 다시 지피는 데 있었다. 一雅는 '한국적 주체성'만으로 토착화 신학이 민중신학의 도전에 응전할 수 없음을 분명히 알았다. 一雅에게 한국적 주체성은 종교다원주의 지평에서만 유의미했던 까닭이다.⁵ 그만큼 종교다원주의는 그의 사고체계에 있어 소중한 확신이었다. 이는 앞선 두 선배 신학자들과는 크게 다른 양상이다. 하여 一雅의 종교다원주의에 대한 소신은 한국적 주체성을 아시아의 '종교성'으로 확대시켰고 그것을 가난의 현실과 연계시켜 서구와 다른 아시아 종교해방신학을 정초하는 데까지 이르렀다.[6] 이로써 그는 민중신학을 '포함하며 넘어서는 포괄적 (아시아적)인' 토착화 신학을 기획할 수 있었던 것이다. 이후 JPIC 세계대회를 계기로 위기의 지평이 한국을 넘어 세계, 전 자연으로 확장된 현실에서 종교다원주의적 관점은 더욱 쓰임새가 커졌다. 생태적 위기와 같은 전 지구적 차원의 문제는 특정 종교, 이념만으로 해결될 수 없기 때문이다. 한국 종교문화 속에 내재된 우주/자연관을 근거로 역사와 자연을 아우르는 한국적 생명(여성)신학의 출현도 민중신학적 도전의 한 결과물이다.[7] 토착화 신학의 첫 학문적 위기는 이렇게 돌파되었던바, 그에 대한 긍/부정적 평가는 민중신학 측의 몫으로 남아 있다.

토착화 신학의 두 번째 위기는 一雅의 출교 이후 가시화되었다. 학문의 자유가 교권의 지배하에 놓임으로써 저마다 교단 신학자의 위상을 갖고자 했기에 '토착화'의 의지를 스스로 한정시킨 까닭이다. 몇몇 주요 학자들이 미국, 일본 등지로 삶의 터전을 옮겼기에 토착화라는 실존 관심과 거리가 멀어진 것도 이유 중 하나다. 두 번째 위기가 외부적 도전에 의한 것이 아니란 점에서 문제의 심각성이 더욱 크다. 가르침이 없기에 배움도 없어졌고 맥이 끊어짐으로 토착화 신학에 대한 논의 자체가 실종된 것이다. 이런 상황 속에서 다행히 몇몇 소장학자들 중심으로 토착화론의 불씨가 지펴지고 있다. 소위 '제3세대 토착화론'[8]이란 이름하에 토착화의 재의미화를 위한 학문적 작업이 진척 중이다. 하지만 이들은 기존 토착화 신학을 일리一理의 차원에서 이해할 뿐 전반적으로 긍정하지는 않는다. 국가와 민족이란 개념을 서구적 근대의 산물, 곧 상상적 공동체로 보기에 그곳에서 정체성을 발견하는 시도 자체를 불허한다. 더욱 근대적 정체성이 타자성을 생산하고 그를 억압하는 기제였음을 드러내며 식민지성을 탈脫해야 하는 입장에서 정체성이란 개념 자체가 해체되어야 한다고 주장하는 것이다.[9] 사실 신학 이외의 영역에서 민족/탈민족 간의 논쟁이 시작된 것은 퍽 오래된 일이다.[10] 때늦은 감이 없지 않으나 토착화 신학의 영역에서 본 논의가 재현된 것은 참으로 뜻 깊다. 이들의 '탈脫'의 논리가 다시금 서구적 논리의 재현인지도 물어야 할 것이다. 필자는 이런 논쟁을 토착화론이 맞이한 세 번째 위기 상황이라 생각한다. 하지만 자체 내부에서 토착화론의 근간을 흔드는 논쟁이 생긴 것은 동시에 토착화 신학의 발전을 위해 호기일 수 있다. 토착화 신학이 주요 핵심 담론들과 만나 자신의 체력을 강화시킬 수 있는 까닭이다.

서론이 너무 길어졌다. 토착화론의 역사를 세 차례에 걸친 위기 상황의 빛에서 조망하다 보니 그리 되었다. 필자는 이 글의 제목을 "민족과 탈脫민족 논쟁의 시각에서 본 多夕신학"이라 정했다. 소위 3세대 토착화론을 펼치는 학자들의 견해를 수용하되 그들 시각의 한계를 지적할 목적에서다. 이를 위해 필자는 A. 네그리의 두 권의 핵심 저서, 『제국Empire』과 『다중Multitude』[11]을 읽었다. '제국'과 '다중多衆'이란 개념이 바로 민족주의의 근간을 흔드는 네그리의 핵심 개념이자 3세대 토착화론의 근간이기 때문이다. 하여 이 글의 절차는 다음처럼 진행될 것이다. 첫째로 토착화 신학에서 말하는 '한국적 주체성'의 의미를 논하고, 둘째는 그 본질을 탈민족주의의 새 차원을 연 A. 네그리의 시각에서 심각하게 되물을 것이며, 셋째로는 '다중' 개념의 의미와 한계를 유럽 통합(유러피언 드림)[12]의 시각에서 비판하고, 끝으로 한국적 '통섭론'[13]의 시각에서 多夕 유영모의 '얼' 개념을 공동의 지성이자 영성으로서 '다중多衆' 기독론으로 재再언표할 것이다.

1. 토착화 신학의 토대로서 '한국적 주(정)체성', 그 실체는 있는가?

토착화 신학에 있어 너무도 당연한 질문을 다시 시작하는 것은 '민족'에 대한 서구적 시각에 당당히 맞서기 위함이다. 지금껏 서구 역사학자들은 민족에 대한 이해를 '원초론/구성론'적 입장으로 양분시켰다.[14] 이들 간의 차이는 전자가 민족을 언어, 문화, 종교 등 객관적 토대 위에 구성된 실체로 인식하는 반면 후자는 구성원들에 의한 임의적 인식의 산물로 보는 데 있다. 앞의 것이 동질적 민족의식의 선험적 측면을 강조했다면 나중 것은 구성원들 간의 합의 내지 협의가 중요했다. 결국 민족이란 근대 이후의 산물로서 대중을 통합시키기 위한 이념적 토대라는 것이 서구의 결론이었다. 이처럼 서구는 초역사적 실체/상상의 공동체[15]란 대립적 시각으로 한국을 비롯한 아시아의 민족주의를 보았고 후자의 빛에서 그를 해체시켰다. 국내의 탈脫민족주의자들 역시 후자의 시각을 철저히 대변했고 민족주의의 부정적 측면만을 드러냈다. 민족이 민중을 수탈하고 국가가 민족을 전유해버렸다는 것이다. 식민주의 상황에서 생긴 저항적 민족주의조차 민주주의를 억압한 역사의 반역으로 여겼고,[16] 민족의 문화적 우월성 역시 개인을 민족에 종속시키는 이념적 지향성을 지녔다고 보았다.[17] 하지만 이런 탈민족주의자들은 서구적 이론에 경도되어 있다. 우리의 '밖' 만을 의식했던 민족주의 대신 '안' 을 반성하는 열린 민족주의의 가능성도 있을 터인데 민족이란 동질감 자체를 부정하는 동양열등주의자들이 되어버린 것이다. 오히려 역사적·사회적·문화적으로 형성된 공간이 탈민족주의 시대에 '영혼의 응집력' 을 갖게 한다는 재독학자의 말이 설득력이 있다.[18] 나아가 전통과 무관한 듯 살고 있는 오늘 한국 젊은이들의 유전인자 속에도 민족의 영혼이 각인되어 있음을 역설하는 전대미문의 대하소설가 조정래의 말도 유념할 필요가 있다.[19]

근본적으로 필자는 '한국적 주체성' 혹은 문화적 정체성을 서구적 양자택일 구도로 보는 것에 이의를 제기한다. 왜냐하면 정체성이란 동일성이 전제되긴 하나 끊임없이 변화하는 것이기 때문이다. 인간은 존재하는 한 지속적으로 자신의 정체를 만들어가는 존재란 사실이다. 철학에서 '자체 동일성' 과 '자기 동일성' 을 구별하는 것도 이런 이유에서다.[20] 사물의 경우 자체 동일성에 해당하지만 인간은 주변과 관계하며 자신을 창조하는 존재이기에 '자기 동일성' 이라 하는 것이다. 이는 혈통으로서의 '종족' 과 문화로서의 '겨레' 를 말할 때도 해당된다. "… 겨레는 피를 함께 타고났을 뿐 아니라 또 그 피로 된 목숨을 살아가는 방식을 같이하여 지켜나가는 것이다. 이처럼 겨레는 문화적 개념이다. 만약 피의 공동만 있고 문화의 공동이 없다면 그것은 단순한 인종학에서의 종족이 될 뿐 겨레는 되지 못한다."[21] 여기서 겨레란 문화의 정체성에 터한 민족을 지시한다. 이 경우 정체성은 원초론/도구론의 어느 구조에서도 충분히 설명되지 않는다. 그것이 결코 혈통의 동일함에 근거한 것이 아니기 때문이다. 그렇기에 문화 정체성은 탈민족주의자들의 주장대로 해체될 수 없고 더욱 민족의 이념적 도구로 폄하될 수도 없다. 지리적·역사적으로 형성된 공간 내에서 자신들만의 삶의 자리를 만들고 세계를 형성했으며 그 지평을 점차 확장시켜온 것이 문화인 까닭이다. 이런 주체적 문화 만들기 과정에서 한국 민족의 독특한 심성과 문화적 특이성이 생겨난 것은 너무도 당연한 이치이다. 겨레의 문화 속에는 의당 그것을 규정하고 이끌었던 주도적 역할(세력)이 있었다는 사실이다. 우리는 바로 그것을 문화적 정체성 혹은 한국적 주체성이라 명명하고 그 담지자를 민족이라 부를 수 있다.22 오랜 세월에 걸쳐 점차적으로 형성된 이런 민족적 주(主)체성에 의해 겨레 문화가 일관되게 그 지평을 확장하며 형성될 수 있었던 것이다.23 따라서 이런 정체성을 해체되어야 할 동일성으로 보는 것은 지나친 왜곡이다. 이것은 서구가 생각하듯 타자를 양산하는 초월적 주권24과 거리가 멀고 식민지 상황에서 생겨난 필연적인 저항적 민족주의와도 비견될 수 없는 단지 '영혼의 응집력'일 뿐이다. 그렇기에 아직 우리는 한국적 생활세계가 서구에 의해 식민화되고 있음을 더 많이 걱정해야 할 때인 것이다.

주지하듯 토착화 신학은 민족의 초(超)불변적 실체성을 자신의 전거로 삼지 않는다. 한국적 주체성(문화적 정체성)을 신화적 원형(Archetype)과 등치시키지 않는다는 것이다. 하지만 역사적 맥락에서 자기 정체성을 보존했던 주체적 생명력과는 적극적 관계를 맺을 수밖에 없다. 토착화 1세대 신학자들은 각기 다른 형태로 이 점을 찾고자 했었다. 필자가 토착화 신학을 일명 '자기 발견적 해석학'(heuristic hermeneutic)이라 부르는 것도 이런 이유에서이다.25 素琴 유동식은 '난랑비' 서(序)에 기록된 '현묘지도 玄妙之道'에서 한국 문화의 정체성을 찾았고 海天 선생이 중용 中庸의 핵심 개념이자 율곡사상의 골수인 '불성무물不誠無物'에서 한국 문화의 생명력을 본 것은 참으로 의미 깊다. 여기서 중요한 것은 실체적 도道나 성誠 개념 자체가 아니라 그들의 역할이다. 중국 유학을 오래했던 최치원이 발견했 던 도道(풍류)는 포함삼교包含三敎, 접화군생接化群生을 이루는 체體였다. 그 것은 유입된 유불선 종교를 품어 않으면서 일체 존재들의 살림살이를 가 능케 하는 힘(用)이기도 했다. 특히 주목할 단어는 '함含'일 것이다.[26] 이 는 '함函'과 다른 것으로서 전자가 물에 소금이 녹아 소금물이 되는 맥락 이라면 나중 것은 작은 상자를 품는 큰 상자의 상태를 지시한다. 즉 '含' 이 실체를 탈脫하는 개념으로서 지평확장의 개념인 반면 '函'은 불변적 실체 개념으로서 반생명적 제국주의적 틀인 것이다. 유불선의 맛을 그대 로 지니면서도 그것을 아우르는 도道이기에 만물, 만인을 이롭게 하는 접 화군생의 역할이 주어진 것이다.

'불성무물' 즉 '誠이 없으면 아무것도 생겨날 수 없다'는 이 말 역시 동일한 맥락하에 있다. 우선 성誠은 현묘지도玄妙之道의 도道와 크게 다르 지 않다. 그것으로 인해 만물이 소생하고 생명현상 일체가 가능하기 때 문이다.[27] 성誠이 우주와 인간사를 관통하는 일괄지도一括之道인 탓이다. '성자천지도야 성지자인지도야誠者天地道也 誠之者人之道也'란 말이 그것이 다. 하늘과 땅의 이치가 같아야만 세상이 살 만하다는 가르침이다. 율곡 은 성誠으로 유불선을 품었다. 어느 종교라도 성이 없으면 무용지물이란 생각 때문이다. 성誠이 없으면 불교는 이치가 격格에 맞지 않고 유교는 뜻 을 세울 수 없으며, 도교는 기질을 변화시킬 수 없다는 것이다. 결국 素 琴과 海天에겐 도道와 성誠이 복음이 접붙여져야 할 나무의 '밑둥'이었 다.[28] 이 경우 '밑둥'은 주체적 생명력의 보고이다. 서구가 함부로 말하 듯 결코 이념적 실체로 환원될 수 없다. 그러나 동시에 이것은 아직 현실화(육화)되지 못한 미완의 상태이기도 했다. 이 점에서 一雅는 종교다원주의 시각에서 민족 문화의 생명력이 복음에 의해서만 완성된다는 선배들의 포괄주의적 입장을 비판적으로 지지했다. 하지만 이런 비판 역시 한국적 문화 정체성을 부정하는 3세대 토착화론과는 향방을 같이할 수 없을 것이다.

토착화 2세대로 불리는 필자는 분명 선생님들인 1세대 신학자들의 정신적 토양에서 사유하며 활동하고 있다. 하지만 필자는 이들보다 문화적 주(정)체성을 더욱 근원적으로 소급했고 그 영향사影響史, Wirkungsgeschichte를 멀리 확장시켜 이해했다. 이 과정을 통해 한국적 주체성의 원리를 개념화하고 그것의 세계적 소통 가능성을 보고 싶었던 것이다. 이는 유교, 불교를 넘어 동학을 연구하고 多夕사상과 조우하면서 얻은 결론이기도 했다.[29] 이 점에서 필자에게 〈천부경天符經〉은 대단한 의미로 다가왔다. 81자로 된 이 경전의 역사적 진위 문제는 필자의 역량 밖의 일일뿐더러 누구라도 답을 제시할 수 없다. 하지만 환국桓國을 거쳐 단군을 정점으로 한 고대 역사를 신화로 치부하고 식민통치 시기 저항적 민족주의가 빚은 허구적 담론으로 폄하하기에는 역사적 흔적들이 적지 않다.[30]

거듭 말하지만 필자 역시 〈천부경〉의 주도적 흐름을 초월적 이념으로 생각지 않는다. 다만 그것이 이후 우리 문화 및 종교를 일관되게 이해할 수 있는 토대였음을 밝히고 싶은 것이다. 상·중·하경으로 된 〈천부경〉은 각기 천리天理, 우주 자연의 이치 그리고 인간 존재를 다룬 최초의 경전이다.[31] 부언하자면 상경上經은 생명의 본체를, 중경中經은 생명의 현상을 그리고 하경下經은 인간 안에서 본체와 작용의 하나 됨(人中天地一)을 말하고 있다. 달리 말하면 상경은 보편성을, 중경은 특수성을 그리고 하경은 보편과 특수의 합일을 일컫는 것으로 인간의 마음을 밝히면 우주 생성의 근원(天)과 자신(참나)이 하나인 경지에 이를 수 있다는 것이다.[32] 〈천부경〉은 이를 일컬어 하나가 셋(一卽三)이고 셋이 하나(三卽一)인 경지라 했다. 이는 현대적 맥락에서 정신과 물질 그리고 정신과 물질이 하나(歸一)인 세계로서 혹은 신, 인 그리고 신인합일神人合一의 세계로서 이해될 수 있다. 여기서 관건은 〈천부경〉이 중국의 음양陰陽적 사유체계와 달리 삼수분화三水分化의 세계관, 곧 삼재三才사상의 근원처라는 사실이다. 素琴 유동식은 난랑비 서序의 현묘지도玄妙之道를 천지인 삼재의 천도라 보았고 민족 고유한 삼태극三太極의 연원을 여기서 찾고자 했다.[33] 세계적으로 그 과학성을 입증받는 한글 자모 중에 중모음의 창제 원리 역시 삼재론의 변화에 근거된 것은 누구도 부정할 수 없는 사실이다.[34] 더욱 근본적으로는 초·중·종성으로 구성된 한글의 구성 원리 자체가 삼재론에 터한 것이란 설도 있다.

동학의 '시천주侍天主' 사상에서도 삼재론의 영향사가 발견된다.[35] '侍' 자를 풀어낸 세 대목, 내유신령內有神靈, 외유기화外有氣化 그리고 각지불이各知不移가 바로 그것이다. '오심즉여심吾心卽汝心'의 경지에서 신과 자연(우주) 그리고 인간이 하나란 것이 본문의 요지인 까닭이다. 최근 널리 주목되고 있는 多夕사상 또한 철저하게 삼재론에 근거해 있다. 주지하듯 多夕은 삼재론의 빛에서 유교와 불교는 물론 기독교를 회통시키는 대통합의 사상가이다.[36] 불교의 견성見性(법신), 고행苦行(화신), 성불成佛(보신), 유교의 '천명지위성天命之謂性, 솔성지위도率性之謂道, 수도지위교修道之謂教' 그리고 기독교의 '없이 계신 하느님', '부자유친(십자가)의 예수' 그리고 '참(일)나인 성령'이 삼수분화의 틀거지에서 각기 상호 회통될 수 있다고 본 것이다.

이렇듯 삼재론의 영향사는 큰 줄거리를 형성해왔다. 그것이 일상생활 속에 녹아든 사례까지 제시한다면 끝이 없을 것이다.[37] 고대로부터 오늘에 이르기까지 삶의 지평을 융합·확대시킨 한국적 주체성으로 인해 우리는 서구와 같은 타자를 양산한 제국적 민족주의가 아닌 문화적 민족주의, 소위 열린 민족주의를 견지해온 것이다.[38] 多夕신학은 물론이고 안중근의 '동양평화론', 함석헌의 '세계주의'의 발현 역시 이런 정신적 유산과 결코 무관치 않다. 필자는 셋째 장에서 삼재사상에 터한 새로운 통섭론을 인류 문명사, 정신사의 측면에서 적극적으로 의미화할 생각이다. 한국의 문화적 정체성이 결코 과거 지향적인 것이 아님을 밝힐 목적에서다.

2. A. 네그리의 민족주의 비판의 새 차원
– '제국'의 도래와 세계적 가난의 실상

본 장에서는 이탈리아 사상가 A. 네그리의 저서『제국』이 설說하는 새 차원의 민족 개념 비판을 문화적 민족주의 시각에서 비판적으로 정리할 것이다. 일체의 '정체성' 자체를 거부하는 그의 논리는 여타의 입장과 달리 철학적이되 현실 분석에 터한 것으로 대단한 설득력을 지녔다. 탈현대, 탈식민적 상황에서 노동 개념을 재구축함으로써 자본주의와 맞설 수 있는 전망을 제시하는 것이 그의 평생 과제였다. 이를 위해 그는 주체란 형이상학적 차원에서 발견되지 않으며 해방적 실천의 과정, 곧 노동에서 창발된다고 확신했다.[39] 즉 새로운 존재론은 높이(초월)나 깊이(실존)의 차원이 아닌 사회적 실천(노동)을 통해 구성될 뿐이란 것이다. 이를 위해 그는 절박한 실천적 요구를 어떤 이론적 담론에 종속시키는 것을 거부했다.[40] 현실을 객관적으로 독해하는 이론적 접근법 대신 노동자의 자기 기획의 실천성에 우선성을 부여한 것이다. 따라서 주체의 출현이란 그에게 자본주의적 지배구조로부터의 단절을 기획하는 노동자의 능동적 힘(열망)을 의미했다. 필자가 네그리 사상을 이 글의 중심 주제로 택한 것은 바로 이런 생각 때문이었다. 자본주의의 지배 구조로부터 자유로운 체계 및 이념, 문화를 동서양 어느 곳에서도 발견할 수 없는 현실에서 네그리의 자본주의 비판은 대단한 충격이었다. 해서 한국의 문화적 주체성이 과연 네그리의 문제의식을 감당할 수 있을지도 의당 궁금했다. 또한 민족주의 비판이 결국 자본 지배 구조에 대한 비판과 맥을 같이한다는 점도 흥미를 자아냈다. 하지만 초월적 지평을 포기한 사회적 노동만으로 전 세계적 '가난'을 위해 '제국'과 맞설 수 있는지, 그것이 과연 현실적이고 포괄적이며 총체적인 것인지를 되물을 수밖에 없다. 그의 책 『제국』의 비판적 독해를 통해 문화적 민족주의에 대한 긍정적 성찰을 기대해본다.

네그리는 유럽의 근대성, 곧 국민(민족) 주권 개념의 등장을 중세적인 이원론적 초월 개념의 전복 차원에서 읽어낸다.[41] 내재성, 즉 세계의 역능Powers[42]에 대한 대긍정의 결과란 것이다. 이는 중세의 절대주의적 군주제의 몰락과 맥을 같이하는 부분이다. 하지만 근대적 주권(민족) 개념 역시 군주국가의 초월적 권위를 내재적 권력으로 재창조한 것일 뿐 본질에 있어 다르지 않았다. 초월의 지평이 형식을 달리하여 근대 국가(민족) 개념 속에서 여전히 작동했다고 보았다. 온갖 힘이 집중된 국가(민족)라는 초월적 일자—者가 탄생한 것이다. 이 과정에서 대중민주주의를 주창한 스피노자의 내재성 철학이라는 혁명적 기획이 사장되어버린 것을 네그리는 안타깝게 생각한다.[43] 반면 데카르트를 위시한 일체의 선험론이 배타적 이데올로기의 지평임을 지적했다.[44] 유럽의 근대, 유럽 중심주의란 실상 인간 평등(내재성)에 대한 반작용, 반혁명의 결과라는 것이다. 국민 주권 내지 민족이란 이름하에 특이성을 총체성 안에 포섭하고 개개의 의지를 일반의지 속에 포섭했기 때문이다. 국민(민족)이란 결국 대중을 일자—者(국민주권)의 지배하에 놓으려는 권력의 산물이었던 것이다. 이로써 민족은 국가의 이데올로기적 맥락에서만 이해될 수 있는 개념이 되고 말았다.[45] 이를 위해 대외적으로는 인종적 차이의 구축이 더한층 필요했다.[46] 동질적 국민(민족) 정체성은 타자를 통해서만 유지·존속될 수 있는 까닭이다. 근대 유럽이 지속적으로 식민지 영토를 탐했던 것도 이런 맥락과 유관하다. 유럽적 특수성을 세계적 보편성으로 인식시킨 소위 오리엔탈리즘의 시각이 창조된 시점이다. 유럽에서 날조된 동양 담론은 결국 인류학적으로 유럽인들의 우월적 위상을 정당화시키는 도구였다는 사실이다.[47] 식민적 정체성을 환영으로 만들어버린 탓이다.

한편 네그리는 피皮식민국가에서 생겨난 저항적 민족주의 역시 동일한 차원에서 독해한다. 식민 상황 속에서 국가와 민족 개념이 변화와 혁명의 무기임은 주지의 사실이다.[48] 반反식민투쟁과 반제국주의적 투쟁이 민족 내부의 결속을 도모하는 최적의 담론이란 것이다. 그러나 네그리는 밖을 향한 저항이 민족 정체성이라는 이름하에 내적 억압을 자행했고 차이와 반대를 무시하는 지배 권력을 양산했다고 비판한다.[49] 결국 식민 통치하의 하위 민족주의나 유럽의 민족 개념이 본질에 있어 다르지 않다는 것이다. 하나의 국민(민족) 개념으로 초超코드화되는 한 진정한 공동체성은 빈약해질 수밖에 없다. 내적 다양성이 항시 어디서든 초월적 일자의 미명으로 억압될 수 있기 때문이다. 역사적으로 식민 통치에서 해방된 대부분 국가들이 민족 정체성을 내걸고 독재를 감행하는 사례를 적잖게 경험했다.[50] 해서 네그리는 저항적 민족주의, 해방적 민족 주권 담론을 '독이 든 선물'로 비유한다.[51] 정체성이란 언제든 타자성에 근거하기에 그의 해체만이 독성(동일성의 폭력)을 중화시킬 수 있다는 뜻에서이다. 더욱 네그리는 초국가적 자본의 힘이 지배하는 현실에서 더 이상 민족/세계, 국지적/지구적인 것을 구분하는 이분법적 발상이 옳지 않다고 지적했다.[52] 자본주의적 지배체제가 '제국'으로 이행된 현실에서 민족 역시 '제국'의 밖에 존재할 수 없다는 것이다. 제국이란 근대적 국가 주권 개념의 탈현대적 이해에 기초한 네그리의 새 개념이다. 영토적 중심을 유지하면서 주권의 지리적 경계를 확장시킨 근대 제국주의와 달리 민족 국가의 쇠퇴에 근거, 중심을 갖지 않는 탈脫영토화된 자본주의 지배체제를 지시한다.[53] 그러나 필자로선 초국가적 기업이 민족을 좌지우지하는 현실이긴 하지만 상대적 약자를 배려하는 국가의 순기능을 부정할 시점은 아니라고 생각한다. 또한 저항적 민족주의를 서구 근대의 '하위적' 민족 개념으로 치부하는 것 역시 옳기만 한 것이 아님을 추후 지적할 것이다. 한국적 정체성을 서구의 동일성과 동일한 척도로 보는 것 또한 수긍하기 어렵다. 국민 국가 형태를 야만적으로 보는 것 역시 근대 서구 유럽에나 해당될 듯하다.[54]

여하튼 네그리의 민족주의 비판은 그의 '제국' 개념에서 정점을 이룬다. 국경을 넘나드는 초국적 자본과 자본의 활동을 뒷받침하는 국제기구들이 상호 그물망을 이루면서 등장한 탈영토화된 상황에서 제국의 자본주의적 지배가 시작되었다는 것이다. 그러나 제국에 대한 학문적 토론은 여전히 진행 중이다.[55] 논쟁 중의 개념이긴 하지만 그에게 '제국'은 무엇보다 '스피노자의 기획(내재성 철학)' 곧 절대적 민주주의의 실천을 위한 긍정적 공간임에 틀림없다. 지구 공간을 통합하되 탈중심적 지배 장치로서 제국은 우선 자아/타자라는 근대적 이분법을 무력화할 수 있기 때문이었다.[56] 여기선 혼종성Hybridity과 잡종성이 제국의 문화적 특징으로 부상된다. 이것은 탈식민론자 호미 바바Homi Bhabha의 핵심 개념인바 '혼종적 주체성'의 줄인 말이기도 하다.[57] 의당 여기에는 차이와 특이성에 대한 이해가 전제되어 있었다. '차이'가 강조되지 않는 경우 혼종성이란 개념 자체가 성립될 수 없는 까닭이다. 제국 안에선 더 이상 순수(정체성)는 없다. 이분법적 분할 자체는 탈근대와 탈식민적 담론과는 공유될 수 없는 주제였던 것이다. 이들에게 차이와 잡종성의 긍정은 그 자체로 공동체에 대한 긍정이다. 잡종성 그 자체는 위계를 파괴하고 경계를 가로지르며 차이의 정치를 현실화하기 때문이다.[58] 탈근대와 탈식민주의가 만나는 유일한 지점이 바로 잡종성인 것이다. 누구도 타자화될 수 없는 공간이 바로 원리상 제국임을 네그리는 역설했다. 더 이상 주권의 장소를 한정 짓는 외부는 없다고 보기 때문이다. 이 점에서 제국 주권의 공간은 '무장소Non-place'란 말이 옳다.[59]

그러나 제국 역시도 타락하고 부패할 수 있다는 것 또한 네그리의 생각이다. 오히려 제국주의 시대보다 더욱 위계와 차별이 강화될 수 있는 구조임을 지적한다. 차이를 찬양하고 인정하되 그것을 포괄·구별·관리하는 체계를 갖췄기 때문이다.[60] 하여 잡종성, 차이가 제국 안에서 언제든 즉각적으로 해방적일 수 없는 것이다. 제국이 다문화주의를 시장 확대의 기회로 선용하며 인종 및 성 차별적 담론을 경멸하지만 전 지구적 '가난'은 항존한다. 지구화 및 세계 시장이 이분법적 분할을 압도하는 반

反본질주의적 이념임에도 현실에서는 무수한 '차이'들을 발생시키고 있는 것이다. 이 점에서 네그리는 '가난', 혹은 '가난한 자'를 국지화할 수 없는 '차이의 공통 이름'이라 명명했다.61 바로 여기에 제국 시대의 딜레마가 있다. '혼종성Hybridity'으로 근대적 타자를 넘어섰으나 '가난'으로서의 차이는 재생산되고 있고 제국의 '무장소성'으로 인해 비판의 대상 자체가 실종된 상황이기 때문이다.62 이는 탈근대 담론의 한계를 여실히 적시한다. 하지만 네그리는 '가난한 노동자'를 새로운 세계를 창출하는 권력자, 생산 주체로 적극 이해했다. 비록 종속적 형상을 하고 있으나 제국을 비판할 유일한 대항마란 것이다.63 그러나 '가난한 자'에 대한 긍정성은 마르크스적 프롤레타리아 계급 개념을 훌쩍 뛰어넘는다. 탈근대적 상황에서 비물질적이며 소통적인 노동력, 즉 협동과 상호 작용이 그 속에 온전히 내재된 노동의 새 차원 때문이다. 달리 말하면 노동이 외적 자본에 의해 그 가치가 입증되는 것이 아니라 오히려 그 스스로를 가치화할 수 있게 되었다는 것이다.64 '가난한 자'를 대항 권력의 생산 주체로 보는 것은 결국 노동이 지닌 소통과 협동의 힘 때문이라 하겠다. 네그리가 민중, 인민 대신 다중多衆, Multitude이란 개념을 사용한 것 역시 특이성을 보존하면서도 소통을 통해 민주화를 위한 열망을 표출하는 능동적 주체임을 말하기 위함이다.65 제국에 항거하고 제국의 딜레마를 치유할 수 있는 힘이 성별·업종별·민족적 차이에도 불구하고 소통하는 다중에게 있다는 것이 네그리의 잠정적 결론이다. 다중에 대한 더 이상의 논의는 다음 장의 주제가 될 것이다. 본 장 말미에서는 정체성 일체를 부정하는 네그리의 입장을 문화적 민족주의의 시각에서 비판적으로 수용할 생각이다.

앞서 언급했듯이 필자는 자본주의와의 전면 승부를 내건 네그리의 민족 비판을 중요하게 생각했다. 지구적 차원의 가난의 문제를 탈민족주의의 시각에서 다룬 까닭이다. 이는 탈식민주의의 빛에서 탈근대 담론의 한계를 넘어섰기에 가능한 일이었다. 하지만 토착화 신학자인 필자에게 네그리의 정체성 비판이 무리한 듯 보인다. 그의 논리라면 한국적 주체성은 서구 지배 담론이 부추긴 '타자'의 주체성에 불과한 것이었다. 달리 말해 오리엔탈리즘, 곧 동양열등주의의 산물이란 지적이다. 그런 차원이라면 多夕신학 역시 저항 담론의 한 표현으로 폄하될 수밖에 없을 듯하다. 하지만 보았듯이 역사를 관통했던 일관된 흐름이 한국 문화 속에 있었음을 부인할 수 없다. 근대 이전부터 형성된 원시적 형태의 원原민족이 잠재적 형태로 실재했다는 것이다.[66] 이는 이스라엘 민족에게도 역사 이전의 역사 원原역사, 태고사太古史가 있었다는 사실과 맥락을 같이한다. 민족 자체가 만일 허구이거나 상상의 산물이라면 오늘 우리는 이스라엘 역사의 신학적 의미 또한 상실할 것이다. 정체성이 타자를 생산한다는 논리 역시 타당하나 그것 또한 서구적 근대와는 다른 식으로 의미화될 수 있어야 한다. 19세기 말 서구적 충격에서 비롯한 동학의 경우 개체에서 전체를 보고 피해자의 입장에서 가해자를 품었던 전혀 다른 보편성을 자체 속에 잉태했던 까닭이다.[67] 비록 민족주의 옷을 입었으나 동학은 근본에 있어 세계(우주) 형성적 인간 본질을 지향하고 있었다.[68] 조선의 역사를 성서의 관점에서 읽었던 함석헌의 '씨을' 개념 역시 해체되어야 할 서구적 정체성 범주로 환원될 수 없는 한국 고유한 것이다. 그 역시 가해자로부터 피해자의 관점에서 역사를 보았고 '뜻'의 구현을 위한 자속自贖의 길을 걸었으며, 하느님 역사의 주체가 민족이 아니라 '뜻'의 담지자인 '씨을'이라는 탈민족적 세계주의를 표방했던 것이다.[69] 서세동점의 시기

한국적 토양에서 생긴 이런 문화민족주의는 원原민족성의 능동적 지평 확대라 볼 수도 있을 듯하다.[70]

자타분리의 대안으로 사용된 '혼종성'에 대한 이해 역시 비판적으로 수용되어야 한다. 정체성을 혼종성으로 대치시키라는 말에 필자는 일정 부분 동의할 수 있다. 첫 장에서 보았듯이 우리는 문화의 대세적 흐름을 말했었다. 달라진 환경 속에서 그 흐름은 주변을 품으면서 자신을 초극시켜 문화를 창조했고 해석 능력을 키워왔던 것이다. 이를 본질(과거) 지향적이라 평가하는 것은 문화의 역사성을 간과한 소치이다.[71] 물론 오늘의 입장에선 과거지만 포함삼교包含三敎하며 접화군생接化群生하는 '道' 그 자체는 혼종성, 잡종성의 또 다른 이름일 수 있는 것이다.[72] 오늘의 한류韓流 열풍 역시 한국적 주체성에 근거한 문화 혼종화 현상이라 해도 옳을 듯하다.[73] 하지만 네그리와 호미 바바가 말하는 '혼종성'에는 이와 다른 점이 있다. 혼종성은 차이, 특이성을 강조할 뿐 '함슴'의 의미가 없다. 물에 소금이 녹아 너/나가 없는 소금물이 되는 경지를 말하지 않는다. 물론 탈근대적 노동을 통해 공통성을 찾으려는 시도를 모르지 않으나 자기 극복, 초극의 과정이 부족하다. 노동 자체의 변화된 특성 속에서 자연스런 타자와의 연대Solidarity of Others[74]를 기대하는 것이 요원해 보인다. 사상적 편력과 진화 과정을 거치긴 했으나 마르크스에게 기원을 둔 탓인지도 모르겠다.

필자는 네그리에 의존하는 3세대 토착화론자들의 혼종성에 대한 편애와 편향을 우려한다. 수많은 젊은이들 속에서 무분별한 혼종성의 경향을 보기 때문이다. 혼종성이 분명 국적 불명의 청소년들을 양산하는 것과는 달라야 할 것이다. 서구 신학 역시도 이미 너무도 깊고 지나칠 만큼 우리의 내부가 되어 있는 듯 보인다. 서구가 우리에게 내부이듯 우리가 서구에게 그만큼 내부가 되어본 적이 있었는가를 되물어야만 한다. 반복하지만 필자가 '제국'을 토대로 글을 진행시킨 것은 자본주의에 대한 공통된 문제의식 때문이었다. 그 극복의 과제는 다음 장의 주제이겠으나 다중의 기획 역시 낙관할 수 없는 일이다. 삼재론三才論에 터한 문화 민족주의 유산 속에서 근본적 대안을 찾을 수 있다는 것이 필자의 확신이다. 차이의 시대에 제국의 공통 이름으로 존재하는 '가난'의 극복은 네그리보다 좀 더 현실적이어야 할 것이며 이는 세계관적 접근을 할 때 가능할 것이다.

3. 다중多衆의 삶정치Biopolitics와 '유러피언 드림, 그 공감의 정치학'[75]

『제국』이후 출판된『다중』에서 네그리는 주체성의 경계가 사라진 '무無장소'로서의 '제국'에서 대의적 민주주의가 아닌 절대적 민주주의의 가능성을 실험코자 했다. 이는 지구적 가난과 억압을 초래했던 '우-토피아ou-topia' 제국과 맞상대할 혼종적 주체성, 곧 다중多衆의 출현으로 가능한 일이었다. 국민 주권이 초국적 자본에 의해 무력해진 제국에서 대항 제국을 건설할 수 있는 주체로서 다중을 생각한 것이다. 여기서 다중은 민중이나 대중과 구별된 네그리의 독특한 개념이다.[76] 민중이 계급적 맥락에서 다양성을 통일성으로 환원시킨 것이라면 다중은 하나가 아니라 글자 그대로 다수를 뜻한다. 또한 대중Mass의 무차별성에 반해 다중은 특이한 차이들의 다양체Multiplicity를 전제로 한 개념이다. 다시 말해 다중은 상호 다른 문화, 인종, 젠더, 노동 형태, 세계관, 삶의 방식 등의 수많은 내적 차이들로 구성되어 결코 단일 정체성으로 환원될 수 없는 새로운 주체성인 것이다. 여기서 네그리는 다중과 근대 산업시대의 노동계급과의 차이를 특히 강조했다.[77] 보았듯이 근대적 산업노동과 탈근대적인 비물질적 생산 활동 간의 현격한 차이 때문이다. 해서 다중은 임금 노동자가 아니라도 제국의 통제적 그물망에서 훈육되는 일체의 사람들을 일컬을 수 있다.[78] 중요한 것은 다중의 내부적 차이, 그들 상호 간의 특이성이 소통되어 '공통적인 것the Common'을 발견하고 생산하는 일이다.[79] 특이성을 보존하면서도 소통을 통해 공통성을 생산하는 일이 다중의 몫이란 말이다. 일종의 차이들 간의 연대성Solidarity 모색이란 말이 적합할 듯싶다. 이는 결국 노동의 질과 본성 자체의 탈근대적 변화, 곧 생산의 정보화와 비물질적 노동에서 비롯한다. 탈집중화된 네트워크적 생산체계하에서 '협동'이 노동의 내재적 개념으로 자리했음을 우리는 앞서 보았다. 해서 생산이란 그 자체로 소통적 공통성을 구성하는 일과 다르지 않게 되었다. 정보화된 생산이란 말이 바로 그것을 함축한다. 정보화된 지식에 의거하여 새로운 공통적인 것을 생산하는 것이 오늘의 생산양식인 탓이다. 생각과 이미지, 정서 그리고 관계들까지 비물질적 정보 노동에 있어 참여하는 실정이다.[80]

이 점에서 네그리는 오늘의 노동 특성을 '삶정치Biopolitics'의 생산이라 불렀다.[81] '생체 자본적 노동Biocapital labor'이란 한 단어로 요약될 수도 있겠다. 어느 경우든 이것은 자신의 주권 유지 및 확장을 목적하는 제국의 '삶(생체)권력Biopower'과 마주하는 개념이다. 즉 상술한 노동을 통해 이런 일상성 자체를 변형시키려는 새로운(정치적) 형태의 저항운동인 셈이다. 하지만 국가 주권이 무력화된 상황에서 저항운동 역시 민족 차원이 아닌[82] 공통성을 생산하는 다중을 통해 가능하다는 것이 네그리의 생각이다. 그렇기에 그는 일체의 선험적·초월적 상상력의 퇴출을 명한다. '삶정치'

와 초월(선험성)을 공존 불가능한 개념으로 보기 때문이다. 오로지 다중의 '삶정치' 속에서만 '무장소'로서 제국 안에서 '새로운 장소'가 출현될 수 있다고 믿은 것이다.[83] 절대(직접)적 민주주의와 그를 통한 지구적 가난의 극복, 이것이 새로운 장소의 사실적 의미일 것이다.

그렇다면 다중은 정말 제국으로부터의 탈주를 시도할 수 있을 것인가? 저항 경험을 결집시켜 공통적인 것, 즉 궁극 목적의 재전유Reappropriation[84]를 성사시킬 것인가? 본 사안은 『제국』의 분석과 비판을 넘어 『다중』을 통한 문명 비판적 대안과 연루된 부분이다. 필자는 본 장에서 네그리의 대안적 기획을 요약하고 초월(종교)와 정체성 개념을 탈각시킨 그의 한계를 『유러피언 드림』의 시각에서 적시할 생각이다.

현실을 보면 자본주의 시장 내지 그 생산체계가 거듭 확대 재생산되는 듯하다. 그래서 누구도 이 체제를 극복할 수 있다는 희망을 품지 못한다. 그러나 현실을 다시 보면 제국의 부패 역시 도처에서 기승을 부리고 있다. 해서 민주주의에 대한 전 지구적 요구가 봇물처럼 쇄도하고 있는 중이다.[85] 그럴수록 다중을 통제하려는 힘, 즉 '삶권력' 역시 더욱 강력해진다. 그러나 바로 이 지점에서 네그리는 제국 통치권의 약화나 궤멸 가능성을 점친다. 제국의 부패가 도를 넘어섰고 다중의 불만이 극에 이르렀다는 반증인 까닭이다. 해서 제국의 척도를 넘어서 새로운 '공통감'을 찾으려는 다중의 역할이 더한층 중요해졌다. 우선 UN과 IMF와 같은 대의제代議制가 다중의 항거 대상이 되고 있다.[86] 이들 속에서 자행되는 불균형한 권력 행사가 지배체제를 공고화하는 까닭이다. 국가적 분쟁에 직면한 국제법 역시 정의를 수호하기보다 방해한다는 판단이 대세를 이뤘다.[87] 또한 경제의 전 지구적 통합이 빈자들의 가난을 악화시켰음을 누구도 모르지 않게 되었다. 뭇 금융 권력들이 곡식 가격의 등락을 임으로 조정해 생존 자체를 피폐하게 만들었음도 알 수 있었다.[88]

이 모든 것은 실상 상호 연결된 주제가 틀림없다. 네그리는 이를 '삶(생체)정치'라는 말로 통합시켰다.[89] 페미니즘 투쟁, 반인종주의 투쟁, 생태적 투쟁 그리고 심지어 원주민 투쟁 등 모든 것이 합류될 수 있는 지점인 것이다. 전至 지구적 이슈에 초점을 맞춰 특이성을 지닌 다중들의 항거가 지금 세계 곳곳에서 일어나고 있음을 네그리는 주목한다.[90] 전 지구적 민주주의, 가난의 철폐를 원하는 다중들의 거대한 욕망이 가시화되는 증거이다. 네그리는 이것을 '세속적 오순절'의 장소라 불렀다.[91] 이는 특이성에 근거한 공통성 곧 '구체적 보편'으로서 다중(차이)들의 소통 공간이었던 까닭이다. 네그리는 이런 '삶정치'적 개혁이 역사상 실험된 적이 없음을 강조했다. 항시 예외성을 주장해온 미국은 물론 유럽 통합 이념을 담은 유럽 헌법의 부적절성도 지적했다.[92] 하지만 부정하는 그 구체적 내용을 생략함으로써 그의 논점은 빛을 바랬다. 그는 노동의 조건이 세계 전역에서 공통적이 되어가며 생산 자체가 '삶정치'적 경향을 띤다는 원칙적 말만을 도처에서 반복하고 있을 뿐이다.[93] 이런 공통적인 것이 다양한 상황에 처한 주체성들의 특이성을 축소시키지 않는다는 말도 물론 빠트리지 않고 있다. 민족은 물론이고 종교, 문명에 기초한 정체성 구상들에 대한 반감 또한 여전했다.[94] 그런 방식으로는 '삶정치'적 개혁을 이룰 수 없다는 것이다. 하지만 진정 세계가 그의 말대로 다중의 공통된 네트워크 속에서 '삶정치'적 동력학으로 흘러넘치고 있는지 대단히 궁금하다.[95] 실천을 강조한 마르크스주의자로서 그의 입장을 십분 존중하지만 노동의 질과 본성이 달라졌다는 이유만으로 사회운동의 투쟁 방식과 방향을 이처럼 낙관하는 것은 현실적이지 못하다. 다중의 저항적 역할(역능)

과 그가 구성할 권력(삶정치)에 집중한 나머지 다중 자체의 내면적 가치를 보지 못한 듯싶다.

그가 목표한 절대적 민주주의가 다음과 같은 것이라면 필자는 그의 주장에 반쯤만 동의하고 싶다. "남성, 여성, 노동자, 이주자, 빈자 그리고 다중의 모든 구성요소들을 포함하는 공통된 방식으로 인류의 유산을 관리하고 식량, 물질적 재화, 지식, 정보 및 기타 모든 형태의 부富의 미래의 생산을 이끄는 방법을 발견하는 것, 이것이 바로 우리의 과제이다."[96] 결국 일치의 초월적 일자—者를 거부했던 네그리는 우리에게 '주권'인가 '아나키'인가를 양자택일하라고 했다.[97] 유럽 통합 이념이 보여준 주권에 대한 현실적(상대적) 이해조차도 거부하고 있다. 그에겐 성서가 말하는 그리스도 몸의 비유도,[98] 동양의 유기체적 세계관도 무용지물이 되어버린 듯하다. 플라톤적 유산 대신 스피노자의 기획을 보수적으로 추종한 결과일 것이다. '삶권력'에 대항하여 주권을 얻는 노동의 생산성이 '삶정치'의 본질이자 초월의 다른 말이 되어버렸다. 오로지 '삶정치'의 자리에서만 초월이 존재할 수 있다고 하였다. 이를 위해 네그리가 믿는 것은 오로지 '多衆'의 천재성이다.[99] 수십억 뉴런의 상호작용을 통해 지능이 작동하듯 사회 조직(네트워크) 속에서 협력을 이끌어 행동케 하는 다중의 천재적 지능을 믿는 것이다. 두뇌와 신체 속의 다중을 통해 인간의 모든 것이 생산되듯 '삶정치' 역시 능동적 주체로서 다중에 의해서 결정될 수 있다는 것이 네그리의 확신이다.[100] 이렇게 보니 네그리의 '다중'론[101]은 R. 도킨스나 A. 윌슨과 같은 진화론적 유물론자들의 입장과 크게 달라 보이지 않는다. 정치사회학 분야에 있어 실천적 유물론자라 부르면 정확할 것이다. 이는 네그리의 사상적 편력을 보면 너무도 분명하게 나타난다.

세상을 변혁시키는 기획에 있어 유럽 통합 시도만큼 획기적이되 현실적인 것이 없어 보인다. 체제가 다르고 민족·종교·언어 모든 것이 다름에도 불구하고 숙원이었던 유럽 통합을 구체화시킨 유러피언 드림은 주목받기 충분하다. 계몽주의(근대적)적 자율성(주권)과 자본주의적 욕망 그리고 기독교의 사적 종교성, 이 셋을 하나로 엮어 무한 기회를 약속했던 아메리칸 드림의 허상을 대신할 수 있는 인류 최대의 실험인 까닭이다.[102] 유러피언 드림은 우선 탈근대성의 담론을 이념적으로 질타한다. 오늘의 현실은 모두가 동의할 수 있는 보편사상을 부정할 수 없기 때문이다.[103] 단일 기준에 대해 다양성으로 맞섰던 탈근대 담론은 이제 존중되어야 할 인권, 자연 앞에서 자신의 '존재론적 방랑'[104]을 그쳐야만 했다. 유러피언 드림은 서구를 추동했던 탈근대 담론을 대신하는 데 그 이념적 의미가 있다. 이는 네그리가 탈근대성을 탈식민주의로 극복했던 것과도 분명히 대별된다. 하지만 유러피언 드림은 결코 탈근대성 이전으로의 회귀를 뜻하지 않는다. 의당 근대적 보편성(비전)과 사적인 다양성, 곧 차이를 새로운 합슴, Synthese으로 만드는 일이어야 했다.[105] 그래서 이것 역시 인류를 진정한 세계화, 지구화로 이끄는 꿈이라 명명할 수 있는 것이다. 네그리의 경우처럼 유러피언 드림 또한 지구적 차원의 '네트워크' 경제 체제를 상정한다. 근대의 시장과 달리 네트워크는 전체 이익의 최대화와 자기 이익의 극대화가 공존하는 장場이다.[106] 이를 위해 상호 호혜와 신뢰가 의당 전제될 수밖에 없다. 해서 이 공간 안에서는 사적 소유가 아닌 소속감이 자유를 증진시킨다.[107] 저자 J. 리프킨이 『소유의 종말』[108]이란 책을 앞서 낸 것도 이런 맥락하에서다. 네그리의 '전유' 개념과도 일정 부분 만날 수 있는 부분이다.

이런 정황에서 독립된 민족국가 개념 역시 절대적일 수 없다.[109] 신뢰,

협력, 호혜가 독자적 민족주의보다 중요하기 때문이다. 이를 위해 소위 '유럽합중국'이란 초국가적 통치 모델을 실험하고 있다.[110] 공동 헌법과 단일 통화 안까지 마련했으니 난제를 뚫고 조만간 가시적 성과를 낼 것이다. 그러나 이것은 네그리가 말한 '제국'과는 분명 거리가 있다. EU 안에는 여전히 각국의 주권을 유지하려는 '연맹주의'와 강력한 통합체로 가려는 '연방주의' 간의 논쟁이 지속되는 까닭이다.[111] 또한 EU 헌법에 신자유주의 대신 사회주의적 시장 경제가 명시되었고 환경의 질적 향상과 인권 강조, 문화·종교·언어적 다양성 존중 등의 내용이 들어 있다. 네그리와 견줄 때 종교적 유산이란 것이 공동 헌법의 전문에 명시된 것은 중요한 의미를 지닌다.[112] 사유재산 제도가 빠져 있는 것도 획기적 사건이다. 이 점에서 EU 헌법은 "미국 헌법처럼 감동적 수사학은 없으나 인권을 세계의식 차원으로 넓힌 최초의 헌법"[113]이란 찬사를 받고 있다. 달리 말하면 유럽합중국의 실험이 국민, 영토 개념을 넘어 인류 전체와 지구에 초점을 맞춘 보편주의를 지향하고 있다는 사실이다. 이런 생각의 단초는 성패 여부를 떠나 대단한 의미를 지니고 있다. 네그리가 염려하듯 '만인에 대한 만인의 투쟁'의 비전 대신 영구평화론의 이상을 앞세웠기 때문이다.[114] 여기선 '제국'의 '삶권력'이 들어설 여지가 없다. 항차 EU는 보편적 인권과 다문화주의를 동시에 수용해야 할 어려운 과제에 직면할 것이다.[115] 계급 대신 문화적 정체성이 부활하는 상황에서 EU는— '중심 없는 정부'로서—여하튼 공통 목표를 찾아야만 한다.[116] 유럽이 네트워크화된 유럽을 꿈꿀 수 있었던 것은 무엇보다 세속화되긴 했으나 종교적 공동 유산에 대한 자각 때문이었다. 아메리칸 드림이 오로지 미래지향적이었다면 유럽의 꿈은 과거와 현재 그리고 미래의 통합에 기인한 것이다.[117] 과거를 잊고 현재를 희생한 미국의 경우와 달리 유럽은 큰 틀의 정체성을 유지했고 그 토대에서 공통적인 것을 꿈꾸며 실험할 수 있었다. 이는 노동의 질과 본성이 달라진 것만으로 설명될 수 없는 부분이다. 물론 인류의 이동성 증가와 문화이식을 통한 탈공간화가 공통적인 것을 지향토록 한 건 부정할 수 없다. 그러나 그보다 중요한 것은 인간의 보편적 조건을 이해할 수 있는 종교 문화적 토양이다.[118] 종교적·문화적 정체성이 공통감을 창조할 수 있는 원초적 기억의 담지자일 수도 있는 것이다.

이 점에서 리프킨은 인간의 존재론적 취약성(연약성)을 인간의 보편적 조건으로 보았다.[119] 시공간이 압축되면서 인간은 예측 불가능한 세계적 차원의 문제에 노출될 수밖에 없는 까닭이다. 해서 전 지구화 시대의 인간은 공격적이며 이기적일 수만 없고 연약하며 의존적일 수밖에 없다는 것이다. 부언하면 인간은 지구 차원의 공동의 위협 앞에서 오히려 세계의식을 발현시킬 수 있다는 사실이다.[120] "인간은 탐욕 때문이 아니라 고난의 공동체에 참여함으로써 단결한다."[121] 이는 세속화된 현실 속에서도 여전히 작동하는 종교적 유산의 단면일 수밖에 없다. 그렇기에 『유러피언 드림』에서는 우리 시대를 이성이나 신앙의 시대가 아닌 '공감 Sympathy'의 시대라 명칭했다.[122] 이성이나 신앙이 차이를 동일성으로 환원시켰던 개념이라면 공감은 차이들 간의 연대 내지 유대감의 표현이다. 신앙으로 기독교적 보편성을 말했고 이성으로 물질적 진보를 척도로 삼았던 과거와 달리 존재론적 취약성을 보호하되 세계적 의식을 위한 수단이 바로 '공감'이었다.[123] 즉 공감이 시공간의 압축으로 좁아진 탈근대적 세계의 정신적 화두란 것이다. 이렇듯 공감의 확대는 거듭 강조하지만 종교 유산의 세속적 표현일 뿐이다. 리프킨은 공감에 대한 실제적 표현으로 "네가 대접받기를 원하는 대로 남을 대접하라", 혹은 "네가 원치 않는 것을 남에게 하지 마라"는 동서양을 관통하는 종교성(황금률)을 적시했다. 이런 가치관은 누구에게도, 어떤 이념에게도 공유될 수 있고 적용되어야 할 생명가치이자, 탈근대화 시대를 지속시키는 사회적 접착제인 까닭이다. 하지만 '공감'은 기독교가 강요했던 일방적 자기희생인 이타성과는 맥을 달리한다. 이것은 깨어지고 부서지기 쉬운 약한 자신의 본성에 비춰 이웃 및 타자를 헤아리며 자신과 타인의 권리를 요구하는 마음의 상태이기 때문이다.[124] 그렇기에 이타심은 공감보다 깊지 않으며 그것만으로 '우리'라는 보편적 의식을 이끌어내기 어렵다고 하였다. 공감이란 후천적 학습의 산물이기도 하지만 본래 선천적인 성향인 까닭이다.[125] 양심이란 말의 어원 역시 '서로 함께 아는 것'임을 생각하는 것도 '공감'을 이해하는 데 도움이 된다. 결국 공감은 누구나 인정받기 위해 투쟁한다는 사실을 수용하고 그것을 보편적 인권 차원에서 법제화시킬 수 있는 토대이다.[126] 그로 인해 전체와 개체의 이익이 상치될 수 없는 결과를 기대하는 것이다.

하지만 리프킨은 이를 위해 인간 삶의 토대가 되는 자연 그 자체에 대한 지속적 관심을 강조한다.[127] 과거의 자율성 대신 '자연에로의 재참여'에 이르기까지 인류의 공감대가 확산되기를 요구하는 것이다. 유럽 공동헌법이 이 점을 적시한 것은 불투명하지만 모험이자 희망임엔 틀림없다. 마르크스를 탈현대적으로 이해한 네그리의 시도보다는 공감대가 넓고 가시적 성과가 없지 않기 때문이다. 이는 종교 문화적 전통에 근거했던 결과일 듯싶다. 그러나 리프킨 또한 서구인의 한계와 편견에서 자유롭지 못했다. '유럽의 꿈'은 아시아 지역에서는 결코 현실화될 수 없다고 본 것이다.[128] 물론 그 역시 유럽의 꿈이 여타 지역에서도 보편화되기를 열망했다. 하지만 서구적 근대성을 경험치 못한 아시아 지역에서 그 희망을 접고 말았다. 인간과 자연 간의 조화, 곧 전체론적 사고방식만 있지 개인주의(책임성) 담론이 부재했던 아시아로서는 보편적 인권 개념을 형성시킬 수 없다는 것이 이유다.[129] 이에 대한 답은 마지막 장의 주제가 될 것인바, 필자는 多夕의 시각에서 토착화 신학의 과제를 지구적(세계화) 상황하에 인식할 것이다.[130]

4. 한국적 '통섭론'에서 본 새문명론과 多夕의 '다중多衆' 기독론
 — 3세대 토착화론에 대한 소견

필자는 토착화 신학이 세계화의 상황과 무관할 수 없다는 판단, 곧 가난과 인권 그리고 환경적 주제와 연루될 수밖에 없다는 신학적 판단을 토대로 현시대를 주도하는 주요 담론들을 비판적으로 독해했다. 우선 네그리를 통해 우리는 '제국'적 상황에서 소통하는 자율적 집합 주체인 '다중多衆' 개념을 얻었고 리프킨에게선 타자들 간 연대의 토대가 '공감'에 있고 그 지평이 자연에까지 이를 것을 배웠다. 하지만 단일 정체성으로 환원 불가능한 새 주체인 다중의 출현을 노동 환경의 외적 변화 탓으로 돌리는 네그리의 한계를 적시했다. 이는 실체로서의 민족 개념 비판을 위해 일체의 종교적·문화적 토양에서 일탈한 결과였다. 이 점에서 리프킨의 공감 개념은 '차이'들의 연대와 소통을 가능케 하는 종교(문화)적·내면적 가치로서 적극 평가될 수 있었다. 노동의 질과 본성의 변화만이 아니라 '물질이 개벽하니 정신을 개벽하자'는 말이 있듯 인간 자성自性에 대한 자각 역시 중요했던 까닭이다. 하지만 리프킨 역시도 서구 중심적 사상가였다. 해서 개체/전체의 관계를 비롯하여 물질/정신계의 상호 소통을 말한 동양적 세계관과는 분명히 선을 그었다. 이는 주체성(我)을 온전히 탈脫하지 못한 탓이었다. 결국 서구적 담론 모두는 노동이 인간 의식의 진화 및 확장을 동반한다는 생각에 이르지 못했다. 아我와 비아非我의 궁극적 경계를 허물 수 없었던 까닭이다. 토착화 신학의 지향점은 이런 경계 자체를 초극함에 있다. 그것이 성서가 뜻하는 하느님 나라이자 인류 역사의 목적이라 믿기 때문이다. 여기서 필자는 서구적 통섭統攝론과 달리 한국적 통섭通涉론에 터한 새(新) 문명론에 주목할 것이다.[131] 그 속에서 지구화 또는 세계화의 동양(한국)적 대안, 일명 '아시아적 세계 구상Weltethos'[132]을 엿볼 수 있는 까닭이다. 아울러 필자는 새 문명의 주체를 의식의 확장을 이룬 다중, 곧 多夕의 '얼' 기독론의 현재적 표현인 다중기독론[133]의 틀에서 논할 수 있다고 생각한다. 도道가 사람을 넓히는 것이 아니라 결국 사람이 도를 확장시킨다는 아시아적 차원에서 말이다.

언급했듯이 여성정치학자 최민자는 아주 최근 『통섭의 기술』을 출판했다. 이 책은 물질/정신의 이원론의 구도하에 정신을 물질로 환원시키는 '서구적 통섭'에 대한 비판을 골자로 한 것이다. 이원론이란 애시 당초 실재하는 것이 아님을 현대 과학과 동양사상을 토대로 역설코자 했다. '컨실리언스Consilience'의 한자어를 '統攝'이 아닌 '通涉'으로 언표한 것도 이런 이유에서다.[134] 즉 앞의 '통섭'이 물질을 큰 줄기로 하여 모든 것을 그곳에 귀결시키는 뜻이라면 나중의 통섭은 우주 만물의 상즉상입 구조, 곧 '함슴'의 논리를 지시했다. 존재의 실상 자체가 통섭通涉이기에 '큰 줄기'란 것도 없다는 것이다. 따라서 서구적 '통섭'만으로는 학문적 경계를 탈脫할 수 없다는 것이 저자의 생각이다.[135] 여기서는 '설명' 만 있고 '직관'의 세계가 배제된 까닭이다. 위 책의 부제를 "지식시대에서 지성시대로"라 정한 것도 지知와 명明의 차이를 알았던 동양적 정신세계의 결과가 아닐 수 없다.[136]

  저자는 한국적 '통섭通涉'론의 원형을 주저 없이 〈천부경天符經〉에서 찾았다.[137] 이미 이 글의 첫 장에서 삼수분화(三才)의 세계관이 사상 및 문화 곳곳에 스며들어 있음을 지적했다. 이것은 의식계/물질계 혹은 본체계(一)/현상계(多), 천리天理/물리物理. 숨겨진 질서(不然)/드러난 질서(其然) 간의 대립을 초극한 전일성의 세계를 말하는 것이었다. 하지만 인간, 곧 성리性理 속에서 이 둘이 근원적으로 하나라는 데 천지인天地人 삼재사상의 핵심이 있다. 인중천지일人中天地一이란 말이 바로 그것을 뜻함이었다. 인간의 개체적 존재성이란 본래 전체성이자 관계성이란 것이다. 물론 이는 서구가 간과해온 직관의 현실성이다. 하지만 직관적 현실성이 그대로 현실일 수 없는 것 또한 사실이다. 인간의 부단한 자기 수행이 없으면 구체화될 수 없는 것이 '인중천지일'의 세계이기 때문이다. 해서 '일심一心', 곧 하나의 마음이 통섭通涉의 메커니즘이란 지적은 정당하다.[138] 해박한 지식만으로 학문의 탈脫경계를 기대할 수는 없을 듯하다. 전체와 연관된 개체, 곧 만물을 하나로 보는 '天均'의 상태, 소아小我를 잊는 좌망坐忘, 대아大我가 필요한 이유이다. 필자가 '공감'을 넘어 인간 의식의 확장을 강조한 것도 같은 맥락일 것이다. 이 점에서 최민자는 통섭의 기술을 다음처럼 정의했다.

  "통섭의 기술은 다양한 지식세계를 넘나드는 지식 차원의 언어적 기술이 아니라 아我와 비아非我의 두 대립되는 자의식을 융섭하는 지성 차원의

영적 기술이다."¹³⁹

이는 인간의 존재 이유가 의식의 확장, 곧 영적 진화에 있음을 환기시킨다. 의식 확장을 통해 만유 속에 내재된 '하나'의 궁극적 본성을 깨치는 것이 자기실현이란 말이다. 여기서 저자는 '인간의 지식 중에서 가장 유용하면서도 진보되지 않은 것은 인간에 관한 지식'이라는 루소의 말을 자주 인용한다.¹⁴⁰ 인간 불평등의 기원이 제도의 차원이 아니라 인간 자신에게서 연유했다는 것이다. 여기서도 핵심은 삼재론에 적시된 생명의 3화음적 구조이다.¹⁴¹ 천지인을 관통하는 생명의 순환을 통해 물질계의 존재 의미를 파악하면 불평등을 해결할 수 있다는 것이다. 즉 영속화된 불평등의 실상으로서의 소유의식 또한 본체와 현상, 의식과 제도를 양분시킨 탓이란 지적이다. 이에 저자는 '제도'를 앞세우고 '물질'을 토대로 인간 조건을 달리 만들려는 일체 논거를 '학문적 문제의식의 서구화'로 이해했다.¹⁴² '있는 그대로'의 우주 실상을 반영치 못한 서구 인식론의 한계를 극복하기 위함이다. 우주를 '의식'으로 보는 전일적 실재관은 그렇기에 세상을 바꾸기 위해 먼저 의식을 달리할 것을 요구한다.¹⁴³ 그림자를 달리하려면 실물을 바꿔야 한다는 말이다. 통합심리학자 켄 윌버Ken Wilber 역시 우주상宇宙像의 근대적 표현인 '네 상한four Quadrants'을 근거로 인간 의식 수준과 사회적 발전의 동시성을 주장한 바 있다.¹⁴⁴ 내면적(개체적) 의식 세계와 문화 그리고 외면적(집합적) 사회 형태의 상호 연관성을 주장한 것이다.

한국적 통섭론이 말하는 '새(新) 문명론' 역시 이런 선상에서 이해될 수 있다. 현대 정치학의 핵심과제인 지역화/세계화, 특수성/보편성, 국민국가/세계 시민사회의 통합은 만유의 참 본성인 천지인의 '하나'를 자각함으로 가능한 일이다. 이런 한국적 '通涉'은 직관의 산물로서 논란의 여지가 많을 듯싶으나 부정할 수 있는 사안도 아니다. 좌상 상한에서의 '의식 확장'은 근대를 초극할 수 있는 유일한 길인 것이다.[145] 백사천난의 지난한 수행, 그에 터한 의식 혁명 없이는 제국과 맞서는 다중의 권력은 쉽게 구성되지 못한다. 원죄처럼 뿌리내린 인간 속의 탐진치의 작동 때문이다. 소수자 운동 등 다양한 형태의 네트워크 형식의 운동만으로 다중적 힘의 결집을 기대하는 것 역시 낭만적 사고일 수밖에 없다. 타자(차이)들 간의 연대란 노동 본성의 외적 변화는 물론 '공감'의 정치학만으로 성사될 수 있는 사안이 아닌 까닭이다. 참 본성(신성)에 대한 자각적 인식의 부재는 결국 '제국'의 몰가치적 정향에로의 함몰로 이어질 수밖에 없을 것이다.

여기서 필자는 多夕사상을 민족 문화 속에 면면히 스며든 〈천부경〉, 그 영향사의 정점으로 생각한다. 왜냐하면 한국적 통섭론의 체體(얼개)와 용用(쓰임)으로서의 삼재사상을 토대로 신학적 담론을 형성한 이가 多夕 유영모인 까닭이다. 스스로를 비非정통주의라 칭하며 소위 '얼기독론'의 단초를 제공한 그에게서 우리는 신학적 '통섭通涉'을 경험할 수 있었다. 물론 '통섭'은 여기서 생명의 3화음적 구조, 천지인天地人 간의 상관성을 적시한다. 이를 多夕의 말로 바꾸면 없이 계신 하느님, 역사적 인간으로서의 예수 그리고 그리스도가 된다. '있음'의 영역으로 신을 표상했던 서구와 달리 일자로서의 하느님은 본래 '없는' 분이었다. 있음의 근거인 허공(빈탈)이 하느님이자 그의 마음이란 것이다.[146] 하지만 이런 하느님은 언제든 인간 존재의 '밑둥', 곧 본성에서 찾을 수 있다는 것이 多夕의 생각이었다. 본질이 현상이고 현상이 본질인 까닭이다. 인간 '밑둥'에 존재하는 하느님을 多夕은 성령이라 했고 '얼' 혹은 '얼나'라 불렀다. 해서 그는 '얼'이 존재하는 한 인간과 세계를 향한 하느님 영이 도무지 끊어져 본 적이 없다고 강변했다. 역사적 존재로서의 예수와 인간 간의 차이가 전무한 이유이다.¹⁴⁷ 예수의 몸 자체를 신성시할 이유가 없다는 것이다.

이 글에서 필자는 이런 '얼'의 존재를 다중으로 각색했다. 각양각색(특이성)의 모습으로 살지만 그 속에 '얼'이 공재하기에 인간은 본래 다중이라 믿고픈 것이다. 하지만 예수는 그리스도, 즉 하느님이 되신 분이다. 그분 안에서 신과 인간 간의 통섭, 체용體用의 일치가 성사된 까닭이다. 그의 특이성이 모두의 지향점인 공통성이 되었다는 사실이다. 주지하듯 예수에게는 귀일歸一에로의 열망이 있었고 바로 그것이 통섭을 성사시킨 것이다. 성서가 증언하듯 귀일에로의 열망은 십자가로 나타났다. 십자가란 제 뜻 버려 하늘 뜻 이루려는 몸부림 외의 다른 것일 수 없다.¹⁴⁸ 귀일은 백사천난의 수행을 통해 생겨날 수 있는 결과인 탓이다. 인간 속의 탐진치를 벗겨내는 일을 多夕은 십자가라 생각했고 이를 '일좌식 일언인一座食 一言仁'이란 말로 구체화시켰다.¹⁴⁹ 십자가를 대속적 행위가 아닌 자속의 길로 재해석한 것이다.¹⁵⁰ 십자가를 자속의 길로 이해하는 한 삼재론적 기독교 이해는 불교, 유교와도 통섭된다. 삼재란 본래 현묘지도로서 포함삼교의 토대였던 까닭이다. 하지만 多夕은 십자가의 길을 묵묵히 걸어간 젊은 예수의 죽음을 가슴에 담았고 그를 평생 자신의 스승으로 삼았다.¹⁵¹ 그와의 관계를 고백한 중생 체험의 오도송도 널리 알려져 있다.¹⁵² 그럼에도 多夕은 인간의 '밑둥', 곧 '얼'의 존재에 주목했다. 인간 누구나 그리스도의 길을 갈 수 있고, 가야 한다는 확신이 있었던 때문이다. 多夕은 그리스도의 죽음을 미정고未定稿, 곧 'Never ending story'로 보았기에 누구라도 그 뒤를 잇는 존재가 되기를 소망했던 것이다.¹⁵³

필자는 이를 일컬어 '얼기독론'이라 명명했던바, 이 역시 다중기독론으로 개명할 수 있었다. 최근 한국의 붉은 악마 열풍 및 촛불집회 등에서 보여지듯 '얼'이란 개인 영성(지성)의 차원이 아닌 공동의 것이란 생각 때문이다. 앞서 언급했듯 얼의 담지자인 개인의 특이성(개체성) 역시 간과될 수 없다는 사실 역시 두 개념을 치환할 수 있는 이유였다. 그럼에도 '다중'을 '얼'보다는 탈脫근대적 정황에 걸맞은 인간 이해의 한 표현이라 여겼다. 하지만 개명을 통해 필자가 내심 의도한 바는 수행을 통한 대아로의 인간의 의식 확장이었다. 서구적 다중의 한계를 극복하기 위함이다. 이를 위해 '일좌식 일언인'으로 언표된 십자가가 중요했다. 공동 지성(영성)의 역사(사건)화를 위해선 의식의 질적 변화를 정화(수행)의 목적으로 삼는 도구, 곧 통섭의 메커니즘이 필요했던 까닭이다. 하지만 십자가가 예수에겐 자속의 길이었으나 '다중기독론'의 차원에선 대속의 의미를 지닐 수밖에 없는 것도 숙고할 일이다. 예수의 십자가 바로 그것이 인간 모두가 가야 할 길이 되었던 까닭이다. 길이 있었기에 길을 찾을 수 있었고 그 길을 가다 자신도 길이 되는 것이 다중기독론의 핵심이자 궁극 목적인 통섭의 삶이란 말이다.

자타불이의 이런 다중기독론은 여성신학적 시각에서 이미 실험 중에 있다. 여성신학자 이은선은 '聖의 평범성의 확대'란 말을 통해 복수複數의 그리스도를 말하고 있었다.[154] 특정 존재에 한정되는 구원론 대신 민족, 인종 그리고 성性의 구별이 있음에도 누구나 보편적 궁극에 접할 수 있다는 것이다. 다민족, 다인종 사회로 접어든 한국적 현실에서 깊이 새겨야 할 대목임에 틀림없다. 특별히 이주 노동자들에 대한 한국 사회의 비인도적 처사는 깊이 반성할 일이다. 프랑스 여성철학자 루스 일리가리 역시 전통적인 '수직적 초월' 대신 '수평적 초월'을 강조하며 상호 다르지만 신적으로 되어가는 일상적 인간의 가능성에 주목했다.[155] 처음 것이 생래적 관계성을 중시한다면 후자는 인간 존재의 무차별적 가능성에 대한 관심을 표현한 것이다. 이는 '하학이상달下學而上達'이란 유교적 덕목과 정확히 일치하는 내용이다. 참된 세계화(外王)를 이루는 일이 인간 누구나의 과제(內聖)란 말이기도 하다. 하지만 일상 영역을 성聖의 차원으로 만드는 일은 아직 'Never ending story'이다. 해서 우리 세계는 지금 공동 지성(영성)으로서의 다중 그리스도(하느님 아들들)의 출현[156]을 더없이 기대하고 있는 것이다.

그렇다면 오늘의 지구화 상황에서 '聖'의 평범성은 어떻게 표현될 수 있을까? 즉 귀일歸—을 향한 '통섭의 메커니즘'으로서의 십자가, '일좌식 일언인'이 제국의 현실에서 어떤 역할로 이해될 것인지를 생각할 시점이다. 제국의 지배에 맞서는 다중 권력의 구성을 위해 토착화 신학 담론이 공헌할 수 있는 바를 구체적으로 적시하려는 것이다. 다시금 多夕신학의 얼개를 갖고 생각을 도출해야 할 듯싶다. 주지하듯 수행의 목적인 귀일의 '一(하나)'은 없이 있는 것이다. 없이 있음과 하나되려면 인간 역시 없이 있어야만 한다. 탐진치의 출처인 '몸나'(있음)를 줄이고 하늘의 밑둥인 '얼나'(없음)로 존재하는 방식이 바로 십자가인 것이다. 그러나 누구라도 현실 인간은 '덜' 없는 존재이기에 더럽고 그래서 죄인 됨을 벗을 수 없다.[157] 자본주의 체제가 확대 재생산될 수 있는 근본 토양인 셈이다. '몸나'가 충동되어 구매하고 소비하면 재생산이 반복된다. 공급 과잉과 병리적 소비가 자원 고갈과 환경 파괴 나아가 정신적 공허함을 초래하며, 평생을 '덜' 없는 인간으로 살게 한다. 그래서 인터넷 공간 안에서 소유와 사유화, 상품화를 부추기는 국가를 초월한 제국적 자본주의는 난공불락難攻不落의 적일 수밖에 없다. 하지만 네그리가 이에 대한 대항마로 '관계적 접속(소통)'의 시대를 살고 있는 다중을 설정한 것은 대단한 발상이었다. 그럼에도 '접속의 시대' 그것 자체는 공동 지성(영성)의 외적 토양일 뿐이란 것이 필자의 생각이었다. 해서 이 글에서 다중의 자기 초월, 곧 다중기독론을 강조한 것이다. 이를 위해 소통적 주체(多衆)의 자기 초월을 위한 세계관 및 그 본성 이해가 중요하다. 근대 서구가 경험치 못한 '없이 있음'으로서의 '하나'의 의미를 생각코자 하는 것이다. 다음 몇몇의 인용문 속에 적실한 답이 있다.

"… 이 사람은 단일허공單一虛空을 확실히 느끼는데, 하느님의 맘이 있다면 이 허공이 하느님의 맘인 것 같습니다."[158]

"꽃을 볼 때 온통 꽃 테두리 안의 꽃만 보지 꽃을 둘러싼 허공, 곧 빈탕을 보지 않습니다…. 허공만이 참입니다."[159]

"나는 없(無)에 가자는 것이다. 없는 데까지 가야 크다. 태극에서 무극에로 가자는 것이다. 이것이 내 철학의 결론이다…."[160]

첫 인용문은 우리에게 '빈탕'한 하느님을 보여준다. 우주는 허공(빈탕) 없이는 존재할 수 없는 까닭이다. 그래서 多夕에겐 허공만이 실존이고 진실이었다. 그래서 둘째 글에서 多夕은 꽃이 꽃인 것은 그를 둘러싼 빈탕, 곧 허공 때문인 것을 분명히 했다. 하지만 빈탕이 하느님이자 있음의 근거임을 알려면 빈탕 즉 허공이 인간을 차지해야만 한다. 실제로 '허공'을 온전히 '접한 인간'이 되라는 것이다.[161] 바로 그것이 마지막 글이 지적하듯 多夕사상의 본질이었다. 해서 多夕은 인간의 본질을 빈탕이신 하느님과 짝하여 노는 것이라 했다. 본래 빈탕과 내가 둘이 아닌 까닭이다.[162] 하지만 소유의식으로 가득 찬 인간은 결코 빈탕한데 맞혀 놀지 못한다. '덜' 없어 더러운 인간, 바로 그것이 인간의 실상, 죄 된 현실임을 앞에서 지적했다. 그렇기에 '일좌식 일언인一座食 一言仁' 바로 그것을 多夕은 빈탕과 짝하여 사는 삶의 실상으로 여겼다. 그렇다면 제국의 시대에서 빈탕한데 맞혀 사는 삶의 실질적 의미는 무엇일까? 그것이 어느 형태로 제국에 대한 대항 담론을 형성할 것인지를 답해야 할 것이다.

여기서 필자는 '윤리적 소비'[163] 개념을 생각했다. 주지하듯 '없음'과 하나되기란 인간 삶 자체를 부정하는 말일 수 없다. 자본주의가 부추기는 욕망, 그것의 노예가 되는 삶을 끊자는 취지일 것이다. 해서 多夕은 몸나를 끊고 얼나로 솟구치라고 했던바, 이는 윤리적 소비 개념과 결코 무관치 않다. 적게 먹고(一食), 늘 걷고(一仁), 기도하고(一座), 해혼解婚(一言)을 강조한 多夕의 십자가 해석은 결국 오늘과 같은 제국의 시대에 각별한 의미를 더하는 개념이다. 이들은 몇몇 종교적 열광자의 삶의 양태가 아니라 일상에서 누구나 살아내야 할 삶의 가치일 수밖에 없다. 이들 네 단어 속에 담긴 정치·경제적 함의가 결코 작지 않는 까닭이다. 이들 개념은 생활세계 자체를 식민화하고 있는 다국적 기업, 곧 제국의 현실에서 그로부터의 탈주를 돕는 주체적 행위이기 때문이다. 주지하듯 오늘의 노동자는 과거 마르크스 시대의 그들과 결코 같지 않다. 이 점에서 네그리가 다중을 생각한 것은 옳은 일이었다. 하지만 대중, 민중 그리고 다중 등 누구일지라도 예외 없이 자본에 종속된 현실에서 多夕의 십자가는 그들 모두에게 불편한 개념일 것이고 그에 근거한 윤리적 소비는 감당키 어려운 난제일 것이다. 적을 자신의 외부에서만 아니라 자신의 내면에서 찾을 수밖에 없는 이유에서다.

여기서 윤리적 소비는 '자급경제 사회'를 창의적으로 주도하는 핵심 개념이다.[164] '삶권력'을 행사하는 제국과 맞서는 힘을 자급을 통한 자치의 능력, 곧 윤리적 소비에서 찾고자 하기 때문이다.[165] 자본주의와 그의 하수인으로 전락한 국가에 대한 불복종 및 저항, 곧 '삶정치'가 실현되는 공간으로서 시장과 자본의 존재를 무력화시킬 수 있는 확실한 토대인 것이다. 구체적으로 윤리적 소비는 다국적 기업의 세계화 무역을 근본적으로 거부한다. 최근 커피[166]를 중심으로 한국에서 선호되는 공정무역 역시 완화된 형태의 초국적 자본의 논리로서 비판받는다. 공정무역이 생필품 거래가 아닌 것도 문제지만 자국 산업을 세계 시장에 예속시키며 지구 온난화에 일조하는 원거리 무역이란 것이다.[167] 제3세계 지역의 환경 파괴와 빈곤화에 대한 근본적 해결이 될 수 없는 것 또한 '윤리적 소비'의 관점에서 지적될 수밖에 없는 사안이다. 결국 제국의 유지, 존속을 위해 고용된 노동과 생산은 비정규 노동자, 이주 노동자를 양산할 수밖에 없는 것이 '윤리적 소비'의 관점인 것이다.[168] 지금보다 경제 성장률이 높아야 빈곤으로부터 자유할 것을 선전하나 그 체제하에서의 생산 노동은 강제적 노예 노동일 뿐이란 사실이다. 이 모든 것은 실상 자급 기반을 파괴시킨 시장 경제 탓이다.

향후 제국은 지금보다 더한층 지역 공동체의 자급 자치의 기반을 허물어트릴 것이고 그를 근거로만 자신을 지속시킬 수 있다. 이 점에서 제국과 맞설 수 있는 주체적 대항마는 다중 그리스도가 될 것이고 그로부터 가시화된 공동 영성은 어떤 난관을 무릅쓰고라도 '자급적 경제사회'를 정초해낼 것이다. 산업 노동으론 더 이상 미래의 삶을 지속시킬 수 없을 것인바, 달라진 노동 환경에서 각각의 특이성을 지닌 다중은 이제 상호 소통하에 저마다의 자리에서 자급과 자치의 공동체를 세우는 일에 총력을 기울여야만 한다. 먹을거리의 유기적 지역 생산과 소비만이 제국과 맞설 수 있는 실제적 힘인바, 이 노력 없이 세계의 미래를 기대하는 것은 낭만이고 환상이다.[169] 인터넷 등의 통신 기술로 세계가 평평해졌고 조만간 그렇게 될 것으로 주장하는 낙관론은 정녕 현실이 될 수 없다. 지역 자급과 절약 없이는 세계 평화는 물론 지역의 빈곤화도 해결될 수 없는 까닭이다.

최근 세계 시장자본주의와 그와 결탁된 국가주의의 극복을 위한 대안으로 '서브시스턴스 퍼스펙티브Subsistence Perspective'[170]란 개념이 활용되고 있다. 이는 '기본적인 최소한의 생필품으로 살아가기, 혹은 자력으로 존재하고 스스로를 부양하기'란 의미로서 옛 시골에서나 찾을 수 있는 자급 자치적 두레공동체를 상기시킨다. 여기서는 누구에게나 손의 창조력이 있었고 누구의 손길이라도 빌리고 갚을 수 있는(품앗이) 배려가 있었다. 하지만 자본주의는 돈의 힘만을 전파했고 마을을 해체했으며, 그 문화적 공동체성을 파괴시켜버렸다. 최근 '마을 살리기'가 귀농운동과 함께 일어나고 있는 것을 호기로 생각하는 지자체가 있다 하니 다행스럽기는 하다. 자급적 관점이 부재하는 한 제국에 대한 저항은 힘이 없고 지속적일 수도 없다. 하지만 '저항치 않으면 서브시스턴스도 없다'는 말도 가능하다.[171] 제국을 향한 저항이 역으로 자립의 근거, 존재의 목적일 수 있다는 사실이다. 이를 위해 토착화된 십자가 이해, 多夕의 '일좌식 일언인一座食 一言仁' 정신이 현실에서 일상을 거슬러 발휘되어야 함은 두말할 이유가 없다. 윤리적 소비를 통해 다중과의 통섭을 이룰 수 있는 한국적 메커니즘인 셈이다. 인간이 자신의 정신을 지켜 누구와도 소통하려면 자신이 본래 누구인지를 분명히 알아야만 하는 까닭이다. 인류의 미래가 산업사회에 토대를 둔 노동자 혁명에 있지 않고 모두가 가난하지만 자급적 주체로 사는 자치 혁명에 달려 있기에 더욱 그러하다.

나가는 글

이상에서 필자는 예상보다 긴 글을 쓰게 되었다. 민족/탈민족의 주제는 토착화 신학자의 입장에선 난감한 주제가 아닐 수 없다. 버릴 수도 지킬 수도 없는 것이 '민족'에 대한 토착화 신학자의 깊은 고민이다. 그러나 필자는 이를 양자택일의 구도로 보는 것만큼은 피해야겠다고 생각을 정리했다. 오히려 민족/탈민족 논쟁이 세계화 시대에 있어 무익한 것임을 강조할 필요가 있었다. 나아가 그것이 새로운 시각의 오리엔탈리즘이라는 생각도 했다. 필자가 민족과 겨레의 개념을 달리 생각한 것도 그 때문이다. 민족 내부의 모순과 갈등 역시 산적해 있긴 하지만 그것 역시 초국적 자본주의와 결탁된 국가의 한 모습일 뿐 본래성이라 생각할 수 없는 부분도 있었다. 하지만 그동안 토착화 신학은 학문적 매력을 잃어버린 듯했다. 누구도 이 주제를 계속 문제 삼지도 않았고 현실 문제와 부닥뜨리기에는 이념적 지향성 역시 너무 약했던 까닭이다. 일명 문화신학으로도 불리는 토착화 신학의 한계가 변선환의 종교해방신학 이후에도 달라지지 못했던 것이다.

이런 무기력증을 치유코자 3세대 토착화 신학자들이 의견을 개진하기 시작했다. 과거 변선환이 민중신학의 도전을 수용했다면 이들은 탈민족주의 및 탈식민주의 시각을 받아들였던 것이다. 이런 맥락에서 마르크스주의의 탈현대적 해석인 A. 네그리의 주요 담론들은 민족 개념의 한계를 적시했고 제국의 현실에서 토착화론의 무실천성을 확연히 드러내는 도구였다. 필자 역시도 향후 토착화론이 네그리의 담론들과 의당 조우하되 그를 극복할 과제를 가졌다고 인식했다. 필자가 이 글에서 네그리의 『제국』과 『다중』의 내용을 길게 소개한 것도 이런 생각 때문이었다. 하지만 네그리는 노동 개념 및 본성의 질적 변화에 근거하여 인간 상호 간의 소통방식이 달라질 것을 기대했다. 제국과 맞설 대항 세력으로서 다중의 출현을 생각한 것이다. 마르크스의 비판적 추종자로서 그에겐 물적 토대가 인간 본성보다 중요한 사안일 수밖에 없었던 듯하다.

이 점에서 필자는 네그리의 시론보다는 가시화된 결과를 보이는 유럽 통합 이념에 주목했다. 종교·언어·민족 등의 뭇 차이에도 불구하고 인권과 자연(환경)을 우선시하는 유럽 통합법은 종래의 미국 패권주의와는 다른 길을 보였기 때문이다. 이를 위해 종교적 성향을 '아우라'로 한 공감Sympathy이 그들 상호 간을 엮는 매개적 역할을 했다. 이는 유럽이라는 공동의 유산이 있었기에 가능한 것으로 네그리가 간과한 점이다. 하지만 이것 또한 유럽 이외의 지역에 대한 신식민주의적 착취에 의존함이 컸다. 개별 '민족'이 하나의 '유럽'으로 대치되었을 뿐 '삶권력'의 내용과 방향은 조금도 달라지지 않은 것이다. 유럽의 꿈이 세계를 지배할 것을 예감한 나머지 아시아에 대한 무지나 오해도 서슴지 않았다.

이런 일련의 비판 과정을 거쳐 필자는 겨레의 응집된 영혼을 표출했던 삼재사상을 근거로 오늘의 시대 담론에 대한 토착화론의 답을 생각해보았다. 이를 위해 〈천부경〉을 근거로 자신의 생명학 완결판인 『통섭의 기술』을 집필한 최민자의 저술에 힘입은 바 크다. 하지만 그 역시 직관에만 의존한 관계로 삼재론에 터한 통섭적 세계론의 보편성 및 실천성을 설명하는 데 한계를 노정했다. 이에 필자는 삼재론적 세계관의 절정이자 그것을 기독교적으로 언표한 多夕 유영모의 '얼기독론'의 중요성을 강조했다. 여기서 필자는 네그리의 다중과 多夕의 '얼'을 중첩시켰다. 특이성과 공통성을 지닌 다중의 실상을 '얼'로 재구성하는 중에 다중의 종교성을 역설할 목적에서이다. 초국적 자본주의가 지배하는 제국에 맞서려면 인간의 자기성찰, 기독론적 자기 이해가 필요하다는 것은 주지의 사실이다. 해서 필자는 이 글에서 다중을 '얼'로 확대시켜 '다중의 그리스도'를 출현시키는 것을 토착화 신학의 과제로 인식했다. 이를 위해 삼재론의 바탕에서 이해된 한국적 십자가의 기의인 '일좌식 일언인一座食 一言仁'의 개념이 정말 중요했다. 이것은 '돈'(물질)을 향한 욕망이 한국뿐 아니라 전 세계를 추동하는 상황에서 이를 거스를 수 있는 종교적 에토스이다. 이것을 통해서만 다중은 '다중 그리스도(효자)'가 되어 제국에 맞서는 대항 권력(삶정치)을 지속적으로 구성할 수 있는 윤리적 소비자로서의 주체적 삶을 살 수 있게 된다. 그렇기에 오늘의 기독교인들은 누구나 복수(다중)의 그리스도[172]가 되어 제국에 항거하는 삶을 살아야 할 책무가 있다. 이것이 'Never ending story', 미정고未定稿로서 우리가 이어가야 할 예수의 꿈이자 하느님 나라의 의미화인 것이다. 하지만 이런 꿈은 희랍적 토양이 아닌 한국적 삼재론을 토대로 할 때 더욱 분명해진다. 하느님 나라를 지금 이곳 밖에서는 찾을 수도, 이룰 수도 없는 분명한 이유가 삼재사상 속에 있는 까닭이다.

2부

두 번째 차축시대와 회통적 기독교

― 종교다원주의의 한국적 이해 ―

1장

귀일歸一사상에 근거한 多夕의 유교 이해

들어가는 글

2010년 말, 한 사람의 이야기와 두 권의 책이 출간되어 한국 사회에 커다란 변화의 힘을 제공하였다. 다큐멘타리 영화 〈울지마 톤즈〉의 주인공 이태석 신부가 그였고 인간 본성을 '경쟁'이 아닌 '공감'(Homo Empatipicus)이라 정의한 『공감의 시대』[1] 그리고 위대한 종교들의 탄생 의미를 오늘의 시각에서 재서술한 『축軸의 시대』[2]가 바로 그것이었다. 이들 셋의 이야기는 결국 하나였고 그것은 이 글이 찾고자 하는 多夕신학의 핵심과 무리 없이 조우한다.

가난한 집 아들로서 의사가 되었으나 그 길을 포기하고 사제 서품을 받았으며 그 역시도 평범한 사목이 아니라 아프리카 수단의 '톤스' 지역에서 나병환자들과 살았던 이태석 신부에게 어찌 그런 선택을 할 수 있었는가 물었을 때 그는 다음과 같은 향기에 취했기 때문이라 하였다. 보잘것없는 이들에게 한 것이 나를 위해 한 것과 다름없다 했던 예수의 삶, 한 알의 썩어지는 밀알로서 아프리카인을 위해 살았던 슈바이처의 길, 그리고 일생을 자식을 위해 헌신한(自己 없는) 어머니의 사랑, 바로 이것들이 자신의 결정을 이끈 아름다운 향기였다는 것이다.[3] 이태석 신부의 삶은 분명 인간과 공감共感하기 위해 역지사지의 신비를 펼친 성육신 사건의 재현일 듯하다. 공감이란 인간은 누구라도 상처받을 수밖에 없는 존재라는 전제하에 타자의 고통을 자신의 고통처럼 느낄 수 있는 힘인 까닭이다. 이 점에서 성육신을 공감의 원형적 토대로 보는 것은 지나친 생각만은 아닐 듯하다. J. 리프킨이 공감의식을 가능케 하는 '공감 뉴런'의 존재를 역설하는 것도 이런 종교적 확신과 무관치 않을 것이다. 인류 정신사의 코페르니쿠스적 혁명이었던 축軸의 종교들 역시도 외적 혼돈이 극에 달했던 상황에서 공감능력을 확장시킬 목적으로 출현했다는 것이 『축의 시대』의 요지였다. 하여 이들 종교들은 인간 내면성 발견에 집중했고 표현은 달랐으나 자아를 극복하는 것을 저마다의 최대 과제로 삼을 수밖에 없었다. 범아일여梵我一如, 극기복례克己復禮(忠恕), 붓다의 무아론無我論 그리고 예수에게까지 이어진 예레미아의 마음의 법(悔改) 사상 등이 그것이다.

하지만 세계에서 유일하게 이들 종교들의 유산을 모두 품고 있으면서도 OECD 국가 중에서 욕망지수가 가장 높은 나라가 되어 있다는 사실, 그러한 불명예를 수치로 느끼지 못한 채 여전히 아상我相에 집착하는 제 종교의 실상은 축의 시대의 통찰, 곧 공감의식을 더욱 긴박하게 요청토록 우리 의식을 이끈다. 필자가 이 글의 서문을 이들 두 책의 내용과 이태석 신부의 이야기로 시작한 것도 이런 점을 부각하기 위함이다. 이 점에서 多夕 유영모가 '제 뜻 버려 하늘 뜻 구한' 예수를 의중지인意中之人이자 스승으로 삼은 것은 이들 축의 종교들의 에토스와 맥을 같이하는 것으로 계시신앙에 고착되어 배타성을 자기 정체성으로 인식하는 현실의 기독교로는 납득하기 어려운 부분일 것이다. 하지만 축의 시대의 통찰이 절실해진 상황에서 多夕신학 속에서 태동된 비非케리그마화된 한국(토착)적 기독교, 기독교를 한국적으로 재주체화하려는 시도는 인류와 시대를 구할 수 있는 종교적 혜안을 담고 있다. 축의 종교들의 에토스가 기독교 속에 녹아들어 새로운 기독교로 변모될 수 있다면 그것이 진정한 예수의 종교가 될 수 있을 터, 그때야 비로소 교회가 주는 물에 목말라 하지 않는 사람들 그리고 교회의 메시지를 생명의 빵이 아니라 돌덩이(명에)로 여기는 사람들에게 진정한 '길'(구원)이 제시될 수 있다는 말이다.

하지만 이 글에서는 축의 종교 중 유교 이해에 초점을 맞출 작정이다. 多夕이 〈천부경〉(三才論)의 귀일歸一사상에 근거하여 불교적 '無'의 세계를 신학적 틀─없이 계신 하느님─로 사용했으나 그 틀에 따른 내용은 유교적 에토스로 점철되었음을 보았기 때문이다. 多夕이 유교 경전들의 순우리말 번역을 많이 남겼고 동광원에서 행했던 마지막 강의 내용도 거지반 유교에 바탕한 기독교 이해였던 것도 필자의 확신을 뒷받침한다.[4] 하여 이 글을 다음과 같은 순서로 진행할 것이다. 첫째로 유교와 기독교 간 대화를 주도한 선행 연구가들의 업적을 소개하고 多夕 방법론의 독특함을 부각시킬 것이며, 둘째는 多夕 스스로가 보고 느꼈던 역사적 유교의 한계와 귀일사상의 빛에서 그 본래성에 대한 이해를 소개할 것이다. 그리고 다음으로 유교 경전들에 대한 多夕의 고유한 신학적 해석을 살펴

보고 마지막 장에서는 多夕이 가장 많이 인용했던 성서 본문들의 풀이를 통해 유교의 핵심사상이 기독교와 어찌 접목되었는지를 논하고 제2 차축시대의 기독교상像을 역사적 예수의 재케리그마화(토착화)란 이름하에 제시코자 한다.

1. 多夕의 시각에서 본 유교와 기독교 만남의 역사 및 평가

주지하듯 유교는 동서양 교섭사史에 있어 서구 기독교의 첫 번째 파트너였다. 희랍적 인문학 소양을 받은 마테오 리치라는 출중한 인물 덕분에 스콜라적 기독교와 사서삼경四書三經의 유교가 조우할 수 있었던 것이다. 하여 혹자는 리치의 저서 『천주실의天主實義』를 일컬어 동서문명 교류를 위한 인문학적 서사시라 별칭한다.[5] 하지만 그는 중국이란 거대한 문명을 거부할 수 없었던 탓으로 토마스주의 자연신학(Analogia entis)에 터하여 소위 문화 적응적 입장을 취했다. 즉 천지 창조주인 하느님과 사서오경의 상제上帝 그리고 심신心身 이원론에 근거한 중세의 영혼불멸설과 초혼招魂을 통해 혼백魂魄의 만남을 주선하는 유교의 제례祭禮(조상 숭배)를 동일선상에서 본 것이다.[6] 물론 유교의 성선론性善論적 인간 이해의 완성을 위해 사후死後 심판 담론인 기독교적 내세론來世論의 필요성을 역설한 바 있으나 그 역시도 유교가 관심하는 윤리적 명제를 논하기 위한 방편이었다.[7] 실상 이런 적응주의적 입장은 사서오경四書五經을 지닌 중국 문화에 대한 놀람의 표현일 것이나 스콜라 철학을 공부했던 리치로서는 양자 간의 차이보다 같음이 더욱 돋보였음이 분명하다. 하지만 이런 과정에서 리치는 꼭 多夕의 시각이 아닐지라도 다음의 관점에서 오류를 지녔다.

우선 사서오경의 상제上帝와 성리학의 태극太極(理) 개념을 철저하게 분리시켜 인격성을 지닌 전자만 인정했고 스콜라주의에 터하여 나중 것을 버린 것이다. 이는 성리학에 대한 스콜라주의적 오독誤讀으로서 이기理氣(우주존재론) 철학의 논리성에 대한 무지의 소치였다. 시간적 선후先後, 원인/결과적 사유에 익숙한 리치에게 있어 속성을 결핍한 실체(所以然)로서의 이理(태극)는 신적 존재로 명명될 수 없었던 것이다.[8] 당시 리치의 생각이 주자학과 대척점에 있던 양명陽明 좌파들에 의해 수용되긴 했으나 스콜라적 논리로 태극太極을 재단한 것은 당연히 옳지 않다. 리치는 태극이 이理만이 아니라 동시에 무극無極이기도 한 것(A=Non A)을 알지 못했던 것이다. 이 점에서 多夕의 '없이 계신 하느님'이 상제上帝라는 인격성과 '위'(上)라는 공간성을 넘어 있는 분인 것을 숙지할 필요가 있다.

이렇듯 적응주의 시각에서 같은 것만을 찾았던 리치의 결정적 오류는 예수, 유교에 낯선 기독론과 진검승부를 하지 못했다는 데 있다. 실제로 『천주실의』에서 예수 그리스도를 위해 언급된 지면이 대단히 미미했다. 하지만 이것은 내세론만 있다면 '존천리 거인욕 存天理 去人慾'의 수양법을 지닌 유교인들에게 기독론은 필요 막급한 것이 아닐 수도 있다는 리치의 솔직한 심정心情을 반영한 것일 수도 있다. 서양인의 눈에 동양(유교)이 온전하게 이해되기 시작한 것이다. 이탈리아어로 쓰인 리치의 선교보고서와 중국에서 행했던 리치의 행보行步가 여러 면에서 오차誤差가 있었다는 연구보고서가 이 점을 일정 부분 적시한다.[9] 그러나 유교적 가르침과 짝할 수 없다는 이유로 기독론을 부차적 주제로 삼는 이런 적응주의적 관점은 기독교를 위해서도 불행한 일이다. 오히려 多夕에게 십자가에 달린 예수가 '없이 계신 하느님'과 하나된 존재(父子有親)로서 유일한 의중지인

意中之人이었음을 기억해야 할 것이다. 결국 유교에서 인격신의 잔재만을 찾고 초혼재생招魂再生의 제례를 현실 부정의 실상이라 오독한 리치의 적응주의는 '존재유비'적 포괄주의의 전형적 양태로서 유교를 유교 '답게' 이해하기에는 그 태생적 한계가 너무 컸다. 이에 비해 多夕은 유교 역시도 계시받을 것은 다 받은 종교라 하였고 역사 속에서 이념화된 유교를 넘어설 수만 있다면 그 역시 하느님의 가르침인 것을 전혀 의심치 않았다. 이 점에서 「서학변西學辨」[10]의 저자 신후담이 리치의 『천주실의』를 향해 쏟아냈던 비판들, 즉 영혼불멸성(인간)에 대한 인물성동론人物性同論의 옹호, 내세론 대신 인간 양심이 매 순간 인간을 심판한다는 철저한 성선적性善的 수양론 등이 오히려 구제역口蹄疫이 창궐하는 현실에서 축의 시대적 통찰과 맞물리는 값진 지혜라 생각된다.

한국 땅에서 찬반贊反의 성향을 막론하고 유교와 기독교 간 만남을 구체화시킨 집단은 성리학자들이었고 천주학에 우호적인 대표적 인물로서 정약용 가문을 들 수 있겠다. 하지만 남인 계급들에 의해 수용된 천주학은 리치의 시각을 반복한 것으로 시종일관 호교론護敎論적 입장을 취했다. 『상제상서上帝上書』의 저자 정하상을 최초의 호교론자로 부르는 것에 누구도 이의가 없을 듯하다.[11] 자신들의 정치적 불운을 천주학의 수용으로 승화시키려 했기에 신앙에 대한 논증과 검토보다는 신앙을 지켜 알리는 일에 우선적 가치를 둔 것이다. 다산茶山 정약용의 탈脫성리학적 천주학 이해 역시 유교 자체를 신학적 관점에서 바라보는 多夕의 생각과는 결코 거리가 적지 않다.[12] 성리학은 그 병폐에도 불구하고 현대 세계상과 조우할 풍부한 지적 유산을 갖고 있는 까닭이다.[13] 아울러 유입된 천주학이 천주天主와 조상祖上을 양분시켜 조상 제례를 거부했고 그로 인해 조선

과의 갈등을 초래한 것 역시 유교에 대한 오독誤讀은 물론 시대적 사명을 다하지 못한 소치로 보인다.14

이에 반해 서세동점의 시기 유학자로서 기독교 진리를 받아들인 탁사濯斯 최병헌은 철저하게 변증론적 시각을 견지했다. 기독교 신앙 자체를 유교를 비롯한 제 종교의 틀에서 성찰한 것이다. 주지하듯 『성산명경聖山明鏡』(1912)과 『만종일련萬種一臠』(1922)에 드러난 濯斯의 종교변증론은 다음의 원리에 근거했다. "종교의 이理는 삼대三代 관념이 유有하니 일왈一曰 유신론의 관념이요, 이왈二曰 내세론의 관념이요, 삼왈三曰 신앙적 관념이라. 모교某敎를 막론하고 결일어차缺一於此면 완전한 도리라 위謂치 못할지라."15 신神과 내세 그리고 타력적 신앙 개념이 있어야 소위 완전한 종교가 된다는 설명이다.16 하지만 濯斯가 보기에 유교는 인격신 개념을 탈각시켜 창조와 대속의 개념을 잊었고 원죄와 타락 개념의 부재로 은총 개념을 모르며, 내세관이 없어 죽음 이후 문제를 해결치 못한다고 지적했다. 아담 이전의 인간 본래성에 대한 이해(성선설)는 탁월하나 타락 이후 본성에 근거한 신앙론이 미약하다는 말도 보탰다. 하지만 濯斯는 유교 역시 본래 유신론(上帝)을 지녔으며 도덕성을 강조한 인간 이해는 창조시時의 인간 상태로서 기독교와 결코 단절적인 것은 아니로되 그 결정적 한계는 내세론의 결핍에 있다 하였다. 이 점에서 濯斯의 주저主著인 『만종일련』이란 말이 설명 가능하다. '일만 가지 종류의 종교가 결국 한 점의 고기 맛'이란 뜻인 책의 제목은 유교 역시도 부족하긴 하나 동일한 종교(신) 체험의 산물임을 적시하는 까닭이다. 앞서 말한 3대 원리가 '하나의 고기 맛(一臠)에 해당될 수 있을 것이다. 그가 말한 '동서양의 하늘이 다르지 않다'(東洋之天卽 西洋之天)란 것도 이런 맥락이었을 듯싶다. 이것은 '같음'만을 중시하는 리치의 적응주의와도 달랐고 탈脫유학을 근거로 호교론적 입장을 취한 多山과도 결코 같을 수 없다. 왜냐면 濯斯는 기독교의 핵심 주장인 대속(기독론), 원죄 개념을 갖고 유교와 정직하게 대면했고 그러면서도 변증론의 틀이긴 하나 유교와 기독교 간의 연속성을 부정하지 않았기 때문이다. 濯斯가 내세론을 강조한 이유가 리치의 공리주의적 시각과 다른 것도 주목할 만하다. 서양 근대화를 이끈 기독교 진리를 실존적으로 인식한 터라 濯斯는 태생적 기질氣質의 편차를 절대시하는 유학의 봉건 질서, 곧 불평등 체계를 내세관을 통해 뒤집고 싶었던 것이다.[17]

하지만 濯斯의 종교변증론 역시 서세동점이란 역사 인식의 산물로서 더욱 진보될 필요가 있다. '동양지천즉 서양지천東洋之天卽 西洋之天'이 '일련一欄'으로 이어지기에 여기서 신神 중심적 종교 체험의 신학을 볼 수 있다는 변선환의 평가는 지나쳤다.[18] 서구 기독교적 세계관의 모순이 노정路程되는 정황에서 유교에서 신앙 의미를 못 본 것은 濯斯의 시대적 한계라 생각한다. 하지만 필자는 濯斯가 정몽주의 죽음을 예例 삼아 예수의 대속을 설명하려 했던 점에 주목한다.[19] 비록 이것이 예이긴 했으나 평생 유교학자로 살아온 그에게 예수의 죽음은 유교적 정조ethos로밖에 달리 이해될 수 없었다. 그러나 항차 이것은 단순한 '보기'(例)만이 아니라 유교 전통에서 발생한 하느님 사건으로 읽고 해석할 사안이다. 함석헌이 민족의 역사를 보는 눈을 이미 '성서'에서 '뜻'으로 확장시켰듯이 정몽주의 죽음, 이순신의 죽음 나아가 전태일의 죽음까지도 그리고 '내 속의 하느님'을 실현시킨 누구라도 대속적 존재임을 인정해야 하는 것이다.

이런 의미에서 多夕은 생명을 유지시키는 삼라만상 모든 게 대속 아닌 것이 없다 하였고 우리 역시 대속적 존재가 되기 위해 먼저 자속의 삶을 살 것을 권면했다. 남에게 밥이 되려면 자신 속의 '씨'(하느님)가 먼저 익고 떨어져야 하는 까닭이다. 결국 多夕에게 자속自贖과 대속代贖은 둘이 아니라 하나였던 것이다. 이 점에서 변증론에 터한 濯斯의 유교적 기독교는 향후 기독교적 유교, 혹은 자타불이自他不二적인 수행적 기독교로 변모될 필요가 있다.

서구 신학을 충족히 수학한 해천海天 윤성범의 경우, 유교를 기독교의 대화 상대로 삼았던 이유가 이전의 학자들과 달랐다. 신인神人 관계만을 신앙의 이름으로 강조했던 까닭으로 개인주의가 성했고 그로 인한 가족의 해체 등이 서구적 난제로 각인되는 시점이었다. 물론 海天 역시도 소금素琴 유동식이 그랬듯 민족적 주체성을 신학함의 으뜸 논리로 삼았던 토착화 신학의 선구자였다. 19세기 신학이 '종교적 선험성Das religioese Apriorie'[20]에 토대했듯이 海天 역시 한국의 종교문화를 신학함에 있어 전이해前理解[21]의 위상으로 부각시켰던 것이다. 하여 초기의 海天은 복음이란 씨가 토양인 한국 문화 속에 뿌리 내릴 경우 흙의 영향으로 서구와 다른 꽃이 피고 열매 역시 달리 맺힐 수 있다고 생각했다. 씨의 생명력만이 아니라 토양의 주체성도 함께 긍정한 것으로 데카르트식 주객도식을 넘는 해석학의 원리에 충실한 발상이었다. 하지만 후기로 갈수록 海天의 신학은 내용적으론 서구 신학의 한계 돌파를 목적으로 삼았으나 구조 및 방법론에 있어 바르트적 계시 개념의 틀을 원용하였다. 여기에는 혼합주의자란 오해誤解의 불식과 바르트 문하생의 입장에로의 회귀[22] 그 이상의 의미가 있다. 그것은 변선환의 지적대로 『중용中庸』의 '誠'과 바르트의 '계시啓示'가 海天에게 상호 치환 가능한 개념이라는 것, 즉 신神 중심적 종교 체험의 독자적 방식이었다는 사실이다. 변선환이 濯斯의 '一爵'에서 찾고자 한 것이 海天의 '誠의 신학'에서 가시화된 것이라 하겠다.[23]

海天이 종교사학회를 주관하며 한국의 거유巨儒 유승국과의 교제 및 배움을 통해 『誠의 신학』을 출간했고 2년 후인 1973년에 『孝 - 윤리원론』을 집필한 것은 결국 성誠과 효孝의 관계를 통해 서구 신학을 능가하는 한국적 신학을 정초코자 함이었다. 바르트의 계시(말씀)처럼 '誠' 역시도 '불성무물不誠無物'이란 말이 지시하듯 '그 없이 된 것이 아무것도 없다'는 의미에서 존재의 집을 뜻한다. 誠은 말씀과 행위(사건)를 잇는 참말인 까닭이다.[24] 하여 성誠은 하늘의 길이고 성지자誠之者는 인간의 길이라는 것이 기독교적 신앙 행위로서 각인될 수 있었다. 誠이 하느님이자 말씀이라면 誠하려는 인간의 마음, 곧 실심實心이야말로 신앙이자 성령의 활동이라 말할 수밖에 없다. 誠을 모신 자(思誠者)는 전유全有이고 그렇지 못한 자는 전무全無가 되는 이치이다. 하느님 없는 인간의 비참함이 誠의 유무有無를 통해 한국적으로 재再언표되는 것이 참으로 놀랍다. 일종의 '빈집의 우환'(마 12:43 이하)을 설교하고 있는 것이다.[25] 誠이 없다면 유불선儒佛仙은 물론 기독교마저 본뜻을 잃는다는 논지는 誠을 신 중심적 종교 체험의 본질로 읽기에 무리 없어 보인다.[26]

한편 海天의 『孝』는 효가 성의 발현임을 알리는 윤리학 저서였다. 부모와 자식의 관계 곧 사친事親 없이 사천事天할 수 없다는 것이 海天의 확신이었던 까닭이다. 하여 기독교 서구가 신적 초월성을 강조했고 개인주의를 발전시켜왔다면 유교는 사천事天과 사친事親을 함께 엮는 공동체성을 강조했다는 점을 海天은 역설했다.[27] 이는 사친 없는 사천은 공허하고 사천 없는 사친은 맹목이란 말로서 多夕의 유교관과 대단히 상통한다.[28] 하늘 아버지가 육신 아버지의 존재 근거이고 조상들이 하늘 아버지의 인식 근거라는 말인 까닭이다. 무극無極을 잃어버린 태극太極(理)의 종교로서 유교에 대한 아쉬움이 컸던 多夕에게 반가운 언설이었을 듯싶다. 이로써 *海天*은 가족 공동체가 붕괴되는 서구 사회에 한국적 기독교, 곧 誠의 존재론과 孝의 윤리학을 복음으로 전파코자 했다. 동양적으로 이해된 복음으로 서구의 구원을 역으로 원했던 것이다. 이는 서구적 가치에 경도되었던 *濯斯*의 시각과 격세지감을 느끼게 한다. 하지만 *海天*은 역사 속에서 誠을 드러낸 존재는 예수 그리스도 한 분뿐임을 역설했다. 예수만이 誠의 화육化育이자 효자孝子였다(요 14:31)는 것이다.29 예수 속에서만 誠이 孝의 존재 근거이자 孝가 誠의 인식 근거라는 말이 성립된다고 했다. 여기서 필자는 '바르트를 배반한 바르티안'의 한계이자 운명을 본다.30 신 중심적 종교 체험이 부지불식간 기독교적 포괄주의로 전이轉移되었기 때문이다. 이론가의 실천력(수행력) 부재와 교단신학자로서의 한계가 이런 논리적 불철저성의 원인일 듯하다. 이 점에서 필자는 대속과 자속을 불이로 보고 자신 속의 바탈(받할)을 깨달아 누구라도 예수를 '스승' 삼아 '제 뜻 버려 하늘 뜻 구할 수 있다면 얼나(그리스도)로 솟구칠 수 있다'고 가르치는 多夕에게서 탈기독교적 기독교의 가능성을 볼 수 있었다.

2. 역사적 유교의 한계와 歸一사상에 근거한 유교 본래성 이해

주지하듯 多夕신학의 틀은 외형상 불교(無)였지만 그 틀을 채우는 내용, 곧 '없음'에 이르는 방식은 언제든 유교적 에토스로부터 비롯되었다. 소학교 시절부터 유교 경전을 읽었고 그것을 온몸으로 체화시킨 존재였기에 가능했던 일이다. 자신 속에 깃든 공맹孔孟의 유교적 영향력을 多夕

은 모세나 예수만큼과 견줄 정도였다.31 이는 기독교와 유교가 多夕의 삶 속에서 둘이 아닌 하나로 아우러졌음을 뜻한다. 하지만 多夕 스스로가 소위 정통주의 기독교를 떠났듯이 역사 속에서 이념화된 유교에 대한 비판 역시 혹독했음을 전제한다. 함께 만날 수 있는 것은 두 종교의 본래성이지 인습화된 이념세계가 아니라는 사실이다. 이 점에서 多夕은 〈천부경〉에 터한 귀일歸一사상의 시각에서 유불선의 본래성을 회통시키고자 했다. 개체로서의 종교가 '큰 하나'를 붙잡아 그곳에 이를 경우 저마다 다를 수 없다(無他得一大我中)고 본 것이다. 여기서 '큰 하나'(大我)는 자기를 벗고 모든 것을 하나로 꿰뚫는 자리인바, 이런 '큰 하나'가 인간의 '밑둥'에 있다는 것(人中天地一) 역시도 多夕의 확신이었다. 유교의 본래성 또한 이런 귀일사상에 근거해서만 옳게 설명될 수 있을 것이다. 본 주제는 후반부의 과제로 남겨놓고 여기서는 먼저 '歸一' 혹은 '得一'에 이르지 못한 채 인습화된 제도적 종교로 머물고 있는 유교의 역사적 병폐들, 곧 조상 숭배와 가부장주의 그리고 민족주의 등을 다뤄야 할 것이다.32

무엇보다 유교가 조상 숭배 종교로 전락한 것에 대한 多夕의 질타가 매서웠다. 이 글 후반부에 재론하겠으나 유교는 본래 조상을 경유하여 하늘(上帝)을 섬기고 따르는 종교였다. 조상의 끝은 결국 하늘이란 생각 때문이었다. 이는 마치 예수로부터 아담을 거쳐 하느님에게로 소급되는 과정을 명시한 누가복음의 예수 족보를 상기시킨다(눅 3:23-38).33 그러나 한나라 시기, 봉건 제후가 하늘 제사를 독점한 이래로 백성들은 조상 제사로 만족해야만 했다. 더욱이 조상신이 하늘을 대신하여 후손들에게 복을 내린다는 통념이 생기면서34 조상신 숭배가 유교의 본질처럼 왜곡된 것이다. 이처럼 조상 숭배가 효의 지표가 되고 나라 임금에 대한 충忠이 유교의 본질이 된 것을 多夕은 유교의 퇴색이자 타락으로 여겼다.³⁵ 조상과 임금이 결코 하느님을 대신할 수 없는 까닭에서다. 有(있음)가 無(없음)를 결코 능가할 수 없다는 뜻이다. 多夕이 불교의 무(空)를 '빈탕'이라 풀며 생각의 틀거지로 삼은 것도 이 때문이다. 본래 무극인 태극을 음양으로 바꾸고 신을 조상으로 대체한 유교를 넘어서고자 했던 것이다.³⁶ 하지만 동일한 논리로서 多夕은 예수의 몸을 신격화시켰던 정통 기독교 교리 역시도 비판할 수 있었다. 육화된 예수를 하느님 자체로 보는 것은 서구적 존재론에서나 가능할 터 동양적 시각에서 수용키 어렵다는 것이다. 오히려 하느님을 모신 독생자로서 인간은 예수가 그랬듯 탐진치食嗔痴를 제거하는 백사천난白死千難의 과정, 제 뜻 버려 하늘 뜻 구한 십자가의 지난한 수행을 통해서만 얼나(그리스도)가 될 수 있다고 하였다. 여하튼 多夕이 서구 기독교가 몸을 지닌 예수를 신격화하는 걸 유교의 조상 숭배와 같은 것으로 보고 그를 함께 비판한 건 대단히 흥미롭다.

 이와 관계된 것으로 多夕은 유교가 가부장제를 벗기를 희망했다.³⁷ 자식에 대한 집착이 제사와 연루된 것을 아는 까닭이다. 앞서 본 대로 유교는 역사적으로 내세관을 덜 발달시킨 종교로 평가되었다. 하지만 유교는 제사를 통해 초혼복백招魂復魄의 리얼리티를 믿었기에 내세관이 없다고 말할 수는 없을 듯하다. 하지만 그만큼 제사를 주관하는 자식(아들)이 필요했고 그것이 가부장주의를 발전시켰던 것은 사실이다. 유교에게 있어 자식은 자신의 내세와 유관有關한 사안이었던 것이다. 하지만 多夕은 정작 가장家長주의, 가족家族주의가 사라지길 열망했다.³⁸ 이것은 서구 개인주의를 유교적 가족주의로 극복하려 했던 海天의 시도와 맥을 달리하는 부분이다. 자유당 정권 시절 多夕은 대통령이었던 이승만이 자신의 82세 생일날 양자養子를 들인 신문기사를 보며 혹독하게 비판했다.³⁹ 적어도

한 나라의 국부라면 단군檀君 이념을 이을 자식 없음을 걱정해야지 자신의 피붙이 부재를 염려해서야 되겠는가를 질문한 것이다. 이승만의 이런 가장주의는 자손 끊어지는 것보다 정신 실종이 더 큰 문제임을 묵과하는 처사였기 때문이다.⁴⁰

하여 多夕은 족보조차도 더 이상 필요치 않다고 선언했고 진정 조상을 알고 싶으면 그 근원인 더 큰 존재를 알면 된다고 하였다. 그렇기에 多夕은 부모의 임종을 지키고 사후 3년간 그 삶을 기리라는 유교의 신종추원愼終追遠을 달리 해석했다. 누가복음서의 예수 족보가 말하듯 추원追遠은 하늘에까지 닿아야 하며 동시에 부모가 아니라 오히려 탐진치의 몸적 삶을 죽음에 이르게 할 것(愼終)을 강변한 것이다.⁴¹ 이는 유교 제사의 핵심인 신종추원이 多夕에게 제 뜻 버려 하늘 뜻 구하는 십자가의 의미로 거듭났음을 뜻한다. 그렇기에 多夕은 제사는 성령의 일, 곧 얼나의 탄생이라고도 하였다.⁴² 중요한 것은 이런 신종추원이 유교만이 아니라 기독교 자체를 향한 비판이었다는 사실이다. 제사상에 음식 차리는 것이나 예배 시 성전에 제물을 바치는 행위는 서로 같은 것으로 결국 우상 숭배로 이어질 수밖에 없다고 본 것이다.⁴³ 조상과 신이 다를 뿐 그것 모두가 우상偶像이 될 운명일 수밖에 없다는 사실이다. 이 점에서 多夕의 신관神觀은 중개자 없는 하느님을 선포했던 예수의 그것과 같고 향아설위向我設位를 주창한 동학의 시각과 다를 수 없다. 여하튼 예수처럼 우리 역시도 독생자이기에⁴⁴ 신종추원의 삶이 있다면 그 덕德이 전 인류에게 미칠 수 있다는 것이 多夕의 확신이었다.

이런 근거로 多夕의 유교 비판은 국가(민족)주의의 맥락으로 이어진다. 국가만을 이야기하면 인류 전체가 멸망할 수밖에 없다는 것이 그의 시대 인식이었다. 세계 인류 속에서 국가와 민족이 별도로 자리할 수 없다는 것이다.⁴⁵ 이는 가족주의가 국가주의를 확대 재생산하던 당시 한국 사회에 대한 비판으로서 국가 및 임금에 대한 충忠을 강조했던 유교의 영향사를 벗겨내려는 시도였다. 가족주의가 효孝의 문제라면 국가주의는 그의 확장으로서 충忠의 사안인바 이 둘은 본질상 다르지 않았기 때문이다. 그렇기에 多夕은 보본추원報本追遠⁴⁶과 체禘 제사를 언급하며 유교의 국가주의적 빛깔을 탈색시켰다. 보본추원이란 무한한 맨 처음, 즉 모르는 시원始原을 찾는 일로서 모두의 조상인 하느님을 일컬으며 이런 맨 처음의 존재에 대한 제사가 조상 제례와 다른 체禘 제사인 까닭이다.⁴⁷ 즉 인류 모두가 이 '체禘', 자신을 스스로 보였던 인류의 맨 처음, 곧 하느님을 알 수 있다면 세상 전체가 바르게 될 것이란 믿음이 多夕에게 있었다는 말이다. 하지만 多夕은 체禘 제사를 일상적 식탁의 성찬화聖餐化로 확대 해석하였다.⁴⁸ 좁게는 음식을 욕망이 아니라 감사로 먹자는 뜻일 것이며(見物不可生), 넓게는 일체 먹을 것이 자신을 바치는 제사이기에 항차 자신도 제물이 되어야 함(誉義極致)을 가르치고 있는 것이다.⁴⁹ 일상의 식탁을 예수의 살과 피를 먹고 마시는 성찬이자 제사로 생각한다면 인간 정신이 하늘에 이를 것이란 말이다. 多夕은 사람이 머리에 하늘을 이고 사는 이치가 바로 여기에 있다고 보았다.⁵⁰

이런 맥락에서 多夕의 탈국가주의는 의도한 바는 아니겠으나 인류 보편적 생태주의 가치와 대단히 유관하다. 체제사를 논하는 대목에서 그의 관심이 인류의 소비 행태를 문제 삼는 지점까지 펼쳐지는 까닭이다. 소비의 유무로 인생의 잘되고 못됨을 평가할 수 없다는 것이다. 오히려 인생사는 먹고 마시고 입는 데(마 6:25)에 있지 않고 스스로 익은 열매가 되어 자신의 삶을 바치는 데 있다고 말했다. 이렇듯 자신의 삶이 성찬이자 제사가 되어 종교를 밝게 하고 인류 모두에게 덕德이 되는 것이 체제사의 본뜻이자 경이원지敬而遠之의 의미라는 것을 多夕은 강조했다.

이상과 같은 역사적 유교, 곧 인습화된 유학에 대한 多夕의 비판은 귀일歸一사상에 근거했고 이는 어느 종교에도 해당된다. 흔히 多夕신학을 종교다원주의로 여기나 모든 종교는 하나로 돌아간다는 귀일사상이 실상 그가 추구했던 바이다.[51] 이미 보았듯이 보본추원이란 말 속에 귀일의 의미가 적시되어 있고 그 속에서 多夕은 유교와 기독교를 회통시킬 수 있었다. 유교 역시도 신神 하나만을 가르치는 종교라는 것이 그의 생각이었던 것이다.[52] 기독교나 불교, 유교가 길은 저마다 다를지 모르나 진리는 하나밖에 없다는 사실이다. "전체인 하나는 개체의 하나가 나오기 전에 나온 것입니다. 모든 개체는 하나에서 나오고 전체인 하나로 돌아갑니다."[53] 多夕은 이런 전체로서의 하나를 유교적 언어로 너무나 커서 헤아릴 수 없는 소위 불측不測으로서의 태극, 곧 무극(元一)이라 했고 이를 근거로 보이는 것에 집착한 역사적 유교의 병폐를 지적했다.[54] 하지만 多夕의 귀일사상은 본래 삼재론三才論에 터한 〈천부경〉에서 기원했다. 시작도 끝도 없는 영원한 하나(一)로부터 천지인天地人 삼극三極이 갈라져 나오나 근원은 영원하기에 만물이 결국 하나로 돌아가며(歸一), 천지 운행 전全과정 속에 근원적 일자가 관통해 흐르기에 삼라만상은 결국 하나의 흔적(내재적 초월)일 뿐이고 우주 생성의 근원인 하나가 참나와 다르지 않기에 나를 찾는 것이 귀일인 것을 말하는 까닭이다.[55] 소위 〈천부경〉 하경下經의 인중천지일人中天地一이란 말이 그것이다. 이 점에서 多夕은 큰 하나(元一)를 놀랍게도 인간의 '밑둥'이라 했고,[56] 또한 만물 속의 하느님이라고도 말했다. "우주가 무생물로 취급되는 경우가 많다. 우주의 신격을 모르기 때문이다. 유신론과 만유신론은 상호 모순되지 않는다. 하느님 속성을

만물을 보고 깨닫는다."⁵⁷

그에게 '하나'란 불측의 존재로서 있음(유신론)이며 만유에 내재하면서도 초월하는 범재신이었다. 따라서 귀일사상은 하나가 밑둥, 곧 인간의 바탈(本性)이며 우주 역시 그의 현현임을 보여주고 있다. 多夕은 종종 이러한 하느님상像으로서 '성령'을 언급하였다. 이것은 기독교적 개념이지만 서구 기독교의 인격 개념과 존재론의 틀을 넘어서 있다. "영원한 자리에서 보면 성령은 천지 우주 간 어디서나 온통 깃들어 있다. 이것을 발견하는 것이 인간의 과제이다."⁵⁸ 여기서 '발견'이란 빛이기에 빛이 되라는 것으로서 견성을 뜻하나 백사천난白死千難의 수행 과정 역시 내포되어 있다.⁵⁹ 본체와 현상의 이분법이 불가不可하며 의당 전체이자 동시에 개체인 인간 존재이지만 귀일을 위해 자신 속의 신비, 곧 바탈(얼)을 완성시켜야 한다는 것이다. 바탈이란 아직 씨앗일 뿐 만개滿開한 상태가 아닌 까닭이다. 인중천지일人中天地一이란 바로 자신 속 바탈의 완성을 통해 천지만물의 화육을 돕고 우주적 신비인 '하나'로의 돌아감을 뜻한다. 이 점에서 多夕은 귀일을 일체 종교의 회통 원리로 보았다. 불측不測의 '큰 하나'와 바탈(얼)이 같은 것이기에 유불선을 막론하고 종교란 인간 정신을 '큰 하나'로 고동鼓動시키는 것, 다시 말해 인간의 바탈(얼)을 살라 빈탕(하나)에 맞혀 노는 일이라 한 것이다.⁶⁰ "…성경을 보나 유교 경전을 보나 그리스의 지智를 보나 종국은 '몸성히'(體操), 맘너어(志操), 뜻태우(貞操)에서 벗어나지 않습니다."⁶¹

多夕은 이 점에서 자신이 특히 좋아했던 요한복음 17장 이하 예수의 고별설교 요지를 삼독三毒의 '알몸'이 아니라 탐진치貪嗔痴를 벗는 '얼맘'으로 사는 것으로 정리했고⁶² 박영호에 의해 그토록 부정되는 바울의 말(Sein in Christo)을 빌려 인간 존재의 토대가 그리스도, 곧 '큰 하나'인 것을 강조했다.63 그에게 신앙은 대아大我, 곧 '온통'(죠ㅡ, 또는 큰 하나)을 모셔 깨치는 일이었던 까닭이다.64 하여 多夕은 하느님 아들(그이), 곧 진정한 독생자(大我)가 되기 위해 성경뿐 아니라 유불 경전의 자양분을 섭취하나 자신에게 소화되지 않은 것이 아무것도 없다고 하였다. 물론 多夕은 유교보다 기독교 성경 속에서 하느님 존재를 더 밝게 찾을 수 있었고65 의중지인意中之人으로서 예수만이 자신의 스승임을 명시한 바 있다.66 반면 유교 역시 하늘로부터 계시받을 것은 다 받은 종교라고도 했으며 유교 경전을 구약성서와 견줄 만하다고 말하기도 했다.

　하지만 어느 경우든 귀일사상에 근거하여 유불선의 회통이 多夕의 마지막 과제였고 회통의 본질은 '그이' 곧 '독생자'가 되는 데 있었다. 예수만이 독생자가 아니라 우리 역시도 하느님 씨앗을 발아發芽(뜻태우)시켜 독생자가 되는 것이 종교의 존재 이유란 말이다. 이 점에서 예수는 여전히 미정고未定稿였다.67 예수가 품었던 '온통'(하나)을 품어 세상을 달리 만들 사명이 인류 모두에게 있는 까닭이다. 이 점에서 예수는 多夕에게 둘도 없는 스승이었다. 하여 나보다 더 큰 일을 할 것이라는 예수의 고별설교에 주목하였다. 하지만 이것은 기독교뿐 아니라 유교의 과제이기도 한바, 다음 장의 주제인 유교 경전에 대한 多夕의 해석 역시 결국 이를 위함이었다. 이렇듯 대속적 완결체계로서의 정통적 기독교와 단절은 축軸의 시대의 에토스와 상응하되 종교 창시자들뿐 아니라 씨올 모두를 '하나', 곧 대아大我의 존재로 이끌었던 급진성에 있어서 두 번째 차축시대 곧 후천시대를 열었다고 말할 수 있을 듯하다.

3. 유교 경전에 대한 多夕의 신학적 해석학

주지하듯 남겨진 그의 어록을 근거로 유교에 대한 多夕의 이해를 정리한 책들이 여럿 있다. 최근 박영호가 풀어낸 『공자가 사랑한 하느님』을 비롯하여 훨씬 앞서 출판된 『다석 유영모의 유교사상』이란 책이 그것이다.[68] 이 글이 크게 의지하는 『다석강의』 속에도 부분적이긴 하나 유교 경전 풀이가 상당수 들어 있다. 그러나 앞선 두 저서가 多夕의 말씀과 엮은이의 생각을 뒤섞어놓아 자료의 진정성 문제를 제기하며, 『다석강의』 역시 남긴 어록의 1/4 분량밖에 실리지 않아 취사선택 기준의 모호성을 지적받고 있다.[69] 하지만 다행히도 유교 경전 풀이로 시작된 동광원에서의 마지막 육성 강의[70]가 『다석 마지막 강의』로 출판되었기에 多夕의 유교관을 비롯해 기독교와의 관계를 좀 더 세밀하게 알 수 있었다. 풀어 엮은 박영호가 앞선 책과 달리 多夕의 강연과 자신의 생각을 분리시켜 편집하였기에 가능한 일이었다.[71]

필자가 보기에 『다석 마지막 강의』는 두 가지 점에서 중요하다. 첫째는 그가 평소 마음에 두었던 수행 공동체인 동광원에서의 강연이었다는 사실 때문이며, 둘째는 동광원의 분위기가 자신의 신학에 우호적인 것만이 아님을 알면서도 유교 경전 풀이로 시작했다는 차원에서다. 多夕에게 독신자들이 생활하는 동광원은 탐진치貪嗔痴를 벗고자 한 자기 사상의 구체적 실현 공간이었고 그럴수록 귀일歸一사상에 근거한 회통적 기독교 신앙을 말해야 할 자리였던 것이다. 이 점에서 필자는 유교 경전 풀이로 시작된 多夕의 마지막 강의를 특히 유교와 기독교 대화의 관점에서 소중하게 생각한다. 앞선 신학자들과 달리 기독교마저 귀일사상의 틀에서 탈脫서구, 비非케리그마적으로 이해했던 까닭이다. 그렇다면 多夕에게 기독교와 회통하는 유교란 본래 어떤 것이었는가? 마지막 강의의 순서, 즉 『맹자』, 『중용』, 『주역』 그리고 『대학』의 차례로 그의 생각을 정리해보겠다.

우선 多夕은 두 차례의 맹자 강의를 통해 인간 본성의 문제를 정리했다. 인간 본성은 인중천지일人中天地一이 말하듯 '하나'의 밑둥인 까닭이다. 여기서 그는 인간의 전적 타락을 강조하는 기독교의 원죄설을 부정했고 맘 대신 몸을 늘리려는 탐진치의 수성獸性을 이를 대신하는 개념으로 삼았다.[72] 이들 간의 차이는 전자가 죄를 인간의 선험적 본질로 여긴다면 나중 것은 인간 속의 얼에 무게 중심을 두는 것이라 하겠다. 악한 자식에게도 좋은 것으로 배불리려는 것이 하늘 아버지의 마음(마 7:9-11)인 바, 예수가 과연 인간을 원죄적 존재로 이해했겠는가를 반문한 것이다. 이 점에서 예수 보혈로 본성 회복을 말하는 기독교의 대속代贖사상 역시 옳지 않다. 대속 사건 이후에도 세상은 조금도 달라지지 않았던 까닭이다. 이렇듯 多夕에게 예수는 대속의 주主는 아니지만 '나와 아버지는 본래 하나'임을 깨쳤던 존재로서의 주님이었다.[73] 바로 이 지점에서 多夕은 『맹자』의 「진심盡心」편을 풀어냈다. 그중 특히 '진기심자 지기성盡其心者 知其性, 지기성즉 지천知其性則 知天'과 '존기심 양기성存其心 養其性'이란 말을 좋아했다.[74] 인간 마음을 극진히 하면 그 바탕(밑둥)을 알고 바탕(본성)을 알면 하늘을 안다는 것이야말로 진리라 생각했던 까닭이다. 여기서 多夕은 무엇보다 마음을 다하는 것(盡心)의 중요성을 역설했다. 인간 마음을 신명神明이라 풀었고 그것이 하느님과 동일시될 수는 없지만 그를 알 만한 밝음이 인간 속에 주어졌다는 가르침으로서 多夕은 이를 맹자를 통해 주신 신적 계시로 수용할 수 있었다.[75] 더욱 맹자는 신명인 마음을 다한 결과가 본성本性, 곧 바탕(밑둥)이라 하였다. 바탕은 '받할'에서 나온 것으로 위(하늘)로부터 받아 할 것을 갖고 태어났음을 뜻한다.[76] 多夕을 좋아했던 유학자 유승국은 병상에서 "하느님 뜻 받아 '사람' 나이다"란 글을 있는 힘을 다해 써주었다.[77] 여기서 '사람'은 두 가지 뜻을 지닌다. 하느님 뜻 받은 인자人子(독생자)로 태어났다는 명사적 의미와 하느님 뜻 받아 일생을 살았다(사름)는 동사적 맥락이다. 인간의 바탈에 대한 올바른 설명이 아닐 수 없다. 마음을 다하는 사람만이 자신의 바탈을 살아낼 수 있다. 이는 마음과 정성과 뜻을 다해 하느님을 사랑하라는 예수의 말씀과 지극히 닮아 있다. 맹자가 바탈을 알면 하늘을 안다고 했던 말도 바로 이런 뜻일 것이다. 바탈과 하느님은 '온통'(卒一)의 양 끝인 까닭이다.

多夕은 존심양성存心養性, 나아가 사천事天의 개념 풀이를 통해 유교적 진리를 재천명한다. 바탈을 불태워 하늘을 섬기는 일(事天)과 하느님을 사랑하라는 예수 말씀이 다르지 않음을 논論하기 위해서이다. 여기서 多夕은 존기심存其心의 '存'자를 파자하여 하늘(天) 지향적인 인간의 생래적 본성을 적시해낸다.[78] 이는 존存을 같은 의미인 유有와 재在와 비교함으로써 분명해진다. 모두가 있을 존存, 있을 재在 그리고 있을 유有지만 있다는 것의 의미가 각기 다른 까닭이다. 즉 有가 손에 고기(肉)를 가졌다는 물질적 소유의 차원인 반면 在는 肉(月)대신 흙토(土)를 둠으로 있음의 토대를 지시하며, 存은 아들 子를 위치시켜 자신 속에 하늘의 씨앗, 곧 독생자가 있음을 보여주고 있다. 즉 存은 인간 모두가 예수 같은 하느님 아들이 될 수 있는 존재임을 환기시킨다는 사실이다. 하여 存은 인간의 몸과는 무관한 개념이다. 물질이나 물질의 토대를 말하는 有와 在와는 전혀 다른 유의 '있음'이기 때문이다. 하여 존기심存其心이란 몸으로 살지 말고 하느님 아들 곧 얼나가 되라는 부활의 메시지이기도 하다.[79] 나아가 양기성養其性은 이런 마음(神明), 곧 얼나를 보존할 뿐 아니라 그것을 잘

길러내는 지난한 과정을 지시한다. 그로부터 속알(바탈)이 터져 나올 수 있다면 그것이 바로 사천事天의 길인 까닭이다.⁸⁰ 하늘과 바탈이 '하나'의 양끝이었듯이 하늘을 섬기는 일과 자신의 바탈을 불사르는 일이 결코 다를 수 없다는 사실이다. 多夕은 이를 영생의 의미로 받아들였다. 존심存心, 양성養性 그리고 사천事天이 동학의 언어로 각기 시천주侍天主, 양천주養天主 그리고 체천주體天主와 비교될 수 있는 것도 흥미롭다. 하늘을 섬긴다는 것과 내 안에서 하늘을 이뤘다는 말의 같음이 여기서 잘 드러난다.

多夕은 『중용中庸』 전문을 순우리말로 번역할 만큼 본 책을 사랑했고 존중했다. 노장과 불교에 버금가는 형이상학적 요소를 풍성히 간직했던 까닭이다. 하지만 多夕의 『중용』 해석 역시 귀일사상에 근거했기에 정통 유가의 그것과 많이 달랐다. 인간 감정의 과불급過不及 상태에만 초점을 맞추지 않은 것이다. 우선 그는 중용中庸을 '줄곧(가온) 뚫림'이란 말로 풀어냈다.⁸¹ 참나로서 우주 생명인 대허공(하나)과 소통하는 지혜를 중용이라 본 것이다. 기독교적 언어로는 빈(참) 마음이 되어 하늘에서 온 성령과 소통된 신통한 상태라 하겠다. 이 점에서 中庸의 中은 참나로서 하늘땅을 내리 뚫고 서 있는 정신이며⁸² 用은 그 정신을 바로 씀을 일컫는다. 하여 중용의 첫 구절인 '천명지위성天命之謂性'이 中에 해당된다면 다음 문장 '솔성지위도率性之謂道'가 用이라 보아도 좋을 것이다. 필자 보기에 多夕의 中庸, '줄곧 뚫림'은 多夕사상의 핵심인 '가온찍기'의 다른 말일 수밖에 없다. 여기서 가온(中)은 과거와 미래가 모인 영원한 현재로서 인과율이 지배하는 시간을 끊는 일(時間際斷)인바, 가는 것도 오는 것도 없는 천하의 큰 밑바닥⁸³을 뜻한다. 이 경우 하느님 아들로서 참나인 자신이 있는 곳이 바로 中이자 천하의 밑바닥(無極)이 된다. 이는 하느님이 인간의 '밑둥'에 있다는 것으로서 '인중천지일人中天地一'의 중용적 표현이자 多夕의 해석인 셈이다.

이런 맥락에서 다석은 '천명지위성天命之謂性, 솔성지위도率性之謂道, 수도지위교修道之謂教'를 우리말로 다음처럼 풀어냈다. "하늘 뚫린 줄을 바탈(性)이라 하고 바탈 타고난 대로 살 것을 길(道)이라 하고 디디는 길(修) 사모칠 것(之)을 일러 가르치는 것이니라."[84] 여기서 '줄'이란 하느님 생명을 받는 통로로서 인간 바탈을 뜻하나 多夕은 이것을 얼나로서의 예수와 같은 뜻으로 풀었다. 유교의 본성(바탈)을 기독교적으로 푼 결과였다.[85] 하여 '천명지위성天命之謂性'은 '영생은 곧 한 분이신 하느님과 그가 보낸 예수 그리스도를 아는 것'이란 말과 등치될 수 있었다.[86] 하지만 바탈에게 양성養性의 과정이 필요하듯 예수의 몸 자체가 하느님(성령)일 수 없다는 것이 多夕의 시각이었다. 그렇기에 바탈 타고난 대로 사는 지난한 과정(苦行)이 요청될 수밖에 없었다. 이것이 바로 中庸의 用인바, 세상의 수평선을 뚫고 하늘로 솟구친 예수의 십자가(道)였던 것이다. 多夕이 십자가를 '가온 삶'이라 부른 것도 이런 이유에서다.[87] 마지막 언명은 영원한 생명인 천명天命을 받아 살아내야 할 삶의 목적을 거듭 가르쳐 지키게 하는 일이 유교이자 기독교의 존재 이유임을 환기시킨다. 제도로서의 종교란 충신습忠信習에 있어 習에 해당되는 일을 감당할 곳임을 적시한 것이다.[88] 여기서 忠은 中이 그렇듯 속이 비어 마음 곧은 것(天命之謂性)을 말하고 信은 신명인 자신 속의 바탈(속알)을 터질 때까지 지속적으로 생각하는 것(率性之謂道)이며, 習은 새끼 새가 숱한 날갯짓을 통해 날 듯 텅 비어 곧은 본성을 믿고 그것을 익히는 일로서 수도지위교修道之謂教에 해당한다고 하겠다. 이런 면에서 多夕은 중용中庸을 중화中和란 말로 재再언표했고 성리학자들이 논쟁했던 미발未發/이발已發의 실천 과제로 인식했다. 희로애락애오욕喜怒哀樂愛惡慾의 인간 감정이 발현되기 이전 상태가 中이며 그것이 발發했을 때 과불급함이 없는 것이 和인바, 감정 표현의 적절함을 위해 항시 그 고삐를 옳게 조정할 것을 요구한 것이다.[89] 바로 이전에 언급했던 체조體操, 지조志操 그리고 정조情操란 것이 감정을 조절할 수 있는 和의 구체적 방식들이었다. 결국 '和也者는 天下之達道'라는 것이 중용의 결론인바, 이것이 기독교 이해에 있어 유익하다는 것이 多夕의 확신이었다.

한편 多夕은 『주역周易』에 대한 독자적 풀이에 능한 존재였다. 『주역』에 관한 유불선 종교들의 뭇 해석이 있을 정도로 이해의 틀이 폭넓은 유교 경전인 것이다. 多夕 역시도 기독교적 시각에서 본 책에 대한 이해와 주석을 보탰고 그의 제자 김흥호 역시도 독자적 연구서를 펴낸 바 있다.[90] 박영호 또한 多夕의 『주역』 주해의 일미一味를 느낄 수 있도록 단행본을 출판했다.[91] 다석학회가 엮은 『다석강의』에도 주역에 대한 가르침이 실려 있고[92] 더욱 동광원에서의 마지막 강의도 주역을 주제 삼은 내용이 있었다. 여기서는 주역의 '겸謙' 괘를 중심한 동광원 강의를 중심으로 多夕의 주역 이해를 살필 생각이다. 그가 '겸謙' 괘를 통해 기독교의 본질을 가장 잘 이해할 수 있다고 생각한 까닭이다.

우선 多夕은 성경 때문에 동양고전 특히 주역이 폄하되는 사태를 크게 우려했다.[93] 하지만 인간 속에 참(속알)이 없기 때문에 비롯된 일이라 여겼다. 성경만큼이나 『주역』 또한 '참'이 없으면 읽혀질 수 없는 책이란 것이다. 본래 불역不易, 변역變易 그리고 교역交易의 모습을 한 주역은 인류 전체의 궁신지화窮神之化를 다룬 책으로서 '참'을 찾고자 하는 이들에게 보고寶庫인 까닭이다. 역易의 세 모습 역시 多夕은 상반되는 것을 통해서(變易) 종국에 천지가 바르게 되는 절대(不易)에 이를 수 있다는 진리의 변증법적 과정이라 생각했다.[94] 그러나 불역不易을 마음에 갖고 변역變易을 몸에 간직함으로 궁신지화의 주체인 정신의 힘을 강화시킬 것을 또한 주문하고 있다.[95] 주역의 팔괘, '건乾 태兌 리離 진震 손巽 감坎 간艮 곤坤'을 '맘 눈 불 울 발 물 임 몸'이란 우리글로 풀면서 多夕은 주역이 그리는 '절대'(참)를 순서를 바꾼 언어놀이(말장난) 과정으로 설명했다. "우리 맘이 울음을 담당하고 서 있습니다. 이마로 받는다는 것입니다. 또 몸 밟을 눈을 갖고 몸 세계를 뚫고 나갑니다."[96] 이것은 하느님만을 섬기겠다는 뜻이자 '하나'의 아들이 되겠다는 결의로서 주일무적主一無敵의 길인바, 『맹자』나 『중용』의 가르침의 본뜻과 어울린다. 아울러 '하나'에 집중하고 '하나'를 추구하는 것이 영원한 생명인 그리스도를 완성하는 길이기도 하다.[97] 여기서 땅 아래 산을 형상화한 '지산겸地山謙' 괘를 주목하고자 한다. 분명 산이 땅 위에 있지 않고 땅 밑에 있다는 것은 정상적인 시각으로는 납득키 쉽지 않다. 산을 오르면 그곳이 정상인 줄 알기 때문이다. 그러나 높은 산에 올랐다 하더라도 자신이 우주 끄트머리에 달린 한 점에 불과한 지극히 작은 존재라는 것을 인정해야만 한다. 그것이 바로 지산地山 '겸謙'이 뜻하는 바, 자신 속의 바탈을 키워 정신의 힘으로 절대(귀일)에 이르려는 신앙인일수록 '겸謙' 괘만은 알아야 한다고 역설하였다.[98] 여기서 多夕은 땅과 산을 하늘나라와 우리 자신의 관계로도 비유하고 있다. 인간이 하늘나라 곧 전체의 자리에서 볼 때 얼마나 작은 것인가를 보라는 것이다. 이 점에서 "겸謙은 형亨하니 군자유종君子有終이니라"는 괘사가 말하듯 제 뜻 버려 하늘(하나) 뜻 구한 예수가 바로 '겸謙'의 사람이었다.

『대학大學』은 多夕이 본래 유교 경전 중 처음 공부할 책으로 꼽았던 책이었다. 특별히 그는 「경장經章」의 8조목을 강조하였다. 함석헌의 개념처럼 알려진 '씨올'이란 말 역시 『대학』 삼강령에 나오는 '친민親民'의 '民'에 대한 多夕의 순우리말 풀이에서 비롯된 것이다. 하지만 주자朱子의 『대학』 주석을 참고하곤 했던 多夕으로선 과거 유학자들 간의 친親/신민新民 논쟁은 무의미해보였다. 백성과 친밀한 것과 그를 새롭게 하는 것이 결코 다를 수도, 나뉠 수도 없다고 생각한 것이다.[99] 백성부터 군주에 이르기까지 누구라도 먼저 하늘(德, 속알)과 친해져야 할 것이며 그로 인해 천하를 새롭게 할 수 있기 때문이다. 명덕明德과 친민親民이 결국 내외적 관계로 하나란 말이다. 그렇기에 『대학』을 맘, 몸 그리고 힘을 바쳐 이르러야 할 곳(知之至之)에 이르러야 함(知終終之)을 가르치는 책이라 하였다.[100] 따라서 『대학』이 말하는 지선至善은 개인적으로는 '성지誠之'이며 전체적으로는 평천하平天下였다. 한마디로 "천하를 밝혀 한 덩어리가 되도록 새롭게 자꾸 친親하는 세계를 이룩하자는 것"[101]이다. 하여 多夕은 격물格物로부터 평천하에 이르는 과정이 성서의 본뜻과 조금도 다르지 않다고 생각했다. 궁극적으로 세상의 평화를 말하는 까닭이다. 특별히 그는 8조목의 첫 조항인 격물格物과 물격物格의 관계를 만물의 이치와 성질을 알고 그에 근거해 자신과 만물의 관계가 타당한지 여부를 판단하는 것이라 했다.[102]

하지만 이런 해석은 물격物格에 대한 多夕의 독특한 시각에 따른 것이었다. 주지하듯 조선조 성리학은 퇴계退溪에 이르러 이기이원론理氣二元論의 빛에서 이理의 능동성을 파격적으로 강조했고 '이발理發'로 인해 사물의 이치를 탐구하는 격물格物만이 아니라 오히려 이치가 인간에게 이른다는 물격론物格論을 발전시켰다. 이理에게 능동성을 부여한 것은 주자학에서는 볼 수 없는 것인바, 궁극적으로는 사단四端과 칠정七情의 출처를 분리시켜 인의예지仁義禮智의 도덕성을 강조하기 위함이었다. 하지만 多夕은 본래 물리학을 공부했던 까닭으로 물격에 대한 이해를 달리했다. 절대 선善의 발현을 말하고자 함이 아니라 지각한 것이 옳게 쓰이고 있는가를 평가·판단하는 일로 본 것이다. 그가 물격을 지지知止로 본 것도 이런 이치다. 따라서 多夕은 '진물성盡物性'이란 말을 통해 격물과 물격의 통합적 성격을 고지했다.103 예컨대 닭의 성질을 알고 그를 취한다면 인간은 닭처럼 부지런한 존재가 되어 마땅하다고 본 것이다. 물격을 도덕적 책임과 연결시켜 이해한 것이 多夕의 독특한 시각이었다. 결국 多夕은 물격이라는 말에서 '견물불가생見物不可生' 곧 물건을 보고도 마음을 일으키지 않는 경지를 생각했던 것이다. 이는 몬(物)에 대한 심판을 뜻하는바, 그럴수록 事의 실정을 철저하게 경험할 것을 주문했던 것인데 多夕은 이들을 각기 격물/물격의 뜻으로 풀어냈다.104 특별히 물격은 세상이 존재하는 한 책임이 인간에게서 항존함을 말하는 것으로 기독교적 에토스와 다르지 않다는 것이 多夕의 확신이었던 것이다.

4. 성서 풀이 속에 나타난 후천後天시대의 多夕의 기독교상像

― 귀일歸―사상에 근거하여

마지막 장에서는 多夕이 택하여 풀이한 성서 내용을 정리·소개하되 그것이 앞서 언급한 유교적 경전 해석과 어떤 접점이 있는가를 주목할 것이다. 성서의 수많은 내용 중 多夕이 '제소리'로 알고 골랐던 말씀을 살

펴봄과 동시에 그것이 유교 경전의 뜻과 소통되는 언어임을 아는 것은 흥미로운 일이다. 이는 多夕신학의 근간을 이루는 귀일歸一사상으로 인함인데 종래―적응주의(마테오 리치), 변증론(潘斯) 그리고 바르티안(海天)―의 유교/기독교 대화의 지평을 뛰어넘을 뿐 아니라 축軸의 시대의 시각과도 충분한 변별력을 지녔던 까닭이다. 주지하듯 귀일사상은 제 종교의 절대성, 포괄성을 거부하고 자기 종교의 틀마저 넘어설 것을 요구하되 일체 종교가 '하나', 곧 인간의 밑둥(바탈)에서 만날 수 있다고 본 것이다. 예수와 붓다를 막론하고 인간이라면 누구라도 '바탈'에 있어 차이가 없음을 말하는 것이기에 필자는 이를 다원주의의 '급진적 보편화'로 명시할 수 있었다.[105] 이는 서구의 신 중심적 종교다원주의와도 변별되는 것인바, 근본적으로 희랍적 '존재存在' 대신 '본성本性'이란 동양적 범주를 사용한 결과라 생각된다.

한편 축의 시대가 인류 역사에 있어 코페르니쿠스적 전환을 가져왔다는 지적은 옳으나 그 시좌視座를 뛰어넘어야 한다는 것이 필자의 생각이다. 축의 종교들이 불우한 외적 환경 속에서 인간 내면성을 새롭게 발견한 지대한 공이 있었음에도 시대적 한계로서 여성 경험을 탈각시켰고 자기 색조色調만을 드러내는 분화 과정을 강조한 까닭에 이들 간 통합에로의 열망과 과정이 역사 속에서 가시화된 것이 없었기 때문이다. 이 점에서 공감의 시대, 영성의 시대 등 수많은 이름하에 변화를 추구하는 목소리가 커져가는 오늘의 현실에서 서구 내부에서도 두 번째 축의 시대에 대한 전망이 조심스럽게 제시되고 있다.[106] 하여 두 번째 축의 시대의 관건은 분화된 종교들을 하나로 묶어낼 수 있는 힘, 곧 영성의 창출 유무에 달려 있다고 해도 과언이 아니다. 귀일사상에 터한 多夕신학이 공헌할 수 있는 여지가 바로 여기에 있을 것이다. 혹자는 이를 후천後天시대의 종교라 부르기도 한다.107 분화되었던 종교들이 하나로 모이고 그 하나가 보편적인 인간의 밑둥(바탈)이 되는 때가 바로 후천後天의 시대며 두 번째 축의 시대란 것이다. 이는 마치 뿌리와 하늘의 힘으로 생명을 이어가던 식물이 가을이 되어 본줄기에서 열매가 떨어져 나오는 것과 비유될 수 있다. 여기선 생명의 힘이 이젠 더 이상 뿌리에 있지 않고 떨어진 열매(알맹이) 속에 있다는 사실이 중요하다. 多夕이 인간의 바탈을 강조하고 제소리를 중시한 것도 바로 이런 맥락이었을 것이다. 이제부터 살필 多夕의 성서 풀이 역시 후천시대에 걸맞은 새로운 시각을 담고 있다. 그가 절대성(대속신앙)의 상징인 예수를 미정고未定稿로 보았고 항차 우리 인간이 예수보다 큰일을 할 수 있을 것이란 기대를 서슴지 않았던 것은 기독교에 대한 후천적後天的 해석의 결과란 생각이다.108 이 점에서 예수께서 자신의 사후 성령의 도래를 예고한 것과 多夕이 바탈을 성령이라 본 것의 의미가 각별하다. 성령이 우리 안에 있다는 것은 제2의 축의 시대, 후천의 종교로서의 기독교를 말할 수 있는 토대가 되는 까닭이다. 이런 바탕하에 필자는 多夕의 성서 풀이 중 대표적인 것들, 요한복음과 로마서 그리고 이사야서 등의 내용을 소개함으로 본 장을 채워나갈 것이다.

주지하듯 多夕은 성서 중 요한복음서를 가장 좋아했고 특별히 3장의 영생 개념과 예수의 고별설교로 알려진 17장을 수차례 풀어놓는 중에 독생자란 개념을 귀일사상에 근거, 새롭게 이해하였다. 우선 多夕은 영생을 주제로 한 예수와 니고데모 간의 대화를 다룬 요한복음 3장을 선악과 사건을 주 내용으로 하는 창세기 3장의 인간 타락 이야기와 대비시켜 그 요지를 밝혔다.109 두 본문 모두 하느님을 말하고 있으나 앞의 것은 하늘과의 상관성을 잃은 인간의 모습을 그렸고 후자는 인간이 하늘과 맞닿게 되는 귀일歸一의 상태를 적시하고 있다. 이는 마치 인간 몸뚱이가 자라다 어느 지점에서 멈춰 줄어드는 것에 비해 마음은 한없이 성장할 수 있는 것과 비견될 수 있다. 식물의 성장이 끝나야 열매(알맹이)가 맺혀지듯 인간 역시도 몸이 아닌 정신 성숙이 관건인바, 후천의 종교성은 정신의 성숙(열매)과 유관하다는 것이다. 多夕은 주기도문의 첫 조항인 하느님 '이름'이 거룩하게 되는 것을 인간 모두가 마땅히 이르러야 할 곳(歸一)에 이를 때 가능한 사건으로 보았던 까닭이다.110 역으로 인간이 하느님 이름을 마구 부르며 그를 일신一身을 위한 도구로 삼는 인습적 예배 행위를 역천逆天의 길이라 했다. 따라서 '이름'은 이를 곳이 반드시 있다는 종교적 뜻을 함축한 순수 우리말로서 '영생永生'과 무관할 수 없다. 하느님 나라의 '나라' 역시 하늘로부터 받은 것을 그대로 잇는 그런 나를 낳으라(生)는 뜻으로 푼 것도 이런 이치에서다.111 이 점에서 창세기 3장의 선악과 사건은 인간이 '뜻'을 좇지 않고 '맛'(貪嗔痴)을 따라 살았던 결과로서 '견물불가생見物不可生'의 가르침을 어긴 것이라 하겠다.

반면 니고데모와의 영생에 관한 대화는 '당사불가사當事不可死'에 해당한다. 마땅한 뜻을 품고 일을 하면 결코 죽지 않는다는 것이다. 多夕은 공자가 말한 명덕明德, 일명 '속알'을 성령과 같은 것으로 보았다. 예수가 태초부터 하느님과 함께 있었듯 인간에게도 하느님만큼의 위격位格이 있다는 것이 多夕의 확신이었던 것이다.112 아울러 하느님 영으로 난 자는 그의 뜻을 품은 자이기도 했다. 태초부터 하느님과 하나였던 예수의 정신(로고스)이 우리 인간의 바탈(속알)과 다르지 않기 때문이다. "예수만 외아들입니까? 하느님 씨(요일 3:9)를 타고나 로고스 성령이 '나'라는 것을 깨닫고 아는 사람은 다 하느님의 독생자입니다. 독생자는 비할 수 없는 존신尊信을 가집니다."113 『논어論語』「위정편爲政編」에 있는 공자의 말

'군자불기君子不器', '군자는 그릇이 아니다'란 것 역시 전체의식을 지닌 '온통'의 존재를 적시하고 있다.[114] 인간이 하늘 아버지의 온전하심과 같이 온전할 수 있는 토대가 바로 여기에 있는 것이다. 본래 빛이기에 빛이 되라는 것과 같은 맥락이다. 자신 속에 자신보다 큰 존재(하느님)의 씨앗이 있음을 인식하고 그 씨를 싹틔워 자라게 하는 것이 믿음인바, 믿음을 바라는 것의 실상으로 본 성서의 뜻과 다르지 않다. 이로써 인간의 삶이 영원에 잇대어 있음을 아는 것이 영생이고 인간 모두가 위로부터 시작을 함께한 존재임을 믿는 것이 복음이며 이 사실을 몸소 보이신 분이 예수였고 지금도 인간 정신을 불기不器의 차원으로 이끄는 것이 성령임을 多夕은 조금도 의심치 않았다.[115]

이런 생각은 요한복음 17장 풀이에서도 반복된다. 多夕에겐 요한복음 3장 16절이 '제소리'였다.[116] 성서를 읽을 때 이 말씀만 제대로 이해하면 성서를 죄다 아는 것이라고 말한 바도 있었다. 또한 그는 예수를 독생자(외아들)보다 '한 나신 이'로 부르기를 좋아했다.[117] 모두가 탐진치貪嗔痴 삼독三毒에 취해 자신을 낳지 못한 '못난이'로 머물고 있을 때 '나라'고 소리치며 영원한 생명에 이르는 길을 보여준 예수를 '한 나신 이'로 명명했던 것이다.[118] 예수의 삶이란 이런 못난이들을 깨우쳐 스스로 자신을 낳을 수 있는 존재로 만든 지난한 과정이었다. 요한복음 17장은 자신의 삶을 정리하며 사후, 성령을 통해 우리 스스로가 예수처럼 '한 나신 아들'이 되기를 염원하는 내용이다.[119] 多夕의 눈에 비친 마지막 예수상像은 아버지 앞에 자신의 바탈을 또렷이 드러낸 존재였다. 동시에 제 뜻 버려 하늘 뜻 구한 효자였기에 하늘 아버지를 뚜렷하게 증거할 수 있었다. 하지만 이런 예수는 하느님 씨앗을 품은 우리와 결코 다른 존재가 아니란 것이 시종일관된 多夕의 생각이다. 인간 예수를 하느님으로 숭배하는 것

대신 십자가를 통해 얼나로 솟구친 그리스도 같이 되자는 것이다. 따라서 그는 인간 누구에게라도 예수와 같은 힘이 내재함을 믿었다. 만물을 이끌고 참(뜻)을 일구려는 속알이 바로 예수에게 있던 영원한 생명이라고 본 것이다. 즉 예수는 줄곧 우리에게 보내주시는 성령이자 그리스도이고 속알로서 그것 없이는 결코 나를 낳을 수(나라) 없는 인간 존재의 토대라고 多夕은 생각했다.[120] 하늘이 예수에게 '제나'(Ego)를 극복하는 힘을 주었고 그 힘으로 예수가 아버지를 드러냈듯이 우리 역시 그리스도를 알고 속알을 밝혀낸다면 그것이 영생이며 구원이라고 한 것이다. 하늘 아버지가 줄곧 보내는 성령이 당시의 예수였고 이제의 그리스도이자 속알(바탈)인 까닭이다. "아버지는 예수 그리스도를 보내어, 예수가 살았을 때의 일과 같은 것을 계속해서 오늘날까지 보여주는 것입니다."[121] 이로써 모두가 저마다 큰 '하나' 곧 아버지를 품어 '얼나'를 낳아 모두가 뚜렷해질 때, 인류 모두는 진정한 사랑의 공동체가 될 수 있는바, 이는 상대적 세계를 뛰어넘는 일로서 多夕은 이를 선교라 명명했다.[122] 본래 인간은 '하나'로부터 왔고 따라서 '하나'로 돌아가는 일은 필연적이나 전체가 하나인 까닭에 기성 교회가 강조하듯 개인의 영혼 구원은 여기서 언급될 여지가 없다. 하늘이 예수를 보냈듯이 예수가 제자들을 보냈고 이제는 제자들은 물론 우리들마저 상대를 끄는 온전함을 이뤄 인류 전체의 하나 됨을 추구하는 것이 구원이며[123] 多夕은 이 점에서 미정고未定稿로서 예수상像을 말했으며 지금 여기서 절대(歸一)에 이르는 다원적 가능성을 제시할 수 있었다. "공자와 석가와 예수는 대장부大丈夫로 여사부如斯夫로 꾸준히 가신 분들이 아니겠습니까? 이런 점에서 인생을 따지면 유교가 따로 있고 불교나 그리스도교가 따로 있지 않습니다. 오직 정신을 하나로 고동鼓動시키는 것뿐입니다."[124]

多夕 추종자들은 흔히 바울을 대속신앙의 창시자로 보고 복음서 예수를 왜곡시킨 존재로 폄하지만 정작 多夕은 바울을 부정적으로만 평가한 것 같지는 않다. 그의 대속신앙 역시도 신비(수행)적 자속의 길과 양자택일적 선택 사안으로 보기도 어려움이 많다. 이 점에 대해서는 多夕이 이사야서를 마태복음서와 연계시킨 마지막 주제에서 다룰 생각이다. 여기서는 『다석 마지막 강의』에 실린 로마서에 대한 짧은 언급을 중심으로 바울 서신에 대한 그의 견해를 살필 생각이다.

우선 多夕은 인간을 하느님 영을 모신 성전聖殿이라 보았던 바울의 말에 주목했다.125 마음속에 그리스도가 살고 있다는 바울의 언어를 예사롭지 않게 수용했던 것이다. 사람 속의 존신尊信을 근거로 하느님 씨가 끊이지 않고 발아發芽함을 믿도록 촉구했다. 이것을 인정치 못하면 믿음이란 말 자체가 성립될 수 없다는 것이다. 실상 이런 시각은 多夕이 좋아했던 앞선 요한복음서의 맥락과 다르지 않다. 오히려 요한의 눈으로 바울을 읽었다고 해도 틀리지 않을 듯하다. 로마서 8장을 풀이한 내용126을 보면 이런 관점이 여실하다. 多夕은 "그러므로 이제 그리스도 예수와 함께 사는 사람들은 결코 정죄 받지 않는다"(롬 8:1)는 말씀에 주목했다. 이어 성령의 법이 죄와 죽음의 법에서 인간을 해방시켰다는 내용도 부각시켰다. 여기서 성령은 생명이신 하느님을 말하며 동시에 의당 인간 속의 바탈(얼)을 적시한다. 이런 성령의 법이 쉼 없이 작동하기에 인간은 얼 숨을 쉴 수 있고 말씀을 들을 수 있는 것이다. 유교에서는 이를 '자성명自誠明'이라 칭한다.127 즉 자신의 바탈로 인해 하늘 뜻이 밝게 빛날 수 있다는 것이다. 그렇기에 성령(바탈)을 따라 사는 사람은 예수가 제 뜻 버려 하늘 뜻 구했듯이 육체의 법을 이겨내야만 한다. 태초부터 아버지와 하나였던 예수 역시 율법이 지배하는 '몸성'을 지녔으나 자신 속의 하느님,

곧 성령의 힘으로 그리 했던 것처럼 말이다. 분명 예수만큼 우리도 태초부터 있었던 존재(얼나)란 것이 多夕의 확신이었다.[128] 그렇기에 예수의 뒤를 좇는 것과 자신의 바탈 따라 사는 것이 그에게는 같은 말이었다. 예수께서 길 닦아 놓았기에 길이 늘 우리 면전面前에 있다는 것을 일컬어 多夕은 은총이라 하였다.[129] 그 길은 좁긴 하되 자신의 얼 생명을 '하나'에로 솟구쳐 오르게 하는 생명의 길인 까닭이다. 따라서 자신의 속알(明德)을 기르고, 생각을 틔워 '하나'의 아들로 사는 것이 성서가 말하는 거듭남(重生)의 뜻이라 했다.[130] "거듭난다고 하는 것은 뭔가 하니, 자꾸 생각이 깨고, 깨고, 얼나가 자라는 대로 깨고, 깨고 그러는 것입니다. 자꾸 생각이 깨나가는 것이 거듭나고 거듭나고 거듭나는 것이에요."[131] 여기서 생각의 깨침은 하느님 아들의 '삶길'을 밟아나가는 일로써 믿음을 달리 표현한 것이다.[132] 하여 多夕은 로마서 강해를 마무리하는 자리에서 '믿음으로 나가보라'는 권면을 수차례 반복했다. 한마디로 은총의 세계를 경험하라는 말이다. 이 길이 뜻밖에도 순純하게 우리 앞에 펼쳐 있음을 믿으라고 한 것이다.

구약성서 이사야서 52-53장의 고난받는 종의 이야기가 多夕에게 중요했던 것은 대속론을 달리 볼 이유에서다.[133] 정통 해석이 고난의 종을 예수와 중첩시켜 대속론의 토대로 삼았던 것에 반해 多夕은 천명天命을 좇아 자신의 정신을 '위'(上)로 향했던 인자人子들의 이야기로 보았다. 물론 이런 의미에서 예수가 하느님을 위한 고난의 종이었음을 多夕 역시도 인정했다.[134] 하지만 이사야서가 예수만을 위해 상기 본문을 남겼다는 기독론 중심의 신학에는 동의할 수 없었다. 누구나 하느님의 종이라는 차원에서 하느님 앞에서는 모든 인생이 공평한 소치이다.

주지하듯 이사야서 요지는 대신 겪는 고통의 문제이다. "그는 실로 우리가 받아야 할 고통을 대신 받고 우리가 겪어야 할 슬픔을 대신 겪었다. 그러나 우리는 그가 징벌을 받아서 하느님에게 맞으며, 고난을 받는다고 생각했다. 그러나 그가 찔린 것은 우리의 허물 때문이고, 그가 상처를 받은 것은 우리의 약함 때문이다. 그가 징계를 받음으로써 우리가 평화를 누리고, 그가 매를 맞음으로써 우리의 병이 나았다"(사 53:4-5). 하지만 多夕은 예수에게 국한시킨 본문 해석을 원치 않았다. 인류 역사상 숱한 이들이 걸머진 질고 역시 이런 대속성을 띠고 있는 까닭이다. 자식과 가족을 위해 자신의 삶을 바친 수많은 여성들의 삶을 대속이 아니라 할 수 없다. 수많은 식물 역시 인간을 위해 자신을 희생시키는 것도 사실이다. 내가 먹는 낱알과 채소가 나의 생명을 위해 자신의 힘을 대속함을 누구라도 부정키 어렵다. 이 점에서 多夕은 먹는 것과 힘은 상호 희생하여 살리는 대속관계임을 천명했다. '물질은 서로 대속을 한다'는 것이다.[135]

이를 근거로 多夕은 상대세계가 있는 한 대속은 계속될 수밖에 없다고 생각했다.[136] 예수 역시 '하나'에 복종하는 믿음을 인류에게 남겨줌으로써 우리에게 하늘 뜻을 좇아 살 길을 명백히 보였다. 이런 예수의 믿음(信)이 이어지는 한 그것은 바로 인류를 그 살길로 부르는 대속으로 역사役事한다. 이는 多夕이 대속신앙 자체를 부정한 것이 아님을 적시한다. 단지 예수의 몸이 아니라 '하나'의 종이 되기를 자청했던 예수의 정신이 속죄 제물이 된다는 것이 다를 뿐이다.[137] 하여 多夕은 예수의 믿음(信)이 인류의 끝날까지 이어짐을 확신하였다. 아울러 '하나'의 종이 되는 사람 수가 많기를 바랐던 그는 예수뿐 아니라 '하나'를 향한 다른 길 역시 인정했다. 동서양 경전이 '하나'에로의 도상에서 일어날 몸성히, 마음놓이 그리고 바탈(뜻)태우의 경지를 말하고 있는 까닭이다.[138]

이 점에서 多夕은 이사야서 본문이 오늘 우리 자신들 속에서 생기生起하는 사건이기를 바랐다.¹³⁹ 하늘의 신비한 일에 마음 뺏기는 대신 하느님 뜻이 오로지 우리 안에 있으면 족하다는 것이다. 하지만 하느님 뜻이 마음에 있어 바탈을 태우려는 사람은 누구나 박해를 받기 마련이다. 多夕이 고난받는 종의 이야기를 마태복음의 팔복사상과 연계시킨 것도 그 때문일 듯싶다. 의를 위하여 핍박받은 이들이 복이 있다는 것이다. 하느님 종노릇 제대로 하려면 탐진치貪嗔痴의 세상이 그를 용납하지 않는다. 예수를 따른다 하면서 현세에서 복을 받고자 하는 것은 있을 수 없는 일, 예수의 길을 옳게 좇는 것만이 그리스도인인 우리가 할 일이라 多夕은 생각했다. 하지만 하느님 종의 길을 묵묵히 따른 이들에게 죽어도 죽지 않은 영생의 복福이 있음은 분명하다. 이에 대한 김흥호의 말은 다음처럼 이어진다. "죽어서 사는 것이 진짜 사는 것이지 살아서 사는 것은 진짜 사는 것이 아니다."¹⁴⁰ 인간의 바탈, 곧 얼나에 대한 확신인 것이다.

나가는 글

이상으로 원래 생각보다 긴 글을 마무리하게 되었다. 이 글에서 필자는 多夕의 유교관을 정립하고 싶었으나 최소주의에 입각하여 기본 시각만 소개하고 말았다. 유교 문헌을 다룬 방대한 자료를 긴 시간 읽고 되새김질해야만 될 어려운 과제임을 느낀 작업이었다. 하지만 이 글을 통한 소득이 있다면 유교를 바라보는 多夕의 시각과 종래의 신학적 제 관점 간의 변별력이 확연해졌다는 점이다. 주지하듯 여기에는 〈천부경〉에 터한 귀일歸一사상이 자리했던 까닭이다. 하여 필자는 귀일사상을 제2의 차축시대(後天)의 관점에서 이해했고 서구 종교다원주의의 급진적 재평가의 차원에서 적극 수용했다. 각기 다른 방식으로 분화된 종교성을 재통합하는 과정이 필요한 오늘의 시대를 영성의 시대라 부른다는 생각을 했던 것이다. 평소 김흥호 선생님 강의를 들으면서, 동양 고전을 풀이하면서도 성서적 뜻을 전했고 성서 해석 시時에도 동양 고전의 핵심을 전하셨던 경험을 필자는 이 글을 쓰며 충분히 실감했다. 이 글을 통해 기독교 복음의 핵심을 새롭게 이해하게 된 것도 필자에겐 기쁨이었다.

多夕의 글은 머리로만 읽어서는 이해할 수 없다. 마음을 열고 자신의 비참한 현실을 직시하며 아픈 감성으로 수용할 때에만 그의 말이 내 것이 될 수 있다. 수중手中의 다석 관련 책들이 너덜거리기 시작했다. 몇 차례 글을 쓰고 나니 그리 되었다. 그러나 탐진치貪嗔痴에 젖은 나의 온 몸이 먼저 너덜거리기를 희망한다. 종교인으로서 영생에 대한 소망이 더욱 간절하게 표출되기를 바라며 글을 마감한다. 신학적 진보성, 비정통적 성서 이해, 혹은 개별성을 무시한 전체론자, 현대판 영지주의자란 제 시각으로 多夕을 비판하기 앞서 예수와 多夕 간의 돈독한 사제지정師弟之情을 깊이 숙고하는 것이 필요할 것이다. 多夕 역시 믿음의 세계(하나)에 들어갔기에 누구보다 예수를 잘 알 수 있었고 그에게 '스승'이란 동양적 케리그마를 부여할 수 있었던 것이다. 바로 이것이 역사적 예수상만을 추구하는 서구 신학자들과의 차이점이기도 하다.

2장

多夕신학 속의 불교

들어가는 글

　「불교평론」에서 多夕사상에 관심을 가져준 것은 참으로 고마운 일이다. 불교 시인 고은이 多夕을 총기 넘치나 부질없는 생각을 한 늙은이로 평가한 적이 있었기 때문이다.[1] 유불선과 기독교를 하나의 사상으로 회통시키는 일이 시인에겐 낯설게 보였을 것이다. 좀 더 솔직하자면 불교를 기독교식으로 의미화한 것이 마음에 거슬렸을 수도 있다. 그러나 그것은 어쩔 수 없는 일이었다. 무無 혹은 공空의 시각에서 기독교 서구를 능가하는 불교적 신학을 기초했던 교토학파의 사상가들과 多夕의 출발점이 달랐던 것이 분명하기 때문이다. 물론 多夕은 불교 자체를 온전히 긍정했다. 하늘로부터 계시받을 것은 다 받은 종교라고도 하였다. 그의 제자 함석헌은 '뜻'에 있어 불교 역시 기독교와 다르지 않다고 말한 바 있다. 그러나 多夕의 시종일관된 관심은 기독교의 정수를 동양적으로, 비정통적 방식으로 언표하고 살아내는 일이었다. 헬라화를 거친 제도적 은총의 종교로서가 아니라 유불선의 바탕에서 이해된 수행적 기독교를 말하고 싶었던 것이다. 이 과정에서 불교는 多夕에게 기독교적 핵심을 표현할 수 있는 근거가 될 수 있었다. 물론 유교도 그러했으나 '없음'의 사유에 익숙한 불교가 비서구적 기독교를 말할 수 있는 원천적 토대라 생각한 것이다. 기독교를 '없음'의 빛에서 재구성한 多夕신학—'없이 계신 하느님'—은 그렇기에 불교와 더불어 말할 수 있는 것이 적지 않다.

하지만 多夕은 유교 역시도 본래성에 있어 불교와 다르지 않다고 생각했다. 多夕은 '태극이무극太極而無極'이란 말과 '진공즉묘유眞空卽妙有'란 것을 함께 본 것이다. 이것은 교토학파에게 없는 多夕 고유한 시각이다. 조상 숭배로 전락한 유교의 역사적 실상을 모르지 않으나 유교 또한 절대무이絶代無二한 종교라 여긴 것이다. 여기서 유교는 기독교 고유의 타자적 인격신관을 수행적으로 순화시키는 역할을 담당한다. 유교의 종교성을 뜻하는 '孝', 곧 부자불이父子不二(父子有親)를 多夕은 '하늘 뜻' 따르는 예수의 십자가로 이해한 것이다. 결국 多夕신학은 불교적 바탕(空)에 유교적 내용(孝)을 첨언하여 기독교의 십자가를 해석한 것이라 볼 수 있다.

그러나 이런 多夕신학은 '삼재론三才論'이라 불리는 한국 고유한 문화원리가 있어 가능했다.[2] 천지인天地人 '삼재론'은 불교와 유교, 기독교를 회통시키는 원리이자 '없음'(빈탕)에 초월적 의미를 부여한 것으로 불교적 '空'과 같으면서 다르다. 즉 '空'이 '0도=360도'의 세계관을 반영한다면[3] 多夕의 '없음'(빈탕)은 본래 수직적 차원의 영적(天) 세계를 지시하기 때문이다. '위'로 올라간다, '위'로 부른다는 말을 多夕은 수없이 강조한 바 있다. 그럼에도 '없이 계신 이'를 궁극적으로 인간의 '밑둥'(바탈)에서 보았듯이 많은 경우 多夕은 그것을 불교의 '여래장如來藏' 개념과 동일하게 사용한 흔적이 많다. '여래장' 개념이 초기불교와 무관하다는 논쟁이 불교 내에 있으나 그것이 대승불교의 핵심 내용인 것은 주지의 사실이다. 이 점에서 多夕의 '없음'(빈탕)과 여래장은 모두 전체가 하나인 '불이즉무不二卽無'의 세계를 전제하며 그곳에로의 귀일歸一을 목적한다고 볼 수 있다. 본각本覺과 시각始覺의 하나 됨을 여래장이라 하듯 多夕 역시도 A=비非A의 세계를 상정한 것이다. 하지만 多夕은 이를 논리가 아니라 지난한 수행의 결과로 여겼다. 이 점에서 多夕은 예수의 십자가를 탐진치로부터의 해방을 목적으로 삼은 불교적 '고행'으로 풀어냈다. 필자는 이를 '돈오돈수적 점수론頓悟頓修的 漸修論'이란 개념으로 이해한다.[4]

하지만 多夕은 예수만을 자신의 스승이라 고백했다. 불교적 수행의 절정을 예수 십자가에서 본 것이다. 서구 기독교의 구속주 개념과 맥을 달리하는 동양(불교)적 기독론의 출현이라 하겠다. 결국 多夕은 불교와 소통하되 기독교적 시각을 견지했다. 그에게 궁극적 '하나'는 언제든 하느님이라 호칭된 것이다. 이 점에서 불교 고유한 입장이 多夕에 의해 왜곡되었다는 비판이 가능할 수 있다. 필자로선 다음과 같은 多夕의 전언傳言— '원래물불이元來物不二, 이것이 하느님이요 니르바나님이다. 나는 元來物不二를 믿는다'[5]—을 불교학자들이 어찌 평가할지 궁금하다. 본 글이 多夕사상과 불교를 상호 소통시키는 데 일조할 수 있기를 기대하며 다음의 절차를 생각해보았다.

첫째는 한국 문화의 구성 원리인 삼재론三才論의 틀로 재구성된 多夕의 신학 원리를 소개할 것이며, 둘째는 그 신학 원리를 불교의 여래장 사상의 빛에서 풀어내어 기독교와 불교를 의미론적으로 소통시키고, 셋째는 인간 구원(해탈)을 위한 수행 방법을 소개하고, 불교-기독교 간 대화의 난제로 꼽히는 가역성/불가역성 문제를 자속/대속의 문제로 풀어볼 것이며, 마지막으로 생태 위기 상황에서 탐진치 제거를 목적으로 정한 이들 수행론의 중요성을 강조할 생각이다.

1. 삼재론三才論의 틀에서 이해된 多夕의 신학적 회통 원리

주지하듯 천지인天地人 삼재사상은 본래 수렵 문화의 산물로서 사후死後 영혼의 세계를 중시, 그 개념들을 발전시켜왔다. 사냥을 통해 먹을거리로 제공된 뭇 동물 영혼에 대한 관심이 지대했기 때문이다. 시베리아 지역의 샤머니즘은 바로 이런 배경에서 태동한다. 영靈의 세계로서의 하늘(天)과 죽음의 세계인 땅(地) 그리고 양자를 잇는 영적 매개자로서 샤먼(人)의 삼재론이 그의 핵심 내용이었다. 인간을 매개로 하는 천지인天地人 삼재론은 공간을 수직으로 이해했으며 언제든 보이지 않는 세계, '없음'에 대한 이해를 전개시켰다.[6] 이는 공간을 수평으로 분할했던 중국의 음양론적 세계상과 비교할 때 더욱 또렷해진다. 이 점에서 9000년 전부터 전해 내려온 81자 〈천부경天符經〉과 〈삼일신고〉 등은 삼재론三才論의 틀에서 구성된 한민족 최초의 경전으로 알려져 있다. 특히 多夕이 '하늘에 꼭 맞닿은 글' (하늘 닿일 쪽월)이라 하여 순수 한글로 풀어놓은 〈천부경〉은 영원한 '하나'가 천지인天地人 셋으로 나뉘나 결국 그것이 '하나'로 통일(歸一)됨을 강조했다.[7] 나아가 귀일歸一의 장소가 바로 인간이라는 것이 〈천부경〉의 핵심인 '인중천지일人中天地一'의 본뜻이다. 인간 속에서 하늘과 땅이 하나로 만난다는 것이 삼재三才 혹은 삼극론三極論의 요체였던 것이다. 본래 '하나'는 뭐라 개념화할 수 없는 것, 시작도 끝도 없는 일자一者로서 만물을 생성시키는 신비이자 만물이 돌아갈 곳이지만 인간에게서 찾아질 수 있을 뿐이다. 다시 말해 〈천부경〉은 보이지 않는 영적 세계(하나)를 강조했고 그것이 만물 속에 내재해 있다고 보았으며, 인간의 자기 수행을 통해 그에게로 돌아가는 것(歸一)이 가능하다고 생각한 것이다. 多夕은 이를 '밑둥'(本)과 '끝둥'(末)의 관계로 풀었다. 상대계(개체) 없이는 절대(하나)를 볼 수 없다는 것이다. 그렇기에 귀일사상은 인간에게 궁신窮神의 길을 가게 했으나 그것은 언제든 자신을 향한 내면의 길이었다. 비서구적 논리체계인 A=비非A의 자각과 실천은 치열한 수행 과정을 통해 획득된 열매란 사실이다. 신학자 유동식은 고운孤雲 최치원이 난랑비서鸞郎碑序에 쓴 현묘지도玄妙之道와 〈천부경〉의 삼재론三才論 간의 유관有關함을 말했고 유불선을 수용한 문화적 주체성을 바로 여기서 찾았다.[8] 즉 삼수분화(執一含三)를 전제로 '하나'로 돌아가는 '회삼귀일會三歸一'의 사상 속에서 포함삼교包含三教의 주체적 가능성을 발견한 것이다. 그가 말한 '풍류도風流道' 역시 하늘(한)과 땅(삶)의 조화를 이룬 인간의 길(멋)일 뿐이다. 후일 多夕이 모음母音을 인간을 부르는 하늘 소리(天文)로, 자음子音을 부름에 응답하는 인간 소리로 보고 이 둘의 만남 속에서만 한글이 정음正音, 곧 바른 소리가 될 수 있다고 한 것도 모두 같은 이치이다.[9] 이렇듯 소리글자인 한글을 일체 뜻글자로 풀어낸 것 또한 실상은 모두 앞서 언급한 삼재론의 의미론적 지평 덕분이었다.

이를 토대로 多夕은 천지인天地人 삼재三才를 순수 우리말인 '계', '예' 그리고 '굿'으로 풀고 삼수분화三數分化의 틀 아래서 기독교는 물론 유교와 불교를 이해하는 '자기 발견적' 신학 원리를 제시하였다.[10] 주지하듯 '계'란 수직적 차원의 '그곳'을, '예'란 이어이어 내려오는 지금 '이곳' 인 땅의 세계를 그리고 '긋'은 하늘의 한 끝으로 이 땅에 존재하는 인간 을 일컫는다. 첨언하자면 '계'는 절대계, 영원한 '하나'의 세계, '예'는 죽음과 소멸의 탐진치 세계를 그리고 '긋'은 하늘의 '끝둥'으로서 이 땅 에 '받'아 '할' 일을 갖고 사는 인간의 본성(바탈)을 지시하고 있는 것이 다. 이는 앞서 언급했던 한글의 구성 원리, '계소리'(母音), '가온소리'(子 音) 그리고 '제소리'(正音)에 각기 상응하는 구조라 할 수 있다. 삼재론에 근거한 이런 신학적 원리는 이제 기독교는 물론 유교와 불교, 나아가 동 학을 이해하는 틀로 적극 활용된다. 삼재론이 제 종교를 상호 소통시키 되 그를 포함하며 넘어서는 현묘지도의 역할을 하고 있다는 말이다.

삼재론에 터한 多夕의 기독교 이해 구조는 다음과 같다. '없이 계신 하 느님', 부자유친父子有親한 예수 그리고 '참나'인 성령. '없이 계신 하느 님'은 실재Reality를 '있음'(有)으로 상정한 서구 존재론과 달리 '없음' 곧 '빈탕'을 존재의 근거로 인식한 동양적 산물이며 부자유친한 예수는 죽 음의 땅에서 '제 뜻'(몸나) 버려 '하늘 뜻' 따름(십자가)으로 '없이 있는 이' 가 된 존재이고 '참나'인 성령은 인간 모두가 하늘의 '빈탕'을 자신의 바 탈로 지닌 존재임을 각인시켜 누구나 독생자(그리스도)가 될 수 있음을 보 여준다. 재론할 것이지만 여기서는 예수의 대속적 죽음이 '자속自贖'으로 이해되고 인간 누구라도 '빛'(脫存)이기에 '빛'이 되어야 한다는 존재론 적 각성이 힘껏 강조되고 있다. 제도적 은총에 의거한 기독교가 수행적 종교로 변모된 것이 多夕신학의 핵심이라 해도 좋겠다. 多夕은 또한 『중 용中庸』의 '천명지위성天命之謂性', '솔성지위도率性之謂道', '수도지위교修 道之謂敎'를 동일한 선상에서 이해했다. 유교 역시도 본래 '없음'의 종교이며 하늘의 '없음(허공)'이 인간 마음(믿둥)과 다르지 않다(不二)는 확신의 결과였다. 인간 본성(本然之性)이 '빈탕'과 다르지 않음을 믿고 그 본성을 따라 살아감으로써 인간 모두에게 성인지도聖人之道가 열린다는 것이다.

실제로 『다석강의』에는 동학을 언급한 부분이 없었으나 필자가 〈천부경〉의 요체要諦를 근거로 多夕신학과 동학의 관계를 새롭게 조명한 바 있다.[11] 필자가 보기에 동학 역시도 삼재론의 틀을 벗어나 있지 않았다. 이는 '시侍'를 풀이하는 과정에서 잘 나타난다. 즉 '내유신령內有神靈', '외유기화外有氣化' 그리고 '각지불이各知不移'가 '계', '예', '굿'의 세계상과 부합된다는 것이다.[12] 多夕에게 천중天中의 천天이 인간의 속알(바탈)이듯이 '내유신령'은 그에 상응하며 '외유기화'는 몸 안에 모셔 있는 신령神靈의 자기 밖 활동으로서 '땅'(우주)과 마주하는 개념이다. 천지화육(절대생명)에 동참하려는 인간(얼나)의 몸짓이라 해도 좋을 것이다. 그리고 '각지불이'는 인간 모두가 개별아를 넘어 절대 생명을 지닌 영적 존재임을 각인시킨다. 마음 안팎에서 활동하는 신령神靈과 기화氣化가 하나이기에 개체와 전체는 둘로 나뉠 수 없다는 것이다.

마지막으로 이 글의 중심 주제인 多夕의 불교 이해 역시 이 점에서 크게 다르지 않다. 견성見性과 고행苦行, 성불成佛을 불교의 핵심이라 여겼던 것이다. 이는 때론 성문聲聞, 연각緣覺, 보살菩薩(붓다)이라고도 표현되었고[13] 신해행증信解行證(믿음, 닦음, 깨침)이라고도 말해졌다. 본래 자신 속에 있던 불성佛性을 자각하여 온갖 고통에도 불구하고 그것을 현실태로 만들어 자신을 산부처(覺有情), 곧 여래如來로 만드는 일을 불교의 전부라 여긴 것이다.[14] 즉 붓다의 말씀을 듣고 그것의 요체를 깨닫기 위해 몸부림치다 사람의 몸(중생)을 입고 열반에 이를 수 있음을 불교의 가르침이라 보았던 것이다. 여기서 중요한 것은 본각本覺과 시각始覺의 일치를 말하는 '여래장如來藏' 사상과 '돈점頓漸'의 문제이다. '일체중생 실유불성一切衆生 悉有佛性'을 말하는 여래장 사상과 고행의 과정을 통해 불성의 현실화(보살)가 가능하다는 돈오점수론頓悟漸修論이 삼재三才사상에 터한 多夕의 신학 원리와 접목되었기 때문이다. 그렇기에 다음 장에서는 먼저 삼재론三才論의 틀에서 이해된 여래장 사상을 언급할 것인바, 기독교와 불교 간 소통을 위한 자리가 될 것이다. 이 과정에서 스스로를 '비非정통'이라 여겼던 多夕과 그의 신학이 불교인들에게도 이해 가능한 언어가 되기를 소망해 본다.

2. 불교와 기독교 간의 소통 원리로서의 여래장如來藏 사상
  – 삼재론三才論에 대한 불교적 이해

앞서 보았듯 多夕은 시작도 없고 끝도 없는 영원한 '一者'(하나)를 만물의 궁극처로 생각했고 그에게로 돌아가는 것, 곧 귀일歸一을 인생의 목적이라 믿었다. 그는 이 과정을 〈천부경天符經〉에 근거 일즉삼一卽三, 삼즉일三卽一의 삼수분화적 세계상으로 설명했고 일체 종교를 회통시키는 신학적 원리로 삼은 것이다. 『다석강의』 곳곳에는 불교(부처) 역시도 결국 '하나'를 구하는 것 이상일 수 없다는 말이 수차례 나온다.[15] 기독교 신관에 따라붙는 '유일唯一'이란 것도 실상은 '귀일歸一'인 것을 강조한 바 있다. 이는 결국 인간이 상대계에 종노릇하는 일을 그치게 하려 함이었다. 多夕은 이런 '하나'의 세계를 '불이즉무不二卽無'란 말로 풀어냈다. 상대가 없으면 절대이고 그렇기에 절대는 '無'로 밖에 달리 표현될 수 없다는 것이다. 多夕은 이것(無)을 다시 '원일물元一物'이라 명명했는데 결국 원일물로서의 무無, 곧 허공(빈탕)은 多夕에게 하느님이나 부처를 일컫는 말이 되었다. "… 허공은 참이고 하느님이다. 허공 없이 진실이고 실존이고 어디 있는가? 우주가 허공 없이 어찌 존재할 수 있는가? 허공이 있기에 모든 것이 존재한다."[16] 하지만 多夕은 본디 '하나'인 원일물이 인간에게 갖춰져 있다고 생각했다. 하지만 이것은 소유(실체) 개념으로부터 절대 자유한 상태이다. 소유한 적이 없었고 있었던 소유도 잊어야 할 본래本來의 모습이란 것이다. 多夕은 이를 '無'(빈탕)인 '하나'와 짝하는 인간의 '바탈'(얼)이라 했다. 허공, 곧 '없이 계신 하느님'과 마음이 둘이 아니고 하나란 것이다. '唯一'의 '一者'를 '歸一'의 측면에서 보았기에 절대 타자他者인 하느님이 인간의 '바탈'로서 존재할 수 있었다.[17] 多夕에게 '바탈'은 '얼(나)'과 동의어였고 기독교적으로는 '성령'과 전혀 다른 말이 아니었다. 그래서 성령은 한 번도 끊어져본 적이 없었다고 역설하였다. 허공(빈탕)으로 존재하는 하느님을 인간의 '바탈'(本然之性)로서 이해한 多夕신학은 그렇기에 '비정통'(동양적)이라 불릴 수밖에 없다. 이하의 글은 多夕신학의 비정통적 급진성을 여실히 드러낸다. "예수만 외아들입니까? 하느님 씨앗, 곧 성령이 나라는 것을 깨닫고 아는 사람은 누구나 하느님의 독생자입니다."[18]

이처럼 '없이 있는' 근원적 '하나'(빈탕)를 인간 마음속에 내재된 것(성령)으로 여겨 그를 근거로 상대적 유/무의 세계를 벗고 '빈탕'과 하나된 삶을 추구한 多夕의 생각은 불교의 여래장 사상과 결코 무관치 않다. 물론 多夕의 남겨진 글 속에서 여래장 개념을 찾기가 쉽지 않다. 곳곳에서 불교에 대한 언급을 했으되 여래장을 표면화시킨 경우가 흔치 않기 때문이다. 하지만 多夕의 '없이 계신 하느님'과 인간의 '바탈'(얼나)의 관계는 의당 여래장 사상을 떠올리게 한다. 이는 삼재론의 신학 원리 속에 대승불교(華嚴)의 핵심인 여래장 사상이 수용되었음을 뜻한다. 역으로 말하면 여래장 사상이 부정되면 多夕신학의 틀 역시 인정되기 어렵다는 것이다. 여래장 사상이 무아無我 개념을 강조한 초기 불교(유식사상)와 무관하다는 학계 논쟁이 있지만[19] 이 글에서는 여래장 사상을 전제하여 이들 관계를 밝히는 일에 주목할 생각이다.

주지하듯 동서양의 제 종교가 그러하지만 불교는 특히 본래성本來性과 현실성을 두 축으로 양자의 관계를 강조해왔다. 본래성(佛性)은 어느 시점에도 실재하나 언제든 그것이 현실적인 것에 의해 은폐될 수 있다고 생각했다. 그렇기에 인욕人慾이 들끓는 현실에서도 금강석처럼 빛나는 불성의 실재를 더한층 강조했고 본래적인 것을 절실하게 추구토록 중생을 이끌어왔다. 그래서 불교는 공부(수행)를 통해 본래성과 현실성의 일체된 순간(一如)을 시종일관 강조할 수 있었다. 양자 간 괴리 상태를 극복하는 방식에 따라 돈점頓漸 논쟁이 생겨난 것도 사실이지만 본래성과 현실성이 일여태一如態임을 부정한 적은 없었다.[20] 수행론의 문제는 다음 장의 주제인바, 이 역시 본래주의本來主義의 기반에서 본래성과 현실성의 대립에 터해 있었던 것이다. 여기서 본래주의란 본질주의와 구별돼야 하는 것으로서 여래장 사상을 일컫는다. 화엄학과 선종의 근간인 여래장이 실체론적 사유의 산물이 아니란 것이다.

본래 여래장은 불성佛性 혹은 법신法身과 같은 말로서 '일체중생 실유불성一體衆生 悉有佛性'에서 연유된 것이었다.[21] 이는 비본래적인 것이 본래적인 것 없이는 존재할 수 없다는 차원에서 부처(如來)가 될 원인이 이미 중생에게 두루 갖춰져 있음을 각인시켰다. 여래장如來藏의 원 뜻은 여래如來의 태아胎兒, embro를 나타낸다.[22] 이는 하느님 아들 될 씨앗이 인간에게 두루 있어 누구든 독생자가 될 수 있다는 多夕의 말과 결코 다르지 않다. 중생 속에 여래장이 있다는 불교는 그래서 일체가 평등한 시원(眞如)적 일승교一乘教가 될 수 있었다. 多夕이 "허공(빈탕)과 마음이 둘이 아니다"라고 본 것과 내용적으로 일치한다. 多夕의 다음 말이 바로 그것이다. "니르바나님(하나, 빈탕)으로부터 온 생명을 여래如來라 한다. 참나가 왔다는 말이다. 여여불생如如不生, 내내불멸來來不滅이다. 여여茹茹하게 그대로 와도 나지 않고 오고 와도 죽지 않는다. 불생불멸의 참 생명이요 얼 생명이다."23 그래서 多夕은 불교에 있어 자신 속의 불성을 발견하는 '견성見性'을 불교의 핵심이라 여겼고 '없이 계신 하느님'과 함께 생각할 수 있었다. 참나로서의 불성, 얼 생명(바탈)은 시간 속의 존재가 아니라 시간을 낳는 시원始原(不二)적 존재라는 것이다. 필자로서는 이런 불성을 힌두교의 '아트만'(我說)과 같게 보아 무아無我를 설파한 부처의 가르침에 위반된다는 주장에 공감하지 않는다. 탈주체적 주체성이란 말이 종교를 말함에 있어 유효하다고 생각하기 때문이다.24 『논어』의 '군자불기君子不器' 또한 더 큰 주체성을 말하고 있는 것이다. 그렇기에 '없음', '허공'을 근거로 참나를 말한 多夕의 경우 본질주의, 근원실재주의란 말로 호도될 수 없다.25 '빈탕'과 기체(dhatu)는 동일선상에서 논할 수 없는 개념이 아니기 때문이다. 중세기 부정신학자 엑카르트의 말을 빌리면 이는 인간 속에서의 신성神性, Gottheit의 탄생일 뿐이다.

불교에서는 자신 속의 불성을 깨닫는 견성見性을 본각本覺이라고도 한다. 多夕 역시도 없이 계신 하느님을 인간의 '밑둥'에서 보았고 그것을 '깨침'의 자리로 여겼다. 기독교의 '믿음'을 '바닥(바탈)소리'라고도 풀었던 多夕에게 '얼나'의 자각은 돈오頓悟나 시천주侍天主의 경험과 다르지 않았다. 이는 비정통적 多夕신학의 또 다른 면으로서 주객 대립을 인정치 않는 조신祖信의 경우라 하겠다.²⁶ 이는 죄인 된 인간의 빛에서 하느님으로부터 속죄贖罪를 기다리는 기존 기독교 신앙 양식인 교신敎信과 전혀 다른 것이다. 마치 소금과 물(소금물)이 그러하듯 신인神人의 관계를 상호 내인적인(internal) '포함包含' 관계로 보는 것을 불교는 조신祖信이라 불렀다.²⁷ 후술할 내용인바, 多夕이 예수를 구속주로 보는 대신 유일무이한 '스승'으로 본 것이 바로 조신의 경우인 것이다. 하지만 원시불교의 입장에선 본각本覺 개념도 부정될 수밖에 없을 듯하다. 그럼에도 불성이 원리로서는 보편적이나 닦음의 과정에선 개별적이란 사실을 인정할 경우 다시금 주체의 문제는 중요해진다. '무아론無我論'에 입각해 윤회의 주체를 '업業'으로 보는 시각도 있으나 실상 그것은 사후세계의 논리일 뿐이다.²⁸ 불교의 앞날을 위해 강조될 사안은 여전히 현실을 사는 개별적 주체라고 믿는다. 그래서 여래장은 본각本覺과 시각始覺의 총체성을 지시할 수밖에 없다. 일심一心에 진여문眞如門과 생멸문生滅門이 있다는 일심이문一心二門 사상이 그래서 여래장 연기의 핵심이 된 것이다.²⁹ 多夕이 역사적 예수에게조차 '얼나'와 '몸나'를 구별해야 한다고 강조한 것도 같은 맥락일 수밖에 없다. 물론 여기에는 일체 중생衆生이 본래 구원되어 있다는 본래성의 교설이 분명 전제되어 있다.³⁰ 이것은 세상의 빛이기에 빛이 되라는 성서의 말씀과 맥이 닿는 부분이다. 길을 가다 길이 되라는 것이다.

주지하듯 여래장 사상은 이분법적 초월은 물론 직선적 합목적성의 논리와 무관하다. 여하간 불변의 목적, 고정된 원칙을 중생衆生에게 부과하는 것은 무장애無障碍의 법계法界로서의 일승一乘의 종교일 수 없다.³¹ 동시에 무장애의 세계는 지금 이곳을 떠나 다른 곳에서 찾을 수 없다는 것이 여래장을 기초했던 '사리무애事理無礙'가 화엄학의 본질인 것이다. 하지만 이理가 추상적인 것이 아니며 사事 속에 내재하는 한 '사사무애事事無礙'야말로 여래장 사상의 궁극적 바탕이 된다. 일체 중생이 여래장을 갖고 있다는 논거도 여기서 비롯한다. 하나가 곧 전체이고 전체가 하나인 혼융무애混融無礙한 상태이기 때문이다. 多夕 역시도 생태적 위기와 같은 사실적 종말의 징조를 걱정하긴 했으나 교리로서 기독교 종말론을 신봉치 않았다. 그가 내건 '一日一生' 주의는 인과율과의 단절이자 시간제단時間際斷을 통한 절대 부활을 말하기 위함이었다. 죽어서 가는 부활이 아니라 관념을 꿰뚫어 실재와 부닥치는 일을 절대 부활이라 했다. '우로보로스' 신화가 보여주듯32 절대 '하나', 곧 자신의 '바탈'에로 돌아가는 '歸一'만이 多夕에게 소중했던 것이다. 천지만물을 모두 깨어 있는 기성불旣成佛로 보고 인간 자신만을 미성불未成佛로 본 것도 多夕의 진의가 담긴 말씀 중 하나이다. 또한 유일신과 만유신론의 일치를 말하며 만물 속에서 하느님 속성을 깨닫는다고도 고백한 바 있다. 여기서 多夕이 인간만을 미성불로 본 것은 사사무애事事無礙의 이름하에 실천적 주체성을 상실할 것을 염려한 불교의 기본 정신과 부합한다.33 사사무애가 구경究竟임에도 불교가 여전히 사리무애事理無礙를 강조하는 것이나 多夕이 여전히 '위'(上) 혹은 천(天)이란 표현을 강조하는 것은 맹목적 사사계事事界, 곧 탐진치의 세계와의 싸움을 부정하지 않기 때문이다. 필자의 시각에서는 多夕이 수용했던 삼재론의 틀이 원융무애圓融無礙의 자기 기만성을 치유하는 세계관이자 방편이었다고 믿어진다. 그렇고 보면 본래 하나인 본래성과 현실성, 그러나 실제로는 나뉠 수밖에 없는 이들 간의 현실적 괴리를 메우는 일이 多夕신학이나 불교 모두에 있어 가장 중요한 과제가 되었다. 필자는 불성佛性과 중생성衆生性의 간격, '얼나'와 '몸나' 간의 분열을 없애는 과정을 다음 장에서 살피고자 한다. 종교적 수행修行 혹은 고행苦行으로 불리는 지난한 과정이 인간의 '몸성', 혹은 생멸문生滅門인 '중생성'에서 시작된다는 것이 이들의 공통된 생각이기 때문이다.

3. '自他不二'적 구원(해탈)론으로서 십자가 사건
- 돈오돈수頓悟頓修적 점수론漸修論과의 대화

언급하였듯 多夕신학의 체계 속에서 예수의 십자가는 '없이 계신 하느님'(빈탈)과 하나되는 과정이었다. 제 뜻 버려 아버지 뜻과 일치된 부자불이적父子不二的 존재, '몸나'를 벗고 '얼나'로 솟구친 존재가 바로 '그리스도' 예수였던 것이다. 인간 예수가 하느님(그리스도)되는 필연적 과정을 기독교는 십자가로 보았고 그것은 불교의 고행苦行에 비견되었다. 예수의 십자가 속에서 본각本覺과 시각始覺의 일치를 위한 백사천난白死千難의 수행이 있었다는 사실이다. '신해행증信解行證'으로 말하면 해解와 행行의 과정이 여기에 속할 듯싶다. 이런 '십자가' 이해는 多夕신학의 백미로서 '없이 계신 하느님'만큼이나 비정통(비서구)성을 나타내 보인다. 희랍적 실체(존재)론을 채용한 서방 기독교가 예수와 하느님 간의 존재론적 일치를 강조했다면 多夕은 예수를 자신이 빈탕(허공)의 아들임을 깨닫고(本覺) 그것, 곧 '절대 하나'의 아들노릇 하려고 자신의 '바탈'을 불사른 존재로 이해한 것이다. 나아가 실체론에 근거한 정통 기독교가 예수의 십자가를 만인萬人을 위한 '속죄적 죽음'으로 이해했던 것에 반해 多夕은 예수의 죽음 자체를 자속自贖의 길,34 곧 절대 생명과 '하나'되는 길로 여겼다. 多夕에게 대속代贖이란 희생제의에 익숙했던 유대인의 풍습이자 남의 생명을 먹고 살 수밖에 없는 세상의 원리였을 뿐이다. "그리스도가 내 양식이라면 나를 위해 대속되는 만물은 죄다 그리스도입니다."[35] 多夕이 '참 하느님이자 참 인간'(vere Deus vere Homo)으로서의 신인神人양성론적 예수를 '몸나'와 '얼나'로 재再언표한 것도 자속의 원리를 더한층 강화시키기 위함이었다.

혹자는 이런 예수 이해를 일컬어 영지주의적인 것이라 오판하기도 한다. 그러나 예수 역시 탐진치를 지닌 우리와 같은 인간임을 말하는 것이 가현주의假現主義, Doceticism를 피할 수 있는 유일한 길이었다. 예수에 대한 존재론적 배타성을 벗겨낸 채 동양적, 보편적 인간상을 예수 이해의 출발점으로 삼은 것이다. 탐진치란 태양을 가리는 구름 같은 것으로서 多夕은 이를 '원죄'라 했다.[36] 인간 본성의 타락을 말해온 기독교적 인간 이해와는 구별되는 발상이다. 그렇기에 多夕은 예수의 몸 자체를 숭배하지 말 것을 가르쳤다. 몸을 지닌 예수는 우리와 전혀 다를 바 없는 존재라는 것이다. 오로지 십자가를 통해 자신을 버려 부자유친한 예수, 오직 그만을 하느님이자 그리스도로 여길 뿐이었다. "몸나가 없는 곳에 한아님이 계시고 한아님 앞에 얼나가 있다…. 얼나와 한아님은 하나다."[37] '얼나'로 솟구친 예수는 절대 생명(하나)인 하느님과 다를 수 없고 이런 예수를 본 사람은 이미 아버지를 본 것과 같다는 것이 多夕의 시종일관된 믿음이었다.

일본의 불교 신학자 야기 세이찌도 "내가 하는 말은 내 말이 아니라 내 안에 계신 아버지의 말씀이다"(요 14:10)를 동일선상에서 풀어냈다.[38] 예수에게 있어 '자신self'이란 전적 타자인 동시에 주체였다는 것이다. 하느님의 다스림이 예수의 '에고'(몸나) 속에 분명하게 육화되었기에 예수는 자신을 신적 존재로 말할 수 있었다고 했다. 예수와 하느님 간의 역설적 동일성 곧 가역성可逆性을 존재론의 틀에서가 아니라 '탈자적脫自的 실존實存'(self)의 차원에서 본 것은 분명 '절대무絶代無'를 말한 불교의 덕택이었다. 그러나 多夕의 입장에선 신적 지배(로고스)만큼 혹은 그 이상으로 예수의 십자가가 소중했다.[39] 그에게 십자가는 신인의 역설적 동일성을 현시하는 매체 이상으로서 '얼나'를 위해 걸머져야 할 삶의 몫이었다. 비록 맥락은 달라졌으나 多夕은 예수의 십자가 사건을 동양의 수행적 차원에서 적극 재해석했던 것이다. 이는 삼재론의 틀에서 유교의 실천적 효孝마저 포함包含할 수 있었기에 가능한 일이었다.

주지하듯 多夕에게 십자가의 고행은 '일좌식 일언인一座食 一言仁'으로 표현되었다.[40] 늘 기도 속에서 말씀을 찾고 하루 한 끼 먹으며 남녀 관계를 끊고(解婚), 말씀 전언傳言을 위해 어디나 걸어 다니는 일을 십자가로 이해한 것이다. 이는 종종 일식一食과 단색斷色이란 말로 축약되어 강조되기도 한다. 「불교평론」이 "금욕과 깨달음"을 주제로 특집을 엮었던 것은 본 사안의 중요성을 환기시켜준다.[41] 수행 전통을 지닌 동양 종교들의 핵심이 바로 이 점에 있을 것이다. 육체적 욕망을 정신적으로 승화시키는 것이 이들 종교의 궁극적 목표였기 때문이다. "육체적 욕망을 완전히 초월하였기에 성性에 대한 열망에 불을 붙일 불씨가 남아 있지 않다. 모든 아라한은 성적 능력이 있는 성 무능자이다."[42] 多夕 역시도 근본 취지에 있어 이와 다르지 않았다.

그에게는 일식一食이 강조되었고 단색은 그의 결과로 이해된 듯 보인다. 多夕은 인간과 동물의 다른 점을 형이상학적 욕망에서 찾았다. 유일하게 머리를 하늘로 향한 존재로서 '님'을 마주할 '이마'를 갖고 있는 인간의 본능은 '정신'에 있다는 것이다. 이 점에서 일식은 인간을 정신적 존재로 만드는 지름길로 여겨졌다. 多夕에게 일식은 자기를 먹는 일로서 대속을 끊는 일이었다. 자신을 산 제물로 바치는 것이 바로 일식의 의미였다. "쌀 한 알을 심어 천 알, 만 알 수확하는 것도 이득이지만 단식으로 내 자신을 하느님께 바쳐 내가 하느님으로 변하는 이득이 더 큰 이득이다."[43] 多夕은 이를 예수 십자가의 원뜻이라 여겼고 인간은 누구라도 그리 될 존재인 것을 강변한 것이다. 그에게 일식은 결국 자기 살을 먹고, 자기 피를 마시는 일로서 제 십자가를 지는 것이었다. 이것이 "제 삶을 사랑하는 자는 잃을 것이요 제 삶을 미워하는 자는 영원히 살 것이다"(요 12:25)라는 말뜻이라 했다.

단색도 동일선상에서 이해하고 있다. 식색食色이 동물에겐 본성本性이나 인간에겐 그렇지 않다는 것이 多夕의 생각이었다. 하여 식색에 빠진 인간을 향해 실성失性한 존재란 표현을 서슴지 않았다. 단색을 통해 몸의 '精'이 간직되어야 '마음놓이'가 가능하고 자신의 '바탈'을 불사를 수 있는 힘이 생긴다고 믿었던 것이다. 결국 '몸을 줄이고 맘을 늘리는 것'이 多夕이 예수의 십자가 사건에서 발견한 동양화된 케리그마Kerygma였다.[44] 탈脫맥락화되었으나 십자가의 역사적 실천성은 전혀 약화되지 않았다.

여기서 중요한 사실은 자속과 대속 간의 자타불이自他不二적 관계성이다. 앞서 우리는 예수의 죽음을 속죄贖罪가 아닌 자속의 길이라 했다. '얼나'를 위해 자신의 '바탈'을 불사른 존재, 바로 그가 예수였다는 것이다. 정통적 의미의 구속주救贖主로서 예수 이해가 폐기처분되었다고 할 수 있다. 하지만 多夕은 'pro me'(우리를 위한)적 차원에서의 예수의 역할을 결코 부정하지 않았다. 삶과 사상의 일치만이 진리眞理라는 동양적 시각이 자속을 앞세운 듯하지만 多夕에게는 유일한 스승(意中之人)으로서의 예수상이 분명히 존재했다. 예수의 십자가를 주체적으로 이해하여 그 자신이 따라야 할 '길'로 인정했기 때문이다. 예수 그가 간 '길'이 있었기에 그는 오늘 우리에게 대속주일 수 있다는 것이다. 그 '길'을 따라 스스로 '길'이 될 책임은 우리의 몫으로 남을 수밖에 없다.

필자는 이것을 제도적 은총의 종교에서 수행적 종교로의 토착적 이행移行이라 생각한다.[45] 수행적 종교에서 대속과 자속은 단순한 하나도 아니지만 결코 둘로 나뉠 수 없다. 예수의 십자가(自贖)가 그 길로 나가게 하는 구체적 힘(代贖)이 되었기 때문이다. 이는 '스승기독론'의 본질로서 多夕이 불교인이 아니라 기독교 신앙인인 확실한 이유가 된다. 물론 多夕은 예수조차도 마침표가 아닌 '미정고未定稿'로 이해했다.[46] 예수가 했던 일보다 더 큰 일도 우리가 할 수 있어야 한다는 것이다. 십자가적 실천, 곧 '일좌식 일언인一座食 一言仁'을 통해 누구든지 '몸나'에서 '얼나'로 달라질 수 있다면 그렇게 된다는 것이 多夕의 확신이었다. 多夕의 스승기독론이 누구나 그리스도(독생자)가 될 수 있다는 '얼기독론'으로 변한 것을 필자는 多夕신학의 백미白米라 믿고 있다. 그를 동양(불교)적, 한국적 신학자로 부를 수 있었던 결정적 이유도 여기에 있다. 본 주제는 마지막 장에서 재론할 사안인바, 단지 여기서는 多夕의 십자가 사건을 불교적 돈점頓漸 논쟁의 시각에서 언급할 것이다.

앞서 보았듯 多夕에게 예수는 자신 속의 하느님, '씨올'(바탈)을 깨닫고 얼나로 솟구친 존재로서 자신의 유일한 스승이었다. 多夕은 예수의 그리스도(하느님)됨을 존재론적 틀이 아닌 십자가적 삶에서 찾은 것이다. 불교적으로 보면 그리스도는 고행을 통해 본각本覺과 시각始覺을 통전시킨 존재(如來)라 하겠다. 여기서 필자의 관심은 자타불이적 구원론을 기초했던 십자가를 돈오돈수적頓悟頓修的 점수론漸修論의 시각에서 이해하는 일이다.

주지하듯 성철의 지눌 비판을 기점으로 돈점頓漸에 관한 불교신학적 논쟁이 활발했던 적이 있었다.47 여기서 양자의 비교를 위해 필자가 택한 입장―돈오돈수적 점수론―은 재미 불교학자 박성배의 시각이다. 박성배는 본래 하나인 불성佛性과 중생성衆生性의 현실적 거리감을 좁히려는 실천적 수득收得의 문제에 집중했다. 일체 중생이 부처라는 조신祖信이 여래장 사상의 근간이지만 중생이 현실적으로 부처일 수 없는 것 또한 사실이기 때문이다. 불교는 바로 그 원인을 근본불각根本不覺(無明)에서 찾았다. 본래성에 대한 자각의 결여를 문제로 지적한 것이다. 하지만 무명無明 또한 '본래불성本來佛性' 없이는 생겨날 수 없다고 봄으로써 여전히 본각本覺을 중시했다.48 인간의 훈습薰習에도 불구하고 본래성불의 기반을 확고하게 했던 것이다. 그럼에도 부처와 중생 간의 균열 자체는 없어지지 않는다. 불교가 본각에 의지하면서도 상중하 근기根氣에 따른 주체적 수행을 거부할 수 없었던 배경이다.49 돈오에 점차적 수행, 곧 점수가 동반되어야 한다는 돈오점수頓悟漸修론이 태어난 것도 이런 이유에서이다.

하지만 돈오가 여기서 해오解悟로 변질되었다는 비판이 제기되었다. 그러나 이런 비판은 인간에 대한 새로운 이해의 빛에서 재고되어야 마땅하다. 본각이 일체 중생에게 본유本有됨도 사실이지만 범부의 시각에선 무명이 본각에 앞설 수밖에 없기 때문이다. 하여 인간의 망념妄念을 너무 가볍게 보지 않을 것을 돈오점수론은 주문·강조했다. 돈오돈수론이 자신의 심신心身으로 본래성불을 오해할 공산을 경고한 것이다. 망상을 시간 속에서 실체화시킨 돈오 없는 점진주의도 문제이지만 인간의 한계, 원죄와도 같은 탐진치의 실상을 간과한 본래주의 폐단 역시 적지 않은 것이다. 그렇기에 돈오점수의 돈오가 해오라는 비판이 있었음에도 불구하고 불성과 중생성의 간극을 결코 포기할 수 없었다. 돈오는 본래 '닦을 것'이 없는 '깨침'으로서 돈수, 곧 몸적 변화까지 동반하는바, '닦음'을 필요로 하는 경우, 돈오는 머리로 아는 해오일 수밖에 없다는 지적을 감수해야만 했던 것이다. 이 경우 해오는 본질상 점수의 산물인바, 돈오점수는 점수해오漸修解悟라 해야 더 옳은 표현이 된다. 이것을 모르지 않았음에도 돈오점수를 고집한 것은 여전히 본각의 중요성과 우선성을 놓지 않으려 했기 때문이었고, 점진주의의 악순환으로부터의 단절을 의도했던 까닭이었다.[50]

이 점을 간파한 박성배는 불교의 돈점 논쟁을 돈오돈수적 점수론으로 결론지었다. 우선 그는 돈오돈수에서의 '수修'(닦음)에 집착하지 말기를 요청했다.[51] 여기서 '修'는 '悟'를 강조하는 최적의 한정사라 여긴 것이다. 다시 말해 돈오점수의 '修'와 그 의미와 성격이 다르다는 것이다. 전자는 '깨침의 자세'를 후자는 '깨침의 폭'을 넓혀준 것으로 의미 지웠다. 그렇기에 박성배는 돈점 논쟁을 어느 것도 틀린 것이 없기에 양자택일로 선택할 사안이 아니라 했다. 상근기上根氣의 사람에겐 돈오돈수가 적합할 수 있으나 돈오점수를 통해서는 더 많은 중생들이 입문할 수 있다는 것이다. 하지만 돈오를 조신으로 보았던 그였기에 '내가 부처'라는 깨침 자체가 더한층 강조되었다. 따라서 박성배의 돈오돈수적 점수설 역시도 본각의 우선성과 중요성에 근거해 실천성을 담보하려는 전략인 것이다. 체용론體用論에 근거 본각과 시각을 몸과 몸짓의 관계로 보았다는 말이다.[52] 초신初信이 묘각妙覺과 다르지 않다는 뜻인 것이다. 여기서 우리는 多夕의 십자가 사건을 다시 떠올려본다. 자신 속 '바탈'을 '없이 계신 이'(빈탕)와 다르지 않음을 깨친 예수가 그와 현실적으로 하나되는 지난한 과정이 십자가였다. 십자가란 몸을 줄이는 일로서 탐진치 제거의 다른 말이기도 하다. 인과율적 세계로부터의 단절(時間際斷)이라고도 하겠다. 多夕은 모든 인간이 저마다 자기 십자가를 지고 아버지께로 솟구친 존재가 될 수 있음을 강조했다. 누구라도 그리스도가 될 수 있다고 믿은 것이다. 하늘 아버지의 '씨올'을 지닌 존재가 바로 인간이기 때문이다. 여기서 본각本覺은 '바탈'(씨올)일 것이고 시각始覺은 '몸나'를 벗은 '얼나'의 상태와 견줄 수 있다. '바탈'과 '얼나'가 본각과 시각의 관계인 것이다. 多夕이 은총恩寵의 종교, 대속代贖의 종교이기를 마다하고 '일좌식 일언인一座食一言仁'에 근거한 수행적 기독교를 말한 것은 바로 성령의 동양적 표현으로서 '바탈'에 대한 신뢰 때문이다. 하지만 多夕은 탐진치를 원죄와 동류의 것인 양 치열하게 이해했고 그를 결판내려 했다. 여기서 '바탈'을 강조한 것은 본각의 우위성을, 탐진치와의 싸움은 중생의 무명, 망념妄念과 각기 상응하는 개념일 수 있다. 하지만 多夕이 자속을 앞세울 수 있었던 것은 재차 강조하는바, '바탈'을 확신했던 탓이다. 多夕의 '바탈' 개념이 박성배의 돈오돈수적 점수론과 맞물릴 수 있는 이유가 이것이다. 多夕의 다음 말은 본래성에 우위를 둔 돈점론을 환기시켜준다. "성신(령)은 꼭 기독교인에게만 임하는 것이 아니다…. 성령은 우리의 정신적인 숨 쉼과 같다. 성신은 우리말의 얼이며, 성신의 얼은 참나다."⁵³

4. '얼나'와 불교적 '無我'(成佛)
- '덜 없는 인간'을 넘어서

앞서 보았듯 多夕에게 '얼나'는 '바탈'의 현실태로서 본각에 대한 시각의 불교적 표현과 다르지 않았다. 부자불이父子不二(自贖)를 이룬 예수의 십자가에 의거 그를 의중지인意中之人(스승)으로 삼았던 多夕은 예수의 길이 누구에게나 열려 있음을 강조했다. 자신의 '바탈'에 먹구름을 드리운 탐진치를 벗겨낼 수 있다면 누구나 그리스도가 될 수 있다는 것이다. 여기서 예수의 자속은 우리 모두를 십자가 길로 인도하는 대속이 되기도 했다. 인간을 '얼나'로 솟구치게 하는 방편이 바로 십자가였던 것이다. 하지만 이런 수행(고행)은 '없이 계신 하느님'이 인간의 밑둥(바탈)에 있다는 전제가 있었기에 가능한 일이었다. 본래 사람이 하느님의 '씨올'이니까 그리스도가 되어야 한다는 것이다. 이런 多夕의 입장은 초발심初發心과 구경각究竟覺이 결코 다르지 않다는 대승불교의 논리와 맞물릴 수 있다. 필자가 돈오돈수적 점수론으로 多夕의 입장을 정리한 것도 이런 맥락에 서다. 인간이 본래 '부처'라는 깨침(信)에 근거하여 그를 이해하고(解) 그렇게 되려고 노력(行)하는 가운데 정말 법문法問을 설說하는 부처(證)가 될 수 있다. 불교의 성불成佛은 본래 '내가 부처'라는 조신祖信의 결과라는 것이다. 십자가, 곧 수행(고행)의 장場에서도 조신, 곧 하느님 '씨올'이라는 깨침은 탐진치와의 대결에서 역동적 힘을 발휘할 수 있다는 말이다.[54] 이는 하느님과 자신 간의 현실적 간격보다 본래불성, 바탈의 힘이 더 컸음을 뜻한다. 아울러 이런 간격이 기독교 서구가 말하듯 존재론적 차이가 아닌 것을 함의한다. 多夕은 그렇기에 자신의 제자들이 십자가, 곧 일식과 단색에 걸려 넘어진 것을 용서하지 않았다. 성철이 그랬듯이 多夕 역시도 불퇴전不退戰의 믿음(깨침)을 역설했던 까닭이다.

십자가를 거쳐 새롭게 태어난 성령의 존재, 곧 '얼나'는 미정고로 남겨진 예수의 일을 완성시킬 책임이 있다. 多夕이 '얼나'의 탄생을 강력히 희망한 것도 예수보다 더 큰 일을 감당케 하려 함이었다. 예수 한 분에게 맡겨진 책임이 다수多數의 그리스도, 성령의 사람이 된 뭇 '얼나'에게 나뉠 수 있으니 항차 감당치 못할 일이 없을 듯하다. 필자는 이를 서구적 종교다원주의의 '급진적 보편화'라 일컬은 바 있다.[55] 불교의 성불成佛, 곧 부처가 되란 말도 이와 다를 수 없다. 자신의 실체를 벗고 연기緣起가 본질임을 알라는 불교의 가르침은 언제든 성불을 지향한다. 이 경우 성불은 무아의 존재를 뜻할 것이고 이는 '몸나'(탐진치)를 벗은 多夕의 '얼나'와 교차적으로 이해될 수 있다. 여기서 필자는 '얼나'와 '무아無我' 또는 '그리스도'와 '성불成佛', 이들 개념 쌍을 인류가 직면한 생태학적 재난의 빛에서 짧게 의미 지워볼 작정이다. 부처와 예수가 경험치 못한 전대미문의 생태적 위기 상황은 '얼나'와 '성불', 이 두 인간상이 걸머져야 할 공통된 과제라 믿기 때문이다.

거듭된 말이지만 불교와 多夕에게 '없음'이 본질이었다. 기독교 서구가 항시 '있음'에 주목할 때 그 '있음'을 가능케 하는 것을 '없음' 곧 빈탕으로 본 것이다. 이 경우 '없음'은 생태적 위기의 근간인 인간의 탐진치와 견줄 때 상당한 의미를 지닌다. 무의식의 불교적 표현인 '아뢰야식'(8식)에는 중생의 종자와 부처의 종자, 곧 소유所有 지향성과 존재存在 지향성이 상호 얽혀 있다고 한다.[56] 이것이 소유로 고착화되면 중생의 삶이 되고 존재론으로 가면 부처가 된다. 본래 종이 한 장 차이인 '소유'와 '존재'이지만 분별심이 소유로 방향을 튼 탓에 인간은 망념에 빠져 있고 세상은 기후 붕괴 원년을 경험하고 있는 실정이다. 소유로부터 존재로의 역전을 위해 필요한 것이 바로 근원적 '없음'(無)이라는 개념일 것이다. 서구적 '있음'으로는 분별심을 치유키 어렵고 오히려 인간 욕망만을 확대시킬 뿐이다. 이 점에서 근원적 '없음'이 '있음'(有)을 소유 대상으로 전락시키지 않을 근거라는 주장은 정확히 多夕의 견해와 같다. 多夕의 다음 말은 바로 그것을 적시한다. "꽃을 볼 때 온통 꽃 테두리 안의 꽃만 보지 꽃을 둘러싼 허공, 곧 빈탕을 보지 않습니다. 허공만이 참입니다."[57]

多夕에 따르면 모든 것을 있게 하는 '하나' 곧 '빈탕한데'를 모르기에 인간은 탐진치의 지배를 근본적으로 벗을 수 없다. '빈탕'의 큰 '하나'를 알지 못한 탓에 탕자처럼 몸나가 작동한다는 것이다. 하여 多夕은 '없음' 만이 세상을 소유의 대상이 아닌 존재로 느낄 수 있게 하는 '근원처'라고 했다. 왜냐하면 빈탕은 소유할 수 없는 '없이 있음' 그 자체이기 때문이다. 여기서는 물物을 보고 마음을 일으키는 현대인의 욕망이 더 이상 자리할 여지가 없을 것이다(見物不可生). '맛'을 추구하는 몸나가 아니라 '뜻'을 찾는 얼나의 삶이 출원하는 까닭이다. 여기서 '뜻'이란 多夕에게 진물성盡物性이란 말과 연루되어 있다.[58] '본래적 없음'에 터해 있는 만물의 본성本性(無性)을 온전히 알라는 가르침이다. 만물 역시 결코 소유의 대상일 수 없으며 우주 만물을 성례전적sacramental으로 이해하라는 뜻이었다. 따라서 진물성은 자신을 위해 대속하는 물질 혹은 생명의 소중함에 대한 자각이자 자신의 살과 피를 먹는 자속의 의미를 환기시킨다. 닭고기를 먹는 경우 적게 먹되(一食) 닭처럼 일찍 일어나 '기도'(一座)하라고 했다.[59]

多夕이 강조했던 자속은 결국 '없음'에 근거하여 인간에게 존재의 길, 곧 몸을 줄이고 마음을 늘리는 수단이었다. 단색斷色 역시도 이 점에서 예외가 아니었다. 동물에겐 식食과 색色이 본능이겠으나 인간에겐 그것이 결코 본성일 수 없음을 지적한 것이다. 자신의 정精을 마구 배출하는 현대인을 多夕이 실성失性, 곧 본능 상실의 존재로 본 것은 뼈아픈 말이다.[60] 몸성히가 되지 못하면 방심放心(마음놓이)이 불가능하고 자신의 '바탈'을 태울 수 있는 힘이 없음을 잘 알았던 까닭이다. '뜻'을 찾지 못한 존재는 결코 '견물불가생見物不可生'의 경지에 이를 수 없다고 多夕은 생각했다. 이로부터 多夕은 우리에게 '빈탕한데 맞혀 놀기'를 권면하고 있다. '있음'이 아니라 '없음'에 걸맞게 살자는 것이다. 일식과 단색으로 표현되는 자속도 결국 빈탕한데 맞혀 놀기 위함이었다.[61] '없이 있는' 하나(빈탕)가 하느님이고 그것이 인간의 '바탈'인 한, 인간은 '없이 사는' 존재가 되어야 마땅하다는 것이다. 이런 모습이 多夕에게 구원이었고 해탈이며 생태학적 자아(주체성)의 실상이다.

하지만 현실의 인간은 '없이 있'(살)지 못하고 '덜 없는' 존재로 살고 있다. '덜 없기'에 '더러운' 존재가 된 것이 죄인 된 오늘 우리의 모습(無明)이란 말이다. 그렇기에 우리는 하느님, 곧 자신 속의 '바탈'을 보지 못하고 물物에 마음을 빼앗기며 살고 있는 것이다.

"… 깨끗은 깨끝입니다. 상대계가 끝이 나도록 깨트리면 진리인 절대가 나타납니다. 참나를 깨닫는 것이지요. 깨끝이면 아멘입니다. 다 치워야지요. 이작도 덜 치워 남아 있으면 더럽지요. 덜 없으면 더럽지요. 덜 치워 없는 것이 더러운 것입니다."[62]

多夕의 이 말씀이 기후 붕괴 원년을 초래한 현대인들의 삶을 재정위하는 방향타가 될 것으로 믿는다. 그가 탐진치의 제거(自瞋)를 넘치도록 강조한 것도 이런 맥락에서 긍정적으로 평가되어야 할 것이다.

이렇듯 '얼나'에 대한 생태적 이해는 성불의 근원적 의미와 다르지 않다고 필자는 믿는다. 성불의 구원론적 의미를 생태적으로 풀면 多夕의 앞선 생각과 결코 상이하지 않을 것이다. 필자는 성불의 다른 이름으로 무아無我와 연기緣起 그리고 제행무상諸行無常, 세 개념을 들어 생태학적으로 해석하고 多夕과의 일치점을 간략하게 언급해볼 것이다.63

우선 무아를 진여자성眞如自性이라 해도 틀리지 않을 듯하다. 진여眞如는 스스로 그러함(suchness)을 말하는 것으로 '있음'의 절대성을 지시한다. 자신 및 일체 사물의 진여자성은 반성적 사유 이전의 현실인 것이다. 존재 자체의 자율성, 창조성 역시도 진여라는 말과 더불어 생각될 내용이다. 일체 존재는 불성, 곧 본유가치를 지녔기에 한 순간도 진여가 아닌 상태가 없다는 것이다. 이것은 동일성이 아닌 생명 중심의 타자성 철학을 가능케 한다. 多夕 또한 삼라만상이 부처 아닌 것이 없다 했고 그가 강조한 진물성 개념도 진여의 틀에서만 이해 가능한 것이었다.

연기는 너무도 확연한 불교적 생태원리로서 존재하는 것들의 관계성을 적시한다. 존재하는 일체가 상호 의존적 관계하에서 생기生起한다는 본 이론은 '본래적 있음' '空'의 장소적 의미를 각인시켜주는 것이다. 연기가 있음과 없음의 구별을 넘어 '없이 있음'을 뜻한다는 말이다. 삼재론의 틀을 사용한 多夕과 뉘앙스의 차이가 있긴 하지만 절대 없음이 있음의 근거라는 발상은 양자의 경우 너무도 확연하다.

끝으로 제행무상, 곧 무상성無常性은 존재의 비연속성, 곧 변하지 않는 것이 없다는 불교의 핵심 교리로서 무아론無我論과 의미 상통하는 개념이다. 고정불변한 이데아로서의 서구적 하느님 이해 역시도 더 이상 자리할 여지를 남기지 않는다. 영원불변한 것에 집착함 없이 불연속적 순간 순간에 집중할 것을 가르치는 말이다. 없이 계신 하느님이 인간의 바탈로서 존재한다는 多夕의 '얼기독론'도 실상은 무상성無常性의 덕분이다. 그뿐만 아니라 하느님이 인간에게는 인간의 방식으로 새나 짐승에게도 그들의 방식으로 관계한다는 탈脫인간중심주의도 가능케 했다. 多夕이

기독교 서구의 유신론을 거부하고 만물 속에서 하느님을 본다고 했던 것도 이런 맥락일 것이다.

결국 부처는 자신이 만든 일체의 아상我相을 떨쳐버린 존재로서 '없이 있는' 존재와 하나된 존재인 것이다. 자신 속에 '덜' 없음을 완전히 털어내신 분, 그래서 일체를 자신과 하나로 느낄 수 있었던 생태적 자아自我가 바로 성불成佛한 존재인 것이다. 이를 위한 백사천난白死千難의 수행과 고행이 多少과 부처에게 필연적인 것이었음은 주지의 사실이다. 누구라도 같은 수행을 하면 '얼나'(그리스도)가 되고 성불하여 새로운 세상을 만들 수 있다는 것이 이들의 공통된 확신이었다. 생태학적 위기 시대에 자신의 바탈을 깨달아 예수가 했던 일보다 더 큰 일을 담당하는 존재들이 이 땅에 출현하기를 하늘에서도 바라고 있을 것이다. 정교正敎보다 정행正行의 중요성을 오늘의 기독교가 강조하며 종교 간 대화를 시도하고 있는 것도 바로 이런 이유에서다.

3장

기독교의 동양적, 생명적 이해

— '빈탕한데 맞혀 놀이'와 진물성盡物性을 중심으로[1]—

들어가는 글

흔히들 오늘의 시대를 일컬어 'Post'(-이후) 시대라 한다. 거대 담론이 붕괴된 상황을 후기 현대, 혹은 탈현대라 부른 지 오래되었고 다원종교 시대를 맞이하여 기독교 이후 시대Post-christian era란 말도 널리 회자되고 있는 것이다. 그런가 하면 인류가 제2 차축시대의 도래를 맞이할 것이라는 말도 들린다. 각기 다른 형태로 분화·발전된 종교들이 영성이란 이름하에 통합 또는 수렴될 것이란 전망이 그것이다. 하지만 생태학자들 사이에선 새로운 미래를 예시하는 'Post'란 개념의 낭만성을 비판한다.[2] 전혀 다른 시대의 도래를 예견하기에는 인간 존재 근거인 자연의 질적 파괴가 임계점을 넘어섰다고 보기 때문이다. 그렇기에 한 생태학자는 인류는 지금 '-이후' 시대를 살고 있는 것이 아니라 기후(자연) 붕괴 원년을 경험하고 있다고 말했다. 인간 삶의 선택 여하에 따라 금세기 내에 전 인류가 '6도의 악몽'에 처할 수 있다는 것을 IPCC(정부간기후협약 모임)도 인정하고 있다. 하지만 인구수는 점점 늘어나고 미국 중산층 삶을 희구하는 현실에서 지구는 생존 자체가 불가능할 만큼 점점 더워지고 있다. 지구 생명을 살리는 일이 인류가 좀처럼 풀기 어려운 난제인 것도 이런 이유 때문이다. 녹색 성장이란 이름하에 환경 우호적 기술 개발을 꾀하는 정부와 기업 차원의 노력이 있는 것도 사실이다. 하지만 생태계 파괴를 기술적으로 해결할 수 있다는 논리에 동의하기 어렵다. 자본주의적 탐욕의 원리, 종래의 삶의 수준을 유지·확장시키려는 욕망으로부터 자유롭지 못하기 때문이다. 현실적 대안으로 불리는 '녹색 성장'이란 개념에도 자본주의적 에토스가 판을 칠 수밖에 없다. 녹색(생태)이란 본래 '성장'이 아닌 '성숙'과 어울리는 개념이다. 하여 MB 정부가 추진하는 4대강 개발 사업을 두고 종교계가 탈脫인간중심적 관점에서 거부 의사를 분명히 밝힌 것은 대단히 의미 깊다.

이처럼 기후 붕괴 원년을 지나면서 동서양의 종교가 자신들의 '뿌리 은유'를 생태학적으로 재해석하고 있는 것은 희망이 아닐 수 없다. 개신교의 경우 성육신을 '땅'(자연)에서 하느님을 만나는 일로 재해석하였으며 가톨릭은 우주적 그리스도의 빛에서 전 자연을 성례전적 지평으로 이해했다.[3] 불교는 윤회를 에코 시스템의 측면에서, 업業의 인과성을 가해자이자 피해자가 될 수밖에 없는 환경문제와 연결시켜 인간 의식의 전환을 꾀하고 있는 중이다.[4] '뿌리 은유'에 대한 생태적 재再이해는 분명 소유Having가 아닌 존재Being에로 인간의 가치 변화를 선사할 수 있을 것이다. 하지만 기독교의 경우 태생적으로 신(인간)과 자연의 다름을 강조하여 자연에게 소극적 역할을 부여할 수밖에 없고 반면 불교 역시도 무아無我를 말함으로 주체성의 문제를 약화시킬 수 있는 여지를 남기고 있다. 하여 범신론汎神論에 이를 수 없는 기독교 생태신학에 대한 비판이 있는가 하면 자아 동일성이 없는 불교에게 책임윤리를 기대할 수 없다는 지적이 각기 자신들 내부에서 제기되는 실정이다.

하지만 기후 붕괴 원년에 접어든 인류의 생태학적 회심을 위해 정말 필요한 것은 전적으로 새 인간이 되는 길(롬 8:18-25)인바, 종래의 향유하는 인간상 대신 '존재론'적이자 '본성적' 욕망을 추동하고 생기生起시키는 일이다, 이는 자본주의 현실에서 지난한 일이긴 하나 실체적 '있음'(有)보다는 '없음'(無)의 표상 속에서 가능할 수 있을 법하다.[5] 불교적 '공空' 개념이 기독교 서구의 '존재'(실체) 개념보다 생태학적 위기시대에 유익하다는 말이다. '없음'이 없는 '있음'은 쉽게 소유로 조작될 수 있고 그 틀에서 고작 당위(욕망 억제)를 문제 해결로 보기에 '유有'로서의 세계 인식은 근본적인 생태학적 회심을 위해서는 불철저한 것이다. 따라서 기독교 생태신학이 최종 '의지처'로 여기는 청지기성의 한계 역시 서구 신학 안에서 논의되고 있다.[6]

필자가 多夕 유영모(1890-1981)의 사상을 생태학적 시각에서 주목하는 것도 바로 이런 이유에서이다.[7] 주지하듯 多夕은 '없음'을 '있음'의 근거로 본 토착적 기독교 사상가였다. '많은 저녁'이란 뜻의 多夕이란 호 속에서 이미 서구 존재론과의 단절을 읽을 수 있다. 존재를 드러나게 했던 빛(로고스)의 소멸로 인해 있음이 사라지고 없음이 드러날 때 그로부터 오히려 더 큰 세계가 비롯할 수 있다는 것이다. 진정한 있음은 곧 없음이고 이 없음 속에서만 있음이 의미를 얻은 다는 것이다. 불교와 유교에서 말하는 '진공즉묘유眞空卽妙有', '태극이무극太極而無極'이란 말이 바로 그것을 지칭한다. 이처럼 多夕은 서구 사조들에 일체 빚진 바 없이 자신의 기독교 신앙 체험을 동양적·독자적으로 이해했던 이유로 세계적 철학자의 반열에 자리 매김될 만큼 그 위상을 공고히 하고 있다.[8] 진위 논쟁이 있긴 하나 그 영향사 면에서 부정할 수 없는 한국 고대 경전인 〈천부경天賦經〉의 '귀일歸一' 사상의 맥을 이었고 그것을 다시금 불교적 바탕하에 수용하여 토착화土着化를 넘는 토발土發적인 신관, 곧 '없이 계신 하느님'을 고백했던 것이다. 이것은 불교의 여래장如來藏 사상, 곧 불성佛性 개념의 기독교적 표현이라 할 수 있겠으나[9] 多夕은 이를 유교적 수행 개념, 효孝와 연계시켜 주체적 책임성의 지평을 확장시켰고 그 강도를 일층 강화할 수 있었다. 이는 귀일사상에 근거하여 불교와 유교 그리고 기독교를 회통시킨 결과일 것이다. 필자는 '없음'을 앞세우는 多夕신학이야말로 가장 철저한 방식으로 인간들에게 생태학적 회심의 근거와 토대를 제공할 것이라 믿고 싶다. 따라서 이하 내용에서는 多夕신학 속의 생태적 맹아萌芽가 기후 붕괴 원년을 사는 인류의 살길임을 원론적 차원에서 강변할 것이며 그것의 구체적 실상과 양태가 무엇인지를 제시할 생각이다.

1. 없이 계신 하느님과 귀일歸一사상

앞서 보았듯이 多夕사상의 핵심은 '없이 있다'는 그의 하느님 이해에 있다. 이성 중심, 존재자 중심의 서구 형이상학(동일성 철학) 내지 만물 지배Dominium Terrae를 허락한 기독교 신관이 전全 지구적 지배논리로서 물질문명을 주도해온 상황에서 多夕은 오히려 '없음'(빈탕)을 성聖스런 영역으로 본 것이다. 이런 '없음'은 의당 칸트적인 인식론적 무無나 실존철학자들의 허무, 해체론자들의 파괴와 같지 않다. '없이 있음'은 서구 주류 담론 어느 것으로도 해명될 수 없는 개념이다. '없이 있는' 하느님, 소위 '빈탕'에 이르는 길을 인간의 '바탈'(本性)에서 찾았기 때문이다.[10] 多夕에게 초월은 자기 뿌럭지 '밑둥'을 파고 들어가는 것과 다르지 않았던 것이다. 하지만 '없이 있는' 존재가 인간의 밑둥(本然之性)이란 것은 논리, 존재론적 차원의 서술만은 결코 아니었다. 하느님이 '바탈'(참나)과 같다는 것은 지난한 수행 차원 없이는 말해질 수 없기 때문이다. 그래서 多夕은 본성本性의 순우리말 '바탈'을 '받할'에서 온 것으로 보고 위로부터 '받'아 '할' 일이 있다는 뜻으로 풀었다. '없이 있음'의 실재인 인간의 바탈, 곧 '얼'은 정靜적인 동시에 동動적이고, 존재론적이면서도 윤리적인 양면성을 담지하고 있는 것이다. 불교적으로는 돈오頓悟(깨침)와 점수漸修(닦음) 모두를 함께 지닌 개념이라 하겠다. 하지만 多夕의 '없이 있음'은 순수 불교적 개념으로 환원되지 않는다. 본래 '0도=360도'(卽非)의 세계관을 지닌 불교와 달리 多夕의 하느님은 가시적 세상을 넘어서 있기도 하다.[11] 이는 多夕사상이 본래 보이지 않는 초월(영)적 세계를 강조한 삼재三才(三極)론의 틀에서 비롯했던 까닭이다.[12] 多夕사상의 본원처가 〈천부경天符經〉에 있다는 사실도 이를 반증한다.[13]

설명할 여백이 많지 않으나 우선 삼재三才사상은 시베리아 수렵문화 및 그에 터한 샤머니즘에서 출원한 것으로서 공간을 수직으로 보는 이해 틀을 갖고 있다.[14] 수렵문화란 생존을 위해 동물을 먹거리로 취했던 생활양식으로서 항시 죽은 동물의 사후事後 영혼에 대한 생각을 발달시켰던 탓이다. 이는 햇볕의 유무에 따라 공간을 수평으로 나눠 이해하던 중국 농경문화권의 음양사상과는 확연히 구별된다. 그렇기에 〈천부경〉 속에는 영靈적 세계로서의 하늘(天)과 육체 및 죽음의 세계인 땅(地) 그리고 하늘과 땅을 잇는 영적 매개자로서의 샤먼(人), 곧 인간 세계라는 천지인天地人 삼재사상이 주축을 이루고 있다. 따라서 〈천부경〉 81자는 본체인 하나(一)가 천지인 셋으로 나뉘나 다시 '하나'로 통일됨을 말하는 상경上經, 만물이 화생化生되는 생명의 세계를 그린 중경中經 그리고 우주 생성의 근원인 '하나'가 참 '나'이기에 참 '나'를 찾는 것이 '하나'로 돌아가는 것(歸一)임을 말하는 하경下經으로 되어 있다. 바로 하경下經의 '인중천지일人中天地一'이란 말이 이후 동학東學의 '시천주侍天主'란 사상을 탄생시켰고 多夕의 하느님 이해에 지대한 영향을 미쳤다고 볼 수 있다.15 여기서 歸一의 '하나'는 모든 것을 있게 하는 초월적 근원이자 전체인바, 多夕은 이를 '없음'으로 표현했고 이 '하나'를 인간 속의 '바탈'(本然之性)로 본 것이다. 무엇보다 중요한 것은 이 '하나'가 만물 속에 내재하며 그 완성과 생성 속에 참여한다는 사실이다. 인도 신학자 R. 파니카의 말을 빌리자면 이 '하나'는 우주적 그리스도Christophany라 아니할 수 없을 듯싶다. 왜냐하면 전 우주가 신적 신비를 잉태한 하느님의 대지이며 누구라도 인간은 그리스도를 낳도록 창조되었다고 보는 까닭이다. 예수 또한 인간 의식의 진화 과정에서 그리스도로 출현된 존재라는 점에서 이하 내용과 맥락을 같이하고 있다.16

2. 십자가와 참(얼)나

생소한 표현이긴 하나 多夕에게 예수는 자신을 '하나', 곧 빈탕의 아들로 깨달아 '얼나'로 솟구친 존재였다. '없이 있는' 하느님이 자신의 '바탈'임을 믿고 그와 부자불이父子不二의 관계를 맺은 존재란 것이다. 하지만 어느 누구라도 '빈탕'의 자식임을 알아 천지를 화육시키는 절대생명을 살 수 있다면 그 역시 독생자일 수밖에 없다. 예수가 그리스도인 것은 '빈탕'에게 바쳤던 효孝, 곧 그를 '참(얼)나'로 솟구치게 한 십자가로 인함일 뿐이다. 多夕에 의하면 예수의 '몸' 자체는 결코 숭배의 대상이 아니다. 오히려 우리처럼 탐진치貪嗔痴의 발원지라 여겼다. 하지만 여기서 부정되는 것은 '몸나'이지 '몸' 자체는 결코 아니다. 간혹 그러했듯 多夕은 자신이 동양적 영지주의자로 곡해되는 것을 원치 않았다. 도리어 多夕은 '몸성히'를 통해서만 '마음놓이'(放心)가 이뤄짐을 확신했다. 몸의 건강은 '위(하늘)로부터 받아 할 일(바탈)'을 위한 필요충분조건이었던 것이다. 나아가 多夕에게 '몸'은 사백조 개의 살 알(세포)이 뭉쳐 유기체로 나타난 자연의 신비 그 자체이기도 했다.[17] 동일선상에서 우주 만물이 하느님의 신격神格으로, 혹은 기성불旣成佛로 언급된 적도 수차례 있었다.[18] '하느님 속성을 만물을 보고 깨닫는다'는 우주 자연의 성례전적 지평이 그에게도 존재했던 까닭이다.

여하튼 多夕은 냉수마찰을 생활화함으로 자신의 몸을 '기체氣體'로 만들어놓았다. '몸성히'를 통해 '몸나'의 욕구를 벗을 수 있다고 확신했기 때문이다. 多夕에게 '탐진치'는 자신의 몸을 전부全部로 아는 인식의 산물로서 원죄와 같은 것이었다.[19] 그것은 예수조차도 자유로울 수 없는 개별아個別我로서 인간의 근원적 한계라 여겼다. 바로 이런 '몸나'를 '참나'

로 아는 존재들로 인해 현실의 생태적 위기는 가중될 수밖에 없다는 것이 多夕의 염려였고 근심이었다. 이 지점에서 多夕은 십자가 상의 예수가 아버지 뜻에 자신을 맡겼듯 '몸나'의 욕망, 탐진치를 벗는 예언자적 수행(고행)을 우리에게 요구했다. '몸을 줄여 마음을 크게 넓히는 것'이 예수의 길이이었고 우리가 걸머져야 할 십자가라는 것이다. 이는 오로지 건강한 몸에 의지하여서만 가능한 일이다. 건강한 몸 없이는 없이 계신 이와 하나된 '참(얼)나'는 현실이 될 수 없다. 십자가가 탐진치를 벗는 길이라면 그것은 오늘의 의미에서 '생태학적 회심'이라 불러도 좋을 듯하다.[20]

하지만 여타 서구적 종교다원주의 이론들과 달리 多夕은 뭇 인간의 그리스도 지평(바탈)을 강조했다. 신神 중심적 다원주의가 특정 종교 창시자들의 삶을 중시했고 기독론 중심의 다원주의가 예수 그리스도의 절대(차이)성에 주목했다면 多夕은 기독론을 급진적으로 보편화시킨 것이다.[21] 인간의 바탈 속에서 우주적 그리스도를 보았던 까닭이다. 이를 근거로 多夕은 예수가 그랬듯 천지만물天地萬物을 살리는 그리스도가 되라고, 즉 우리 안에서 그리스도를 낳으라고 역설했다. 십자가를 통해 부자유친父子有親한 예수처럼 탐진치를 온전히 버리라는 말이다. 이는 '길을 가다 길이 되라'는 소위 얼(바탈)기독론이라 불리는 것인바, 이하 성령론을 통해 생태학적 회심을 철저徹底화한다.

3. 바탈(本然之性)로서의 성령

누차 강조했듯 성령은 多夕에게 의당 하느님 영靈(우주적 그리스도)이자 인간의 '바탈'이었다. 우주를 지속, 생성시키는 '하나'이자 내 속의 '바탈'로서 영이 상대계 안팎을 넘나들고 있다고 본 것이다. 多夕은 우주 만물에 깃들어 있는 성령을 발견하는 것을 인간의 과제로 여겼다.22 그로써 인간은 자신 속에서 그리스도를 낳는 존재가 될 수 있다고 믿었다.23 이를 위해 '몸나'(목숨)인 개체 존재는 '목숨'이 아닌 '말숨'(말씀)으로 자신의 '바탈'을 불살라야 마땅하다. 절대 생명인 '하나'와 연합(歸一)하기 위해선 '받할'에 대한 자각을 근거로 바탈을 태워야 한다는 것이다(바탈태우). 여기서 多夕은 동양의 수행적 전통—우로보로스 신화 양식24—에 입각하여 예수 십자가를 '일좌식 일언인—座食 —言仁'으로 풀었다.25 이는 늘 걷고 하루 한 끼 먹으며 매일 묵상하고 남녀 간 관계를 끊는다는 말이다. 줄여 말하면 단식斷食과 단색斷色이 되겠는데 多夕은 이를 예수 십자가 사건으로 풀어냈다. 앞서 말했듯 '몸을 줄이고 마음을 늘리는 것'이 예수 삶(십자가) 속에서 발견한 多夕의 케리그마란 것이다. 예수가 십자가에서 제 뜻 놓고 하늘 뜻 위해 죽었듯이 多夕 역시도 단식과 단색으로 자신(몸)을 하느님께 제물로 바치고자 했다. "쌀 한 알을 심어 천 알, 만 알 수확하는 것도 이득이지만 단식으로 나 자신을 하느님께 바쳐 하느님 아들로 변하는 이득이 더 크다."26 여기서 하느님 아들은 자아自我가 무아無我로 '몸나'가 '참(얼)나'로 됨을 의미한다. '몸나'가 이웃과 자연을 해치는 탐욕스런 '나'(我)라면 '참(얼)나'는 모두가 하나인 대무大無의 세계를 사는 존재일 것이다. 多夕은 사람이 우주 만물과 조화롭게 사는 것을 예禮라 했고 그것을 '알맞음'(中庸)이라고 불렀다. 그렇기에 '참(얼)나'는 생태적 회심을 이룬 존재일 수밖에 없다. '참(얼)나'를 생태적 자아自我라 달리 말해도 틀리지 않을 것이다. 多夕이 대속代贖의 교리를 생태적으로 풀어낸 것도 이런 맥락에서다. "내가 먹는 낱알과 채소가 나의 생명을 위해 희생되어 힘을 내게 대속합니다."[27] 혹은 "그리스도가 내 양식이라면 나를 위해 대속되는 만물은 죄다 그리스도입니다."[28]

하지만 우주 만물을 성례전적 제물로 이해했던 多夕에게 진물성盡物性 개념이 더더욱 중요했다.[29] 물질을 보고 욕망을 일으키지 않기 위해서(見物不可生) 대속하는 물질의 본성을 온전히 알아야 했던 것이다. 닭고기를 먹으면 닭처럼 일찍 깨어 기도하는 것을 多夕은 진물성의 본뜻으로 여겼다. 단식과 단색도 결국 진물성을 위한 방편이라 생각할 수 있을 것이다. 우선 단식 혹은 일식—食은 견물생심적見物生心的 욕망으로부터의 자유를 목적했다. 일식은 본래 多夕에게 있어 자기 살을 먹고 자신의 피를 마시는 일이었다.[30] 남의 생명 소중함을 깨달아 자기 생명으로 제물을 삼고자 했던 것이다. 그래서 多夕은 대속代贖보다 자속自贖의 개념을 중시했다. 이는 불교적으로 스스로 제물이 됨으로써 인과因果의 사실성을 끊는 일(時間際斷)과 비교될 수 있다. 서구 기독교인들의 생태적 맺음말인 '자기 비움'이 자속의 개념으로 더욱 철저해졌고 구체화되었다고 볼 수 있다. 자신을 제물로 삼는 일식은 '참(얼)나'의 길로서 자연 역시도 이런 '생태적 자아(주체성)'로 인해 소생·회복될 수 있다는 것이 多夕의 확신이다. 21세기의 화두가 평등도 자유도 아닌 '단순성Simplicity'인 것은 '최소한의 물질로 사는 삶', 곧 일식의 생태적 중요성을 거듭 환기시킬 수 있다. 마지막 장에서 재론하겠으나 진물성을 근거로한 일식의 구원사적 의미는 인간과 자연을 살리는 대도大道가 필요한 '기후 임계점'의 현실에서 강조해도 지나치지 않을 것이다.

한편 단색斷色에 대한 생태학적 의미 지움도 얼마든지 가능하다. 남녀 간 성性 자체는 인류의 대代를 잇는 필요 막급한 일임이 틀림없다. 성욕 자체가 몸과 분리될 수 없는 것 또한 사실이다. 하지만 자신의 정精을 마구 배출함으로 자신의 몸과 자연의 균형이 무너져 내리고 있는 것 또한 목하目下 현실이다. 多夕은 이를 일컬어 인간의 '본능(성) 상실'이라 했다.[31] 주지하듯 자연 생명체는 저마다 자신만의 본성을 갖고 있다. 흙과 돌이 지닌 땅적 물성物性과 생물의 그것이 의당 같지 않다. 더욱 인간은 땅으로부터 하늘의 태허太虛(빈탕)로 나가는 존재로서 그 본성 역시 특이하다.[32] 땅에 있으면서 하늘에 통하는 것이 인간의 자연이고 본성이란 것이다. 동물(자연)은 생존을 위해 살생하고 교미한다. 그들에게 식食과 색色이 오로지 본능이기 때문이다. 하지만 인간이 탐하는 식색食色은 본능(성)을 넘어서 있다. 금세기 중 지구 인구가 90억에 이를 것이란 전망은 생태 위기의 본질 중 하나이다. 그래서 多夕은 부부유별夫婦有別을 다시금 강조한다. 식색食色이라는 낮은 단계의 욕망을 제어할 수 있는 욕망이 인간의 참된 본성(자연)이라고 믿기 때문이다. 몸적 사랑이 필요하지만 실성失性한 사람이 되지 않도록 '마음은 넓게 갖고 몸은 꼭 졸라매야 한다(博而約之)'는 것이다.[33] 정精이 간직되어야 마음이 놓일 수 있고 자신의 '바탈'을 불사를 수 있는 힘이 생길 수 있음은 당연하다. 多夕은 이런 존재를 '마음 씻어난 이'로 불렀다.[34] 혹자는 해혼解婚을 가르치는 多夕을 향해 성性을 자식 낳는 도구로 전락시켰다고 비판한다. 그러나 성에 대해서도 금욕 절제함이 더없이 필요한 시대이다. 자신의 몸을 꼭 졸라(꽁문이) 마음을 저 '위'에 꼭 대는(꼭대기) 사람이 점점 많아져야만 한다. 인간은 자신의 몸을 '예기禮器'로 만들 수 있는 유일한 존재인 것이다.[35]

생태여성주의Eco-feminism는 역사 속에서 자연과 여성의 동근원적 운명성을 밝혀주었다. 남성에 의한 여성 지배와 인간에 의한 자연 지배가 동전의 양면처럼 존재했음을 밝힌 것이다. 그 와중에서 자연은 어머니, 마녀 그리고 창녀에 이르기까지 늘 여성으로 비유되곤 했다. 이 점에서 多少의 단색斷色은 자연 지배 욕망과 당연히 유관有關할 수밖에 없다. 경제를 이유로 골프장을 짓고 갯벌을 메워 운하를 건설하는 작태는 여성에 대한 성적 탐욕과 본질에 있어 다르지 않은 것이다. 더구나 OECD 국가 중에서 포르노 문화가 가장 성하고 토건사업이 다반사인 대한민국이 자살률을 포함하여 욕망지수가 가장 높은 나라로 알려져 있으니 기독교를 위시하여 종교 강대국이란 말이 너무도 무색하다. 이런 현실이라면 일식一食처럼 단색斷色 역시도 생태학적 회심의 구체적 내용이 될 수 있는 충분한 이유가 있다. 동양적 기독교가 서구에게 줄 수 있는 귀한 메시지가 될 것이다.

4. 빈탕과 하나되는 삶
- 자속과 대속의 불이不二적 관계

필자는 多少신학의 생태적 핵심을 '없이 있는' 하느님과 '없이 살아야 할' 인간에서 보았다. 인간에게 '없이 살아야 할 길'을 보이신 이는 바로 십자가에 달린 예수였다. 그의 십자가는 오늘 우리에게 그 길을 걷게 하는 의미로서 대속代贖이 된다. 그러나 이것은 정통신학이 말하듯 남을 대신하는 의미의 대속은 아니다. 오히려 십자가를 걸머진 예수 인격의 소중함을 강조할 뿐이다. 그가 있기에 우리도 그 길을 갈 수 있다는, 즉 인격적으로 하나되는 길이 열렸다는 의미에서 대속이다. 이 점에서 대속과 자속은 불이不二의 관계에 있을 수밖에 없다. 물론 多少 자신은 대속을 생태적 차원에서 확대 해석하고 있긴 하지만 말이다.

앞서 보았듯이 일식一食과 단식斷食은 결국 '없이 있는' 하느님과 하나 되려는 인간의 고행, 곧 수행적 종교의 일면一面이다. 多夕의 말대로라면 '빈탕한데 맞혀 노는 일' 바로 그것이 생태학적 회심의 본질인 것이다. 이는 서구 기독교가 여전히 '있음'에 주목할 때 '없음'에 주목했던 결과라 하겠다. 모든 것을 있게 하는 '하나'를 多夕이 '빈탕한데'라고 봤기 때문이다. 多夕은 인간이 이 '빈탕'을 모르기에 탐진치의 지배를 벗을 길 없다고 보았다. '빈탕'의 큰 하나를 모르기에 탕자처럼 매순간 '몸나'가 작동할 뿐이다. 본래 '빈탕'과 '마음'(바탈)이 둘이 아님에도 불구하고.[36]

이런 맥락에서 多夕의 다음 말은 대단히 의미 깊다. "꽃을 볼 때 온통 테두리 안의 꽃만 보지 꽃을 둘러싼 허공, 곧 빈탕을 보지 않습니다. 허공만이 참입니다."[37] 여기서 多夕은 꽃을 꽃 되게 하는 것은 꽃 자체가 아니라 그를 둘러싸고 있는 '빈탕'임을 강조했다. '빈탕'은 소유할 수도 잡을 수도 없는 '하나', 곧 '없이 있음' 그 자체인 것이다. 하지만 꽃만 보는 경우 그 꽃은 꺾고 싶고 갖고 싶은 물질밖에 될 수 없다. '뜻'이 아니라 '맛'을 추구하는 '몸나'가 그로부터 비롯하는 것이다. 바로 이것이 서구 생태학적 위기의 실상이자 뿌리일 수밖에 없다. 인간의 죄성은 이런 '있음'의 세계관적 산물인 것이다.

이로부터 多夕은 '빈탕한데 맞혀 놀자'고 인간을 거듭 초대하고 있다. '있음'이 아니라 '없음'에 걸맞게 살자는 것이다. 그래서 거지반 두서너 세대를 앞서 살았으니 그의 논조는 여전히 호소력이 있다. "몬(物)에 맘이 살면 맘의 자격을 잃는다"(見物不可生)는 가르침은 자본주의로부터 탈주치 못하는 사람들에게 커다란 경고이다.[38] 마음에 물物이 살아나면 맛보려 하기에 마음이 빈탕이 될 수 없다는 것은 만고의 진리이다. 하여 多夕에게 일식과 단색은 모두 빈탕한데 노는 일이었다. 맛을 좇아 살지 않고 뜻을 좇아 살겠다는 다짐이자 각오였던 것이다. '없이 있는' 하나(빈탕)가 하느님이고 그리고 그것이 인간의 바탈 속에 존재하는 한 인간 역시 '없이 사는' 존재가 되어야 마땅한 일인 까닭이다.

多夕은 종종 성서가 말하는 '거룩'을 '깨끗'이란 말로 이해했다. 마음이 깨끗해야 하느님을 볼 수 있다는 성서의 말씀이 있기 때문이다. 하지만 현 상태가 '깨'어져서 '끝'이 나야만 깨끗할 수 있는 법이다. 깨끗의 반대는 당연히 더러움이다. 하지만 多夕에게 더러움은 '덜 없음'이기도 했다. 빈탕한데 맞혀 놀지 못한 인간 현실이 바로 덜 없음, 곧 더러움이었던 것이다. "… 깨끗은 깨끝입니다. 상대계가 끝이 나도록 깨트리면 진리인 절대가 나타납니다. 참나를 깨닫는 것이지요. 깨끝이면 아멘입니다. 다 치워야지요. 없도록 치워야지요. 덜 치워 덜 없는 것이 더러운 것입니다."[39]

필자는 이처럼 철저한 생태학적 회심을 말한 사람을 본 적이 없다. 여기서 상대계란 인류가 허우적거리고 있는 자본주의 체제를 지칭할 것이다. 기독교가 로마를 기독교화한 것이 아니라 그 반대가 오히려 역사적 실상이었듯 자본주의가 종교마저 자본화시킨 상황, 그것을 당연시 여기는 현실 종교적 시각으로부터 탈주할 것을 多夕은 요청하고 있다. 소유Having와 존재Being의 상호 다른 삶의 양식을 무의식 속에 배태한 인간에게 '없이 있는 하나'에 대한 깨침만이 존재에로의 길, 생태학적 회심의 본원처가 될 수 있다는 多夕의 가르침이 더없이 중요한 시점이다. 그렇기에 '없이 계신 하느님' 안에 사는 사람은 '덜' 없는 존재로 머물 수 없다. 기후 붕괴 원년을 지나면서 깨어져서 끝이 날 것을 각오해야 마땅한 일이다.

교회 역시도 자신의 '덜 없음'을 어느 때보다 자각하고 더욱 깨끗해져야만 한다. 그동안 교회는 교리를 토대로 힘을 축적했고 자기 폐쇄적 공간으로 변질되고 말았다. 그리스도의 몸이라 하는 교회가 '참(얼)나'를 잊고 '몸나'로 변질되어 뜻을 잃고 맛을 추구하고 있는 까닭이다. 교회지상주의는 그 본질에 이어 맛을 추구하는 인간주의의 다른 말일 뿐이다. 교회라 한들 그것이 '몸나'인 한 세상의 맛이란 맛은—그것이 권력이든 물질이든 간에—죄다 보려는 속성을 떨칠 수 없다. 그러나 그것이 자신을 죽이는 독(毒)인 것을 오늘의 교회는 명심할 일이다. 교회 역시도 어느덧 '덜' 없어 더러운 존재가 되었음을 자각해야만 한다. '덜 없는' 존재는 그것이 개인이든, 교회이든 간에 자신만 더럽히지 않는다. 부지불식간 우주 만물, 생태계 전체를 망가트릴 수밖에 없는 것이다. 헌금으로 주식 투자를 하고 땅 투기를 하며 사고 팔리는 교회가 어디 한둘이던가? 교회가 탐진치의 올무에 걸려 허우적거리는 실례는 부지기수다. 결국 '덜 없다'는 것은 '빈탕', 곧 '하나'를 알지 못한 데서 기인한다.[40] 교회 안에서 하느님이 실종된 탓이며 세상(구원)을 향한 열정 자체가 소진되었음을 적시한다. 多夕이 말하듯 '몸나'를 깨쳐 '참(얼)나'로 솟구친 참 생명, 즉 '없음'(하나)에 근거한 생태학적 회심만이 온갖 피조물이 고대하는 희망을 만들 수 있을 뿐이다. 이것이 교회의 존재 이유이다. 교회 자체가 녹색의 옷을 입고 녹색 구원, 녹색 신앙을 외쳐야 한다는 사실이다. 이것은 교회가 덜 없기를 포기할 때 가능할 수 있다.

따라서 한국은 물론 세계 교회는 생명이자 하늘인 자신의 '바탈'을 불살라 '빈탕한데 맞혀 놀자'는 多夕의 생태적 메시지를 귀담아 들어야 한다. 이것이야말로 축(軸)의 종교들의 영향력이 집약된 이 땅에서 WCC 대회를 열게끔 하신 하늘의 뜻이자 인류 미래를 위해 多夕을 통해 주시는 새로운 케리그마인 까닭이다. 이 점에서 多夕을 인류의 미래를 준비시킨 하느님의 사람, 노아와 견줘도 좋다.[41] '빈탕한데 맞혀 노는 일'은 필요/불필요라는 인간적 척도를 넘어 생명 일체를 품었던 방주를 세우는 일로서 인류의 총체적 미래를 위해 신神이 노아에게 선사했던 에코 지능[42]의 한국적 표현이라 믿기 때문이다.

나가는 글

그렇다면 정말 '없이 계신 하느님'과 하나되는 '없이 사는 삶'이 현실에서 가능할지 물어야 할 것이다. 多夕이 에코 지능을 발휘하여 '빈탕한데 맞혀 놀자'고 우리를 초대해도 '없이 사는 일'의 지난함 때문에 누구도 쉽게 단식斷食과 단색斷色의 삶을 살아내지 못할 것이기 때문이다. 그럼에도 '빈탕' 곧 '없이 있음'에 대한 이해를 놓쳐버릴 수 없는 것 또한 사실이다. 그것은 인간 및 우주의 미래를 포기하는 일인 까닭이다. 해서 필자는 생태적 세계관이자 생태적 회심을 적시하는 '빈탕한데 맞혀 놀기'를 자연과 공존하며 수백 년을 살아온 '오래된 미래'의 길이자 '자연 따라 살기'(Biomimicry)[43]이며 나아가 '윤리적 소비'[44]의 생활양식으로 재의미화하고 싶다. 비록 이들이 서구에서 생산된 생태 담론이지만 생태적 회심 없이는 불가능한 삶의 양식들인 까닭이다. '빈탕한데 맞혀 놀이' 역시도 결코 추상적 이념이 아닌 살아내야만 하는 현실이었기에 의당 구체성을 지녀야 한다고 생각했다.

하지만 이런 삶의 가치가 실현되기 위해 근본적으로 필요한 것이 '빈탕'의 세계관임을 필자는 앞서 밝혔다. '빈탕' 즉 '없음'의 세계관이야말로 그 어느 것보다도 인간 삶에서 거짓된 욕망을 벗겨낼 수 있는 힘을 지 녔다는 확신 때문이다. 즉 신神이 '없이 있듯' 인간 역시도 하늘 땅 사이 (天地間), 빔 사이(空間), 때 사이(時間) 그리고 사람 사이(人間)의 존재로서 그 역시 '없이 살아' 우주 생명을 살려야 할 당위當爲를 본질로 하는 존재 란 것이다.[45] 자본주의 시대를 살면서도 견물불가생見物不可生의 삶의 양 식은 이렇듯 '없이 있음'과 '사이 존재'의 자각으로부터 가능할 뿐이다. 이 점에서 '자연 따라 살기'가 자연의 한계 내에서 문화를 창출하는 일이 고 '윤리적 소비' 역시 환경 위기에 둔감한 인간 두뇌를 일깨워 소비와 생산이 지구 환경에 미칠 영향력을 성찰하는 삶의 양식을 일컫는 한[46] 이 것들은 모두 '빈탕'의 가치관으로부터 기대할 수 있는 현실reality이라고 믿어도 좋을 듯하다.

무엇보다 '자연 따라 살기'는 자연의 '한계'를 새롭게 성찰한다. 향후 '한계'란 더 이상 극복해야 할 과제가 아니라 오히려 적응할 영역으로서 생존 능력을 키울 수 있는 장場이어야 한다는 것이다.[47] 하여 '자연 따라 살기'는 생태계의 성장구조 자체를 모방하는 대안적 기술을 주장한다. 대자연은 99% 이상의 다년생 식물로 구성되었으며 종種의 다양성이 해 충을 스스로 조절하고 철마다 바뀌는 식물들이 스스로 거름이 되는 순환 구조를 하고 있는바, 이런 대자연의 현실을 모방하는 것이 인류의 살길 이란 지적이다. 하지만 산업형 농업은 역으로 다년생 대신 일년생을, 다 품종 대신 단종 재배를 통해 대량생산을 주도해왔다. 살충제, 비료 등 의 과다 사용이 토양의 생명력을 죽였고 농작물을 한없이 약화시킨 것도 사실이다. 축산업이 환경 파괴의 으뜸 원인이 된 것도 '자연 따라 살기' 를 포기한 결과라 하겠다. 이 점에서 물질의 본성을 온전히 알자는 多夕 의 진물성盡物性은 생태적 삶을 위한 구체적 방편일 뿐 아니라 자연 따라 살 수 있는 종교적 영성 그 자체를 보여주고 있다. 현실적으로 말하자면 진물성이란 생산과 유통, 소비로 이어지는 전 과정 속에서 에코 지능의 역할을 감당할 수 있다는 것이다.[48]

생태계 위기가 심각할수록 자본주의 사회에선 친환경 제품이 성행하는 것은 주지의 사실이다. 하지만 대다수의 경우 그것들은 '그린워싱green-washing'[49] 곧 외적으로는 생태적 이미지를 앞세우나 실제로는 환경 피해를 가중시키는 것에 불과한 경우가 허다하다. 하지만 이런 숨겨진 진실을 밝혀 안다는 것은 결코 쉬운 일이 아니다. 소비자의 판단을 흐리게 하는 세련된 광고물들이 홍수처럼 밀려드는 것 역시 한 이유일 것이다. 그러나 더 중요한 것은 인간 두뇌가 점차 환경 위기 같은 사안에 둔감해지고 있는 긴박한 현실이다.[50] 그럴수록 상품의 생태적 투명성을 밝혀 윤리적(생태적) 소비를 추구하는 것 역시 자연 따라 살고 자연을 덜 소비하는 것 이상으로 중요하다. 사소한 물품일지라도 그 속에는 노동자의 임금, 소비자 건강, 지구 환경 부담 등의 숨은 비용이 존재하는 까닭이다. 소비자로선 값싼 제품을 선호하겠으나 그것이 제3세계 노동자들의 임금 착취와 장거리 수입으로 인한 것이라면 거부되어야 마땅한 일이다.[51] 만들어진 제품 속의 숨겨진 비용까지 계산하여 지구 환경을 위한 유/불리를 따지는 것이 바로 영성을 기저로 한 에코 지능의 역할인바, 多夕의 진물성은 바로 이런 일을 감당한다.

따라서 에코 지능으로서의 진물성은 사회의식에 기초한 영성을 多夕 식式으로 표현한 것이라 해도 틀리지 않다. 점차 자본주의 체제하에서 반反생태적으로만 작동되고 있는 인간 뇌 시스템을 영성 및 감성과 더불어 새롭게 통섭通涉[52]하는 것이 향후 종교가 감당할 일이자 진물성을 말하는 多夕신학이—특히 생태학적으로— 공헌할 수 있다고 생각한다. 일체의

'post'란 접두어를 무색케 할 만큼 기후 붕괴 원년의 시대란 말이 회자되는 현실, 즉 생명이 아니라 죽음이 삶의 실재reality가 된 정황에서 '없이 있음'에 터한 多夕신학은 비록 짧게 설명되었으나 기독교 서구에서 유통되는 여러 생명 담론들과 견줄 때라도 이론과 실제에서 그 의미가 적지 않을 것이다. 이는 현실에 대한 낙관/비관도 없이 믿음과 수행을 불이적不二的 관계로 풀어 백사천난白死千難의 삶 앞에 당당히 맞서되, 자신의 책임을 은총으로 여겼던 아시아적 에토스로 인함일 듯싶다.

3부

多夕으로 오늘의 세상 읽기
- 多夕신학과 현대 사조와의 만남 -

1장

생명담론의 한국적 실상

– 생명담론으로서 多夕신학의 자리매김을 위하여 –

들어가는 글

한 세대 이전만 하더라도 시대의 관심은 온통 역사의 의미를 묻는 데 있었다. 하지만 20세기를 전후하여 생명이 그 자리를 차지했고 철학을 비롯한 제 영역에서 이에 대한 담론들이 쏟아지기 시작했다. 이는 생명이 아니라 죽음이 그만큼 우리 삶의 실재가 되었다는 반증일 것이며 자본주의적 삶에 대한 반성적 성찰의 결과라 생각한다. 서구 물질문명을 빠르게 따라잡았으나 그 후유증으로 OECD 국가들 중 자살률 1위라는 불명예를 걸머졌고 최근 영국 BBC 방송이 한국을 욕망지수가 가장 높은 국가로 선정한 것도 이와 유관한 사안일 듯하다. 이보다 앞서 리우 환경회

담의 모체가 된 '정의, 평화, 창조질서의 보전'(JPIC) 대회가 1990년 한국 서울에서 개최된 것도 실상은 이곳이 온갖 모순이 집약된 공간임을 세계 교회가 인정했던 까닭이다.[1] 분배 문제의 불균형, 핵무기를 비롯한 전쟁 무기의 과다 보유 및 기후 붕괴의 징조가 여타 나라들에 비해 심각한 정도에 이르렀다는 반증이다. 최근 4대강 개발을 두고 종교계가 탈脫인간중심적 생명의 관점에서 이에 대한 거부 의사를 분명히 한 것도 생명담론의 활성화에 기여하는 부분이 많다. 이처럼 삶이 현실이 아니라 죽음이 실재인 상황에서 역설적으로 많은 양의 생명담론이 특히 종교, 철학, 교육 그리고 과학 분야에서 생산·유통·논의되는 현실은 다행한 일이긴 하나 기뻐할 일인 것만은 아닌 듯하다. 그것이 생명의 총체적 위기에 직면한 한국 사회의 어두운 자화상의 일면인 까닭이다.

주지하듯 한국에서 생명담론은 대안적 가치의 시각에서 논의가 시작되었다. 이는 한국 사회 내의 주류적 가치는 여전히 경제 및 개발에 있음을 의미한다. 그것이 지속 가능한 발전, 녹색 성장이란 새로운 이름을 얻었으나 무게 중심은 여전히 후자에 있었기에 생명담론과는 거리가 있었다. 하지만 성장이 '성숙'으로 바뀌지 않는 한 성장은 결국 공멸에 이르는 길임을 숙지하기 시작했다. 21세기의 화두가, 자유와 평등을 말하던 이전 시기와 달리 단순성simplicity이란 점도 이런 달라진 현실을 반영한다. 최소한의 물질로 살고자 하며 상품의 유통 과정 속에서 에코 지능을 발휘하고 자연 따라 살기(Biomimicry)를 실행에 옮기려는 사람들 숫자도 점점 많아지고 있다.[2] 생명 가치가 더 이상 소수자의 것이 아니라 중심 담론으로 부상하기 시작했음을 보여주는 것이다. 이를 위해 생명의 형이상학적 측면을 논구한 A. 슈바이처와 H. 요나스, 생태계 위기 실상을 알렸던 J. 리프킨, J. 러브록 등의 책들과 F. 카프라의 신과학적 영성 그리고 김지하의 자생적 생명학과 생명운동, 장희익 교수의 '온생명론' 나아가 황우석으로 야기된 생명공학 분야의 논쟁들이 기여했고 최근에는 플라톤 사상의 각주이기를 거부하고 진화론과 접목된 프랑스의 생명(生生)철학, 『통섭』의 저자 윌슨의 생명호성biophilia과 미국의 과정사상의 생명담론이 가세하기 시작했다. 물론 〈천부경〉을 비롯하여 생명을 종교적 가치로 여기는 제 종교의 생명사상도 담론으로 발전했으며 多夕 유영모와 함석헌에게서 생명사상의 단초를 보고자 하는 이기상, 박재순[3] 등의 시도 역시 그 역할이 적지 않았다. 한국 여성학계에 소개된 서구 생태여성주의 역시 생명담론에 한 축을 담당했던 것으로 정현경의 '살림이스트' 영성과 이은선의 한국적 '여성생물영성'의 탄생을 도왔다. 모던(하이어라키)과 포스트모던(헤테라키)의 양극성을 극복 지양시킨 홀아키론Horachy을 주창한 켄 윌버 Ken Wilber의 사상 역시 생명사상으로서 소개될 가치가 충분히 있다. 천규석, 윤구병 등 자신의 생명가치를 공동체 영역에서 실험하는 몇몇 실천가들도 물론 본 글에서 주목해야 할 부분이나 지면 관계상 논외로 할 것이다.

이상에서 언급한 생명담론을 개별적으로 온전히 언급하기에는 지면도 역량도 크게 부족할 듯싶다. 하여 이 글에서는 이들 논의들을 몇 가지 관점에서 그룹을 지어 각기 특정 맥락 속에서 상호 비판적으로 이해할 생각이다. 우선 서구 사조와 자생적 생명담론을 대별할 필요가 있을 것이고 인간중심주의를 넘어서는 방식의 차이 역시 주목해야 할 것이며, 여성주의적 생명 이해라 할지라도 한국적 시각이 적시되어야 옳을 듯하고 이론적 생명담론과 실천이 겸비된 이론 간의 변별력도 언급되어야 할 것이다.

나아가 서구적 생명담론들 사이에서도 공통점과 차이점이 말해져야 하고 생물학적 통섭과 영성적 통섭 간의 관계 역시 함께 엮어져 논의되어야 할 주제이다. 이런 복잡한 생각하에 필자는 적시된 담론들을 다음의 주제로 엮어 정리해보았다.

우선 생명의 형이상학을 전개한 담론으로서 슈바이처의 '생명 외경', 요나스의 '생명의 원리' 그리고 과정사상의 '생성 원리' 등을 관계 지어 설명할 것이고 둘째는 카프라, 리프킨 등의 '전일적 생명론', 장희익의 '온생명론' 그리고 켄 윌버의 '홀아키적 우주론'을 엮어낼 것이며, 셋째로는 윌슨의 '생명호성에 근거한 통섭統攝론', 〈천부경〉에 터한 최민자의 '영적 통섭通涉론' 그리고 들뢰즈의 '사건으로서의 생명'을 상호 연계시켜 비판적으로 소개할 것이고 네 번째 그룹으로는 한국적 자생 담론으로서 김지하의 '생명학', 多夕의 '생명사상' 그리고 이은선의 '生物여성영성'을 소개하되 이들 간의 연속성을 드러낼 생각이다. 주지하듯 이 글은 생명을 주제로 토론거리를 제시할 목적으로 쓴 것이기에 각 장 간의 기승전결起承轉結식 논리적 전개는 찾기 어려울 듯하다. 단지 여기저기 산적한 생명담론들을 주제 및 내용에 근거하여 유형별로 묶어냈다는 점에 의미를 둘 수 있을 것이다. 이런 논의들을 근거로 필자가 관심하는 바는 자생적 생명담론인 多夕 유영모의 사상을 향후 산적한 현실 문제를 극복할 수 있는 대안으로 자리매김하는 데 있다.

1. 생명의 형이상학적 이해, 그 새로운 시도들

오래전 사람이긴 하나 A. 슈바이처의 '생명 외경론'(Ehefurcht vor dem

Leben)은 포스트모던 정황에서도 유의미하며 여전히 그 중요성을 간과할 수 없다. 아프리카에서 1차 세계 대전을 경험했던 슈바이처는 서구 문명의 몰락을 당연시했고 그 재건을 '생명 외경론'에 입각하여 다시 꿈꿀 수 있었다. 당시 기독교가 지녔던 목적론(낙관론)적 세계관을 포기하고 '살려는 의지'(Wille zum Leben)에 근거한 새로운 세계관을 수립하려 했던 것이다. 신학자였던 그의 이런 시도는 당대의 거물이었던 칼 바르트에 의해 혹독한 비판을 받았다. 오로지 하느님 계시에 근거한 심판과 종말에 대한 믿음을 포기했다는 이유 한 가지 때문이었다. 말했듯이 슈바이처는 세계의 미래를 낙관/비관 어느 한편에서 보지 않았고 오히려 세계 자체를 양자가 교차하는 불가해성(불가지론적 포기)으로 이해했다.[4] 오로지 '살려고 하는 의지'로 충일된 우주 안에서 인간 역시도 '살려는 의지'의 자기 분열에서 자유롭지 못하기 때문이다. 다른 생명의 파괴를 통해 존재하는 것이 인간의 삶이란 것이다.

하지만 슈바이처는 인간의 '살려는 의지' 속에 타 생명의 의지를 이해하려는 통일되고 보편화하려는 동경이 있음을 인정했다. 인간 및 인간 외적 생명에 대한 가치론적 구별과 판단이 없다는 말이다. 살려는 무한 의지와의 이런 접촉은 생명 외경의 일념으로 이어졌고 살려는 의지를 촉진시키는 인간의 삶(자유)을 통해 불가해성의 세계 속에서 새로운 희망(문명)을 찾을 수 있다는 것이다. 결국 삶의 의지에 대한 내적 헌신이 우주 보편적 의지를 구체화시키는 행위, 곧 생명 외경의 구체적 토대이며 생명 외경을 통해서만 최소한의 희생에 터한 문화를 구축할 수 있다는 것이 그의 확신이었다. 인생관이 세계관에 터하지 않고 오히려 세계관이 인생관에 근거한다는 이런 전도된 모색은 역사의 종국성finality을 무화시킨 탈현대와 만날 수 있는 지점이며 단순성이 화두인 21세기의 생명 원리와도 맞닿아 있다.

여기서 중요한 것이 생명 외경론의 구원적 특성이자 기독교와의 관련성이다. 생명 외경은 살려는 무한 의지와의 합일 경험으로서 인간 의지의 자기 분열을 치유하며 그것이 바로 그리스도 안의 존재(Sein in Christo), 곧 그리스도 신비주의의 본질이란 것이 슈바이처의 생각인 까닭이다. 예수를 '인식의 권위' 가 아니라 '의지의 권위' 로 본 것도 바로 이런 맥락에서다.[5] 결국 슈바이처의 생명 외경론은 이성 필연적(denknotwendig)인 것으로서 인간 책임의 지평을 타 생물체로까지 확장시키며 살아 있는 모든 것에 대한 무한 책임을 인간에게 부여하는 것으로 생명 문화 창출에 공헌할 바가 적지 않을 것이다. "생명을 보존하고 촉진하는 것은 선으로서 타당한 반면 생명을 파괴하고 손상시키거나 생명의 발전을 저해하는 것은 악이다."[6]

한스 요나스는 『책임의 원리』[7]와 『생명의 원리』[8]의 저자로 알려진 유대인 철(신)학자이며 초기에는 영지주의 연구자였다. 아우슈비츠 경험이 후일 그의 시원과 관계된 생명철학적 물음에 큰 영향을 미쳤고 신적 활동보다는 인간의 '책임' 에 비중을 둔 이론을 위 두 책에서 전개시켰다. 일정 부분 슈바이처의 맥락에서 그 역시 낙관론적 세계상 자체를 거부했다. 말했듯이 아우슈비츠라는 유대적 경험을 통해 신적 전능성을 무화시킨 탓이다. 하여 자연의 본질적 영구성이 허물어지는 정황을 숙지했고 칼 마르크스 역시도 '베이컨적 이념' 의 완성자로 여겼으며, 어떤 유형의 진보(성장) 이념일지라도 그것을 어린아이의 천진스런 유희쯤으로 치부했다. 따라서 요나스는 기술과학 시대에 이른 오늘 지구적 희망 대신 '불확실성' 에 대한 인식이 규범이 될 것을 역설할 수 있었다. 요나스의 생명철학과 윤리는 "(자연은) 우리 앞에 갓 태어나 놓여진 신생아의 존재이고 그 존재야말로 책임의 원형적 대상이다"[9]라는 말 속에 잘 나타나 있다. 신생아로 비유된 자연 자체가 붕괴된 목하의 현실은 이념, 종교 간 차이를 넘어 직접적 당위를 요청하는 까닭이다. 이렇듯 객관으로부터의 직접적 확실성에 근거한 책임성—존재로부터 야기된 당위—은 미래적 윤리의 표본이었다. 미래의 윤리로서 책임 원리는 책임의 대상이 인간은 물론 자연 전체이어야 하며 그에 대한 책임감은 지속적이어야만 했다. 존재의 전체성에 대한 책임이 역사적으로 진행되어야 함을 말한 것이다. 있는 그대로의 자연을 사치로 보고(로크) 자연 개조를 통해 유토피아를 꿈꾸는 일은 그것이 자본주의든 마르크스주의든 불가하다(블로흐)는 천명이라 하겠다.[10] 자연이나 과거는 결코 미래적 목적을 위한 수단이 아니라 그 스스로 목적일 수 있다는 것이 '희망의 원리'(블로흐)에 대한 치명적 이의제기였다.

자연 자체의 목적성을 강조하는 요나스의 시각은 『생명의 원리』에 잘 드러나 있다. 본래 영지주의적 이원론을 부정적으로 보았던 그였기에 자연에서 초월적(초자연적) 요소를 보는 것에 주저할 이유가 없었다. 하여 요나스는 우주가 진화의 초기부터 생명의 존재 감정 sensitivity을 지녀왔음을 강변했다.[11] 생명이란 본래 자기 초월적 지평을 갖고 있다는 말이다. 하지만 요나스는 이후에 언급할 과정철학의 경우와 달리 '신적 계획' 내지 '로고스' 같은 것을 상정치는 않았다. 신 죽음의 경험에 익숙했던 까닭에 진화의 낙관주의적 오용을 경계했고 따라서 무목적적인 '우주 발생적 에로스 cosmogenic eros'를 설정했을 뿐이다.[12] 여기서 에로스는 물질 자체를 내면화하려는 경향성, 열정과 같은 것으로 신적 계획(목적)과는 구별된다. 그렇기에 요나스의 생명철학은 잠재적이긴 하나 물질의 주체성을 인정했다. 물질 속의 에로스가 물질의 자기 초월적 동인이라는 사실이다. 유대교 카발라 신비주의가 그렇듯 요나스는 신이 자신의 운명을 우주에게 내주었음을 강조하며 우주 내의 지속적 우연과 고통 그리고 그를 통해 유한한 존재를 강화시키는 신성쯤으로 하느님을 이해했다.[13] 하느님보다 오히려 자연에게 많은 능력을 허용한 것이다. 하지만 세상 및 우주 내에서의 하느님의 무화(자기 박탈)는 결국 인간의 책임성을 철저화시켰다. 신적 목적이 인간의 책임으로 무게 중심을 옮긴 것이라 하겠다. 물론 요나스에게도 신적 필연성은 사라질 수도 없고 사라지지도 않았다. 하지만 우주 속에 모든 것을 맡긴 하느님은 영향력을 미치기보다 우주의 소용돌이를 인내하며 참는 분이다. 요나스의 '자기 없는 신'은 희망, 약속의 존재이기보다 은총으로서의 책임을 요청하는 진화의 신이었던 까닭이다. 이 점에서 갓 태어난 신생아를 향한 무한 책임을 책임감의 원형으로 보았던 요나스의 생명철학은 진화론적 세계관과의 정합성은 물론 그를 유지·확대시킬 수 있는 토대라 생각된다.

한편 미국의 자생적 철학이라 일컬어지는 알프레드 노스 화이트헤드의 과정사상은 진화론 이후의 생명철학을 말함에 있어 요나스와의 변별력을 잘 드러낸다. 주지하듯 과정사상은 존재에 대한 생성을 우위에 놓는 데 그 핵심이 있다. 화이트헤드는 근대 철학의 핵심 요지인 선험적 독아론을 거부하고 자신의 존재를 떠받치는 것을 자신의 경험 전체라고 강조하였다.[14] 인간 자아를 존재로서의 '현실적 존재actual entity'라 한 것이다. 인간만이 아니라 자연 역시 생성 중에 있는 현실적 존재라는 것도 과정사상의 핵심 내용이다. 우주 내 물질 중 99%가 인간이 파악 불가능한 '어두운 물질dark matter'로 구성되었다는 말도 틀리지 않다. 따라서 과정사상은 물질/정신을 양분하거나 어느 한쪽으로 환원하는 것을 우려한다. 현실적 존재로서 인간과 자연 일체는 경험적 차원에서 정신성과 물질성의 양극을 함께 지니고 있는 까닭이다. 여기서 정신성은 과거에서 일탈하여 새로움을 낳은 능동성을 말하며 물질성은 과거와의 연속성으로서 수동성을 일컫는다.[15] 현실적 존재가 이 둘의 합성 과정의 연속일 뿐 그 자체로 고정 불변한 실체나 대상이 아니란 사실은 불교의 연기설을 환기시킨다. 본 개념 쌍은 과정철학에서 목적인final cause/작용인efficient cause으로 불리기도 하는바, 이는 각기 주변 여건을 수용하여 자율적으로 자신을 산출하는 것과 그런 자신이 다른 현실태를 제약하는 일정 요인임을 적시하는 표현이다.[16]

이상의 논리를 총체적으로 재론하면 '있음'이란 오로지 '생성'을 위한 가능태란 사실이다. 따라서 과정사상은 인간이든 자연이든 무엇이든지 자기 초월적 존재임을 역설해왔다. 자연에도 정신성이 있기에 대상화, 물체화를 조심하라는 것이다. 자기 초월적 힘이 우주 안에서 어떤 새로움을 창발할 것인지 누구도 알지 못하는 까닭에서다. 과정사상이 우리 시대의 생명철학으로 유의미한 것도 이 대목에서일 듯싶다. 과정사상의 절정은 하느님 역시도 현실적 존재 없이는 존재할 수 없는 분이란 사실에 있다.[17] 신 또한 우주 만물로부터 절대 초월한 존재가 아니라는 것이다. 하지만 요나스와 달리 화이트헤드에게 하느님은 일체의 '현실적 존재' 속에 깃든 가능성의 보고, 곧 '원초적 목적initial aim'이기도 했다. 원초적 본성(목적) 없이는 우주 속에서 새로움이 창출될 수 없다는 맥락에서이다. 물론 과정사상은 하느님이 일체 현실적 존재와 원초적 목적이 통합되는 지난한 과정 속에서 이해되며 이를 하느님의 '귀결적 본성consequent nature'이라 명명했다. 그럼에도 과정사상은 우주의 가능 근거인 신적 목적을 애시 당초 강하게 전제했다. 우주 만물 속에 내주하지만 원초적 목적대로 우주가 진행되도록 일체 현실적 존재들을 설득하는 분인 까닭이다. 우주 내에서 지속적으로 창발적 새로움이 생겨나는 원인도 바로 여기에 있다. 하느님의 원초적 목적이 미립자와 같은 무질서한 운동(물질) 안에서도 작용한다고 볼 만큼 그렇게 인간과는 인격적 관계를 맺으나 지렁이와는 지렁이의 방식대로, 새와는 새처럼 관계를 맺는 방식으로 인간 외적 자연의 본유적 가치들을 충분히 인정하고 있다.[18] 만물 간 존재의 차이를 불허하는 새 차원의 애니미즘(New Animism) 속에서 과정사상의 생명철학적 견해가 확연하다.

하지만 이 지점에서 요나스와의 차이 역시 분명해진다. 신의 귀결적 본성으로 인해 우주의 미래는 하느님 역시도 알 수 없는 영역이긴 하나 과정상의 범汎경험주의 속에서 낙관적 목적론의 요소를 본 것이다. 요나스의 하느님은 우주 현실태들과의 상호작용을 통해 개입하는 존재가 아니라 철저히 자기 자신을 부정하는 존재였던 까닭이다. 우주 발생 초기를 제외하곤 신은 우주에 대해 철저히 무개입, 무관심했다는 것이 요나스의 신관의 핵심이었다. 그가 과정사상의 '목적'(질서)보다 '에로스'를 선호한 것도 이런 이유에서다. 이 점에서 우주에게 많은 것을 부여한 요나스의 하느님은 그의 무목적성으로 인해 오히려 도킨스 유類의 유물론적 신新다위니즘과 변별력이 없다는 오해에 직면해 있다.

2. 신과학의 전일적 생명론과 그에 대한 비판적 논의들

주지하듯 1990년대 말부터 한국 사회에는 카프라 열풍이 불었다. 과학

서적을 출판하는 범양사를 유지·존속시켰던 책이 바로 F. 카프라의 책이었고 동양사상과 신과학 사조를 연계시킨 그의 생명사상 및 영성운동은 서구는 물론 한국 사회에 파급력이 작지 않았다. 인간중심주의와 연계된 뉴턴의 고전물리학을 벗고 전일적 생태주의로 패러다임을 전환하는 것이 인류의 살길이자 종교 없는 영성의 길인 것을 카프라는 설득력 있게 제안했다. 『현대 물리학과 동양사상』, 『새로운 과학과 문명의 전화』 그리고 『신과학과 영성의 시대』 등이 한국 독자들을 매혹시킨 그의 주저들이다. 이 글에서는 원제목이 '우주에 속하기Belonging to the Universe'인 『신과학과 영성의 시대』[19]를 중심으로 논하되 생물학 분야에서 그와 짝할 수 있는 R. 쉘드레이크의 『자연적 은총Natural Grace』[20]의 견해를 소개하겠다.

  신과학의 패러다임을 전일적, 생태론(유기체)적, 내적 역동성을 지닌 시스템 이론적으로 이해하는 카프라는 과학의 본성을 자연에 대한 관점 변화에 근거하여 '부분에서 전체'로, '구조에서 과정'으로의 전환의 시각에서 설명했다.[21] 전자는 자연을 자기 조직화 내지 스스로 짝짓기의 원리로 이해하는 입장이다. 즉 일체의 속성은 그 사물이 맺고 있는 관계성으로부터 파생된다는 것이다. 마음 역시도 유기체로 특징지어진 시스템적 현상으로 이해했다. 나중 것은 생명이란 정해진 규칙이나 방향을 따르지 않고 예측 불가능한 창조성을 창발시킨다는 뜻이다. 나아가 카프라는 관찰자에 따라 물질 현상이 달리 보일 수 있다는 불확정성의 원리, 과학 역시도 실재에 대한 근사치로밖에는 표현할 수 없는바, 절대 진리이기보다는 일종의 패러다임인 것을 말하면서 신과학의 흐름과 공명하는 종교의 영성적 측면을 제시했고,[22] 시공 연속체를 직관적으로 파악하는 동양 신비주의 전통에서 그 전형을 보았다. 서양적 토대에선 범재신론, 자연 및 타 문화 속에서 활동하는 영(탈인간중심주의), 완제품 교리에 대한 거부 등을 통해 종교 없이도 영성과 생명의 세계에 접할 수 있다고 했다. 영국 왕립학회 소속인 생물학자 쉘드레이크 역시 다음의 도식으로 자연관의 변화에 터한 카프라적 견해를 뒷받침하고 있다. 기계적 세계/성장하는 우주, 무생물/장field, 죽은 지구/가이아, 결정론적/카오스적, 인식 가능/어두운 물질, 비창조적/창조적 진화, 영원한 법칙/습성habits 등.[23]

주지하듯 쉘드레이크의 핵심은 '형태장morphogenesis'이란 개념 속에 있다.[24] 수정란에서 발생된 생물체는 그를 구성하는 물질적 성격(DNA)에 의해서가 아니라 형상을 창출하는 알(수정란) 속의 장field에 의해 그 모양이 형성된다는 것이다. 생명의 장場이 있어 성장을 이끌고 모양새를 결정한다는 논리는 기계론적 세계관에 대한 전면 부정이자 자연 신비주의로의 회귀를 뜻할 수 있다. 바로 이 점에서 신과학 사조와 동양사상 간의 일치를 도모하는 카프라적 시각 전반에 대한 장회익의 비판이 의미 깊다.

물리학자 장회익은 『삶과 온생명』[25]을 통해 자생적 생명담론을 유통시킨 학자이자 실천가이도 하다. 주로 그의 비판은 카프라류의 전일적 생명론에 향해 있고 동양사상의 유기체주의를 기계론적 세계관의 대안으로 보는 시각에 대해 과학자로서 분명한 선을 긋고 있다. 동양사상이 본래 대물 지식이 아닌 대인 지식에 초점을 맞추었던 탓도 있을 것이다. 물리학자가 보는 생명은 우선 거시적이다. 그에게 생명은 우주 내에 형성된 지속적 자유 에너지의 흐름을 바탕하여 기존 질서가 새로운 질서의 모태가 되고 지속적 성장을 가능케 하는 정보적 질서의 총체로 정의된다.[26] 이는 기존 생물학적 생명 개념이 개체 생명에 초점을 둔 것과 대조적이다. 하지만 장회익은 지구 상의 생명은 자유에너지인 태양 없이 자신의 생명을 유지시킬 수 없기에 개체 생명은 의존적일 수밖에 없다고 보았다.

반면 태양-지구계와 같은 항성-행성계만이 자족적인 까닭에 그것을 진정한 생명 단위인 '온생명'이라 명명했고 이런 온생명에 대해 낱(개체)생명을 '보생명'이라 달리 불렀다.[27] 즉 한 생명이 존재하기 위한 최소한의 필요조건이 갖춰진 생명의 거시적 기본 단위가 '온생명'인 한 지구 상의 일체 존재는 '보생명'일 수밖에 없는 것이다. 온생명을 말하지 않고서는 개체 생명의 자기 조직화 과정을 말하기 어렵다는 것이 장희익의 핵심 생각인 한에서 그는 카프라를 역주하고 있다. 하여 장희익은 인간이 온생명을 '자신'으로 의식하는 인식의 새 차원을 요구했다. 생태 파괴로 통칭되는 온생명의 아픔을 여실하게 자각할 목적에서이다. 지구 환경 파괴가 결국 자신의 몸을 자해하는 것과 다르지 않기에 그것이 파괴 행위를 중단시킬 논거라는 판단이다.

하지만 온생명에 대한 파괴를 자해로 보는 것은 은유로서는 가능해도 실재가 되기는 쉽지 않다. 이는 우주와의 근원적 동일성을 재의식화시키는 심층생태학의 논리와도 변별되기 어렵다.[28] 또한 온생명에 대한 강조는 낱생명의 구체적 정황을 좌시하는 우를 범할 수 있다. 물론 장희익은 낱생명 없는 온생명 또한 생각할 수 없고 다른 낱생명과의 관계 역시 언급하나 언제든 온생명이 주가 되고 있다. 하지만 인간의 공동체 의식이 조만간 온생명에 이를 수 있음을 장희익은 낙관하고 있는 듯하다.

『감각과 영혼의 만남』,[29] 『모든 것의 역사』[30] 그리고 아직 번역되지 않은 *Sex, Ecology & Spirituality*[31]의 저자 켄 윌버 역시 전일적 생명주의를 낭만적 퇴행으로 비판하는 통합 심리학자이자 영성가로서 국내에 많은 독자층을 확보하고 있다. 가부장적 하이어라키도 문제지만 그에 대한 대안으로 헤테라키를 말하는 것도 우주에 대한 오독이라 보고, 양자를 비판적으로 극복한 홀아키적 우주론을 토대로 물질로부터 정신에 이르는 진화의 전 과정을 서술하고 있다.[32] 홀아키론의 시각에선 가이아 이론과 같은 전일적 생명주의는 인간의 내면적 깊이를 성찰치 못한 것으로 평가될 것이다. 이는 진화론의 시각을 담지하지 못한 결과라 하겠다. 홀아키적 세계관은 전체(holos)와 부분(on)을 말하는 홀론holon이란 개념에서 비롯했다.[33] 모든 존재는 그 자체로 부분이면서 전체라는 것이다. 이는 일견 온생명과 낱생명 그리고 보생명의 관계와 흡사한 듯 보인다. 그러나 장희익의 온생명론이 심층생태학의 색조를 띠는 반면 홀아키적 우주론은 헤테라키적 '넓이' 뿐 아니라 하이어라키적 '깊이'의 차원을 갖기에 이들은 결코 일치할 수 없다. 홀아키적 우주론이 물질로부터 정신에 이르는 전 과정을 영의 진화로 보는 까닭이다.

홀론으로 구성된 존재들은 다음과 같은 패턴에 따라 작용한다. '전체'로서 자기를 유지하는 힘, '부분'으로서 다른 홀론과 관계하는 적응 능력, 자기 보존과 자기 적응을 통해 생기는 자기 초월(소멸) 능력 그리고 자율성을 증가시키는 방식으로 우주의 창발적 공진화 등이 그것이다.[34] 부언하자면 물질, 생명, 마음, 영혼 그리고 정신Spirit의 각 단계들은 그 이전 수준을 초월하면서도 동시에 포함된다. 예컨대 혼과 정신 같은 높은 수준들은 생명이나 물질 등의 낮은 수준에서 발견될 수 없는 기능, 능력, 구조 등을 갖고 있다. 하지만 동시에 이들 상위 수준은 하위의 존재 단계 없이는 존재할 수 없기에 하위 수준이 우주 전체를 위해서 더욱 기본적일 수밖에 없다. 생명은 물질을, 마음은 생명을, 영혼은 마음을 그리고 정신은 영혼을 초월하면서도 포함하나 그 역은 결코 가능할 수 없다. 윌버는 이런 불가역성을 홀론들 간의 공진화라고 이해했다. 인간은 홀아키적 우주론 속에서 깊이를 지닌 존재인 까닭에 결코 가이아 수준으로 환원될 수 없는 것이다.

그럼에도 홀아키적 우주론의 생명철학은 여전히 가능하다. 홀론으로서의 존재는 어느 것이든지 기저적 가치와 내재적 가치, 외재적 가치를 갖고 있는 까닭이다.[35] 기저적 가치란 영의 진화에 근거한 홀아키적 우주 속에서 일체 존재는 영의 담지자 내지 그 현현이기에 근거에 있어 다를 수 없음을 적시한다. 하지만 상위 단계는 하위 단계로 환원될 수 없는 깊이를 지녔기에 내재적 가치의 차이 또한 불가피하다. 동시에 하위 단계가 상위 단계를 구성하는 도구적 가치로 활용되었다는 점에서 외재적 가치는 아래 단계가 의당 크고 많다. 결국 윌버의 홀아키적 우주론은 존재하는 것 모두가 서로에게 부분이자 전체로 역할함을 환기시킴으로써 영의 공진화 과정에 적극 참여하는 생명철학의 길을 제시했다. 여기서 내재적 가치, 곧 깊이를 지닌 인간은 종래와 같은 강한 인간중심주의를 표방할 수 없다. 인간 역시도 하나의 홀론으로서 자신을 재주체화할 때 공진화의 주역이 될 수 있을 뿐이다.[36]

3. 진화생물학의 생명담론 실상과 전개 및 비판
   - '通涉' 개념을 중심으로

지난 2009년은 다윈 탄생 200주년, 『종의 기원』 출간 150주년을 맞이하여 진화론에 대한 논의가 활발했다. 더욱이 신적 예정론의 창시자인 칼빈Calvin 탄생 500주년과 맞물리며 진화론과 기독교 간의 해묵은 적대 관계가 재현되었다. 인간중심주의와 목적론 전반을 부정하며 우발성에 기초한 진화론의 도전을 기독교는 힘겨워했고 부분적으로는 지적설계론으로 응수했다. 무엇보다 다윈의 적자로 알려진 R. 도킨스의 책 『만들어진 신 God delusion』이[37] 베스트셀러가 되면서 갈등이 증폭되었고 진화생물학에 대한 기독교계의 반발이 거셌다. 비록 위 책이 기독교의 역사적 현실에 대한 통렬한 비판이긴 했으나 생명담론과 관계하여 논쟁을 불러일으켰던 책은 역시 유물론적 진화론자인 E. 윌슨의 『통섭 Consilience』[38]이었다. 도킨스의 『이기적 유전자』와 같은 선상에서 윌슨은 윤리 및 종교의 기원을 유전자로 환원시켰고 생물호성 biophilia을 유전인자로 보아 그것에 기초하여 대자연과의 통합이 가능할 수 있다고 확신했다. 이런 시각은 유전학을 알지 못했던 다윈 자신에게서는 생각할 수 없는 일이었다. 그 역시 적자생존의 자연 속에서 도덕 감정이 탄생한 것에 대해 놀랐던 까닭이다.[39] 최근에 윌슨은 가상의 수신자인 기독교 목사를 상대로 『생명의 편지』[40]를 보냈고 기독교가 인간을 '협소한 생태적 지위에 갇힌 종'으로 변질시켰다고 통렬히 비판하고 있다. 하지만 유전자가 윤리와 도덕의 근거이고 생물호성이 유전자 속에 암호화되었다고 말할 만큼 유전자 환원주의로 생명담론을 충족히 설명할 수 있을지 의문이다.

진화생물학자로서 윌슨은 지구가 급속도로 빈곤화되는 상황—종의 다양성 감소—에 대해 깊이 우려했다. 그는 기후 붕괴로 인해 금세기 안에 생명 종의 25%가 붕괴되는 상황을 예견했다. 종의 멸종 속도가 종의 탄생 속도보다 100배 이상 빠른 것을 경험했던 탓이다. 우주 운명과 자신의 운명을 함께 생각지 못한 치명적 질병을 그는 기독교의 예외주의적 관점에서 찾았다.[41] 이는 일체 자연을 거부했던 계시 종교로서 기독교의 특별한 자기이해를 일컫는다. 하지만 그가 생물학에서 발견한 지혜는 다음과 같았다. "생물은 암호화하는 분자가 일으킨 임의적 돌연변이와 자연선택에 의해 자기 조직화되었다"[42]는 것, 결국 인간을 생명에 이끌리게 하는 생명호성(생명 사랑) 역시도 유전자에 의한 것임을 적시하고 있다. 생명의 다양성을 지킬 수 있는 유일한 가능성이 유전자 속에 암호화된 생명호성에 있다는 윌슨식 '통섭統攝'은 정신/물질 이원론적 구도 속에서 정신을 물질로 환원시키는, 즉 물질을 큰 줄기로 하여 모든 것을 수렴시키는 것인바, 종교적·동양적 시각에서 보편적으로 승인되기 어렵다. 이것은 우주의 영적·초월적 측면, 본질과 현상을 불이不二로 보는 동양적인 직관 세계를 도외시한 생물제국주의로 변질될 수 있는 까닭이다. 환원의 토대가 신神에서 유전자로 바뀌었을 뿐 환원·종속시키는 방식 그 자체는 달라지지 않았다는 것이다.

이 점에서 〈천부경〉, 〈삼일신고〉 등의 연구에 기초하여 『생명에 관한 81개 테제』[43]를 저술한 생태정치학자 최민자는 최근 『통섭의 기술』[44]이란 신간을 통해 윌슨식 통섭의 한계를 동양적 시각에서 통렬히 비판하였다. 소위 '統攝'에 대해 '通涉'이란 다른 한자어로 통섭Consilience의 한국적 의미를 부각시키고자 한 것이다. 앞서 언급했듯 전자가 물질 환원주의라면 후자는 만물의 상즉상입 구조 곧 '含'의 논리라 보면 좋을 것이다. 이 경우 '含'은 소금이 물에 녹아 소금물이 되는 상즉상입 구조를 뜻한다. 큰 상자가 작은 상자를 품는 '函'과는 근본적으로 다른 개념이다. 따라서 서구적 통섭으로는 실체를 탈脫할 수 없는 반생명적 제국주의 틀을 재생산할 수밖에 없으며 학문의 경계도 '탈'할 수 없다고 보았다.[45] 설명만 있고 직관의 세계를 배제한 탓이다.

최민자는 한국적 통섭의 원형을 주저 없이 삼수분화(삼재)의 세계관을 배태한 〈천부경〉에서 찾았다. 이것은 의식계/물질계, 본체계/현상계, 천리天理/물리物理, 숨겨진 질서/드러난 질서 간의 대립을 초극한 전일성의 세계를 보여준다. 하지만 인간, 곧 성리性理 속에서 이 둘이 근원적으로 하나라는 데 삼재三才사상의 핵심이 있다. '인중천지일人中天地一'이란 말이 그것을 적시한다. 즉 인간의 개체적 존재성이란 본래 전체성이자 관계성이란 뜻이다. 바로 이것이 서구가 간과했던 직관적 현실성이다. 물론 직관의 현실성이 그대로 실재일 수 없음은 당연한 사실이다. 백사천난百死天難의 부단한 수행이 없으면 구체화될 수 없는 것이 '인중천지일'의 세계인 까닭이다. 해서 최민자는 일심一心이 한국적 통섭通涉의 메커니즘인 것을 강조했다. 전체와 연관된 개체, 만물을 하나로 보는 '天均'의 상태, 소아小我를 잊는 좌망坐忘, 곧 대아大我가 필요한 이유이다. 하여 다음의 말이 그의 결론이 되었다. "통섭의 기술은 다양한 지식세계를 넘나드는 지식 차원의 언어적 기술이 아니라 아와 비아의 두 대립되는 자의식을 융섭하는 지성 차원의 영적 기술이다."46 인간의 존재 이유가 의식의 확장, 곧 영적 진화에 있다는 것이다. 물질계의 존재 의미는 천지인을 관통하는 생명의 순환을 통해 알 수 있기 때문이다. 하지만 이에 대한 이의 제기도 적지 않다. 최민자의 '通涉'은 서구 진화론에 대한 오독이며 결국 개체를 전체에 귀속시킴으로 살아 있는 개체의 아픔을 간과할 수도 있다는 것이다. 본 사안은 다윈 진화론의 핵심을 '사건'으로 풀어내는 생명철학의 논의로 프랑스 철학자들을 중심으로 논의되고 있다.

주지하듯 최근 프랑스 철학이 한국 정신계를 지배하고 있다. 기독교 서구를 지배했던 동일성의 철학이 유대인 프랑스계의 철학자 레비나스의 '타자성'의 철학으로 대체된 지 오래고 다윈 진화론을 재해석한 베르그송의 생성철학의 영향하에 들뢰즈와 바디우 같은 철학자들이 진리 개념을 새로이 정초하고 있는 까닭이다. 생명을 '사건의 진리'로 이해하는 시각이 바로 이들 논의의 본질이다. 들뢰즈의 『차이와 반복』,[47] 바디우의 『조건들』[48] 그리고 그의 기독교 이해가 담긴 『사도 바울』[49]의 책에서 이런 논의가 집약되어 나타난다. 다윈 진화론을 인문학적으로 풀어놓은 책 『종의 기원 – 생명의 다양성과 인간 소멸의 자연학』[50]에 의하면 생물 진화 법칙은 생물들 간의 상호관계를 온전히 알 때 설명될 수 있다. 자연계의 비밀이 외적(초자연) 조건(법칙)에 있지 않고 생물 자체 내(사이)에 있다는 것이다.[51] 하지만 생물과 생물, 생물과 주위 환경 등 존재들의 '사이'에서 벌어지는 실상은 거의 신비에 가깝다. 무수한 '사이'가 생명을 창발시켰다는 사실이다. 바로 이 '사이'를 '차이와 반복'으로 재사유한 것이 들뢰즈였고 '사건'으로 공식화시킨 이가 바디우라 생각된다.[52] 이들에게 생명은 고정된 본질(규칙)에 근거한 속성이 아니라 개체로 하여금 생존할 수 있도록 영향을 주는 시간 속의 '사건'들로서 우연적인 것이 된다. 들뢰즈의 생명학이 윤리학으로 귀결되었던 것도 이런 맥락에서다. 들뢰즈가 여타 생물학자들과 달리 진화론을 유전학과 결부시키지 않은 것도 같은 이유라 생각한다. 진화론에 대한 계보학적 체계—수목적 체계arborescent system—를 벗고 리좀학을 말한 것 역시도 보편을 상정한 중심부적 권력으로부터의 탈주를 의도했던 까닭이다.[53] 하여 그에게 생명은 펼쳐지고 접히며 얽히는 과정에서 싹트는 배아적胚芽的 상태로만 존재한다. 생명이 합목적적이지도 않고 동시에 허무주의를 넘어설 수 없음을 말하기 위함이다. 세계에 대한 도덕 관점 역시 생명철학에 있어 유해有害하다는 생각도 중요하다. 그것이 인간 몸의 생성되기(생명의 약동)를 제한할 수 있기 때문이다. 이는 결국 존재를 생성에 대한 사유로, 동일성을 차이에 대한 언표로 보려는 것으로서 원본과 이미지를 구분했던 플라톤적 사유의 전복이라고 말할 수 있겠다. 생성 속에서 하나(동일성)는 여럿(차이)이고 그 역도 성립될 수 있기 때문이다. 여기서 생성은 반복으로서 자연법칙이 지배하는 물리의 세계를 뜻할 것이다. 반복 속에서만 새로움이 창발될 수 있다는 말이기도 하다. 하지만 그것은 개체들의 구성을 넘어 존속하는 사건(동사)으로만 존재할 수 있다.

바디우의 경우 진리는 우주적(객관적)이기보다 인간적(주체적) 정황 속에서 더욱 분명하게 '우연'으로 언표된다. 즉 진리란 주체가 처한 정황과 무관하게 예측 불가능한 방식으로 도래한다는 것이다. 진리는 기존 상황이 당연시하는 것을 확증하거나 보증하는 과정이 아니란 말이다. 더욱 진리는 주체에게 결코 '하나'(일자)로 다가오지 않으며 주체와의 만남 속에서 '특이성singularity'을 확보하기에 진리는 여럿일 수 있게 된다.[54] 자연 속의 생명 다양성이 인간 주체들에게서 진리의 다양성으로 나타나는 것이다. 사건으로서의 진리의 복수성은 실상 존재의 복수성일 수밖에 없는 까닭이다. 진리가 철저하게 내재적인 것도 특징 중의 하나이다. 진리를 위한 초월의 자리는 더 이상 없다. 그만큼 개체성 및 개체의 정황(특이성)이 전체성에 함몰될 수 있는 경우를 의심스럽게 지켜볼 수밖에 없다. 『사도 바울』이란 책에서도 진리란 다메섹 체험을 통해 사울이라는 개체적 실존, 유대인의 특수주의와 헬라적 지혜의 거짓 보편주의에 사로잡힌 그를 자유케 한 사건이었음을 고지하고 있다.[55]

4. 한국에서 전개된 자생적 생명철학
- 동학, 多夕 그리고 에코페미니즘의 한국적 수용

본 장에서는 핵심적으로 한국 고유한 사상적 토대에서 서구의 생명사상을 창조적으로 수용한 세 흐름을 소개할 생각이다. 먼저 동학사상 속의 생명사상을 '모심'과 '살림'이란 말로 재구성한 김지하의 생각과 다석 유영모의 '없이 계신 하느님'을 생명철학의 얼개로 풀어낸 이기상의 경우 그리고 서구의 생태여성주의를 유교의 생물사상과 연계시킨 여성신학자 이은선의 견해를 전개시킬 것이다. 동학 생명사상과의 연계 및 그 철저성을 多夕에게서 보고 그의 가부장성을 여성주의 시각에서 보완코자 하는 것이 본 장의 논리라 하겠다.

먼저 김지하의 생명사상[56]은 무위당 장일순의 영향하에 동학을 기초로 문명 비판적 대안 성격을 갖고 있다. 생명을 실체가 아니라 생성으로 보는 것은 그가 서구 진화론의 영향하에 있는 까닭이며 지기至氣의 세계를 동학으로부터 배웠기 때문이다. 하여 숨겨진 질서(不然)와 드러난 질서(基然)는 정신과 물질의 다른 이름인바, 지기至氣의 양면이자 우주 생성의 본연의 모습이라 하였다.[57] 이 점에서 김지하는 유물론적 진화론의 한계를 적시한다. 기연其然만 알고 불연不然을 모르는 소치였다는 것이다. 서구의 프뉴마와 동양적 기의 세계를 간과한 형태로 생명을 말할 때 생명 출현을 우연으로밖에 달리 표현할 길이 없다고 했다. 동학에서 말하는 경천敬天, 경인敬人을 넘어 경물敬物에까지 이르려면 자기 조직화하는 생명의 전 과정 속에 기화氣化(外有氣化)가 가장 적실한 동양적 표현이란 말이다. 지기가 밖으로는 물질 현상이나 인간 속에서는 신령(內有神靈)으로 존재하는 까닭이다.

김지하는 민초들에 이르기까지 지기至氣가 활동하는 시대가 개벽開闢을 말할 수 있는 시점인바, 지금이 그렇다고 강변했다. 대상적 天이 아닌 내 안의 지기, 우주 생명을 거룩하게 모시는 일(向我設位)이 시급한 것이다.[58]

이는 근원적으로 보이지 않는 전체 생명의 발현을 자신 속에서 체득하는 일이기도 하다. 비록 신령(지기)이 삼라만상, 무기물에 이르기까지 내주하는 것이지만 그것을 자각적으로 자신 속에 모실 수 있는 존재는 역시 인간이기 때문이다. 시侍의 또 다른 풀이인 각지불이各知不移 역시 신령(인간)과 기화(우주)를 연결 짓는 중요한 개념이다. 비록 기연基然의 세계에서 인간과 우주가 각각 분리된 듯 보이지만, 즉 개별화 과정을 부정할 수는 없으나 전체로서 존재한다는 사실을 명시하기 때문이다. 개별화 과정 속에서도 전체를 품고 있다는 진리는 인간이 달리 해볼 수 없는 진리(天道)란 것이다. 이런 모심의 자각 속에서 경물과 같은 살림의 행위(에코 에티카)가 나올 수 있다는 것이 김지하의 확신이다. 이런 모심의 자각적 실천은 십무천十毋天으로 나타나며 그것을 현실화시키는 방안으로 '기우뚱한 균형'이 제시되었다. 개벽의 정신에 따라 약자에게 무게 중심을 둔 쌍무적 공경, 바로 이것이 김지하 생명담론의 현실적 전략인 것이다.[59]

함석헌의 스승으로서 비교적 늦게 대중적 인물로 부각된 多夕 유영모는 〈천부경〉의 삼재론三才論에 입각하여 '없음'을 하느님 이해의 틀거지로 삼았다. 없음을 있음의 토대로 보는 것은 불교와 유교도 마찬가지라는 것이 多夕의 생각이다. '진공즉묘유眞空卽妙有', '태극이무극太極而無極'이란 말이 그 점을 드러낸다. 없음을 존재의 근거로 보는 사유는 이기상에 의해 '사이'의 철학으로서 생명철학이 확대 재생산되었다.[60] 있음에 대한 경험이 없음, 곧 존재와 존재자의 사이에서 비롯했다는 것이다. 즉 인간의 있음이 '하늘 땅 사이'(천지간), '빔 사이'(공간), '때 사이'(시간), '사람 사이'(인간)에서 경험되었다는 사실이다. '사이에' 내던져진 인간, 그가 바로 '없이 계신 하느님'을 따라 사는 인간의 참모습이다.[61] 왜냐하면 절대 공간, 무한 시간 속에 있는 분 그가 바로 多夕의 하느님, '없이 계신 분'인 까닭이다. 인간이 사는 곳이 '여기'이고 사는 때를 '이제'라 하면 그것은 무한 시간, 절대 공간으로부터 이어져 왔다는 반증이다. 테두리 없는 있음, 곧 텅빔(허공), 무한한 공간의 큰 '늘'(상), 한 '늘'(영원) 바로 그것이 우리가 위로 받들어야 할 '한우님'인 것이다.[62] 이런 은폐된 존재의 드러남이 인간을 사이 존재로 인식해야 할 근거가 된다. 따라서 사이 존재로서의 인간은 언제나 그에 걸맞은 살림살이를 요청받는다. 없이 사는 것이 바로 그것이다. 하지만 '덜' 없어 더러운 것이 인간의 죄된 실상이다.[63] 사이 존재로서 인간은 우주적 큰 생명을 살려야 할 책임(당위)이 있다. 하여 이기상은 多夕의 뜻을 좇아 다음처럼 말한다. "산다는 것은 큰 눈으로 볼 때 자신을 살라 버리고 없애버려 우주적 생명(얼)에 동참하는 것이다. 그렇게 자신을 불살라 우주 생명을 살리는 것이 사람이다."[64] 하지만 이렇듯 부정 그 자체의 체험을 강조하며 있음을 없음으로 이어질 존재로만 보는 생명철학은 개체들 간의 차이에 대해선 무지한 듯 보인다. '사이'와 '차이'의 관계가 온전히 해명되지 않았던 탓에 전체성 속에 개체성을 함몰시킬 수 있다는 우려를 자아내게 하는 것이다. 하지만 반론도 얼마든지 가능하다. 물질을 보고 욕망을 일으키지 않기(見物不可生) 위한 노력이 자본주의 시대에 누구에게나 필요 막급한 책무가 된 까닭이다.[65] '몬'(物)에 맘이 살면 맘의 자격을 잃을 수 있기에 다석은 '빈탕한데 맞혀 살기'를 바라고 있는 것이다. 소유와 존재의 상호 다른 삶의 양식을 무의식(본성) 속에 배태한 인간에게 '없이 있는 하나'에 대한 깨침은 생태적 회심의 길일 듯싶다.

'한국 생물여성영성'은 서구적 에코페미니즘을 유학과 연계시켜 기독론을 재구성하려는 여성신학자이자 교육학자인 이은선의 핵심 개념으로서 최근 기독교 학계에 널리 알려지게 되었다.[66] 여기서 '生物'이란 살아 있는 것을 통칭하는 서구적 명사가 아니라 『중용』에 터하나 왕양명王陽明의 '천지만물 일체지인天地萬物 一體之仁'과 퇴계退溪『성학십도』 내의 '인설도仁說圖'에 명시된 '천지생물지심天地生物之心', 곧 천지를 낳는 마음으로서 인仁을 일컫는다.[67] 여기서 생물生物의 '생生'은 명사가 아니라 동사이고 물物은 인간과 물질, 생명과 무생명, 인간적 일과 세상적 대상들 일체를 포괄하는 만물을 뜻한다. 또한 인仁은 만물을 살리는 마음으로서 세간적世間的 종교 영성을 확실히 고지한다. 이 점에서 생명이란 말보다 생물 개념이 생명을 표현함에 있어 적절한 개념일 수 있다.

이은선은 한국 생물여성영성의 본질을 서구 생태여성주의와의 창조적 대화를 통해 다음 세 차원의 성, 즉 聖, 性, 誠으로 내실화시켜왔다. 이 세 개념은 각기 창조(통합)성과 공공(타자)성, 지속성에 해당하며 이를 토대로 『한국 여성조직신학 탐구 - 聖·性·誠의 여성신학』[68]과 『잃어버린 초월을 찾아서 - 한국 유교의 종교적 성찰과 여성주의』[69]를 펴냈다. 생물여성영성의 첫 번째 특징으로서 창조성은 '살림이스트'로 불릴 수 있을 정도로 만물을 낳고 살리는 일에 헌신한 한국 여성들의 삶을 대변한다. 일찍이 퇴계는 이런 일을 일컬어 구인성성求仁誠聖, 곧 인을 구해서 거룩(초월)을 성취하는 것으로 이해했고 정하곡은 '生理' 개념으로 언표했다. 기독교 서구가 최근 관심하는 '내재적 초월'이 이를 일컬을 듯싶다. 다음으로 언급된 공공성은 영성의 관념화를 탈하는 것으로 공적 인간이 되는 길을 제시한다. 공적인 것이야말로 불멸성과 영원성에 대한 관심과 직결된다는 확신 때문이다.[70] 공공성의 영역이 확보되는 곳에 성령의 활동이 있으며 타자성을 확인하며 공적 삶을 살아온 여성들 속에서 성인지도,

곧 그리스도의 실상이 체현되는 것을 볼 수 있다고 했다. 마지막으로 성誠을 일컫는 지속성은 열매가 맺기까지 인내하며 같은 일을 반복해온 한국 여성의 영성적 삶의 일면이다. 운명運命과 사명使命으로서의 살림살이를 감당했던 한국 여성의 지속적으로 생명을 낳고 살려왔던 삶 속에서 윤리와 영성은 하나일 수밖에 없었다. 자신을 이루는 데(成己) 그치지 않고 그 성실함으로 만물에 영향을 미치는 일(成物), 말과 뜻이 몸으로 체현될 때까지 수고하는 것이 성령의 역사며 자신 안에서 그리스도를 낳는 일인 것이다. 창조성과, 공공성 지속성 이 셋은 유교 경전 속에만 있는 허언虛言이 아니라 한국 여성의 삶 속에서 체화된 영성이기에 이를 근거로 한국 기독교가 그 옛날 예수와 바울이 유대주의로부터 탈주했듯, 하느님을 예수로부터 해방시켜 유교적 기독교를 정초할 때 '살리는 영'의 활동을 기대할 수 있다는 것이 한국 생물여성영성의 메시지이다.[71]

나가는 글
— 현대적 생명담론과 多夕사상의 치열한 만남을 꿈꾸며

이상으로 졸고를 마무리하게 되었다. 처음 생각으론 화쟁론和爭論에 입각한 불교의 생명사상, 무위자연의 생명이해, 유교 측에서는 왕양명의 생명철학 역시 다루고 싶었다.[72] 이들 또한 생태계 위기, 소통 부재의 반민주적 현실 속에서 의미 깊게 통용되고 있는 까닭이다. 아울러 자신의 생명이론에 입각하여 공동체를 이끌고 있는 실천가들, 정농회의 창시자 오재길,[73] 변산 공동체의 윤구병,[74] 윤리적 소비를 주창하며 공생 '농두레' 농장을 설립한 천규석[75] 등도 여력이 있는 한 다룰 작정이었다. 하지만 결과적으로 그리 되지 못했다. 필자가 속한 개신교 그룹에서도 생명을 화두로 나름대로, 기독교 그룹에서도 생명을 화두로 나름대로 기독교적 생명담론을 만들고 있는 중이다.[76] 하지만 논의 중인 생명담론의 각론도 여럿이어서 그것을 하나로 묶어내는 일 역시 용이하지 않을 것이다. 특별히 2010년을 맞이하여 진보적 개신교 집단에서 생명평화를 위한 신학적 선언서가 나왔고 그 영향력을 확산 중에 있다.[77] 소위 생명학을 기독교적 시각에서 시의 적절하게 정립하려는 의지의 표출이다. 개신교의 출발점이었던 '오직 믿음으로만'의 내용을 '생명평화'로 삼자는 것이다.

개신교의 생명학은 특별히 정치적 관점을 견지한다. 생명과 평화를 함께 엮은 이상 정치·경제적 현실, 구조적 문제에 대한 논의를 뒷전에 놓을 수 없는 까닭이다. 자연 세계와 인간 세계가 나뉠 수 없다는 사실적 판단도 없지 않았다. 이를 위해 자본(성장)과 권력의 포로가 된 교회, 축복과 영혼 구원에 몰입해 사사화私事化된 신앙, 현실 도피적이고 타자 부정적인 배타성 등이 정직하게 노출되어야만 했다. 여기에는 궁극적으로 기독교가 로마(자본주의)를 기독교화한 것이 아니라 로마(자본주의)가 기독교를 로마화했다는 역사적 판단이 자리한다.[78] 따라서 기독교 생명학, 그가 추구하는 생명평화는 역사적 예수의 시좌視座를 회복할 때 가능한 일이고 역사적 예수의 삶은 교리가 아니기에 누구든지 어느 종교든 지향할 수 있는 '의지의 권위'로 기능할 수 있다. 예수의 시좌란 결코 예수 그만의 것일 수 없고 이성필연적인 보편성을 지닐 수 있는 까닭이다. 기존 기독교는 예수에게 절대적 신성, 종국성을 부여했으나 정작 성서는 예수를 미정고(Never ending story)로 여겼고 그보다 더 큰 일을 우리도 할 수 있다고 말하고 있다.[79]

생명평화의 시각을 갖고 향후 인간이 감당할 일은 기후 재앙을 극복하는 일이다. 예수도 경험치 못한 전대미문의 생태적 위기 상황에서 자연을 '새로운 가난한 자New poor'로 여기며 그것 속에서 신을 발견하는 것이 성육신의 핵심이 되어야 할 것이다. 기독교가 '예수는 세상의 생명이다'란 명제에 당당하려면 세상과 총체적 관계를 맺지 않을 수 없다. 그를 위해 신학은 '생명신학'이란 이름하에 통합 학문적Integral studies 성격을 지닐 수밖에 없다. 이런 근거로 필자는 한국적 생명신학을 주제로 생태학과 토착화의 문제를 연결 짓는 과제를 수행해왔다. 이상에서 언급한 12개의 생명담론은 필자의 신학 형성에 큰 도움을 준 사조들이다. 그 결과로 출간된 책이 『생명의 하느님과 한국적 생명신학 – 하느님 살림살이를 위한 신학』이었다.[80] 하지만 이후 필자는 이기상, 박재순 등과 더불어 그러나 일정 부분 다른 관점에서 多夕사상을 '생명신학적' 관점에서 조망하기 시작했다. 이기상이 多夕의 한글풀이 속에서 동서를 회통시키는 생명학 담론을 발견했다면 필자는 현대 생명담론에 있어 핵심적 주제들 예컨대 생태학,[81] 생물학적 진화론[82] 그리고 마르크스주의를 탈현대적으로 이해한 제국帝國 및 다중多衆 이론[83] 등을 多夕사상의 빛에서 이해하고 평가하는 작업을 시도하였다. 多夕사상이 현실 무관한 메타 담론으로 치부되는 것을 염려해서이다. 아울러 역사적 예수 연구의 황금기를 맞이한 시점에서 多夕의 예수 이해를 신학의 중심 담론으로 부각시키는 것도 필자의 할 일이라 여기고 있다.[84] 그와 함께 필자는 불교와 유교 및 동학사상과 기독교를 〈천부경〉에 터한 귀일歸一사상의 빛에서 회통시켰던 多夕의 작업을 철저히 계승하되 그것의 의미를 현대 생명학적 관점에서 풀어내는 중이다. 본 책 앞부분에서 적시하였듯 이는 多夕사상의 생명 원리를 집요하게 찾았던 이기상과는 다른 방식으로 多夕사상을 현대화시키는 노력일 것이다.

2장

한국적 통섭론通涉論으로서의 多夕신학
- E. 윌슨의 '생명의 편지'에 대한 한 답신 -

들어가는 글

'기후 변화'란 말보다는 '기후 붕괴'라는 과격한 표현이 실감나는 시대에 우리가 살고 있다. 앞의 말로는 쉽게 망각하고 편안과 익숙함에 길들여진 일상적 사고에 어떤 충격도 줄 수 없다는 판단 때문이다. 그럼에도 우리에게 '기후 붕괴'는 여전히 이론일 뿐 현실이 아닌 듯싶다. 수없이 논문을 읽고 뭇 강연을 들었으나 삶을 달리 만들거나 생태적 회심에 이르지 못한 것은 기득권적 안일함 때문일 것이다. 주지하듯 생태적 파괴로 인한 일차적 희생양은 빈국의 사람들이다. 생태와 가난이 본래 동전 양면처럼 상호 얽혀 있는 까닭이다. 하지만 부자병(Affluenza)[1]에 걸린

21세기 대한민국 사람에게는 기후 붕괴 현실이 실감實感되지 않는다. OECD 국가 중에서 욕망지수가 가장 높은 나라가 된 것이 그 이유이다.[2] 풍요와 번영, 곧 기술이 자신을 둘러싼 불변의 환경이라 여기고 있으며 이 와중에서 자신을 무언가를 결핍한 존재로 만들고 있는 것이다. 하여 인류가 직면할 생태적 파국 현실을 자신의 욕망과 편안함에 묻고 만다. 이것이 바로 우리가 직면한 '불편한 진실'의 진실인 것이다. 다행히도 최근 TV에서 방영한 '북극의 눈물'과 '아마존의 눈물' 프로그램을 통해 생태적 파국의 묵시록이 강하게 전달되었다.[3] 당시 예능 프로그램의 시청률을 압도할 만큼 주목을 끌었다 하니 기후 붕괴의 메시지가 시청각적으로 확실히 각인되었다고 볼 수 있다. 빙하의 상실로 멸종 위기 종種으로 전락한 북극곰의 운명과 40% 이상 손실된 아마존 원시림의 장래가 향후 몇 십 년에 걸쳐 인간 종種의 그것과 궤적을 같이할 것이란 사실이 과장이 아닌 걸 실감한 것이다.

이런 이유로 몇몇 환경학자들은 2010년을 기후 붕괴 '원년元年'으로 선포하자고 했다. IPCC의 권유로 새로운 기후 회담(덴마크)이 열린 이 시점을 'Post'(-이후)의 관점에서 독해하는 것을 낭만이라 여긴 것이다. 탈脫현대를 말하고 기독교 이후 시대를 논하기에는 하나뿐인 지구 생명의 치명적 상처가 미래를 가늠하도록 하기 때문이다. 이 점에서 필자는 기후 붕괴 원년을 사는 인간상으로서 성서의 노아를 제시하고프다.[4] 자신의 시대적 징조를 꿰뚫어보고 인류의 미래를 준비했던 노아의 에코 지능이 절실히 요청된다는 말이다. 그가 만든 방주 역시도 기후 붕괴 원년을 사는 인간들에게 생태(명)공동체의 상징이 될 수 있다. 그곳이 필요/불필요라는 인간적 가치척도를 넘어선 다양성의 공간이었던 까닭이다. 이런 차원에서 개신교 목회자들에게 〈생명의 편지〉⁵를 보낸 『통섭』의 저자 E. 윌슨의 수고가 고맙다. 유물론적 진화론자란 딱지가 붙어 있어 기독교인들이 친숙하게 느낄 수 있는 존재는 아니지만 지구 몰락의 현실을 적시하고 그를 구원하는 길에 과학자와 종교인이 함께 손잡기를 진정으로 바라고 있기 때문이다. 때론 기독교 창조신앙에 대한 몰이해와 과학의 오만함이 느껴지는 부분도 있었으나 혹자의 평가처럼 참을 수 없을 정도는 결코 아니었다.⁶ 자연과학이 발견하여 제시한 새로운 정보와 지식에 공명共鳴, Consonance하며 신학 역시도 달라질 수 있는 것이기에 『생명의 편지』를 불쾌하게 수취할 이유는 없었다. 필자는 그 편지 속에 담지된 자연에 대한 뭇 지식을 오히려 고맙게 받아 읽었다. 이제 남은 과제는 진정성을 담은 그의 서신에 대한 기독교적 답신을 보내는 일일 것이다. 이에 필자는 이 글을 그에 대한 답신 형식으로 진행코자 한다. 기후 붕괴의 실상을 알리는 과학적 지표는 이미 앞선 학자들에 의해 고지되었을 터, 본 논문에서 필자는 그를 반복하기보다 좀 더 큰 틀에서 기후 붕괴 시대를 사는 신학의 고뇌와 역할에 집중할 생각이다.⁷ 이는 결국 탈脫인간중심주의, 곧 생태적 자아로서 기독교인의 재再주체성의 물음과 직결되는 사안일 것이다.

  이 글은 다음의 구조로 진행된다. 첫째는 윌슨의 『생명의 편지』 내용을 약술할 것이며, 둘째는 그의 제안에 대한 기독교적 응답으로 가톨릭(토마스 베리)과 개신교(맥페이그) 측의 생태신학을 소개할 것이고, 셋째는 『생명의 편지』의 근간이 되는 윌슨식 '統攝'의 한계를 적시하고 그 대안으로 새로운 '通涉'을 多夕의 시각에서 구체화할 것이며 마지막으로는 지성과 영성이 하나된 에코 지능의 활성화를 위한 방책과 구체적 현실태를 신학적 맥락에서 언급하고자 한다.

1. 에드워드 윌슨의 『생명의 편지』 풀어 읽기
– 생명을 위한 연대의 제안

기후 붕괴로 생명 다양성이 파괴되고 생명 종의 멸종 및 변종으로 기후 붕괴가 가속화되는 현실을 목도하며 진화생물학자인 윌슨은 대자연을 지키는 일을 인류 보편의 가치로 인식했다.[8] 하지만 인간 중심 가치관과 내세관에 몰두하고 있는 현실 기독교는 그에게 생태계의 빈곤화 내지 그 멸종 속도의 가파름을 진지하게 성찰하지 못하는 듯 보였다. 대다수 기독교인들에게 지구가 천국행(영혼 구원)을 위한 임시 거점처럼 여겨졌던 까닭이다. 이에 윌슨은 생명 다양성은 물론 기후 시스템을 안정화시키는 것을 인류의 공동 목표라 재차 확인하며 종교가 과학과 함께 그 일에 앞장서줄 것을 부탁하고 있다. 물론 창조신앙과 진화론 간의 세계관적 차이가 항존함에도 후자가 피조물을 유지, 보존하려는 기독교 신앙에 유익하다는 생각을 숨기지 않았다. 주지하듯 창조신앙이란 이름하에 기독교는 대자연으로부터의 자유를 추구한 종교였다. 생육과 정복의 성서적 에토스가 근대 진보 이념과 맞물려 근대 서구 문명을 일궈낸 것도 사실이다. 그러나 윌슨의 눈엔 이것은 대자연을 향한 등정(진화론)이 아니라 그에 대한 반역이었다.[9] 대자연을 파괴하고 인공 생태계를 만들어 그 속에 안주한 것은 기독교의 청지기성Stewardship에 대한 혼란이기도 했다. 청지기성은 대자연 자체에 대한 이해 없이는 설명될 수 없는 개념인 까닭이다. 이 점에서 윌슨은 기독교 목회자들에게 대자연의 본질을 탈脫인간중심주의의 관점에서 피력한다. 그에게 대자연은 인간의 도움 없이 홀로 존속할 수 있는 지구 상의 모든 것이다[10] 인간에 의해 태초의 정체성은 상실되었고, 지구의 인간화로 생명 종의 수없는 멸종에도 불구하고 쉽게 사라지지 않는 그것을 대자연이라 했다. 파괴되었음에도 그곳에는 아직도 지구를 다시금 녹색으로 회복시키려는 생명력으로 가득 차 있다는 것이다. 하지만 대자연 역시도 우리 인간의 마음이 바뀌기를 고대하고 있다(롬 8:18-25)는 것 역시 윌슨의 생각이다.[11] 대자연의 운명과 인간의 운명이 공속公屬 관계에 있음을 아는 것이 청지기성의 본질이란 말이다. 하지만 지금껏 서구 기독교는 인간을 생태학적으로 특화된 종種으로 인식했었다. 호모 사피엔스란 말은 물론 하느님 형상 또한 우주 속에서 인간의 자폐 증세를 달리 말한 것이다.[12] 윌슨의 말로 인간은 '협소한 생태적 지위에 갇힌 종種'이라는 사실이다.[13] 이는 인간이 본래 하등 원시생물로부터 기원(진화론)했음을 부정하는 창조신앙의 탓이다. 인간이 이를 자신의 정체성으로 여기면 여길수록 지구물리학적 영향(파괴)력은 피할 수 없다. 금세기 안에 지구 온도가 6도 정도나 상승할 수 있다는 IPCC 보고서는 이를 여실히 증명한다.[14] 이는 살아 있는 대자연이 다양성, 복잡성을 통해서 안정화되는 경우와 전혀 상반되는 개연성이다. 이로부터 윌슨은 인간에 의한 문화적 균질화가 생물권의 균질화를 초래하는 상황을 걱정한다.[15] 기후 붕괴가 생명 종의 다양성을 소멸시키듯 생태계의 동종화同種化 경향성이 대자연의 자기 조절 능력을 최소화시키는 까닭이다.

이로부터 생물학자 윌슨은 인간 본성을 신학(기독교)적 전제와 다르게 설정할 것을 제안한다. 인간 본성 속에 대자연의 흔적, 곧 생물호성biophil-ia이 유전적으로 암호화되어 있다는 것이다.[16] 대자연과 통합할 수 있는 가능성이 인간 본성, 곧 유전자 속에 있다는 사실이다. 이로써 윌슨은 인간과 대자연이 다르지 않음을 언급할 수 있었다. 여기선 종교성·도덕성 역시 인간 본성과 대자연(유전자)의 통합의 결과물일 수밖에 없다. 기독교와 대척점이 형성되는 지점이다. 하지만 기독교계의 반발에도 불구하고 그가 정녕 염려했던 바는 지구가 급속도로 빈곤화되는 상황이었다.[17] 지금껏 지구는 4-5차례의 대멸종을 경험했다. 그러나 목하의 지구 대멸종을 자초한 주체가 최초로 인간인 것이 인류가 직면한 거대한 딜레마이다. 윌슨은 종종 기후 붕괴를 초래한 이런 인간을 지구를 멸망시킬 거대한 '운석'으로 비유하곤 했다. 기후 붕괴로 인해 금세기 중반 지구 상 생명종의 25%가 붕괴되는 경우도 어렵지 않게 상상할 수 있다. 누구나 '평평하게' 살려고 했기에 지구는 '뜨거워질' 수밖에 없었으며 그로써 지구 생명체가 멸종하는 것은 명약관화한 일이다.[18]

지구가 이처럼 빈곤해지는 것에 대한 기독교인들의 무관심을 윌슨은 무섭게 질타한다. 창조물의 운명과 자신의 운명을 함께 생각지 못하는 치명적 질환을 그는 기독교인들의 종교적(이데올로기적) 예외주의에서 찾았다.[19] 인간의 미래가 하느님 안에 있기에 걱정할 필요가 없다는 맹신에 대한 염려인 것이다. 하여 기후 붕괴와 멸종을 당연시하고 새로운 종의 출현과 기술의 탄생을 신적 섭리로서 인식하는 종교적 이데올로기와의 싸움을 마다하지 않았다. 후술하겠으나 창조과학과 지적설계론에 대한 윌슨의 비판 역시 이런 이유에서였다. 기독교의 창조신앙이 그런 형태의 이념과 공존할 경우 세상에 대한 책임을 다 할 수 없다고 믿는 것이다. 종의 멸종률이 그 발생률보다 최소 100배 이상 급증한 오늘의 현실에서 점차 진화가 사라져버린다면 대멸종을 뜻하는 아마겟돈(熱點, hot spot)의 징후들로 인해 창조 역시 종식될 수밖에 없는 까닭이다.[20]

해서 윌슨은 경제나 일자리 창출보다 기후 붕괴를 염려하며 종 다양성을 지키고 서식지를 보존하는 게 급선무인 것을 역설한다.[21] 대자연(야생) 자체는 인간이 인위적으로 만든 어떤 환경보다 경제적 가치가 높다는 판단도 있었을 것이다.22 그렇기에 윌슨은 4대강 살리기란 이름하에 뭇 생명의 서식처를 파괴하고 다양성을 헤집는 한국 정부의 행태를 과학기술주의와 종교적 예외주의 간의 불행한 결합이라 여길 듯하다. 이제 윌슨은 '생물호성'에 의거, "창조물을 보호하라, 그 속의 모든 것을 구하라"23라는 메시지를 기독교 측에 전한다. 대자연 정복에만 관심하는 예외주의자인 기독교를 대신하여 '환경전도사' 직을 자임하고 나선 것이다. 지구 생명체의 신참자로 출현한 인간이 이웃 생명과 공생하기 위해서는 인구 감소를 비롯하여 자원의 공평한 분배 그리고 소비량(이산화탄소) 줄이기 등의 실천을 강조하였다. 흔히 자연과학자에게 부재한 생태계와 가난의 문제를 함께 인식하는 혜안 역시 고맙게도 그에게 존재했다. 하지만 생물학자로서 그 본연의 과제는 생물학에서 발견된 지혜에 근거 기독교와 생명의 연대를 이루는 데 있었다.24 녹색 은총의 감각25에 무지한 기독교가 생물학으로부터 배움을 얻어 자신의 창조신앙을 풍요롭게 할 수 있기를 바랐던 것이다.

하지만 창조가 아닌 자연선택을 신뢰하는 윌슨은 인습화된 교리적 창조신앙은 물론 과학의 옷을 입은 지적설계론에 대한 거부감을 유감없이 표한다. "생물은 암호화하는 분자가 일으킨 임의적 돌연변이와 자연선택에 의해 자기 조직화되었다"26는 것이다. 아마도 필자가 그의 『생명의 편지』에 쉽게 답하지 못했던 것도 여기에 이유가 있었을 듯싶다. 그러나 나는 그의 서신을 접하면서 성서의 창조신앙과는 차이를 인정하되 '지적설계론'과는 타협의 여지가 없다는 말에 더욱 주목했다.27 진화 자체가 초자연적 지성의 지배를 받는다는 지적설계의 입장을 사이비 과학으로 치부한 것이다. 이는 진화를 '사실'로 수용치 않는 기존 창조신앙보다도 정당치 않다는 것이다. 초자연적 존재에 대한 믿음을 과학적 증거로 제시하는 것이 생물학자의 시각에선 의당 불합리하게 여겨졌을 듯하다. 여기선 창조물에 대한 진지한 사랑이 오히려 결핍될 수 있다는 판단도 가능하다. 지적설계론은 진화 과정 속에 내재한 비극적 깊이를 도외시하는 까닭이다.[28] 해서 기독교 신학 역시도 지적설계론의 폐해를 우려하며 그것을 성서종교와 무관한 것으로 보고 있다. 동시에 신학이 자연선택의 우발성만으로 만족하지 않는 것도 사실이다. 초월 관계된 세상의 실상을 말하지 않을 수 없기 때문이다. 윌슨의 경우처럼, 종교 자체를 부정하는 대립만이 능사가 아니라 상호 공명하되 신학 고유한 입장을 견지하는 일도 중요하다. 분명한 것은 진화론을 인정치 않는다면 기후 붕괴 및 생명다양성을 복원할 수 있는 여지를 잃게 된다는 점이다. 그럼에도 '생물호성'을 유전자로 환원하는 것으로 생명 연대가 가능하다는 주장에는 달리 대답할 필요가 있다는 것이 필자의 판단이다.

2. 『생명의 편지』에 대한 기독교적 응답
 – 토마스 베리의 우주 진화적 신학과 샐리 맥페이그의 성육신적 생태신학을 중심으로

앞서 본대로 진화생물학자 E. 윌슨은 종의 멸종의 시각에서 생명 연대를 주창했으나 기후 붕괴 역시 그것과 동전 앞뒤의 관계로서 지구 대멸종을 야기하는 급박한 원인으로 이해되고 있다. 4억만 년간 항상성—280ppm—을 유지했던 대기 중 이산화탄소가 산업혁명 이래로 380ppm에 달했고 향후 50년 안에 대기함유량이 550ppm이 될 것인바, 그때가 되면 지구 온도 3도 이상 상승으로 인류가 감당키 어려운 지경에 이를 것

이란 분석이 지배적이다.²⁹ 2도 이하로 기후 변화의 폭을 제한시켜야 지속 가능한 생존이 가능함에도 마지노선을 지키지 못할 것이란 비관주의가 세를 얻고 있는 것이 현실이다. 기후 붕괴가 종種의 멸종을 가속화하면 아마겟돈의 참사는 결코 멀리 있지 않다. 광합성 작용을 통해 산소를 배출해야 할 아마존 밀림이 역으로 이산화탄소를 토함으로 산림과 토양 파괴를 부추기며, 바다의 산성화가 산호초(막)를 붕괴시켜 급기야 먹이사슬 구조를 파탄시키는 일이 기하급수적으로 일어나는 까닭이다. 지구 온난화로 시베리아 동토凍土에 묻힌 메탄의 방출 역시 지구의 미래를 더욱 암담하게 만들고 있다. 지구 생명체의 대멸종을 뜻하는 6도의 악몽이 현실일 수 있음을 깨닫지 못하는 인간의 우둔함을 바로 『생명의 편지』가 적시하고 있는 것이다.

사적 재산을 자율성의 상징으로 여겼고 종교가 그것을 축복이라 했으며 소비가 자신의 정체성을 반영하는 척도가 된 상황에서 종교와 과학 간 생명의 연대를 일구자는 윌슨의 손 내밈을 거절할 이유가 없다. 창조신앙의 틀거지에서 볼 때 종의 멸종, 기후 붕괴는 그 자체로 신학적 주제가 아닐 수 없기 때문이다. 그러나 초월의 문제를 생략한 생물학자의 시각에 대해 무조건 동의만 할 수 없는 법, 이 글에서는 가톨릭과 개신교 두 신학자의 견해를 기독교적 답변의 형식으로 고찰할 것이다. 단 진화론을 버리는 것보다 그것과의 대화를 통해 생태계 위기 극복의 단초가 있다는 것이 필자의 생각이다. 이는 '생물호성'을 인간 본성으로 보았던 윌슨과의 연속성과 비연속성을 두루 아우를 수 있는 길이 될 듯하다. 여기서는 세계관의 갱신과 더불어 인간의 재구성, 곧 생태적 자아로서 기독교인의 재再주체화가 요청될 것이며 인간 책임성이 중요하게 부각될 것이다.

1) 가톨릭 신학자 토마스 베리의 우주 진화론적 생태사상

몇 해 전 타계한 베리 신부는 종래의 기독교가 자연 착취를 조장 내지 방임하는 종교였음을 지적하는 급진적 생태신학자이다. 윌슨의 기독교 비판을 대부분 긍정하는 신학적 입장을 지녔다고 할 수 있다. 그렇기에 베리 신부는 자신을 신학자가 아니라 지구신학자Geologian라 불러주기를 희망하였다.[30] 그는 현금의 과학을 우주에 대한 새로운 계시를 선사하는 신학함의 선한 이웃임을 적극 천명했다. 지금도 생성 중에 있는 우주 Cosmogenesis, 진화 속의 자연은 성서가 알지 못한 새로운 차원의 계시라는 것이다.[31] 하여 그는 성서를 한 3년간 서고에 놓아두고 자연을 더 많이 보고 느끼자고 권유하기도 했다. 이는 그의 생태신학이 자신을 '예외주의자'로 만들고 있는 기독교 초월적 신관 대신 전 우주와 친족관계 속에 있는 애니미즘에 근거해 있음을 반증한다. 우주 내 인간 출현도 중요하지만 그로 인한 자연 파괴의 실상에 무게 중심을 두었고 생태대Ecozoic로의 전환을 추동했던 것이다. 이는 진화의 파괴적인 면을 보지 못했던 테이야르 드 샤르뎅식 낙관주의(오메가 점)를 현실적으로 수정한 것이라 하겠다. 하지만 역사적 역동성을 발현시켰던 기독교가 방향을 옳게 선회한다면 공헌할 바가 여전히 적지 않다는 믿음 역시 여기에 내재되어 있다.[32]

이처럼 신생대로부터 생태대로의 이행은 진화론에 대한 적극적 수용에서 비롯한 것이다. 윌슨처럼 우주 내 만물이 유전자적으로 상호 얽혀 있는 친족관계임을 인정했던 까닭이다. 여기선 인간중심주의, 기독교적 예외주의가 설 자리를 잃는다. 신생대 말기 무임승차한 인간[33]이 대자연 전체를 이용하고 파괴하는 것을 용납지 않기 위함이다. 그에게 인간의 이런 실상은 자폐증 환자처럼 여겨졌다. 하지만 동시에 그는 윌슨과 달리 우주가 오늘의 상태로 정교하게 존재한 것을 우주를 감싸고 있는 자비, 태초부터 존재한 우주의 영적 측면이라 이해했다.[34] 이는 지구가 태초부터 물질적 차원만이 아니라 심리적·영적 차원도 동시에 지녔다는 샤르뎅식 사고의 재현인 셈이다. 여기서 중요한 것은 그에게 진화론적 우주는 계시의 토대일 뿐이란 지적이다.[35] 즉 우주 자체를 신학화시키는 것이 그의 주목적이 아니라는 점이다. 우주에 대한 새로운 과학이론이 발견되는 만큼 그에 대한 종교적 체험 또한 확장되어야 한다는 것이 그의 소신이었다.

베리 신부가 동양의 지혜들에 대해 열려진 시각을 담지한 것도 동일 맥락하에 있다. 생태적 상처를 치유함에 있어 아시아 종교들의 영성에 남다른 기대와 애정을 갖고 있었던 것도 사실이다. 심지어 이들 동양의 긍정적 지혜에 견줘 기독교의 역할을 '수치심의 은총'[36]이란 말로 개념화한 바 있다. 인간 중심적 문화 중독증(부자병, Affluenza)에 걸려 영원히 존재하리라 믿었던 대자연 자체를 붕괴시킨 지난 삶으로부터의 해방, 새로운 출애굽을 위해 우리에게 필요한 것은 생태적 수치심이란 것이다. 대자연 속에 내주한 영적 측면(경험적 주체)을 무시한 채 함부로 살아온 인간 중심적 삶에 대한 수치감, 바로 이것을 베리 신부는 역설적으로 은총이라 명명한 것이다. 그렇다면 종의 멸종, 기후 붕괴의 현실은 '생태대'로의 도약을 위한 수치심의 은총일 수밖에 없고 그로써 기독교의 역할을 종래와는 다르게 설정해야 마땅할 듯하다.

그렇다면 윌슨이 제안한 생명의 연대는 이미 베리 신부에게 생태대로의 출애굽이란 말로써 그 방향과 모형이 주어진 셈이다. 생태대란 베리 신부에게 기술대Technozoic, 곧 인간 목적을 위해 자연을 착취하는 문명 형태와 대척점을 이룬다. 전자가 지구의 자기 조직 과정에 의거한 소위 '생체 모방'의 문명이라면 나중 것은 자연을 인간 중심적으로 개조해 인간과 기계를 합성하는 예상 가능한 또 다른 문명이라 하겠다.[37] 이를 베리 신부는 생태주의와 자본주의 간의 갈등과 긴장이라 여긴다. 지난 세기 자본주의와 사회(공산)주의 간 갈등의 또 다른 모습이란 것이다. 이런 정황에서 베리는 수치심의 은총을 지닌 기독교인들이 생태대를 실현시킴에 있어 주도적 역할을 감당할 것을 기대하고 있다.

베리 신부는 생태대로의 도약을 위해 다음처럼 체제의 근본적 변화를 필수 요건으로 제시했다.[38] 첫째는 지구를 국가들만이 아니라 종種들의 연합(The United Species)으로 보는 지구 공동체 의식의 함양, 곧 민주주의로부터 생명주의Biocracy로의 이행이 그것이다. 항차 UN에서 비준된 '자연을 위한 세계 헌장'[39]에 정치적 힘이 실릴 것을 주문했다. 둘째로 자연의 한계를 고려한 경제체제의 확립 필요성을 주장했다. 자연 적자, 지구 빈곤화를 방지하려면 지구 경제학이 우선이고 인간 경제학이 부차적이 되어야 한다는 것이다. 셋째로 베리 신부는 현금 대학교육이 자연과의 친밀공동체를 말하기보다 자연에 대한 인간 지배를 확장시키는 역할로 축소되었다고 비판한다. 생태대를 위한 대학 교과 과정의 전적인 혁신을 주문한 것이다. 이는 위기지학爲己之學이 못 되고 위인지학爲人之學으로 전락한 오늘의 한국 교육에도 시사하는 바가 크다. 끝으로 종교계를 질타하는 베리 신부의 사자후 역시 우렁찼다. 자연세계가 계시 경험의 우선적 지평임을 교회가 앞장서 가르치라는 것이다. 그는 성서만을 우선시하는 교회 교육은 생태 위기를 치유할 힘이 없다고 보았다. 생태 파괴, 지구 파괴와 같은 것이 간접적이지만 절대적 악인 것을 가르치는 감수성과 책임성 함양이 필요하다는 지적이었다. 결과적으로 베리 신부는 항차 인류가 기술대를 선택치 않고 생태대로 진화하는 것을 인간의 '위대한 과업The Great Work'이라 했다.⁴⁰ 그러나 이것은 물질주의와 소비주의와의 싸움을 동반하는 영적 투쟁이기도 하다. 그래서 다음에서 다룰 맥페이그는 현금의 생태 위기를 우리가 맞서야 할 '새로운 나치', '새로운 2차 대전'이란 말로 명명한 것이다. 종교가 과학보다 앞서 잘할 수 있는 지점도 바로 여기에 있다. 과학의 우주적 발견을 계시(초월)로 수용하되 실천에 있어 과학의 추종을 불허하는 능력이 있다고 믿기에 윌슨이 종교에게 생명연대를 제안한 것이라고 생각한다.

2) 개신교 신학자 샐리 맥페이그의 성육신적 생태여성신학

진화론을 적극 수용한 베리 신부와 달리 맥페이그는 기독교가 내세 및 초월의 종교가 아닌 성육신의 종교 곧 이 땅의 종교임을 역설했다. '땅'이란 초월을 초월하는 공간으로서 기독교가 관심을 가져야 할 주제란 것이다. 우주 자연을 '초월의 빛'⁴¹으로 본 것도 이런 시각의 다른 표현이다. 이런 입장은 윌슨의 기독교 오독誤讀에 대한 정당한 답변일 수 있다고 생각한다. 그녀의 마지막 책이 될 공산이 큰 『기후변화와 신학의 재구성 New Climate for Theology - God, the World and Global Warming』은 종래와 같은 학문적 관심의 산물이기보다 어린 손녀의 장래를 걱정하며 진지하게 지구의 미래를 성찰한 의미 있는 책인 까닭이다. 기후를 인간 삶의 근본 조건으로 설정하고 기후 붕괴를 신학적 주제로 심도 있게 다룬 그의 책은 윌슨의 『생명의 편지』에 대한 답신으로 부족함이 없다. 주지하듯 메타포(은유)를 신학 언어의 본질로 보았던 맥페이그는 세상을 하느님 '몸'의 은유로 읽어냈고 자연세계에 대한 생태감수성을 일깨웠다. 그녀의 생태신학 역시 이미 『하느님의 몸 The Body of God』⁴²을 통해 충분히 전개된 바 있다. 하지만 지구 온난화로 지구 생명 전체를 무화無化시킬만큼 기후 임계점에 이른 현실을 걱정하며 이론을 전개한 것은 이번이 처음이다. 하여 맥페이그는 IPCC 자료를 세밀히 분석했고 성육의 공간인 땅(기후)의 붕괴 실상을 자신의 독자들에게 고지했다. 급격한 기후 변동은 성육의 종교인 기독교 자체를 파멸시킬 수 있다는 위기감에서이다. 종의 멸종을 근거로 기독교인의 각성을 촉구한 윌슨과 다른 점은 기후 붕괴가 제3세계에 일차적 부담일 수 있다는 정의적 차원을 강조한 데 있다. 세계 내 가난한 이들이 기후 부채 Climate debt의 일차적 희생자란 것이다.⁴³ 즉 환경 문제가 가난의 실상과 동전의 앞뒤처럼 맞물려 있다는 사실을 생물학자인 윌슨보다 정확히 짚어낸 것이다. 환경 적자를 메우기 위해 방만했던 이전의 생활양식과 사투를 벌여야 함은 물론 제3세계 사람들과의 기술 및 자원의 공유(분배) 역시 인류가 감당해야 할 몫이었다.⁴⁴ 전 지구적 GNP의 2-3% 정도면 환경 폐해로 인한 빈국의 삶을 치유할 수 있다는 정치적 판단도 날카로웠다. 하지만 무엇보다 자신의 존재 근거인 기후를 파괴한 인간 자신이 자신의 적敵인 것을 숙지시키는 것이 1세계 신학자로서 그녀가 감당할 과제였던 것이다.

이를 위해 맥페이그는 종교의 사사화私事化를 거부하고 '지구에 속한 존재'라는 새 인간상을 통해 공동체성을 구현할 것을 주창했다.⁴⁵ 이는 심리적 차원으로 복음과 신학을 축소시키는 것에 대한 이의제기이기도 하다. 실상 개인의 지복至福 및 영적 상태와 관계하는 하느님은 기후 붕괴 및 종의 멸종이 신학적 주제라는 사실을 각성시키지 못한다. 그렇기에 '오이코스Oikos'가 '경제적'인 것과 '일체적'인 것의 뿌리임을 환기시키며 교회의 우주적 차원을 복원시키는 것이 그녀의 시급한 과제였다.⁴⁶

먹고 사는 땅의 문제 곧 경제 역시도 성육신 종교의 본질에서 멀지 않다는 것이 그녀의 생각이다. 육화된 성서의 하느님이 개인적이거나 인간만의 존재일 수 없고 아울러 피안적 존재가 아닌 까닭이다. 일체 피조물들의 요구가 충족되는 지복至福[47]의 상태야말로 기독교적 구원인 것을 맥페이그는 확실히 언급했다.

그렇다면 기후 붕괴 원년을 살고 있는 현실에서 전혀 다른 세상을 만들 수 있는 기독교인의 재(新)주체성은 어떤 모습일 것인가? 과학자들이 발견한 150억 년의 우주사 속에서 인간의 자기 이해가 성립되어야 한다는 것이 맥페이그의 기본 생각이다. 우주를 최초로 인식한 존재가 인간이긴 하나 인간이 결코 만물의 잣대일 수 없다는 것이다. 인류가 자신들에게로 집중(축소)했던 역사관을 접어야 할 때가 이르렀다는 말이다. 하느님이 온 우주 속에 육화되었기에 '모든 것은 모든 것과 관계되었다'는 생태학적 명제는 '하느님은 사랑이다'라는 신앙적 명제와 다르지 않게 된 것이다.[48] 하지만 '관계'로서의 생태학적 정체성이 개인의 자기 정체성을 훼손시키지 않는다는 것 역시 중요하다. 숲에서 나무들이 군집을 이루나 그 속에서 개체 나무들이 사라져버리지 않듯 그렇게 존재하는 까닭이다. 해서 생태적 자아는 결코 생태적 파시즘으로 귀결되지 않는다. 이런 생태적 자기 정체성은 '크리넥스 관점'으로 세상 살기를 거부할 것이다.[49] 이전처럼 세상이 풍요로운 호텔로 상상된다면 자연 및 자원을 일회성으로 생각하는 이런 시각은 결코 교정될 수 없다. 쉽게 사용하고 버리는 미국식 '크리넥스 관점'을 인류가 지속하는 한 지구와 같은 혹성이 7-8개가 있어도 모자랄 판이다.[50] 해서 인간만 알던 철없는 시절을 벗고 우주 안에서의 인간 위치와 그 몫을 아는 생태적 인간은 그 자체로 종교적 존재라 해도 지나친 말이 아닐 것이다.

　이렇듯 지구에 속하는 생태적 인간상은 하느님과 세계의 관계를 새롭게 인식할 수 있다. 우선 하느님은 계시지 않은 곳이 없기(panta)에 창조론과 성육신은 본래 나뉠 수 있는 개념이 아니란 것이 전제된다.⁵¹ 하느님과 세계는 동일하지 않으나 세계를 하느님의 육화라 보는 것이 무리가 아닌 이유이다. 세계를 '하느님 몸'으로 비유한 것도 이런 차원이다.⁵² 이로써 삼라만상은 하느님을 드러내는 표지이고 임계점에 이른 기후 붕괴는 하느님의 고통이자 죽음으로 각인될 수 있다. 무엇보다 '하느님 몸'으로서 세계는 신을 지금 이 땅에서 만날 수 있도록 돕는다. 우주(세계) 안에서 신을 만나는 일이 생태적 실천의 문제로 귀결된 것이다.⁵³ 굶주린 이를 먹이고 온실가스를 줄이고 생명의 종을 살리는 일이 세계 내에서 하느님을 만나는 방식이란 말이다. 맥페이그는 바로 하느님 몸인 세계 안에서 그와 대면하는 인간학적 실천적 삶을 성육신 신학 전통의 핵심으로 여긴 것이다.⁵⁴ 이는 생태적 재앙을 초래했던 인간에게 전혀 다르게 살게 하는 힘이 되기도 했다. 여하튼 기후 붕괴 시대, 종의 대멸종을 걱정해야 하는 현실에서 속죄의 기독교 대신 일체 피조물이 생명의 잔치에 참여하는 우주(땅)적 기독교를 주창한 것은 윌슨의 일천한 기독교 이해를 부끄럽게 만들 수 있을 법하다. 그 옛날 에크하르트가 말했듯 '존재를 결여할 만큼 무가치한 것이 없다'는 메시지가 육화의 종교로서 기독교의 본질이란 선언은 정말 '다르게' 살게 하는 힘이라 확신한다.

3. 기후 붕괴 및 종의 멸종 시대와 多夕의 생명사상
- '統攝'을 넘어 '通涉'으로

지난 장에서 필자는 진화생물학자 윌슨이 기독교 측에 전달한 『생명의 편지』에 대한 가톨릭과 개신교 내 두 생태신학자의 응답을 소개했다. 인습화된 기독교의 환경 몰지각이 문제인 것은 사실이나 대자연의 붕괴에 직면한 사실 적합한 신학으로 거듭나려는 구성적constructive 작업 역시 평가되어야 함을 역설한 것이다. 윌슨 역시 이런 생태신학의 흐름을 접했더라면 자연과학자의 다소 오만함을 삼갈 수도 있었을 법하다. 하지만 필자는 본 장에서 서로 상반된 시각에서 윌슨의 문제의식을 재검토할 생각이다. 첫째는 윌슨적 입장에서의 되물음인바, 우주가 시초부터 초월 내지 영성적 측면을 지닌다는 것을 확증할 수 없다는 비판일 것이다. 물론 생태신학자들의 구성적 작업이 '지적설계'와 달리 피조물의 비극적 상황에 주목하나 그들 역시 우주 안에서 '계시'나 '초월'을 상정하는 까닭이다. 맥페이그의 경우 대자연을 '초월'을 '넌지시 비추이는 빛'이라 풀이했으나 여전히 자연(몸)과 신(영)을 구별하였고[55] 베리 신부 또한 계시와 '계시적revelatory 경험'의 구별을 통해 신과 자연의 일치를 피할 수밖에 없었다.[56] 이는 기독교적 정체성을 유지하려는 고뇌의 표현이긴 하나 윌슨의 시각에선 여전히 동의하기 어려운 주제일 것이다. 두 번째는 우주의 초월적 측면을 부정하는 윌슨의 통섭統攝론[57]에 대한 기독교 측의 이의제기이다. 물질/정신의 이원론적 구도 속에서 정신을 물질(유전자)로 환원시키는 윌슨식의 서구적 통섭統攝은 진정한 의미의 통섭일 수 없다는 생각 때문이다. 즉 물질을 큰 줄기로 하여 모든 것을 그곳으로 귀결시키는 서구식 통섭으론 기독교적 초월은 물론 동양적 직관세계를 포용할 수 없다는 사실이다.[58] 통섭론에 근거하여 기독교와의 생명 연대를 이루려는 윌슨의 생각에 기독교 신학이 선뜻 손 내밀 수 없는 이유도 바로 여기에 있다.

이상의 두 논점은 분명 상반되는 관점이다. 후자의 관점을 유지하면 기독교의 '덜' 이원론적 관점 역시 비판될 수밖에 없고 처음의 시각을 고수하는 경우 환원주의에 대한 비판 강도가 약화될 수밖에 없기 때문이다. 이런 딜레마 속에서 필자가 택한 것은 한국적 '通涉'론이다.[59] 이것은 우주의 영성(초월)적 측면을 긍정하는 동시에 탈脫이원론적 관점을 철저화할 수 있는 장점이 있다. 학문들 간의 경계도 허물 수 있는 이론인 동시에 기후 붕괴, 종의 멸종으로 인한 생명 위기 상황에 대한 철저한 실천적 대안일 수 있다는 판단이다. JPIC 이래로 필자는 기후 붕괴가 문명의 총체적 위기임을 인식했고 서구 생태사상만이 아니라 동양적 지혜를 힘입어야 한다고 역설해왔다. 한국적 생명신학이란 것이 필자의 신학적 입장을 대변하는 표제어가 된 것도 이런 연유에서다. 이런 맥락에서 필자는 '統攝'이 아닌 '通涉'의 논리를 제시할 것이고 그 정점에 多夕 유영모의 '없음'의 철학이 자리함을 강조할 것이다.

먼저 여기서 '統攝'과 '通涉'의 차이를 설명하는 것이 필요할 듯싶다.[60] 'Consilience'의 한자어인 統攝은 '큰 줄기를 잡다'는 뜻을 지닌다. 이때의 統은 거느려 합친다는 의미이고 攝은 끌어당겨 손에 쥠을 말한다. 반면 '通涉'은 상즉상입相卽相入 구조를 지시하는바, 전체와 개체가 상호 관통되는 실재를 적시한다.[61] 전자가 생물학에 기초하여 지식의 통일성(환원)을 목적하는 반면, 후자는 생명의 전일성, 즉 우주가 의식(영靈)이자 물질이라는 시각을 견지한다. 하여 '通涉'은 '統攝'이 직관의 영역을 배제한 채 생물 제국주의에 몰입되었음을 비판한다. 기독교의 생태사상 역시 영성/지성, 영/육, 신/인간 간의 전일적 소통의 부족을 지적받을 것이다. 필자는 이를 '함슴'의 논리로 다시 풀어본다.[62] 주지하듯 오랜 중국 유학생 최치원이 발견한 한국 고유한 현묘지도玄妙之道는 접화군생接化群生하며 포함삼교包含三敎하는 것이었다. 유불선 사상을 품으면서 그것으로 만물을 살린다는 것이 그 핵심 내용이다. 여기서 중요한 것이 函과 구별되는 '슴'의 논리인 것이다. 앞의 것이 큰 상자가 작은 것을 품는 형세라면 나중 것은 소금이 물에 녹아 소금물이 되는 상태를 말한다. 해서 전자가 '실체성'을 전제로 한 반생명적 제국주의의 틀이라면 후자는 실체를 탈脫하는 전일적 소통성을 본질로 한다. 유불선의 맛을 지니면서 그것을 아우르는 도道인 까닭이다. 종교마저 생물학 영역에 집어넣으려는 통섭統攝의 환원성은 여기서 函의 논리와 같고 이들 양자를 전일적 관점에서 소통시키려는 '通涉'이 '슴'과 동일 선상에 있다고 말할 수 있다. 환원의 토대가 신에서 생물(유전자)로 바뀌었을 뿐 근본적으로 '統攝' 혹은 函을 지향하는 한, 생명의 지배와 파괴는 지속될 수밖에 없을 것이다.

한국적 통섭通涉을 주창한 정치생태학자 최민자 역시 논리/직관, 이성/영(神)성, 물리/성리, 드러난 질서/숨겨진 질서 간의 함슴적 논리를 보지 못할 때 서구적 생명 지배 논리는 종식될 수 없다고 보았다.[63] 도구적 이성, 분석적 사고, 환원론적 세계관이 생명 파괴의 주범이란 생각이다. 물질이든 사람이든 간에 개체의 존재성을 우주 흐름 전체(관계성) 속에서 보지 못할 경우 사람과 물질세계를 도구적으로밖에는 볼 수 없다는 것이다.[64] 서구 학문이 진정한 통섭通涉, 탈脫경계에 이르지 못한 이유는 근원적으로 우주가 '한생명'으로서 영적 일체성을 지녔다는 생각의 부재 때문이란 것도 같은 말이다.⁶⁵ 우주 진화가 그 자체로 영적 진화임을 깨닫고 만유 속의 '하나'(조一)인 그것을 자신 속에서 찾는 일이 통섭通涉, 곧 현묘지도玄妙之道로서의 함含을 실현시키는 유일한 길이다. 접화군생接化群生이란 함含의 논리 속에서만 현실태가 될 수 있는 까닭이다.

백사천난百死千難의 수고를 통한 절대 '하나'의 포착, 즉 귀일歸一⁶⁶에로의 길을 터 닦은 분이 바로 多夕 유영모 선생이다. 多夕 선생에 대한 이해 방식이 여럿 있을 테지만 필자는 여기서 그를 통섭通涉, 곧 함含의 논리를 실현시킨 '생태적 회심자'로 서술할 생각이다. 우주의 절대적 '하나'를 '없이 계신 이'로 보고 그것을 자신 속에서 체화(歸一)시켰던 多夕 사상 속에서 우리는 기후 붕괴 시대의 근원적 처방을 기대할 수 있을 것이다. 더욱이 多夕의 생태적 회심이 기독교적 방식으로 언표되었기에 이 글에서 다루는 것이 유용할 듯 여겨진다. 물론 시대 상황이 달랐기에 多夕사상에서 생태학적 언술을 찾는 것은 무의미하다. 하지만 재해석의 여지가 있겠으나 그가 남긴 글과 삶의 족적은 우리 시대를 위한 생태학적 보고寶庫라고 해도 결코 과언이 아닐 듯하다.

多夕사상의 핵심이 '없이 있는' 하느님에 있다는 것은 널리 알려져 있다. '없이 있는' 하느님은 그러나 서구 주류 담론 중 그 어느 것으로도 쉽게 해명되지 않는다. 多夕이 그런 하느님을 인간의 바탈(本性)에서 찾은 까닭이다. 초월이란 그에게 자신의 뿌럭지인 '밑둥'을 파고들어가는 일과 같았던 것이다.⁶⁷ 이것은 천부경이 말하는 '인중천지일人中天地一'의 하나(一)에 해당되는 것이기도 하다. 그러나 이것은 체적體的 언술만이 아니다. 왜냐면 순우리말인 바탈(本性)을 '받할' 즉 '위로부터 받아서 할 것(用)이 인간 속에 있다고 보았기 때문이다. 존재론적이면서 윤리적 양면성을 함께 내포하는 개념인 것이다. 즉 多夕의 '없이 있는' 하느님은 我와 非我(하느님)를 통섭通涉하는 영적 차원의 기술의 산물이다.[68] 예수는 多夕에게 '빈탕'의 아들임을 자각한 존재였다. 하느님이 자신의 '바탈'인 것을 믿고 십자가를 통해 그와 부자유친父子有親했던 까닭이다. '바탈'의 아들이 되었기에 그는 절대생명(부활)을 살 수 있었다. 예수 역시 탐진치의 상징인 '몸나'(제뜻)를 죽여 소위 '얼나'에 이른 존재였던 것이다. 多夕에게 십자가란 우주와의 영적 일체성을 깨치는 통섭通涉의 기술이었다. 하여 예수의 '얼나'는 오늘의 시각에서 가장 철저한 생태적 회심이라 불러도 좋다.[69] 온 우주(하나)가 자신과 소통함을 깨쳤기 때문이다. 제 뜻 버려 자신의 '바탈'과 하나된 존재(歸一)인 예수 곧 그의 '얼나'가 그래서 모두가 가야 할 길이 된 것이다. 하여 인간 역시도 자신 속에서 그리스도(얼나)를 탄생시켜야 마땅한 존재가 되었다. 하느님 영이 '바탈'로서 어느 경우든 자신을 떠나본 적이 없는 까닭이다. 개체 존재인 인간 누구나 십자가를 통해 '몸나'를 벗고 바탈을 불살라야 한다는 것이다(바탈태우). 여기서 多夕은 수행 전통에 입각하여 '일좌식 일언인一座食 一言仁'이란 말로 십자가를 풀어냈다.[70] 줄여 말하면 단식斷食과 단색斷色으로 몸을 줄이고 마음을 늘리는 삶을 살자는 것이다. "쌀 한 알을 심어 천 알 만 알 수확하는 것도 이득이지만 단식으로 나 자신을 하느님께 바쳐 하느님 아들로 변하는 이득이 훨씬 더 크다."[71] 이 경우 단식은 다시금 우리가 감당해야 할 통섭의 기술(십자가)이 된다. 예수가 그랬듯 이 역시 자기 살을 먹고 자기 피를 마시는 일이기 때문이다.[72] 이를 통해 多夕은 우주 만물과 조화롭게 사는 중용中庸(알맞음)을 강조했고 그것을 인간이 지켜야 할 예禮라 하였다. 多夕이 진물성盡物性 개념을 강조한 것도 이런 이유에서였다. 즉 물질을 보고 욕망을 일으키지 않으려면(見物不可生) 자신에게 생명을 바치는(代贖) 물질의 본성을 알아야 한다는 것이다.73 자신의 몸으로 들어가는 일체의 것이 자신을 대속한다는 말 역시 진물성에 대한 숙고에서 비롯한 것임을 알아야 한다. 결국 진물성에 근거한 일식一食(斷食)은 인간을 생태적 자아로 회심시키는 구원사적 의미가 있다. 21세기의 화두가 평등도 자유도 아닌 '단순성Simplicity'에 있다는 서구 환경론자의 말을 빌리지 않더라도 '알맞음'(中庸)을 '예禮'로 인식하는 多夕의 수행(동양)적 기독교는 '최소한의 물질로 사는 삶'을 현실화할 수 있는 힘을 제공할 것이다.

단색斷色의 문명 비판적 의미 역시 짧게 언급하면 다음과 같다. 多夕은 인간은 동물과 달리 낮은 단계(몸적)의 욕망을 제어하려는 욕망이 인간의 본성, 곧 자연이라 생각했다.74 하여 몸적 사랑이 필요하나 실성失性, 곧 자연을 상실한 존재가 되지 않도록 '마음은 넓게 갖고 몸은 꼭 졸라매야 한다'(博而約之)고 말했다.75 정精이 간직되어야 마음이 놓일 수 있고(放心) 그로써 자신의 바탈을 태울 수 있는 힘이 생기는 까닭이다. 多夕은 이런 이를 일컬어 '마음 씻어난 이'라 하였다.76 자신의 몸을 꼭 졸라(꽁문이) 마음을 저 '위'에 꼭 대는(꼭대기) 사람이 점점 많아지기를 소망했다. 우주와의 소통 능력이 그로부터 비롯함을 믿고, 알기 때문이다. 뜻글자인 한문의 두 단어 '癌'과 '靈'을 일견해보아도 多夕의 이런 생각을 쉽게 간파할 수 있다. 의미가 상반된 두 단어에는 입구 자(口)가 저마다 3개씩 공통적으로 들어 있다. 여기서 앞의 입은 자신을 채우려는 욕망을 상징하고 나중 것은 비움을 위한 기도를 뜻한다. 즉 암癌은 세 개의 입으로 산山처럼 많이 먹은 결과라면 영靈은 아래 글자 '무巫'가 지시하듯 하늘과 소통하려는 인간이 하늘을 향해 비(雨)가 내려주기를 간청하는 형상을 하고 있다. 이 땅의 생명을 위해서 말이다. 같은 입(口)이지만 그것으로 하는 일이 달랐기에 결과가 같을 수 없음은 당연지사이다. 자연과 여성의 운명이 동근원적인 것을 밝힌 생태여성주의 시각에서도 多夕의 단색을 부정적으로 볼 이유는 없을 것이다.[77] 자연이 어머니, 마녀를 거쳐 창녀로 비유된 과정을 익히 아는 차원에서 단색이 경제를 위해 4대강을 마구 파헤치고 갯벌을 메워 상업 용지를 만드는 실성失性한 인간에 대한 일침임을 생각할 일이다.

하지만 多夕은 하느님은 언제든 '없이' 있으나 인간이 항시 '덜' 없기에 '몬(物)에 맘(心)이 살아 맘이 자격을 상실했다'고 안타까워했다.[78] 그럴수록 그는 허공(빈탕)만이 '참' 임을 강조하며 인간에게 맛(物)이 아니라 뜻(허공)을 찾으라 했다. 소유할 수도 잡을 수도 없는 '하나', 곧 '없이 있는' 그것에로 우리 인간을 이끌려 했던 것이다. '빈탕한데 맞혀 노는 일' 바로 그것이 생태적 회심을 이룬 多夕 삶의 본질이었던 까닭이다. 필자는 이런 多夕을 미래를 준비시킨 하느님의 사람 노아와 견주고 싶다. 우주 대자연의 본질을 꿰뚫은 첨예한 생태 지능의 소유자로 재해석하고픈 것이다. 주지하듯 기후 붕괴, 종의 대멸종의 시대를 살고 있는 인류는 생태적 영성을 넘어 대안을 마련할 수 있는 생태 지능의 소유자를 필요로 한다. 인간적 척도—필요/불필요—를 넘어 생명 일체를 품은 자연과 꼭 닮은 방주를 만들었던 노아의 감성과 지성, 영성이 한없이 소중하다. 해서 『코드 그린 - 뜨겁고, 평평하고, 붐비는 세계』의 저자 토머스 프리드먼은 우리 모두가 노아가 되고 자신들의 공간을 방주로 만들자는 제안을 진지하게 한 바 있었다.[79] 붕괴 및 멸종이란 단어가 '멸종'(붕괴)되기를 바라서일 것이다. 이런 혜안을 多夕이 잉태한 한국적 '通涉論'에서 찾을 수 있기를 소망하며 마지막 장을 연다.

4. 한국적 통섭론通涉論의 시각에서 본 『에코지능』과 『생체모방』

- 多夕 생명사상의 구체적 실상

익히 아는 대로 성서의 노아는 '놋' 이란 지역에서 가인이 일군 도시문화의 몰락 이후 새 문명의 비전을 선포한 중요한 인물이다.[80] 신화적 언표이긴 하나 노아는 당대의 파멸을 감지할 만큼 감수성이 뛰어난 존재였다. 세상을 향한 신의 뜻을 예감하는 일은 결코 예삿일이 아니다. 기존 가치관과 다르게 살아야 하는 까닭이다. 당시 노아 역시도 방주를 만들며 우스꽝스런 존재로 폄하되었다. 기후 붕괴가 현실임에도 생태론자들이 여전히 이 시대의 소수자인 것이 그때의 정황을 상기시킨다. 노아의 방주는 미래 세대를 위한 종의 다양성을 보전하는 역할을 감당했다.[81] 이를 위해 그는 유有/무용無用, 필요/불필요라는 인간적 가치척도를 멀리해야만 했다. 일체의 존재가 새 세상을 위해 존재해야 했던 까닭이다.

성서가 말하듯 40일간의 대홍수 이후 방주 밖으로 나온 노아는 하느님께 예배하고 포도나무를 심었다. 죄의 강도를 높이는 이전의 도시 문화와는 다르게 살겠다는 다짐의 표현이었을 것이다. 이후 그가 새 문명의 비전으로 선포한 것은 '사람들 눈에서 억울한 눈물을 흘리지 말 것' 과 '동물(자연)을 피째로 먹지 말라는 것' 이었다.[82] 하지만 당시로서는 이것은 대단히 낯선 요구였다. 그러나 노아는 처음 창조 시보다 더 큰 축복을 약속하며 그리 살 것을 주문했다. 하여 이 명령은 믿음의 유무와 상관없이 인간이라면 누구나 지켜야 할 계명이 된 것이다. 그러나 이 약속은 지켜지지 않았다. 신께서 일방적으로 희년법을 선포했어도 이스라엘 백성들은 귀담지 않았고 온갖 갈등(차별)을 야기하며 생존했을 뿐이다. 그 결과 인간을 비롯한 전 피조물이 탄식하는 지경에 이르렀다고 로마서가 전언한다.[83] 우리 시대가 초래한 기후 붕괴와 종의 멸종이 성서 증언의 실상인 셈이다.

이런 맥락에서 필자는 多夕의 생태적 회심을 재차 주목한다. 그가 우리 시대를 위한 노아라는 생각 때문이다. 소유Having와 존재Being의 상호 다른 삶의 양식을 배태한 인간에게 '없이 있는 하나', 곧 빈탕(허공)에 대한 깨침은 소유욕을 벗겨내는 급진적 길이다. 지성적 차원의 '統攝과 있음'에 근거한 서구의 어느 종교사상도 多夕의 생태적 회심처럼 철저할 수 없을 듯하다. 이어진 多夕의 말들 속에서 세상을 구할 노아의 일면이 보인다. "꽃을 볼 때 온통 테두리 안의 꽃만 보지 꽃을 둘러싼 허공, 곧 빈탕을 보지 않습니다. 허공만이 참입니다."[84] "… 깨끗은 깨끝입니다. 상대계가 끝이 나도록 깨트리면 진리인 절대가 나타납니다. 참나를 깨닫는 것이지요. 깨끝이면 아멘입니다. 다 치워야지요. 없도록 치워야지요. 덜 치워 덜 없는 것이 더러운 것입니다."[85] 이런 多夕의 생각은 지식과 영성, 물질과 생명을 통섭通涉한 결과물이다. '없음'(빈탕)이 생명 그 자체인 신의 본체이듯 그 활동(작용)인 우주 및 인간 역시 없이 있는 것이 마땅하다는 말이다. 백사천난의 지난한 과정이 있어야 이런 영성적 의식이 생겨난다. 多夕에겐 몸을 줄였던 십자가가 바로 통섭의 기술이었으며 부활이 지성과 영성을 아우른 일상의 삶 자체였던 것이다.

이제 마지막으로 귀일에 근거하여 개체와 전체를 아우른 多夕의 통섭적通涉的 영성, 곧 '빈탕한데 맞혀 사는' 삶의 생태적 구체성을 윤리적 관점에서 언급할 차례가 되었다. 多夕의 생태적 회심의 본질의 현실적·실제적 의미를 묻고자 함이다. 이를 위해 먼저 최근 출판된 『에코지능』[86]과 『생체모방』[87] 두 책의 내용이 크게 도움이 되었음을 밝힌다.

우선 '빈탕한데 맞혀 사는' 일은 생태계와 공존하며 수백 년을 살아온 '오래된 미래'의 생활양식일 수 있다.[88] 그들의 에코 지능이 현대(과학)적 지성에 비해 결코 못하지 않다는 것이 앞의 책의 결론이다. 옛 지혜인 에코 지능이 지성과 영성의 통섭通涉으로서 온 생명을 지향하고 있는 까닭이다. 필자는 여기서 에코 지능의 두 측면을 적시코자 한다. 첫째는 생체모방Biomimicry의 핵심으로 '자연 따라 살기'이고 둘째는 환경 비용을 고려하는 윤리적 소비 능력이다. 전자는 인간이 자연의 한계 내에서 자연을 표준으로 삼는 문화를 창출하는 일이며 후자는 환경 위기에 둔감하고 무능한 인간 두뇌를 깨워 소비와 생산 활동이 지구 환경에 미칠 영향을 성찰하는 삶의 양식을 말한다. 이런 삶을 온전히 살기 위한 전제이자 토대가 '빈탕한데 맞히려는' 多夕의 십자가, 곧 '일좌식 일언인一座食 一言仁'에 있다고 확신한다. 우선 생체모방은 자연이 인내의 한계를 보이는 상황에서 시급한 과제가 되었다.[89] 인간이 멸종시킨 뭇 생명 종의 그림자 속에서 자신의 앞날을 점칠 수 있었던 것이다. 하여 인간은 지구 속에서 지속 가능한 삶의 방식을 애타게 찾았던바, 그 답이 바로 생체모방, 자연 따라 사는 것이었다. 주지하듯 자연 속의 생명체는 지구를 오염시키지 않았고 미래를 저당잡지도 않았었다. 생체모방은 지금껏 인간이 그래왔듯 자연 지배나 개조, 착취와는 거리가 멀다. 그것은 오로지 자연으로부터 배운 것을 토대로 새 문화를 열려는 시도이다. 자연계를 오롯한 스승으로 여기자는 말이다.[90]

들의 백합화와 공중 나는 새를 보라는 성서의 가르침도 이런 뜻을 함축한다. 인간 세계가 자연을 닮고 자연처럼 역할을 할 수 있다면 지구는 인간을 토吐해내지 않을 것이다. 이는 지구가 인간에게 적응하는 것이 아니라 인간이 지구 환경에 적응해야 함을 일컫는다. 생태적 자본을 거의 손실하지 않고 지금껏 생존한 자연 생명체, 바로 그들의 생존방식에 적합한 기술을 찾는 데 인류 미래가 달렸음이 분명하다.[91] 그렇기에 생체모방은 생명을 물질로 보고 그 본성을 조작하는 생명공학과는 근본에서 다르다. 이는 보편적 '한계'에 대한 인간/자연 간의 인식의 차이에서 비롯한다.[92] 지금껏 인간은 '한계'를 극복해야 할 과제로 인식했으나 자연은 그것을 정중히 수용했다는 사실이다. 인간에게 한계가 늘 도전의 영역이었다면 자연은 그것 안에서 오히려 생존 능력을 키워왔던 것이다. 이 점에서 자연 생명이 '한계' 그 자체를 힘의 원천으로 삼았다는 말이 가능하다. 한계에 대한 이런 성찰은 생체모방과 생명공학 사이에서, 그리고 기후 붕괴와 종의 멸종의 상황에서 인류가 유념해야 할 지혜가 아닐 수 없다.

『생체모방』에서는 특별히 인류의 농사법을 본보기로 인류 문화의 향방을 바꿀 것을 제안한다. 소위 '자연 모습대로 농사짓기'가 그것이다.[93] 최근 한국도 점차 산업형 농업의 수렁에 빠지고 있다. 토양의 유실은 물론 그 파괴 정도가 심각하다. 농촌을 노인들만의 거주처로 만들었으며 폐가 및 폐교가 속출하고 있는 상황이다. 이 모두는 다년생 대신 일년생을, 다품종 대신 단종 재배를 선호한 기업농업의 탓이다. 주지하듯 대다수 일년생 생물은 유전형질을 다음 세대로 전달하지 못하도록 유전자 조작 처리가 되어 있다. 하여 소득 높은 변종을 키우기 위해 농가 역시도 빚을 내어 기업을 흉내 내며 대량생산을 목적하게끔 되었다.[94] 이미 농작물을 토양이 아니라 석유가 키운다는 말도 우리의 현실이 되어버렸다. 값비싼 농기계와 살충제, 비료 등의 비용이 농가부채를 가중시키는 까닭이다. 농·축산업이 제1의 오염산업이 된 것도 부정할 수 없는 사실이다.[95] 이런 현실은 자연의 패턴을 파괴한 오만한 행위로서 생체모방과는 거리가 한참 멀다. 이는 자연 과정과의 협력이나 동조가 아니라 일종의 전쟁인 것이다. 토양이 오염, 침식되고 농작물이 약화되어 결국에는 생태적 자본을 한없이 줄이는 결과를 초래할 뿐이다. 이 점에서 『생체모방』은 생태계의 성장 구조 자체를 모방하는 새로운 기술을 제안했다.[96] 무질서하에서도 생태계의 자기 조직화하는 힘을 믿자는 것이다. 이들이 발견한 인간이 모방해야 할 자연계의 본모습은 다음과 같았다.

자연계의 99.9%가 다년생 식물로 구성되었고 종의 다양성이 해충을 스스로 조절하고 필요 성분을 상호 공급하며 철마다 바뀌는 식물들이 스스로 거름이 되는 순환구조이다.[97] 이것이 대자연의 현실이라면 인간 농업 역시 생태계 자본을 유지하는 자연의 경작법을 모방치 않을 이유가 없다. 『생체모방』에서는 이에 근거한 농사법을 소개하며 구체적 실례를 상당한 분량으로 기술하고 있다. 이 글은 이 모두를 소개할 이유와 여유가 없다. 하지만 있는 그대로의 자연을 볼 수 있는 눈, 자연 따라하기 영성의 소중함을 강조할 필요는 한없이 있다. 오로지 인간 중심적 적색 은총의 대속 사상에 골몰한 나머지 자연이 주는 녹색 은총의 감각에 눈 어두워진 기독교인들에게 『생체모방』은 충격이었을 듯싶다. 당분간 성서보다는 자연에 집중하라는 베리 신부의 조언도 떠오르며 우주 자연을 초월의 빛으로 본 맥페이그도 상기된다. 하지만 多夕이 강조한 '진물성盡物性' 만큼 생체모방의 종교적 근거를 제시하지는 못한다. 자연 생명이 인간을 대속한다는 그의 생각 역시도 생체모방과 관련하여 대단히 중요하다. '자연 따라 살기'는 '빈탕한데 맞히려는' 통섭通涉적 생명의식 없이 단순 모방만으로는 성공할 수 없는 사안인 까닭이다. 오로지 '생각하기 위해 세상에 왔다'고 믿은 多夕이 평생 벌을 치며 농사꾼으로 살았다는 것의 의미가 더한층 소중하게 다가온다.

같은 시각에서 『에코지능』은 윤리적, 친환경적 소비의 주제를 부각시킨다. 그러나 『에코지능』의 저자는 인간의 생태적 삶에 무게 중심을 두기보다는 자본의 확장을 위해 환경마저 이용하는 자본주의 경제체제 속에서 환경 문제의 실상을 보도록 안내한다. 하여 그는 친환경 제품이란 말도 신뢰치 않는다. 대다수의 경우 그것들은 '그린워싱greenwashing'[98]인 경우가 많다고 판단했던 까닭이다. 실제로 유명세 있는 배우를 이용해 소비자의 판단을 현혹시키는 광고물이 많은 것도 사실이다. 하여 저자는 '악마가 일상 곳곳에 숨어 있음'을 전제로 제품의 생태적 투명성을 생산과 소비의 전 과정에서 밝히는 노력을 경주했다. 하지만 저자는 인간 두뇌가 환경 위기 같은 것에 둔감하고 무지한 사실을 직시하고 윤리적 소비의 중요성을 한층 강화시키고 있다.[99] 에코 지능의 척도가 윤리적 소비 여부와 유관하다는 판단에서다. 생활세계를 지배하고 있는 반反생태적 다국적 기업으로부터의 탈주 역시 에코 지능의 역할인 것이다. 주지하듯 시장의 물건 어느 하나에도 숨겨진 비용이 존재하는 법이다.[100] 아무리 사소한 것일지라도 그것에는 공장 노동자들의 대가, 소비자의 건강, 지구 환경 부담 등이 내재해 있는 것이다. 소비자의 경우 값싼 것을 선호하나 실상 '그 속에 숨겨진 비용이 더 많을 수밖에 없다. 싸구려 재료로 만들었으며 적은 임금을 지불했거나 제3세계로부터 장거리 수입된 상품일 경우가 다반사이기 때문이다. 무심코 사먹는 커피 한 잔 속에도 공정무역의 여부를 묻는 것 역시 당연한 일이다. 이 점에서 에코 지능은 숨겨진 비용까지 계산하는 시장의 투명성을 위해 대단히 긴요하다.[101] 일상적 생산과 유통 그리고 소비가 지구 환경에 끼칠 악영향을 계산하는 것이 '에코 지능'의 역할인 까닭이다. 하지만 에코 지능은 결코 생물학적 두뇌와 일치되지 않고 지성 차원으로도 환원되지 않는다. 저자가 감성 지능, 사

회 지능을 근거로 에코 지능을 논한 것도 이런 통섭通涉적 마인드로 인함이다.102

인드라 그물망을 에코 지능과 연계시켜 자주 언급하는 것도 같은 맥락일 것이다.103 분명한 것은 인류의 미래 가치인 '녹색'이 명사가 아니라 동사로 인식되어야 한다는 점이다.104 덜 소비하는 것과 숨겨진 비용을 계산하는 환경영향평가가 동전의 양면처럼 함께 굴러가야 하는 까닭이다. 인간 두뇌가 생산 및 구매 방식과 그로 인한 부정적 영향 간의 거미줄같은 연결고리를 인식 못하는 것이 저자의 걱정이다. 인간 두뇌 시스템에 내재된 기능만으로는 이들 상관성과 그에 따른 위험을 포착할 수 없다는 것이다.105 이는 환경적 위협이 오랜 시간에 걸쳐 서서히 작은 단위에서부터 전 지구적 차원에서 다가오기 때문이다. 자유 시장경제 체제 속에서 기업은 이익, 소비자는 가격에만 관심토록 학습된 것도 또 다른 이유일 듯하다. 하지만 인류는 가해자면서 피해자인 슬픈 진실을 함께 극복해야 할 절대적 순간에 봉착해 있다. 이를 위해 필요한 것이 『생체모방』에서 배웠듯 인간의 활동과 자연계 간의 복잡 미묘한 상호작용을 인식할 줄 아는 힘, 에코 지능이다. 이런 근원적 힘은 서구의 환원적 지식에 의해 오래전 난파되어버렸다, 오로지 '오래된 미래'를 사는 토착민들이 그 맥을 잇고 있을 뿐이다.106 인간과 우주 그리고 신적인 것의 상호소통을 통해 일체 생명체와 공감할 수 있는 힘, 통섭通涉의 영성이 바로 그들의 지혜였던 것이다. 이 점에서 진물성盡物性 또한 에코 지능의 다른 표현일 수밖에 없다. 비록 자본화된 현대 문명 속에서 인간의 뇌가 반反생태적 행동을 제어하는 시스템을 망각했으나107 그럴수록 두뇌 시스템의 약점을 후천적으로 보완하는 것이 종교에게 맡겨진 책무가 된 것이다.

이 점에서 '일좌식 일언인一座食 一言仁'을 통해 근원적 '하나', '없이 있는' 존재를 자신 속에서 깨친 多夕의 삶과 지혜는 생태적 능력을 집단 지능으로 만들 수 있는 길을 제시한다.[108] '덜' 없는 인간을 질타하며 '빈탕한데 맞혀 노는' 것을 인간 삶의 궁극처로 여겼기 때문이다. 사람들로 하여금 길을 가다 스스로 길이 되는 자속의 길을 걷도록 한 것이다. 이런 맥락에서 에코 지능이 집단 지능으로 확대 재생산될 경우 인류 산업 시스템은 엄청난 변화를 가져올 것이며 지구 환경에 미칠 긍정적 영향이 상상을 불허할 듯싶다. 최소한 기독교가 우주적 구원을 선포하는 종교라면 이런 시기에 에코 지능의 활성화를 위한 가시적 노력을 행사해야만 한다. 탄소 발자국의 비용을 계산하여 환경헌금으로 봉헌하는 교회도 있다고 하니 반가운 일이긴 하다. 하지만 그보다 필자가 중요하게 여기는 것은 기독교가 로마를 기독교화했는지 아니면 로마가 기독교를 로마화했는지를 정확히 판단하고 회개하는 일이다.[109] 세상의 변화에 뒤떨어진 교회도 문제지만 잘못된 세상 가치를 반영시킨 '세상적인 너무도 세상적인' 교회 현실이 사회에 끼치는 해악이 적지 않음을 보기 때문이다. 하여 토착화 신학자로서 필자는 궁극적으로 한국 기독교가 통섭通涉의 영성을 갖기를 소망한다. 영성의 폭을 넓히고 하느님을 한없이 작은 울타리 속에 가두지 않기를 바라는 것이다.

나가는 글

처음 예상보다 긴 글이 되었다. 기후 붕괴 문제를 종의 멸종 문제와 아울러 확대 해석한 것이 그 요인이다. 언제부터인가 필자는 『통섭』의 저자로 더 유명한 진화생물학자 윌슨의 『생명의 편지』에 대해 답하는 글을 쓰고 싶었다. 그 내용이 틀려서가 아니라 뭔가 부족하다는 느낌 때문이었다. 그러나 그가 생명 종의 다양성을 비롯하여 생태 문제를 위해 헌신적으로 일하는 실천가인 것을 알았을 때 존경할 마음까지 일었다. 『생체모방』 책을 읽으며 이 일에 관여하는 윌슨의 선도적 역할에 신학의 입지가 작아지기도 하였다. 하지만 그에게는 사회정치적 안목이 부족했고 多夕이 보인 치열한 십자가의 길이 보이지 않았다. 여전히 생물학적 환원주의, 크게는 서구 학문적 제국주의에 안주한 듯 여겨지기도 했다. 이런 이유로 베리 신부와 맥페이그의 생태신학으로 윌슨의 물음에 답할 수 있었다. 그러나 근원적으로 종교와 과학 간 대립(갈등)의 대화법에 익숙한 윌슨이기에 이들 신학자들의 견해가 충족한 답이 될 수 없었을 것이다. 하여 필자는 그의 통섭統攝을 '通涉'으로 비판하는 한국적 시각을 소개했다. 이를 통해 윌슨은 물론 두 신학자의 견해와도 변별력이 또렷해졌다. 평소 서구 생태 사조를 한국적 세계관의 빛에서 재해석했던 필자로서는 '通涉'이 반생태적 인류 문명의 재再정위를 위해 본원적인 가치를 지녔다고 판단한 것이다. 그 정점에 한국 고유한 사상가 多夕의 기독교 이해가 자리했다. 비록 多夕이 통섭通涉이란 단어를 몰랐고 생태에 관한 언급을 하지 않았으나 〈천부경〉으로까지 소급되는 사상적 맥락에서 多夕사상과 통섭通涉은 상호 교환할 수 있는 개념이었다.[110] 하여 多夕신학의 통섭적通涉的 영성에 힘입어 생태적 의미를 밝혔고 그것을 필자가 최근 읽은 두 책 『에코지능』과 『생체모방』의 내용으로 견강부회牽强附會하였다. 다소 엄밀치 못한 논리이긴 하나 多夕의 '없이 계신' 하나에 대한 신학이야 말로 현실 극복을 위한 일체 대안적 노력에 있어 'Subsistence Perspective'[111]를 제공한다고 믿었던 까닭이다. 소유 지향적 인간 이해를 종식시키려면 '덜' 없음을 더러움, 곧 죄로 인식하는 이 논거만큼 좋은 것이 없다고 본 것이다. 현실화되기 어렵다는 것은 다른 문제이다.

예수의 십자가가 기후 붕괴 및 종의 멸종 시기에 多夕만큼 철저히 생태학적으로 재해석되는 경우도 드물 것이다. 가장 근원적인 것을 말했다고 그를 소승小乘으로 평가하는 것은 옳은 일이 아니다. 단지 삶 권력과 맞서는 다른 길을 보여주었을 뿐이다. 자연 따라 사는 것은 '없이 있기'를 바랄 때 가능한 일이다. 우리 시대에게 필요한 에코 지능 역시 통섭通涉의 눈이 있어야 정확하게 지속적으로 행사될 수 있다는 것이 필자의 확신이다.

3장

種의 기원과 種의 멸종 사이에서 본 多夕의 '없이 계신 하느님'

들어가는 글

지난 2009년은 다윈 탄생 200주년이자 세상을 뒤흔든 그의 명저 『종의 기원』이 발간된 지 150년이 된 뜻 깊은 시점이었다. 더욱이 다윈 신봉자로 자처한 R. 도킨스의 『만들어진 신』[1]의 도발적 여파가 기독교 신학계를 앞서 뒤흔든 상황에서 다윈 진화론에 관한 이런 저런 논쟁이 참으로 많은 한해였다.[2] 애시 당초 진화론을 허점투성이인 한 이론으로 생각했던 까닭에 특히 보수 근본주의적 기독교[3] 측의 학문적 반발이 참으로 거셌다. 더욱이 2009년은 예정론 교리를 탄생시킨 칼뱅이 역사적 인물이 된 지 500주년 되는 때였기에 진화론과 기독교 간의 갈등이 가감 없이 노출되었다.⁴ 자연선택의 우발성을 설說한 다윈과 하느님 예정설을 신봉한 신학자 칼뱅 간에는 분명 넘나들 수 없는 협곡이 존재했던 까닭이다. 이런 틈새에서 양자를 중개하는 듯한 지적설계론Intelligent Design Theory에 기독교계가 주목했다. 하지만 유물론적 진화론의 관점에서 우주의 설계자를 상정하는 것은 수용될 수 없었다. 이런 이유로 기독교 근본주의자들은 도킨스 유類의 진화론을 '과학적 무신론'⁵이라 배격했고 그 역시도 위 책을 통해 반기독교적인 무신론운동의 주창자가 되었다. 그러나 진화론 신봉자들 중에서 실상 이들과 같은 무신론 그룹⁶만 존재치는 않았다. 진화론의 후예들 간에도 무수한 이견異見이 있고 상호 간에 논쟁이 있어온 것이다. 신을 긍/부정함이 없이도 얼마든지 진화론이 가능하며 다윈주의자 또한 유신론자가 될 수 있다는 의견도 표출되었다.⁷ 이는 종교와 과학 간의 대화 유형의 차이에서 비롯된 결과일 것이다.⁸

이 글에서 필자는 진화를 허구적 가설이 아니라 사실fact로 받아들이는 입장을 취한다. 물론 과학적 무신론을 수용한다는 뜻은 결코 아니다. 그들의 일방적 종교 비판에 대해서도 할 말이 많다. 그렇다고 지적설계론을 지지하기도 어렵다. 그것은 결코 신학이 될 수 없기 때문이다. 일찍이 샤르뎅이 말했고 최근에는 토마스 베리가 그랬듯 필자는 진화론을 신학함에 있어 은총이라 여긴다.⁹ 진화론이 기독교의 하느님을 발견하는 새로운 수단이 될 수 있다는 확신 때문이다. 이미 몰트만도 『창조 안에 계신 하느님Gott in der Schoefung』¹⁰을 통해 진화론의 빛에서 창조신앙을 재조명한 바 있었다. 다윈 이후의 기독교는 달라져야 하고 달라질 수밖에 없다는 생각들이 기독교 신학계에 팽배해 있는 것이다. 하지만 필자가 이 글에서 관심을 두는 바는 진화론과 기독교 간의 이론적 대화 그 자체에 있지 않다. 종의 기원을 말한 진화론의 시각에서 종의 멸종을 염려할 수밖에 없는 생태계 위기에 대한 지혜를 얻는 것이 최종 관심이다. 이는 진화의 궁극 목적에 대한 이해를 동반할 수밖에 없다. 이를 위해 우주적 그리스도와 같은 진화론에 대한 신학적 이해가 의당 필요할 것이다.[11] 그러나 필자는 '설계론'과 다름없는 신의 인습적 속성에 크게 기대하지 않는다. 신의 '약속'으로 '설계'의 결정론적 시각을 비판하는 입장과도 일정한 거리를 둘 것이다. 대신 우주적 그리스도론의 한국적 이해[12]를 바탕으로 인간의 '책임성'에 더 큰 의미를 둘 생각이다. 이 과정에서 과정철(신)학과 아우슈비츠를 경험했던 H. 요나스의 책임 원리 간의 논쟁이 불가피할 듯싶다.[13]

기후 붕괴 원년의 시대[14]를 살고 있는 우리에게 진화론은 우주적 그리스도란 이름으로 인간의 자기 이해를 갱신하여 신생대로부터 생태대로의 전환을 가능케 할 것이다. 이런 목적하에 이 글은 다음의 과정을 통해 진행될 것이다. 우선 기독교 신학과 갈등을 초래했던 다윈 진화론의 개요를 소개할 것이며 이어서 진화론에 대한 내부의 토론과 논쟁의 실상을 개관할 것이다. 다음으로 생태학적 시각에서 진화론의 유신론적 성격— '약속'—을 살피며 나아가 우주적 그리스도의 빛에서 '책임'의 의미를 생태학적으로 논할 생각이다.

1. 다윈 진화론의 핵심 내용과 기독교와의 갈등 배경

본래 성서와 자연은 하느님 계시의 양 측면으로서 상호 대립적일 수 없었다.[15] 그러나 중세의 유기체적 세계관이 붕괴되고 그 자리를 기계론적 세계관이 대신하면서 양자 간의 대립과 갈등이 본질처럼 여겨졌다. 종교 개혁 이후의 개신교 신학체계도 기계론적 세계관과 벗하면서 자연의 신적 의미를 탈각시켰고 초자연적 은총의 종교로만 존재했으며, 인간의 윤리 도덕 내지 영혼의 종교로 축소되었다.[16] 자연의 중력과 우주 공간을 신적 전능과 편재의 의미로 해석했던 뉴턴의 신학적 자연관[17]이 존재했지만 그것은 견강부회적인 곡해였다. 이런 뉴턴식 우주관을 붕괴시킨 것은 곧이어 출현한 다윈 진화론이었다. 자연선택의 '우연성'을 역설하는 진화론이 자연 과정에서 신적 영역, 곧 목적론을 배제했던 까닭이다. 심지어 데카르트의 이원론 철학에서도 긍정된 초자연적 영역을 진화론이 탈각시켰다. 일체의 자연신학적 노력 역시도 진화론은 무용지물로 만들고 말았다. 이 점에서 성서와 자연 간의 상관 고리를 진화론이 해체시켰다는 과학사가들의 평가는 틀리지 않다. 바로 이것이 진화론과 기독교 간 갈등의 총체적 배경인 셈이다. 하지만 이렇게만 약술하면 다윈 진화론에 대한 편견이 확대될 것이다. 해서 우주 질서에 마음을 뺏긴 당시 이신론적 신학의 모순과 허구성을 배우고 진화론의 도전을 적극 수용했던 그때 신학자들의 생각과 심정을 아는 일이 더불어 필요하다.[18] 필자의 관점에선 진화론이 연역법적 추론에서 '아래로부터의 경험Bottom up experience'[19]에 근거한 신학의 새 길을 정초한 것으로 보인다. 이런 작업과 생각은 항차 진화론적 신학을 구상함에 있어 대단히 중요한 단초가 될 것인 바 후술코자 한다. 여기서는 먼저 성서와 자연을 분리시킨 진화론의 핵심 개념을 간략하게 그러나 논쟁적으로 소개하는 일이 필요할 듯싶다.

진화론을 배태한 『종의 기원』은 분명 역사상 그 어느 이론보다 기독교 신학과 대척점에 서 있었다.[20] 성서와 자연을 완전 분리시켰던 까닭이다.

물론 하루아침에 그리 된 것은 아닐 것이다. 하지만 다윈주의는 점차 기독교의 신론과 창조론, 나아가 인간론에 이르기까지 부정적 영향력을 끼쳐왔다. 성서를 여타의 다른 책처럼 이해하고 해석하라는 요구 또한 생겨날 정도였다. 우선 위 책은 개체 발생을 언급한 창조기사와 달리 일체 생명은 시간의 흐름 속에서 공동 조상으로부터 점진적으로 변형되었다는 계통발생설을 주장했다. 이는 분명 성서의 창조신앙에 대한 급격한 이의 제기였다. 해서 당시 성직자들은 계통 발생을 인간을 동물로 만들고 신을 해고시킨 무신론의 전거로 보았다. 인간의 근원을 원숭이 혈통에서 찾는 것의 불가함을 말하기 위해서이다. 하느님 형상으로서 인간의 형이상학적·윤리적 독특성을 말할 여지의 복원을 꾀한 것이다. 하지만 당시에도 공동조상설을 지지하는 학자들도 없지 않았다. 물로 포도주를 만들었다 해서 물과 포도주가 다른 것이듯 계통 발생에 있어서도 인간과 짐승이 다를 수 있기 때문이다. 나아가 조상이 원숭이인 것이 창피한 게 아니라 인간 이성으로 진리를 방해하는 것이 더 부끄럽다고 말한 지지자도 있었다.[21]

하지만 계통발생설을 비난했던 근본적 이유는 실상 다른 데 있었다. 『종의 기원』이 방대한 사례를 토대로 일체의 생명 현상을 신적 의도와 목적, 협조 없이 설명하고 있었기 때문이다. 한마디로 너무나 '자연적'이어서 유신론의 여백이 조금도 없었다는 말이다. 주지하듯 다윈은 계통 발생에 이르는 전 과정에서 변형의 주체를 자연선택[22]이라 명명했다. 우발성, 무작위성이 본질인 자연선택은 통상 다음의 메커니즘을 갖고 작동한다. 자연계는 생존 가능한 개체수보다 많은 개체를 보유하며 이들 개체군에서 유전적 변이가 발생하고 이로운 유전자의 누적으로 새로운 종이 탄생된다는 것이다. 이런 자연선택은 당시 신학계를 지배했던 '자연신학'의 신神담론God-Talk인 소위 '설계론'에 대한 거부를 뜻했다.[23] 자연신학이 선한 의지를 지닌 전지전능한 인격적 존재에 의해 일체의 생명체가 지적으로 설계되었음을 말했던 까닭이다. 하지만 다윈에 의해 우주 만물은 설계의 산물이 아니라 환경에 적응한 유기체 자신의 자연선택의 결과로 판명되었다. '설계'를 부정하는 것이 '神'을 부정하는 것과 다르지 않았던 상황에서 신적 계획, 목적 등의 초자연적 개념들이 총체적으로 거부된 것은 큰 파장이었다.[24]

이런 갈등선상에서 불거진 또 다른 사안은 자연의 물리적 속박과 인간의 자유 및 원죄 개념에 대한 것이었다. 일견 『종의 기원』은 당시 성직자들에게 일체 생명체를 자연법칙의 결과로만 이해하는 '나쁜' 책으로 보일 수밖에 없다. 생명, 무생명을 막론하고 유기체를 자연 과정과 조우하여 그에 적응한 결과로 설명했기 때문이다. 해서 불변적인, 위반할 수 없는 자연의 물리적 필연성이 강조될 수밖에 없었다. 그런 탓에 인간 자유 및 독특성의 여지를 불허한다는 혹평이 신학 영역 안에서 생길 만했다. 소위 하느님 형상에 근거한 인간의 자기 이해—인간중심주의—가 근간에서 뒤틀려진 것이다. 나아가 인간의 원죄성을 말할 수 있는 근거 자체도 원천 봉쇄되고 말았다. 이는 인간에게 행위의 책임성을 물을 수 없게 되었음을 뜻한다. 자연을 성서로부터 분리시킨 다윈이 자연 자체에게 무소불위의 필연성, 적합성을 부여한 결과인 것이다. 따라서 우주의 목적 자체가 없고 모든 것이 자연 과정에서 발생하는 우연(우발성)의 산물이며 이런 자연법칙을 거스를 존재가 전무하다는 다윈의 '자연선택' 이론은 초자연성을 설誑한 기독교 신학체계와 양립 불가능한 것으로 이해될 수밖에 없었다.

그러나 이런 갈등과 대립은 당시 신학적 상황에서 생겨났던 한 양상일 뿐이다. 오늘날 다윈에 앞서 존재했던 자연신학은 더 이상 인정되기 어렵다. 물론 자연신학 자체도 창조과학, 지적설계론의 이름으로 진화되는 것도 사실이다. 하지만 다윈의 진화론 역시도 전혀 다른 양상으로 전개되고 해석되고 있다. 분명한 것은 진화론의 화두였던 탈脫인간중심적 에토스가 생태계 위기 시대에 큰 역할을 수행하고 있다는 점이다. 물론 도킨스와 같은 진화론적 무신론자들에 의해 다윈의 불가지론,[25] 무신론적 경향성이 확대 재생산, 침소봉대되기도 한다. 하지만 다윈 자신은 결코 무신론자가 아니었다. 초자연적 설계에 의해 우주 만물이 설명될 수 없음을 절감하며 대신 자연법칙을 통해 온전한 지식을 전달하려 했을 뿐이다. 향후 신학이 할 일은 다윈의 과제를 완결 짓는 것인바, 초자연적 설계자(행위자)에 의존함 없이 내주하는 하느님에 대한 논의를 진척시켜나가는 일이다. 바로 이것이 성서가 증언하는 만물의 위, 만물 안에 그리고 만물을 통해 일하는 하느님의 참모습을 찾는 일인 것이다. 이를 위해 먼저 진화론에 대한 진화생물학자들 간의 논쟁에 주목할 필요가 있다. 진화론도 진화하는 까닭에 자연 및 생명에 대한 그들의 새 지식을 습득함으로써 '진화론적 신학'의 길로 나설 수 있는 근거를 얻을 수 있기 때문이다.

2. 진화론에 대한 현대적 논의들
- 유물론적 진화론에 대한 비판을 중심으로

최근 다윈의 진화론은 유전학과 연계하여 눈부신 발전을 거듭하고 있다. 소위 생물학적 진화론의 등장이 그것인데 그들 중에서 무신론적 입장을 대변하는 학자가 바로 R. 도킨스인 것이다. 물론 앞서도 말했듯이 무신론적 경향성을 강조한 도킨스와 달리 진화론에서 종교의 영역을 달리 설정한 S. 굴드Gould[26]와 같은 생물학자가 있으며 나아가 다윈주의자도 기독교인이 될 수 있다는 유신론적 판단을 당연시하는 입장도 보인다. 하지만 이런 관점 차는 종교와 과학 간의 대화(관계) 유형에 따라 달라질 수 있을 뿐 결정적이지 않다. 전자는 상호 갈등(대립)을 골자로 했으며 후자의 경우는 상호 독립 내지 무관심을 에토스로 삼은 것뿐이다. 본 항목에서 필자는 진화론에 대한 진화생물학자들 간의 논쟁 중 가장 대표적인 도킨스와 굴드 간의 논쟁을 소개하고 이들 각각에 대한 문제점을 적시할 생각이다. 진화생물학계 안에서 이들 각자는 다윈 진화론을 달리 진화시킨 양대 산맥으로 이해되기 때문이다. 하지만 진화생물학 내부에서 어떤 논쟁이 개진되고 있는지 그 맥락과 좌표를 먼저 아는 일이 중요하다. 해서 생물학적 진화론의 현재적 쟁점들을 두루 언급하고 그 틀에서 진화생물학 전반, 특히 유물론적 진화론의 입장을 비판하는 우회적 입장을 취할 것이다.[27]

먼저 다윈 진화론의 핵심인 자연선택에 대한 상이한 이해가 있다. 열대 지역의 검은 피부와 북극 지역의 흰곰을 보면 분명 유기체가 자연에 적응해왔다는 자연선택을 부정할 수 없을 것이다. 하지만 인간 마음과 행동도 자연선택에 의한 것인지를 질문하는 진화론자들이 생겨났다. 소위 적응/반적응의 논쟁인 것이다. 인간의 언어 능력과 같은 것은 자연선택만으로 설명될 수 없다는 반론이다.[28] 다음으로 자연선택의 기본 단위가 개체인가, 유전자인가 하는 논쟁이다. 지금껏 다윈 진화론의 틀에서 자연선택의 단위가 개체인가, 집단인가 하는 논쟁은 있어왔다.[29] 하지만 신新다윈주의에 이르면 최종 단위가 유전자로까지 내려간다. '이기적 유전자' 란 말이 회자되기 시작한 것이다. 그러나 여기서 인간의 도덕성에 대한 심각한 물음이 발생한다. 인간을 비롯한 생명체들의 이타적 행위는 유전자의 시각에선 이기적인 것이란 발상 때문이다. 인간 역시도 유전자 생존기계라는 유물론적 관점에서 이해됨으로 종교의 자리마저 위태롭게 만들었다.

하지만 이에 대한 반론 역시 적지 않았다. 유전자 역할이 자기 복제에 있어 큰 역할을 하지만 환경과의 교감을 불필요하게 만들 수는 없다는 것이다. 일종의 유전자 결정론에 대한 이의 제기인 셈이다. 해서 유전자 결정론과 유전자와 환경의 상호 관계성에 대한 이해가 진화생물학에서 뜨거운 쟁점이 되었다. 유전자 결정론자들은 유전자 간의 상호 작용에 의해 생겨난 우발성contingence을 통해 표현의 차이를 설명한 반면[30] 반대론자들은 환경과의 상호작용에서 우발성(차이)을 생각했던 것이다. 전자의 경우 유전자를 청사진blueprint으로 여긴 반면 후자는 레시피recipe 정도로 비유한 듯 보인다. 진화가 점진적인가 도(비)약적인가 하는 이어진 물음에서 양자 간 논쟁점이 더욱 확연해진다. 본 주제는 진화 속도와 다양성에 관한 물음인바, 도킨스와 굴드 간 논쟁의 정점을 이루고 있다.

주지하듯 진화론은 소위 '사라진 고리missing Link'로 인해 정당성을 의심받아왔다. 진화론의 골자인 등속설等速說 혹은 계통적 점진설漸進說이 화석 기록의 부재로 어려움에 처한 것이다.[31] 이에 관한 두 가지 반응이 진화생물학계 내부에서 대립했는데, 단속평형설斷續平衡說과 자연선택의 '우발성' 이론이 그것이다. 전자는 오랜 정체 후 생물 종들의 갑작스런(斷續) 출현 가능성을 말한 것이며 후자는 자연선택의 점진적 체계 안에서의 도약적 진화(우발성), 곧 돌연변이에 무게를 둔 발상이다. 양자 간 논쟁 과정에 단속평형설은 반反진화론의 빌미를 제공한 것으로 폄하되었고[32] 우발성은 '적응'에만 목매어 발생학 자체에 대한 관심을 갖지 못했다는 비판에 직면했었다.

이어진 쟁점은 수렴진화 곧 생명체의 미래의 시각에서 목적론에 관한 물음이다. 다윈 자신은 자신의 진화가 진보와는 무관함을 앞서 말한 바 있다.[33] 하지만 유전학과 결부된 신新다윈주의는 진화 능력 자체가 진화한다는 강한 낙관론을 펼쳤다. 역사상 몇몇 비가역적인 진보(혁신)[34]를 예증삼아 적응과 생성의 힘을 신뢰했던 것이다.[35] 이는 과학, 다시 말해 자기 복제에 대한 강한 믿음의 반영일 듯싶다. 하지만 진보를 거역했던 힘이 역사상 항존했던 것도 사실이다. 해서 반대론자들은 우발성이 생명의 진보를 방해할 수 있는 힘인 것을 한껏 강조했다. 진화와 진보를 일치시키기보다 생명의 역사에서 '적응'에 대한 강한 신뢰를 접으라는 것이다. 진보 대신 복잡성(다양성)의 증가에 더욱 주목할 것을 요청한 셈이다.

결국 이들 쟁점의 핵은 생명 진화의 여정 속에 영원한 트렌드의 유무有無에 관한 논의였다. 마지막 것은 진화와 종교의 양립 내지 종교의 존재 이유에 대한 정당성 여부에 관한 논쟁이다. 물론 본 사안이 종교의 유/무용성에 관한 토론이지만 진화생물학계 내부에서 시작된 것임을 유념할 필요가 있다. 이는 진화생물학, 정확히는 '이기적 유전자'로서 종교의 본질을 해부하고 그 허구성을 밝힐 수 있다는 과학 환원주의와 종교와 과학의 상호 독립(독자)성에 기초한 불가지론적 입장 간의 논쟁이란 사실이다. 앞의 것이 진화의 완전성에 종교를 종속시켰다면 후자는 진화의 불완전함을 일정 부분 인정했고 나아가 종교의 순기능을 수용했던 까닭이다. 여하튼 종교가 허구라는 시각과 진화가 불완전하다는 입장이 진화생물학 영역에서 공존한다는 사실 자체가 대단히 흥미롭다.

이상에서 필자는 다윈 사후 다윈르네상스를 주도했던 진화생물학의 양대 그룹 간 논쟁을 약술했고 도킨스와 굴드가 이들 각각을 대변하는 학자임을 앞서 밝혔다. 이어질 글에서는 진화생물학의 종교 이해에 집중할 생각인바, 먼저 도킨스의 무신론을 굴드의 시각에서 비판하고 굴드의 불가지론이 창조과학의 변형인 '지적설계론'으로 오용될 소지가 있음을 지적할 것이다. 진화론과 유신론 간의 새로운 접점을 기대하면서 말이다.

익히 경험한 대로 도킨스의 『만들어진 신』(2007)은 출판 기획자의 예상을 깨고 엄청난 부수가 판매되었다.[36] 그러나 무신론적 진화론의 근거는 앞서 출판된 『이기적 유전자』(1976), 『확장된 표현형』(1982), 『눈먼 시계공』(1986) 등을 통해 확고하게 준비되어 있었다.[37] 이 책들에서 저자는 오로지 유전자와 자연선택의 관점에서 종교를 바라봤고 그 허구성을 밝혀 놓았다. 『만들어진 신』은 현대 문명에 그 결론을 적용시켜본 것에 불과하다. 종교 없는 세상을 상상해볼 것을 권하고 있는 것이다.

우선 『이기적 유전자』는 자연선택을 유전자의 수준에서 본 것으로 진화론을 획기적으로 전환시킨 책으로 꼽힌다. 숭고한 '이타성'을 유전자의 이기적 행위라고 함으로써 종교의 자리를 허물어버린 대단한 저술이었다. 유전자의 일차적 과제가 자기 복제이기에 이타성 역시도 결국 자기 사본寫本을 더 많이 남기려는 일 이상이 아니라 한 것이다. 도킨스는 『확장된 표현형』에서는 더 많은 복제를 위해 유전자가 다른 개체를 매개(운반자)로 사용한다는 원리를 제시했다. 예컨대 거미줄, 새 둥지, 흰개미 집 같은 인공물이 자기 복제를 확대시킬 수 있는 유전자의 확장된 표현형이란 것이다. 인간 문화, 나아가 종교도 이 점에서 유전자의 표현형에 불과하다는 것이 도킨스의 생각이다. 『눈먼 시계공』은 자연선택의 정당성[38]을 강조한 것으로 자연선택 그 자체를 창조 과정으로 여긴 저서다. 자연선택은 결코 목적을 드러내지 않은 채 무작위적, 누적적으로 진행된다고 본 것이다. 이는 지적설계론에 대한 전적 부정이자 우주의 목적 자체를 부정하는 반反유신론적 경향성을 노골화한다. 해서 지적으로 무신론자가 되는 것이 다윈의 충실한 후예의 삶이라고 말할 수 있었다.

이후『만들어진 신』에서 종교는 인간 정신을 숙주삼아 자신의 정보를 복제하는 일종의 정신 바이러스로 정의되었다.[39] 일종의 인간 정신 속에 기생하는 '밈meme' 이란 것이다.[40] 도킨스는 인간이 유전자뿐 아니라 '밈' 도 운반하는 주체라고 생각했다. 따라서 신이 존재할 수 있다는 가설은 확률 제로에 가깝다고 보았다. 복잡성을 지닌 진화 과정의 최종 산물인 창조적 지성만이 존재할 뿐 존재론적 신은 어디서도 발견될 수 없다는 것이다.[41] 해서 도킨스는 인간 현실에 해악을 끼치는 종교를 거침없이 비판할 수 있었다. 현대 과학으로 치유되어야 할 미신으로 치부되기도 했다.[42] 이 점에서 그를 반反본질주의자라 명명해도 좋을 듯하다. 하지만 도킨스는 종교의 순기능을 보지 못했을 뿐 아니라 근본적으로 종교를 자연선택에 환원시켰다. 유물론적 진화론의 시각에서 무작위적 진화를 맹신한 나머지 자연의 영적 의미와 가치를 폐기처분해버린 것이다.[43] 이제 무신론자 도킨스를 향해 그와 대척점에 서 있던 진화생물학자 굴드의 견해를 청취할 순서가 되었다.

종교에 관한 굴드의 도킨스 비판은 앞서도 보았듯이 자신의 진화생물학[44]에 근거했다. 불완전한 다윈 진화론을 좀 더 완벽한 논리로 만들고자 단속평형설을 주장한 것이 결국 도킨스식 무신론 내지 종교무용론을 비판하는 도구가 된 것이다. 본래 굴드의 단속평형설은 다윈의 점진적 진화를 보완할 목적이었고 자연선택만을 진화의 강령으로 본 도킨스의 유물론적 입장과 구별되는 논리였다. 더욱이 유전자 수준에서의 자연선택을 강조하는 것 또한 굴드의 시각에선 일리—理는 있되 전부는 아니었다. 자연선택이 유전자에서만 아니라 개체, 개체군 심지어 종種 이상의 수준에서도 작용했던 까닭이다. 해서 굴드는 유전자에 집착하는 유물론적 시각을 '울트라 다위니즘Ultra Dawinism'이라 명명했다. 도킨스의 반反본질주의에 대한 조롱과 부정이 함축되어 있는 말이다. 굴드에겐 자연선택만큼이나 발생학이 중요했다. 생물 종들이 오랜 정체기를 거친 후 급격하게 진화하며 중간 단계 없이 새로운 종이 출현할 수 있다는 단속평형설이 바로 발생학의 중요성을 환기시킨 것이다. 그래서 그는 진화가 진보가 아님을 강조했고 유전자보다는 환경의 중요성을 평생 역설해왔다. 이런 굴드의 입장은 이 글에서 의도한 생태학과 진화론의 관계 모색에 대단히 유의미하다.45 하지만 급격한 진화, 신종新種의 출현 등은 점진적 진화론자들에겐 불편한 개념들이었고 수용될 수 없었다. 이런 이유로 우발성에 대한 이해 자체도 같을 수 없었다. 굴드에게 우발성은 발생학과 의미상 동일했다. 하지만 도킨스에겐 '차이'를 생산하는 유전자들 간의 상호작용, 바로 그것이 우발성이었다. 환경적 요인을 비롯한 일체의 발생 자원을 원천 봉쇄시킨 것이다. 도킨스의 진화론이 유전자결정론이나 유물론적이라 불리는 것도 이런 이유에서다.

하지만 단속평형설로부터 야기된 굴드의 종교 이해 또한 문제없지 않았다. 우선 '발생학'이란 말 자체가 진화론자에게 익숙한 개념이 아니었다. 새로움을 발생시키는 낯선 주체, 일종의 창조주 또는 설계자가 존재할 수 있다는 감각을 자아냈던 것이다. 알다시피 굴드는 도킨스와 달리 종교와 과학을 상호 독립적으로 보았고 종교의 역할을 인정한 진화론자였다.46 종교를 과학에 환원시키지 않았던 까닭이다. 하지만 종교와 과학

쌍방에 대한 분리적 시각은 근대의 산물일 뿐 오늘의 에토스엔 적합지 않다. 분리적 시각에서 종교의 자리를 인정했고 진화론에서 발생학을 강조한 굴드의 이런 입장은 자신의 의도와는 상관없이 지적설계론에 빌미를 제공한 듯 보인다.[47] 발생과 진화의 관계를 평생 과제로 삼았던 굴드가 근본주의적 기독교의 시각에서 유물론적 진화론 내지 과학적 무신론을 비판할 수 있는 근거로 이용된 것이다. 사실과 가치가 분리될 경우 이런 오류에 빠질 수 있음을 단적으로 보여준 예라 하겠다.

오늘날 진화생물학자들 간의 갈등과 논쟁을 틈타 유신론적 과학을 언감생심 노리는 지적설계론자들이 기독교 내에 만연하고 있다. 진화와 창조(발생)를 조합시킨 '설계'로 진화를 비판·극복하려는 이런 노력은 교회 내부에서 크게 환영받는 추세이다.[48] 생명의 특성은 무작위적 자연선택이 아니라 지적 원리(설계)에 의해 더 잘 설명된다는 논리는 유신론을 표방하는 종교들의 반향을 불러일으킨 것이다. 그러나 실상 이것은 진화론과 유신론의 공존을 말하지 않았다. 유신론을 강조함에 그 목적이 있을 뿐이다. 하지만 지적설계론은 성서종교와 무관하다. 왜냐하면 생명체에서 발견된 설계 사례만 보고 자연 진화의 창조성에 내재한 비극적 깊이를 도외시하는 까닭이다. 성서는 '참 좋다'라는 하느님의 환호만을 말하지 않고 피조물의 '탄식'도 온전히 성찰하고 있는 생태학적 책인 것이다. 그렇기에 우리에겐 진화론을 이론으로 받아들이되, 우주 생태계의 비극적 깊이를 성찰하는 진화론적 신학이 필요한 시점이다. 이런 진화론적 신학으로 과학적 유신론(지적설계론)은 물론 과학적 무신론(도킨스) 모두를 극복하길 소망한다.

3. 진화론적 유신론에 대한 신학적 논의들
 - 설계, 성사聖事를 넘어 '약속'으로?

비록 지적설계론이 진화론과 유신론의 상관성을 부정했지만 21세기 기독교 신학은 다윈주의자도 기독교인이 될 수 있다는, 소위 진화론적 유신론을 말해야 옳다. 이미 신학이 생명을 다루는 한 그럴 수 있다는 진화론자의 대답도 있었다. 진화생물학에 터한 진화론적 유신론을 온전히 말하는 것이 샤르뎅 이후의 우주적 신학을 완성하는 길인 것이다. 이를 위해 인간 및 우주 질서에 대한 성서적 통찰 역시 진화론 이상 중요하다. 성서가 우주의 성사적sacramental 측면만큼이나 부정적 경향성을 드러내기 때문이다.[49] 성서가 원原은총과 더불어 원죄[50]를 말하는 것을 주목할 필요가 있다. 비록 신이 우주를 창조했다곤 하나 그 속엔 신의 침묵이라 불리는 불가해성Geheimnis이 만연되어 있는 까닭이다. 이 점에서 종교란 성사와 침묵 간의 실재적 갈등 속에서 성스러움이 현실화되기를 기다리는 어떤 것이란 지적은 타당하다.[51] 갈등이 현실이지만 우주 자체는 복잡화되는 과정에서 아름답고 성스런 지향성을 갖고 있다는 것이다. JPIC 대회 발의자인 물리학자 바이체커가 자연 자체가 내재적으로 역사성을 갖고 있다는 발견을 20세기 최고의 사건으로 본 것과 맥을 같이한다.[52] 자연이 결코 물질 덩어리가 아니란 확증을 자연과학자로부터 배운 것은 대단한 수확이 아닐 수 없다.[53]

우주의 모호성 그리고 자연의 역사성에 근거해서 신학자들은 우주가 확고한 '설계'가 아니라 목적을 실현해가는 과정임을 말하기 시작했다. 종래의 신적 초자연성을 미래적 목적 개념으로 바꾸어 생각했다는 말이다. 비인격적 우주 속에서 신적 깊이를 발견한 것이다.[54] 과정철학자 A.

화이트헤드의 다음 말이 결정적으로 중요하다. "종교는 즉자적 사물들의 덧없는 흐름 너머와 그 뒤 그리고 그 안에 굳건히 서 있는 무엇인가에 대한 통찰이다."55 머나먼 가능성이지만 현실화되기를 기다릴 수밖에 없는 현실 배후의 무언가에 대한 깊은 신뢰가 반영된 언사言辭이다. 여기서 진화는 신적 '깊이'(목적)에 적응해가는 창조 이야기로 읽혀질 수 있다. 진화론적 유신론이란 개념이 바로 이로부터 비롯한다. 즉 하느님이 '절대 미래'인 한 종교는 진화론과 경쟁치 않고 오히려 그 모임의 후원자로 역할하는 까닭이다.56

여기서 핵심은 '약속'이란 성서적 개념일 듯싶다. '약속'이란 말은 진화론과 성서를 합류시킬 수 있는 적절한 언어이다. 그러나 약속은 분명 '성사聖事'와 같을 수 없다. 성사만으로는 유한실재에게 불가피한 악惡을 설명할 수 없기 때문이다. 신은 분명 우주 만물 속에 육화되었으나 그 세계는 결코 완벽할 수 없다.57 정신이 될 물질로서의 우주는 오로지 '약속'으로만 존재할 뿐이다. 그렇기에 '약속'은 '설계'와 달리 초자연주의와 이원론과는 짝할 수 없다. 비이원론적 진화론의 빛에서만 성서의 '약속'은 자리를 얻을 수 있을 뿐이다. 진화론이 신학함에 있어서, 생태적 위기상황에서 은총이란 말이 그래서 타당하다. 우주 자연이 진화론적 성격을 상실해버리면 생태계 문제는 희망이 없다. 자연이 폐기될 수 없는 신적 약속의 장場인 것을 성서가 증거하고 있는 것이다. 진화하는 세계 자체가 하느님 약속인 것을 아는 것이 중요하다.58 약속으로서의 자연 개념이 진화와 성서(종말론) 그리고 생태학을 연결시키는 고리인 까닭이다. 현재와 다가올 미래 간의 불연속성이 커갈수록 '약속'은 절실해질 수밖에 없다. 여기서 불연속성은 자연에 대한 성사적 관점의 한계를 적시하는 것으로서 미래를 향한 진화론적 성격을 함축한다.59 어떤 현재도 신적 무한성을 온전히 드러낼 수 없고 '약속'을 향한 경향성만 지닌다는 것이다. 따라서 진화론적 성격이란 성서의 '종말론적'이란 말과 의미상 다르지 않다. 자연의 본유성은 인정하되 그의 궁극성은 미래에 있다는 성서적 종말론과 진화론이 동전의 양면이란 말이다. 주지하듯 성서는 '몸의 부활' 이념을 통해 약속의 실재Reality, 곧 하느님의 미래를 현시했다. 부활 그것이 영혼 불멸이 아니라 몸의 부활인 한, 더 크고 깊은 실재(우주)와의 관계성을 얻는 것을 뜻한다.[60] 즉 인간이 범우주적Pancosmic 존재, 자연과 분리됨 없이 하느님이 창조한 우주이야기의 한 부분이 되는 일인 것이다. 따라서 부활은 진화와 결코 무관한 어떤 것일 수 없다. 진화 역시 인간이 우주에 속한 존재임을 고지하는 까닭이다. 이는 신적 미래로서 부활이 생태적 개념임을 각인시킨다.[61] 더 큰 관계 속으로 들어가는 사건이 부활이라면 그것은 '모든 것은 모든 것과 관계한다'는 생태적 공리와 의미 상통한다. 그렇기에 죽음 역시도 전 우주와의 단절로 볼 이유가 전혀 없다. 그것 역시 더 깊은 우주에 이르는 통로라 여기면 좋을 일이다. 결국 삶과 죽음 나아가 부활을 통해 진화하는 세계와의 관계를 지속적으로 확장하는 것이 진화론적 신학의 영성이라 하겠다.[62]

그렇다면 우주적 진화 과정에서 '약속'(목적)으로서의 신은 과연 어떻게 작용하는가? 본 사안은 유신론적 진화론의 성패를 가늠하는바, 우주 진화와 신적 활동 간의 관계성을 골자로 한다.[63] 필자는 이 주제를 A. 화이트헤드의 과정사상과 H. 요나스의 생명철학의 시각에서 정리할 것인바, 후자의 입장을 채택할 것이다.[64] 이 과정에서 유신론적 진화론의 의지처인 '약속' 개념과의 논쟁이 필요할 듯싶다.

널리 알려졌듯 진화론적 신학을 구성함에 있어 A. 화이트헤드의 핵심 개념인 범汎경험주의Panexperientialism는 대단히 유용하다. 범경험주의는 과정철학의 근본 토대로서 우주 내 일체 존재가 생명, 무無생명체를 막론하고 저마다 경험 주체가 될 수 있다는 획기적 발상을 제공했던 까닭이다. 이는 우주가 '실재적 계기actual occasion'들로 구성되었다는 말과 다르지 않다. '실재적 계기'란 주체적으로 반응할 수 있는 주체적 존재를 뜻하기 때문이다. 이 점에서 과정철학은 우주 내 일체의 존재가 약속(목적)으로서의 신과 교감하며 반응하는 주체적 존재란 사실을 강조했다. 삼라만상이 하느님의 설득적 현존에 대해 '숨겨진' 방식으로 반응하는 감정 상태를 지녔다는 것이다. 여기서 숨겨졌다는 것은 단지 인간에 의해서 파악되지 않음을 뜻한다. 본유적 역사를 지닌 자연의 주체적 능동성을 인간이 전혀 파악할 수 없다는 사실이다. 이는 유물론적 진화론에 대한 한계를 적시하는 대목일 수밖에 없다. 과정철학은 '실재적 계기'로 구성된 우주가 신에 의해 부여된 정보를 주체적으로 수용할 능력을 지녔다고 확신한 것이다. 이것을 약속으로서의 신이 우주 만물과 교감하는 방식으로 여겼다. 즉 자신의 원초적 목적Initial Aim을 주체적 존재인 만물들과 함께 실현시키는 일이 그의 창조 행위였던 것이다. 바로 이 과정을 일컬어 과정철학은 '범경험주의'라 했다. 의당 여기서는 일회적 창조란 애시당초 불가능하며 오로지 지속된 창조Creatio continua만 존재한다. 지속된 창조 역시 진화 없이 설명될 수 없는 개념인 것이 자명하다. 과정철학의 '과정Process'이란 말이 진화와 유관할 수밖에 없는 이유이다. 이처럼 과정철학은 '범경험주의'를 근거로 '약속'의 신을 진화론적으로 구체화시킬 수 있었다.

유대 철학자이자 신학자였던 H. 요나스 역시 유물론적 객관주의가 보지 못한 자연의 내적 감각이 온 우주 속에 존재함을 간파했다.[65] 일체의 우주가 자유/필연, 관계/고립이라는 생명의 존재감정Sensitivity을 진화의 초기부터 지녀왔다는 것이다. 달리 말하면 생명이란 본래 자기 초월적 지평을 갖고 있다는 말이다. 단지 진화 초기 단계에서 우주는 의식(정신)이 충족히 깨어 있지 못했을 뿐이다.[66] 여기서 과정철학과 다른 것은 우주 초기에 신적 '계획' 내지 로고스 같은 것을 상정하지 않았다는 사실이다. 요나스는 낙관주의적 진보로 진화가 오용되는 것을 원치 않았던 까닭에 무목적적인 '우주 발생적 에로스Cosmogenic eros'를 '원초적 목적Initial Aim'의 자리에 설정했던 것이다. 여기서의 '에로스'는 단지 물질 자체를 내면(의식)화하는 경향성, 열정과 같은 것일 뿐 '신의 목적'과는 구별된다. 하지만 분명한 것은 과정사상처럼 요나스의 생명철학 역시 잠정적 상태이긴 하나 물질의 주체성을 인정했다는 사실이다. 물질 속에 내재된 '우주 발생적 에로스'가 물질의 자기 초월의 동력이란 것이 요나스의 생각이었다. 이런 자기 초월을 목적이라면 목적이라 할 수 있을 법하다.

그러나 요나스는 과정철학의 '범汎경험주의'를 신학적으로 불필요하다고 생각했다. 자연의 능동적 주체성을 초기 단계에서만 인정할 뿐 우주의 전 과정으로 확대될 수 없다고 본 것이다. 과정철학의 입장에선 납득하기 어려운 주장이었다. 자연의 잠재적 주체성이 우주와 교감할 수 있는 여지를 허락하지 않기 때문이다. 그럼에도 우주의 전 과정 속에 자연의 주체성이 부여되었다는 입장, 범汎경험주의를 거부한 것은 그 속에서 낙관주의의 위험성을 보았던 까닭이다. 이는 유대의 '카발라 신비주의'[67]와 아우슈비츠 경험 이후의 유대적 신학 담론을 생각할 때 이해될 수 있다. 요나스는 태초에 신이 자신의 운명을 우주(창조)에게 내주었다는 신의 '자기박탈'적 행위를 근거로 신과 진화론 양자를 긍정했다. 하지만 이 경우 신은 우주와 직접적으로 교감하며 '귀결적 본성'에 이르는 그런 존재가 아니었다. 오히려 우주 내의 지속된 우연, 고통 속에서 유한한 존재를 강화시키는 신성이었다. 그럴수록 자연 역시도 비인격적 우연 내지 필연성의 산물로서 이해될 수밖에 없었다. 자연에게 너무도 많은 것을 허용했기 때문이다. 이 점에서 요나스는 오히려 다윈 진화론을 철저히 수용·계승한 존재라 불리기도 한다. 이는 부정할 수 없는 사실이다. 신이 우주 '현실태'의 내적 반응을 기다리고 상호작용을 요구하는 대신 우주 활동의 여지를 위해 오히려 자기 자신을 철저히 부정하고 있다는 사실에서 더욱 확연해진다.[68] 그러나 세상 및 우주 속에서의 하느님(신성)의 자기 무화, 혹은 무능력은 동시에 인간에게 더 많은 책임성을 요구하고 그를 철저화시키려는 의미를 함축한다. 신론을 인간학적 방향으로 일정 부분 정위시킨 탓이다.[69]

필자가 보기에 우주에 대한 신적 무개입, 무관심은 과정신학의 신론 이상으로 '홀로코스트' 이후의 하느님 이념으로 적합할 수 있다. 생태학적 위기 상황에서 그리고 종교다원주의 현실 속에서 '약속'보다 '책임'이 전 인류를 보편적으로 아우를 수 있다는 생각 때문이다. 분명 요나스의 시각에서 '범汎경험주의'는 지나칠 정도로 목적론적으로 여겨질 것이다. 그가 우주 초기에 '로고스'가 아니라 '에로스'를 말한 것도 실상은 신적 '목적'과의 변별력을 분명히 설정하기 위함이었다. 하지만 역으로 그것이 목적 없는 진화론이라면 유물론적 신新다원주의와 차이가 없다는 비판도 얼마든 가능하다. 그에게 '약속' 내지 신적 '질서' 개념이 탈각되었던 까닭이다. 물론 그에게도 신적 필연성이 사라지지 않았다. 하지만 창조에 모든 것을 맡긴 그의 하느님은 영향력을 미치기보다 '우주(물질)의 소용돌이를 인내하며 참는'(patient memory of the gyration of matter)[70] 분이다. 요나스의 '자기 없는 신Self-emptying God'은 희망, 약속의 존재와는 다르나 무한 '책임'을 요청하는 진화의 신이 틀림없다. 우주 속에 내면성(의식)을 향한 열망이 가득 차 있다는 것이 시종일관된 그의 생각이었기 때문이다.[71] 단지 진화 과정에서 '로고스'(질서)보다 '에로스'를 우위에 설정함으로써 과정사상과의 결정적 차이를 드러낼 뿐이다.

기후 붕괴 시대를 살면서 필자는 신학자임에도 현실적으로 '에로스'에 마음을 뺏긴다. 그것이 예측 불허의 생태학적 현실을 설명하는 사실 적합한 이론체계란 생각 때문이다. 과정철학적 진화유신론 역시 기독교 중심적인 세계관에 경도된 이유로 다종교 상황을 감당키 역부족이다. 제 종교가 저마다의 방식으로 생태계 문제를 해결해야 할 상황인 것이다. 신생대로부터 생태대로의 전환(진화)이 결국 인간의 몫이란 말이다. 해서 '막 태어난 갓 난 신생아를 향한 무한 책임'[72]을 책임감들의 원형Archetype이라 보고 그런 책임성을 인간에게 요구한 요나스의 견해가 보편적이며 현실적이다. 그러나 '약속' 이후의 '책임'의 신학[73]은 새로운 인간 이해를 요청한다. 이는 '우주적 그리스도'의 빛에서 생각할 다음 장의 주제이다. 신학이 진화론을 긍정하는 한, '우주적 그리스도'가 유신론적 진화신학의 핵심인 것을 누구도 부정할 수 없을 것이다.

4. 창조와 성육의 통합으로서의 우주적 그리스도와 '없이 계신 하느님'
- 약속을 넘어 '책임'으로!

진화신학자 호트는 한 책의 발문[74]에서 다윈 진화론의 이념이 인간 사유, 도덕, 나아가 영성을 포함한 살아 있는 현상을 자연적 방식으로 설명할 수 있음을 시인하며 이런 우주 진화론적 감수성이 기독교의 인격적 하느님 이해와 모순될 수 없다고 했다. '이론'이 아닌 '사실'로서 진화론이 하느님의 창조성을 현시한다고 본 것이다. 신적 창조Creatio continua 행위 속에서 다양성, 복잡성으로 나아가려는 내적 강요(우발성)를 확신했던 까닭이다. 이 점에서 신학자들은 창조의 방향성과 목적을 전제로 우발성을 동반한 자기 초월적 진화로 이해하는 진화론적 신학을 정초할 수 있었다.[75] 우주 속의 하느님 신비를 발견코자 과학과 신학 간의 공명Consonance을 추구했던 것이다. 그러나 진화신학은 종래와 같은 개인 예수에 대한 영성화 즉 인간 중심적 구원론의 시각에선 성립될 수 없었다. 역사적 예수상에서 비실체적인 우주적 그리스도로의 신학적 패러다임 변이가 신학계의 살아 있는 화두가 된 것은 최근의 일이었다.[76] 진화론의 등장과 생태 위기의 현실에서 예수 인격의 그리스도적 혹은 영적 의미를 우주 안에서 찾는 일을 신학의 사활이 달린 문제로 인식한 것이다. 그러나 실상 '우주적(영적) 그리스도'는 기독교 역사 초기부터 있어온 개념이었다. 성육신을 속죄론의 차원에서만 보지 않고 창조의 완성으로 생각한 신학자들이 결코 적지 않았다.[77] 더욱 애써 잊고 있었을 뿐 성서 안에서조차 우주적 그리스도에 관한 단초를 찾는 일은 어렵지 않다.[78] 본 장에서 필자는 일차적으로 '우주적 그리스도'에 대한 서구 신학의 견해를 정리하되 그의 연장 내지 철저화로서 多夕 유영모의 '얼기독론'의 의미와 중요성을 역설할 것이다. 이는 신적 '목적'에 의존한 진화론적 신학이 생태학적 위기의 긴박성을 놓치고 있으며 요나스의 '무력한 신' 개념 역시 인간의 '책임'을 말하기에 미흡하다는 생각 때문이다.

본래 '그리스도'란 말은 '메시아'를 희랍어로 표기한 것이었다. 메시아란 말이 유대적 정황을 벗어난 헬라적 풍토에서는 의미를 줄 수 없었던 까닭이다. 이는 초기 기독교인들에게 예수의 메시아성이 아닌 그의 부활 사건이 중요했음을 뜻한다. 부활 속에서 예수는 하느님 현존을 영적으로 매개할 수 있었고 그것은 예수의 역사성을 넘어섰고 종말론적 우주와 관련되었다.[79] 예수 안에서 발생한 부활이 인간과 우주의 미래—우주의 전적 변화—를 기대토록 한 것이다. 이 점에서 부활신앙이 그리스도를 통해 초문화적 영역을 함축했다는 평가도 가능하다.[80] 초대교회의 새로운 문화적·정치적 상황에서 예수가 새로운 상징, 새로운 이야기로 재탄생되었다는 이야기다. 우주 찬가와 기독론을 연결시킨 빌립보서, 그리스도의 우주적 비전을 말한 골로새서,[81] 그리스도를 통해 만물의 화해를 노래한 고린도전서[82] 등이 그 대표적 경우이다. 에베소서의 경우 '교회론'의 관점에서 그리스도의 우주적 역할을 강조했을 뿐 전 우주를 구원하는 중심으로서의 그리스도에 대한 고백이 더욱 강조되고 있다.

이런 우주적 그리스도 이념은 특히 교부 이레니우스의 '총괄 갱신론 Recapitulation'을 통해 확고하게 전승되었다. 그 역시 구원이란 죄로부터의 해방만이 아닌 전 우주가 새롭게 되는 차원인 것을 역설한 것이다. 우주론에까지는 이르지 못했으나 터툴리안 같은 교부 역시 창세기 본문에서 로마와 견줄 때 전혀 새로운 인간과 사회상을 찾은 바 있었다. 하지만 그리스도 안에서 전 우주가 갱신한다는 우주적 그리스도는 니케아 회의 이래로 자취를 감추고 말았다.[83] 한 인격 속의 두 본성(homoousios)의 물음으로 기독론을 축소시켜버린 탓이다. 점입가경으로 어거스틴 이후부터 자연과 은총 두 영역을 연결시킬 수 있는 길이 원천적으로 봉쇄되고 말았다. 성서가 말하는 우주적 그리스도 이념이 탈각되는 시점이었다. 당시 사회 및 교회 통제 기능을 위해 그는 초기 교부들과는 정반대로 창세기

1-3장에서 오히려 인간의 전적 타락상을 읽었던 것이다.[84] 다행히도 중세 프란시스 교단에 속한 보나벤투라는 잠정적이긴 하나 단절된 우주적 그리스도 이념을 복원시켰다.[85] 성육신을 인간 중심적 속죄의 차원이 아닌 창조의 완성이라 했던 것이다. 성육신과 창조가 본래 둘이 아니었다는 말이었다. 하지만 그의 신학은 아쉽게도 동시대의 거목인 토마스 아퀴나스에 의해 묻혀버리고 말았다. 이렇게 보니 기독교가 공식화했던 '한 인격 속의 두 본성'이란 니케아-칼케돈 도식은 오히려 성서와 일치하기 어렵다.[86] 그렇기에 양자역학과 진화론 나아가 두 번째 차축시대[87]가 언급되는 상황에서 과거 기독론 공식은 깨어져야 마땅하다. 2차 바티칸 공의회를 주도했던 가톨릭 신학자 라너Rahner는 이들 새로운 세계관이 과거의 공식을 허물어 줄 것을 강력히 주문했다. 생태신학자로 알려진 지틀러Sittler 역시 향후 신학은 어거스틴이 아닌 이레니우스와 함께 새롭게 시작할 것을 요구한 바 있다.[88] 기독교가 말하는 구원은 오직 창조론의 궤도하에서만 유의미하다는 생각 때문이다. 구원의 힘이 인간에게만 아니라 자연에게도 미치고 있다는 사실이다. 진화론이 우주적 그리스도 이념과 만나야 할 분명한 이유가 바로 여기에 있다.[89]

이런 논의는 현대 신학자들, 특히 파니카Panikkar와 같은 아시아 신학자들에 의해 더 깊게 진행되었다. 앞서 언급한 소위 '제2의 차축시대'에 접어들었다는 시대 인식 때문이었다. 첫 번째 차축시대가 개별성(자유), 초월을 발견한 시점이라면 두 번째는 개체를 넘어선 '통합'의 영성이 그리스도 이념의 핵심이 되는 시기라 말할 수 있다.[90] 즉 상호 나뉘어 발전한 종교들이 우주적 그리스도의 영성으로 수렴될 '결정적 때'(New Kairos)에 이르렀다는 말이다. 이런 분위기를 포착한 신학자가 바로 R. 파니카였다. 그는 성육신과 창조론의 통합을 '그리스도 현현Christophany' 이란 말로 재정의했다.[91] 여기서 그리스도는 '실재하는 모든 것의 상징the Symbol of the Whole of Reality'을 뜻한다. 이 경우 '실재'는 각각의 종교 전통에서 언급해온 '창조주'의 다른 명칭이다. 신이 전 우주 과정 속에 현존하며 육화하는 다양한 방식이 있다는 것이다. 이는 그리스도가 예수의 역사성으로 환원 내지 소진될 수 없다는 아시아 신학자의 획기적 발상이 아닐 수 없다. 해서 기독교 밖의 전통에서 다른 언어, 다른 소리로도 그리스도를 말할 수 있는 소위 '복수적(다원적) 그리스도'의 시대가 열린 것이다.[92] 여기서 핵심은 그리스도가 각각의 창조주(실재)를 연결시키는 상징이란 점이다. 우주 과정 속에 현현하며 육화된 각각의 신을 소통키는 상징적 존재가 그리스도란 말이다. 파니카는 이런 복수적 그리스도를 다른 말로 '그리스도 창조Christogenesis' 라 명명했다.[93] 그리스도 역시도 뭇 실재들과 소통하는 과정에서 그 스스로 진화하는 존재란 것이다.

그러나 진화하는 존재로서 그리스도는 인간의 참여 없이는 자신의 방향성을 가늠할 수 없다. 즉 진화의 향방이 그리스도 우주 신비에 대한 인간 참여 여부와 유관하다는 것이다.[94] 인간의 역할이 참으로 지대해지는 부분이다. 여기서 인간의 참여란 인간의 자기 초월을 이름하는바, 분리된 자기 감각의 죽음을 뜻한다.[95] 내면의 변화 없이 우주 자연의 변화를 기대할 수 없다는 것이다. 해서 파니카는 진화론자들이 주장해온 '인간 원리Antrophic principle' 대신 '그리스도 원리Christophic principle'를 새로이 강조했다. 우주가 인간 삶을 위해 조율된 것이 아니라 창조된 실재들 간의 일치를 향해 정위되어 있다는 것이다.[96] 이를 위해 필요한 것이 우리 안에서의 '그리스도 탄생'이다.[97] 후천 혹은 제2의 차축시대에 살고 있는 우리에게 그리스도 진화에 참여할 수 있는 유일한 방법이자 길인 까닭이다. 그 옛날 예수가 신적 인간성의 충만한 실현이었듯 우주적 영역에서 자연과의 온전한 결합이 우리의 인격 속에서 발생되어야만 하는 것이다. 우주의 전 진화적 과정이 신에 의해 시작되었으나 그것이 지금 인간 속에서 지속돼야 한다는 말이다. 이 점에서 예수 역시도 하느님과 관계된 일체 인간의 상징일 수밖에 없다.[98] 인간 역시도 자신 안에서 그리스도를 낳도록 창조된 존재인 까닭이다.

이상에서 파니카의 우주적 그리스도를 약술했다. 이에 중점을 둔 이유는 다음 두 가지 점 때문이다. 첫째는 서구의 유신론적 진화론자들과 달리 종교다원적 시각을 견지했고, 둘째는 인간의 무한 책임을 그리스도 신비와 연루시켜 강조했기 때문이다. 앞서 보았듯이 필자는 요나스의 '책임 원리'를 토대로 진화론의 생태학적 유의미성을 역설했다. 과정철학을 매개로한 진화론적 유신론의 공헌에도 불구하고 신적 목적성이 과도하여 현실의 종교적 상황과 맞지 않는다는 판단도 작용했다. 이 점에서 '실재'를 인정하고 강조했으나 그를 인간학적 개념으로 재설정한 파니카가 중요했다. 인간 책임성을 신비의 사건이자 통합적 영성의 본질로 보고 일체 인간의 공동 창조자Cocreator성을 역설했던 까닭이다. 이 역시 성육신과 창조론의 통합적 시각에서 비롯된 결과였다. 여기서 필자는 한 걸음 더 앞으로 나갈 생각이다. 아직도 파니카에겐 우주 의식의 복잡화란 이름하에 진화의 기독론적 구조가 전제된 듯 보이기 때문이다. 이것은 요나스의 시각과 상충될 수 있는 여지를 남긴다. 해서 필자는 多夕 유영모의 '없이 계신 하느님'과 '얼기독론'에 근거하여 요나스와 파니카의 생각을 좀 더 철저하고 온전케 하길 원한다. 이 과정에서 사실적 종말로 치닫는 생태학적 위기 현실과 한국적 주체성이 잘 드러날 수 있을 듯하다.

주지하듯 필자는 이 글의 제목을 '種의 기원과 種의 멸종 사이에서…'라 하였다. 앞의 것이 진화론의 뜻을 함축한다면 나중 것은 생태학적 뉘앙스를 풍기는 단어이다. 오늘 우리가 진화론을 논하는 목적이 그것의 유/무신론적 성격을 논하는 데 있지 않고 그것을 매개로 생태적 위기를 타개할 수 있는 방안을 모색하기 위한 것이었다. 이를 위해 특정 이념, 한두 종교들의 역할만 필요한 것이 아니다. 인간 자체가 달라져 새로운 문화를 개척하는 길밖엔 방도가 없는 듯하다. 이 점에서 파니카의 견해는 탁월했고 지금부터 짧게나마 살펴볼 多夕사상에서 그 정점을 볼 수 있다.[99]

多夕에게 하느님은 본래 '없이 계신' 존재이다. 여기서 '없다'는 것은 모든 것을 있게 하는 토대이긴 하지만 그 스스로 의도와 목적을 지니지 않았다는 요나스의 견해와 맞물릴 수 있는 말이다. 하지만 '없이 계신' 신은 자신의 자리를 인간의 '밑둥', 곧 인간의 본성 속에 두었다. 인간을 말하지 않고 신을 말할 수 없는 까닭이다. 없이 계신 이는 그래서 인간의 밑둥에 있으며 그것을 多夕은 '얼' 또는 '얼나'라 불렀다. 이런 '얼나'가 존재하는 한 하느님의 성령은 끊어져본 적이 없다는 것이 그의 생각이었다. 인간뿐 아니라 삼라만상 속에 언제나 있었기에 그것은 바로 '없음'으로밖에 달리 표현될 수 없었다. 이는 유신론적 진화론의 맥락과 상응할 수 있는 多夕의 핵심 개념이다.

하지만 多夕사상의 핵심은 항시 그런 신의 존재처인 인간 속에 있다. 그렇기에 多夕은 유/불교를 막론하고 하늘로부터 계시받지 못한 종교가 없다고 믿었다. '얼나'가 있는 한 신의 존재는 부정될 수 없다(念在神在)는 발상이다. 그에게 신은 무시무종한 존재로서 처음부터 있었고 인간과 더불어 존재할 뿐이다.

하지만 '얼나'는 언제든 몸나와 더불어 짝을 이루고 있다. 몸의 욕구로부터 나온 '탐진치'가 '얼나'의 발현을 억제하고 방해하는 것이 현실이다. '없이 계신 이'와 달리 인간은 '있음'으로 존재 의미를 드러내기에 그와의 교감이 어려운 것이다. 그렇다고 多夕이 '몸나' 자체를 부정하는 것은 결코 아니다. 건강한 몸에서 열려진 마음이 나오고(放心) 그로부터 자신의 본성(바탈)을 태워 하늘에 이를 수 있다고 믿었던 까닭이다. 이는 예수가 가르친 '일용할 양식'의 중요성을 환기시킨다. 多夕이 '중용中庸'을 '알맞음'이라 번역한 것도 이런 맥락하에 있다.

多夕에게 십자가는 이를 위해 대단한 의미를 지닌다. 제 뜻 버려 아버지 뜻을 구한 예수의 십자가가 그에게 '몸나'를 줄이고 '얼나'를 늘리는 것으로 재해석된 것이다. 바로 '일좌식 일언인一坐食 一言仁'이란 말이 多夕식의 십자가 이해였다. 多夕 스스로도 언제든 한 끼를 먹었고 늘 다리 꿇고 앉았으며 어디든 걸었고 성적 욕망을 버렸다. 그래서 그는 '믿음에 들어간 이의 노래'라는 자신의 오도송悟道頌을 남길 수 있었다. 이 길을 앞서 걸은 예수가 그에겐 유일한 스승이기도 했다. 스승 예수는 그러나 인습적인 속죄의 그리스도와는 거리가 있다. 多夕에게 십자가는 대속代贖이 아니라 자속自贖의 상징이었기 때문이었다. 십자가란 '몸나'를 지닌 예수를 '얼나'로 거듭나게 한 사건으로서 예수 그를 '없이 계신' 그분과 동일한 그리스도로 만든 사건이란 말이다. 그래서 多夕은 '몸나'로서의 예수를 숭배하지 않았다. 오로지 '얼나'로 솟구친 십자가 상의 예수를 그리스도로 고백했다. 이로써 예수가 영원한 생명의 수여자인 우주적 그리스도가 되었다는 것이 多夕 기독론의 핵심이다.

여기서 관건은 인간 모두가 저마다의 '밑둥'을 근거로 자기 십자가를 져야 한다는 '얼기독론'이다. 자신의 '몸나'를 줄여 '얼나'로 솟구치는 과제가 우리 모두에게 주어져 있다는 뜻이다. 예수를 값싼 대속적 존재로 만들지 말라는 것이다. 결국 '얼기독론'은 소유로부터 존재로의 방향 전환을 촉구하는 한국식 표현이다. 없이 있는 존재와 '하나' 되려면 인간 역시 '없이 살아야' 하는 까닭이다. 이렇게만 될 수 있다면 인간은 누구나 그리스도가 될 수 있다. 이는 파니카가 말한 '우리 안의 그리스도 탄생'의 순간이기도 하다.

 多夕의 '없이 계신 하느님'의 표상이 중요한 것은 인간이 항시 '덜' 없어 '더러운' 존재로 살고 있기 때문이다. 누구든 인간은 좀처럼 '없이 살려'고 하지 않고 그리 살기도 쉽지 않은 것이 현실이다. 더구나 '있음'에 무게를 둔 서구 신학의 경우 결코 '없이 살음'을 말할 수 없고 말할 자격도 없다. 꽃을 볼 때 온통 꽃의 테두리(있음)만 보지 그 꽃을 있게 한 허공, 곧 '빈탈'을 보지 못하는 탓이다.[100] 그렇기에 우주적 그리스도의 신비에 참여하려는 노력이 이론으로만 존재할 뿐 서구에서 현실화되기 어렵다. 수행 전통의 결여 내지 빈곤으로 인한 결과이기도 하다. 이 점에서 태초부터 '없이 있는' 우주적 그리스도, 하느님의 영과 '하나' 되려는 자속적 수행修行으로서의 십자가는 책임의 의미를 각인시킨다. '책임의 원리'는 지속된 수행의 과정을 통해 현실화될 수 있다는 것이 필자의 판단이다. '덜 없이' 사는 삶이 지속되는 한 세상은 '더러워' 질 것이고 진화의 방향은 種의 멸종' 쪽으로 가닥을 잡을 것이다. 하느님의 목적과 계획이 우주 속에 있다 한들, 탐진치적 인간 삶이 존속하는 한 생태적 희망을 갖기 어렵다는 말이다. 그래서 필자는 '설계'보다는 '약속'이 옳고 약속보다는 '책임'이 더 설득력을 갖는다고 말했다. 더구나 수행 전통을 지닌 아시아적 배경에서 '책임'의 의미가 각별하다고 생각한 것이다.

나가는 글

최근 도킨스와 맥락을 같이하는 유물론적 진화론자 E. 윌슨의 『생명의 편지』[101]란 책을 정독했다. 이 책의 부제는 "과학자가 종교인들에게 부치는 사랑의 편지"로 되어 있다. 번역된 지 2년이 지나서야 손에 쥔 책이지만 필자의 문제의식과 맞닿아 있어 반갑고 뜻 깊게 읽어 갔다. 비록 미국 내 보수신학자와 보수교회들의 무지몽매한 자연관 내지 반反생태적 문제의식을 조심스럽게 질타한 내용이었으나 필자가 읽기에 대다수 기독교 교회의 정서를 반영한 책으로 생각됐다. 물론 진보적 경향의 신학자(목회자)들이 보기에는 기독교를 폄하한다고 느낄 부분이 적지 않다. 도킨스의 『만들어진 신』의 내용이 그렇듯이 말이다.

이 점을 감안한다면 윌슨이 보낸 '생명의 편지'는 유물론적 진화론자가 오늘 기독교인 된 우리처럼 생태계의 미래를 염려하며 함께 이 일을 위해 손잡자는 내용으로서 거부할 이유가 전혀 없다. 기독교인 된 우리가 오히려 그에 대한 더욱 적극적인 답신을 그에게 보내야 옳다. 생태계의 문제는 유물론자들도 함께 걱정해야 될 몫일 수밖에 없는 것이다. 유물론적 진화론을 배척하고 그를 극복하는 이론도 나와야겠지만 그와 더불어 같이할 수 있는 노력도 제거할 필요는 없다. 더구나 생태계 위기 극복을 위해 목회자들에게 손을 내밀고 있지 않은가? 이 점에서 필자가 강조한 '책임'은 유물론적 진화론을 인정하면서도 그를 넘어설 수 있는 보편적 방책이라 여겨진다. 믿음에 성실함을 더하는 길만이 미래에 희망일 수 있다면 多夕의 자속적 십자가는 이 일을 위해 힘을 보탤 수 있을 것이다.

| 주 |

서론_ 미정고未定稿로서의 예수
1) 그의 책 『참된 자아의 주님으로서 붓다와 그리스도』(*Buddha und Christus als der Herr des wahren Selbst*)가 1983년 스위스 베른에서 이미 출간되어 있었다.
2) 선생에게 스승은 곧 탈존한 존재였다. 자신으로부터 벗어난 자만이 스승일 수 있다 하였다.
3) 2009년 BBC 최근 방송에 의하면 한국인의 욕망지수가 OECD 국가 중에서 1위라고 한다.

제1부 한국 신학의 두 과제, 토착화와 세계화를 아우른 多夕의 기독론

1. 多夕 신학에서 본 '역사적 예수'의 기독론
1) 이것은 불트만의 제자 E. 케제만의 주장이다. 그의 주장 이래로 신약성서 학계는 예수 생애사 연구에 초점을 맞추게 된다.
2) 폴 코팬, 『진짜 예수는 일어나 주시겠습니까? – 예수의 역사적 사실과 신앙적 의미에 관한 연구』, 유기쁨, 방원일 공역 (누멘, 2010). 주로 이런 식의 대별은 소위 복음주의 진영에서 행해진다. 이 책의 저자인 폴 코팬도 복음주의 진영에 속한다.
3) M. 보그, 『예수 새로 보기』, 김기석 역 (한국신학연구소, 1997) 참조.
4) 이 점에서 우리는 한국기독교연구소를 운영하는 김준우 교수의 공을 말하지 않을 수 없다. 그는 J. 도미닉 크로산의 『역사적 예수』(2000)를 비롯해 M. 보그의 최근의 책 『기독교의 심장』(2009)에 이르기까지 10여 권의 관련 책을 번역 출판했다.
5) 버튼 맥, 『잃어버린 복음서』, 김덕순 역 (한국기독교연구소, 1999); 김용옥, 『도마복음 한글 역주』 1, 2, 3권 (통나무, 2010). 이외에도 오강남의 도마복음 연구서도 인기리에 읽히고 있다. 특히 김용옥의 위 책은 한국 신학자가 감당할 과제였던바, 향후 새 기독교를 위해 기본 자료 역할을 할 것이다.
6) 실제로 예수살기 모임에 참여한 대다수 목회자들에게 신앙의 그리스도는 여전히 불

변의 상수로 자리매김되어 있고 그를 보완하는 방편으로 역사적 예수상이 수용될 뿐이다.

7) F. Buri, "Entmythoklogisierung oder Entkerygmatisierung der Theologie", *Kerygma und Mythos*, Vol. II, No. 9, herg. H. Werner Barth (Evanglischer Verlag 1952).

8) 후술하겠으나 이에 관한 필자의 주저를 먼저 소개한다. 이정배, 『없이 계신 하느님, 덜 없는 인간』(모시는사람들, 2009).

9) 이 점에서 길희성은 한국적 상황에서 '보살예수'를 說한 바 있다. 그러나 필자는 '보살' 보다는 '스승'이 더욱 한국적 심성에 어울린다고 생각하여 多少의 생각을 따른다.

10) 주지하듯 북미의 '예수 르네상스'는 한국 민중신학자들에 의해서 미국적 예수로 평가되고 있다. '민중' 예수의 틀에서 보면 '대안 문화' 활성가(현자)로서의 역사적 예수상은 자본주의 곧 제국의 상황 속에 있는 미국적 고뇌의 산물이란 지적이다.

11) 여기서 논쟁적이라 함은 M. 보그와 N. 톰 라이트가 공저한 『예수의 의미』(기독교연구소, 2001) 속에 나타난 내용을 말한다. 부활 이전과 이후를 관계시키는 방식의 차원에서 이들은 저마다 다른 입장을 취한다. 본 책에서 보그는 양자의 관계를 분리하는 시각을 대변하나 관계성 자체를 부정하지는 않는다. 그러나 관계성을 엮는 과정에서 철저치 못한 점이 있어 多少신학으로 전회를 시도할 것이다.

12) 일레인 페이걸스, 『아담, 이브, 뱀 - 기독교 탄생의 비밀』, 류점석 외 옮김 (아우라, 2009) 참조. 전자의 경우로 클레멘스 교부를 들 수 있겠고 후자의 대표 주자로는 어거스틴을 말할 수 있다.

13) 실제로 1994년 10월 시카고의 무디 기념교회에서 복음주의 계열의 성서학자와 역사적 예수 연구가인 크로산 간의 역사적 예수를 주제로 한 치열한 공방이 있었다. 그간 한국에서도 '역사적 예수 연구의 위기성'이란 제목으로 서구 신학자들의 비판이 종종 소개되기도 했다. R. 티모디 존슨, "예수의 인간성 - 역사적 예수 연구, 무엇이 위기인가?",「신학사상」133 (2006 여름), 7-49.

14) 이는 기독교 신앙이 역사(성)에 의존해야 하는가 하는 뿌리 깊은 논쟁 중 하나이다. 그러나 역사적 예수 연구가들 특히 M. 보그는 신앙이 역사에 종속된다는 견해를 피력한 적이 없다.

15) '내재적 비판'이란 말은 '외재적 비판'과 구별된다. 후자가 관점 자체를 달리하는 일방적 비판이라면 앞의 것은 역사적 예수에 대한 전반적 이해에 근거한 합리적 토론이라 하겠다. 여기선 주 11)에 소개된 책자 『예수의 의미』에 담긴 논쟁을 소개할 것이다. 공동 저자인 보그와 톰 라이트는 옥스퍼드 대학의 같은 선생(G. 케어드) 밑에서 수학한 동문이지만 부활 이전/이후의 사안에 대해선 입장을 달리하고 있다. 15쪽 참조.

16) 위의 책, 17.
17) 위의 책, 26-28.
18) 위의 책, 40.
19) R. 티모디 존슨, 앞의 책, 12-13; 폴 코팬, 앞의 책, 22-23. 독일 신학자로서는 W. 판넨베르크가 이런 입장을 취하고 있다. W. Pannenberg, "Jesu Geschichte und Unsere Geschichte", *Glaube und Geschichtlichkeit* (Muenchen: Chr. Kaiser, 1975), 92-94.
20) M. 보그, N. 톰 라이트, 앞의 책, 44-45, 54.
21) 위의 책, 70-71.
22) 위의 책, 87, 94-95 이하 내용.
23) 여기서 유대교 신비가란 유대적 텍스트 안에서 '영의 사람', '치유자', '지혜교사' 그리고 '사회적 예언자' 등을 일컫는 말이다. M. 보그, 『예수 새로 보기』, 김기석 역 (한국신학연구소, 1997), 2부 6-8장을 보라.
24) M. 보그, N. 톰 라이트, 앞의 책, 93.
25) 존 쉘비 스퐁, 『예수를 해방시켜라』 (한국기독교연구소, 2000); 동 저자, 『새 시대를 위한 새 기독교』, 최종수 역 (한국기독교연구소, 2005); 동 저자, 『만들어진 예수, 참사람 예수』, 이계준 역 (한국기독교연구소, 2009). 이런 관점에 의거한 필자의 논문도 있다. 이정배, "역사적 예수, 역사적 붓다", 『인류의 스승으로서 붓다와 예수』, 한국교수불자/기독자연합회 (동연, 2006), 131-161.
26) M. 보그, N. 톰 라이트, 앞의 책, 107-108. 이에 관한 보그의 특별한 저서 『새로 만난 하느님』, 한인철 역 (한국기독교연구소, 2001), 65 이하 내용 참조. 최근 번역된 『기독교의 심장』, 김준우 역 (한국기독교연구소, 2009), 4장에서 본 주제를 다루고 있다.
27) 위의 책, 111 이하.
28) M. 보그, 『예수의 마지막 일주일』, 오희천 역 (중심, 2007), 8-9.
29) M. 보그, N. 톰 라이트, 앞의 책, 155-165. 톰 라이트는 예수의 죽음을 '신앙의 급소'란 말로 언표했다.
30) 위의 책, 138-139.
31) 여기서 자자는 예루살렘이 마가복음의 핵심 배경이었고 전 16장 중 40%에 달하는 6장이 예루살렘에 관한 것이었음을 밝힌다. 『예수의 마지막 일주일』, 44-56.
32) M. 보그, N. 톰 라이트, 앞의 책, 143-144. 예언의 역사화란 본래 J. 도미니크 크로산의 핵심 용어이다.
33) 위의 책, 169-170.
34) 위의 책, 187-188.
35) 위의 책, 191.

36) 위의 책, 196-197.
37) 위의 책, 201-203.
38) 위의 책, 210-211.
39) 위의 책, 213; M. 보그, J. 도미닉 크로산, 『첫 번째 바울의 복음』, 김준우 역 (한국기독교연구소, 2010), 127-165. 여기서 보그는 예수의 죽음과 부활을 로마의 제국신학의 틀거지에서 독해할 것을 강력히 주문하고 있다. 이는 바울에 대한 톰 라이트의 독해법과는 전혀 다르다.
40) M. 보그, J. 도미닉 크로산, 위의 책, 206. 이 점에서 필자는 1934년 히틀러 통치 당시 독일 바르멘에서 선포된 고백교회의 문서를 떠올린다. "우리는 예수 그리스도가 참된 주님으로 고백되지 않는 어떤 현실도 인정하지 않겠다"는 극히 신앙적인 두 번째 조항이 히틀러에 저항하는 동력이 되었음을 기억해야 할 것이다.
41) 위의 책, 207; 고린도전서 15:13, 16 참조.
42) M. 보그, N. 톰 라이트, 앞의 책, 214.
43) 위의 책, 226.
44) 위의 책, 240-241.
45) 위의 책, 242.
46) 여기서 '몰이해' 라 함은 보그와 대척점에 있는 톰 라이트의 견해조차도 진지하게 성찰하지 못하는 교회 현실을 지적한 것이다. 따라서 교회는 실천에 앞서 신학적으로 올바르게 재정위될 필요가 있다. 필자에게 이 과제는 '그리스도인의 재주체화'로 명명된다.
47) J. 쉘비 스퐁, 『새 시대를 위한 새 기독교』, 1장 내용 참조. 이정배, "역사적 붓다, 역사적 예수", 135-136에서 재인용.
48) 리처드 루벤슈타인, 『예수는 어떻게 하나님이 되셨는가?』, 한인철 역 (한국기독교연구소, 2004).
49) R. 펑크, 『예수에게 솔직히』, 김준우 역 (한국기독교연구소, 1999), 466.
50) 이하 내용은 필자가 앞선 글에서 이미 정리해놓은 것을 재서술하는 방식으로 차용한 것이다. 이정배, "역사적 붓다, 역사적 예수", 138-143 참조.
51) 여기서는 소위 바울이 썼다고 확신하는 소위 일차 바울(first Paul) 서신이 해당된다. 로마서, 고린도전서, 갈라디아서, 빌레몬서 등이 이에 속한다. M. 보그, J. 도미닉 크로산, 앞의 책, 2장 내용 참조.
52) J. 도미닉 크로산, 『예수는 누구인가?』, 한인철 역 (한국기독교연구소, 1998), 205.
53) 마가복음에 나오는 뭇 기적은 신적 초자연성을 말하려는 것이 아니라 하느님 나라의 징표로서 예수를 알릴 목적으로 마가가 후일 재구성한 것으로 보아야 옳다. 이 역시도 기억된 역사라 아니할 수 없을 것이다.

54) 마태복음 28:9 참조.
55) 마태는 동정녀 탄생을 말하기 위해 이사야서 7:14를 인용하였으나 누가에겐 신적 정체성이 분명했던 까닭에 구약의 논거 자체마저 불필요했다. 그렇지만 실상 이사야 본문도 동정녀 탄생과는 무관한 내용이다. J. 도미닉 크로산, 앞의 책, 48-49.
56) 요한복음 20:19-23.
57) M. 보그, J. 도미닉 크로산, 앞의 책, 9-10.
58) 위의 책, 28 이하 내용. 실제로 최근 경향에는 바울이 Q자료를 접했을 것이란 학설도 있다.
59) 위의 책 46-82.
60) 위의 책, 127 이하 내용.
61) 위의 책, 158.
62) 위의 책, 167 이하 내용.
63) 위의 책, 177-178. 오늘의 경우로는 거대 천민자본주의가 지배하는 경제체제를 뜻할 수 있다.
64) 갈라디아서 6:14.
65) 위의 책, 206-209.
66) 위의 책, 280-281; 갈라디아서 5:22-26 참조.
67) 위의 책, 286-287.
68) J. 쉘비 스퐁, 『만들어진 예수, 참사람 예수』, 308.
69) 위의 책, 263-264. 여기서 스퐁은 예수의 하느님 체험을 뿌리 경험으로 보고 그것에 의해 예수는 '참사람'으로서 신성을 갖게 되었다고 이해했다. 참사람이야말로 신성(神性)을 대신할 수 있는 시대적 언어라는 것이다.
70) M. 보그, 『예수 새로 보기』, 217 이하 내용.
71) M. 보그, 『기독교의 심장』, 101-117 참조.
72) M. 폭스, 『원은총』, 황종렬 역 (분도출판사, 2001); J. 쉘비 스퐁, 『만들어진 예수, 참사람 예수』, 337.
73) 위의 책, 115. M. 보그, 『새로 만난 하느님』, 65 이하 내용.
74) 이에 대한 필자의 논문 참조. 이정배, 『기독교 자연신학』 (대한기독교서회, 2005), 48-77; 데이비드 레이 그리핀, 『위대한 두 진리』, 김희헌 역 (동연, 2011).
75) P. Clayton, God and World, *Postmodern Theology*, edited by K. Vanhoozer (Cambridge Univ. press, 2003), 217-218. 클레이톤의 최근 책으로는 다음을 보라. *Adventures in the Spirit* (Fortress press, 2008).
76) M. 보그, 『기독교의 심장』, 109.
77) 위의 책, 120-121.
78) 위의 책, 127-128.

79) 위의 책, 132.
80) 위의 책, 136.
81) 세례 요한에게 세례받을 당시의 예수를 상상해보라. 성령이 내게 임했다는 말씀도 해당될 수 있다.
82) M. 보그, 『예수 새로 보기』, 2부 내용 참조.
83) 이를 보그의 말대로 하느님의 성격이라 불러도 좋을 것이다.
84) J. 쉘비 스퐁, 앞의 책, 341 이하.
85) 알랭 바디우, 『사도 바울』, 현성환 역 (새물결, 2008).
86) J. 쉘비 스퐁, 앞의 책, 355.
87) 위의 책, 390.
88) M. 보그, 『기독교의 심장』, 147-148.
89) 이 말은 한국의 신비가 이용도의 말이다. 그는 '하느님을 感하여 知할 것'을 주문했다.
90) M. 보그, 위의 책, 159-160. 특별히 은유라는 개념과 관계하여 보그는 존 힉으로부터 많이 배운 듯하다. 그의 책, 『성육신의 새로운 이해』, 변선환 역 (이화여대출판부, 1998) 참조.
91) J. 쉘비 스퐁, 앞의 책, 390-391.
92) 위의 책, 353.
93) 위의 책, 391.
94) M. 보그, 『예수 새로 보기』, 256.
95) 위의 책, 258.
96) 위의 책, 273.
97) 한편 역사적 예수의 그리스도성을 민중 예수론에서 찾으려는 학자도 있다. 그는 안병무의 제자 송기득 교수인데 '민중 대속론'까지 언급한다. 이에 대한 비판적 고찰은 다음 장에서 진행할 것이다. 송기득, 『역사의 예수』(대한기독교서회, 2009), 438.
98) 『예수의 심장』, 321 이하 내용.
99) 위의 책, 330-331.
100) 위의 책, 338.
101) 송기득, 앞의 책, 443 참조.
102) 유영모, 『명상록』 1, 2, 3권, 김흥호 풀이 (성천문화재단, 1998); 다석학회 편, 『다석강의』 (현암사, 2005). 이 경우 바탈은 '얼'이라는 한국 고유한 말로도 풀어진다.
103) 유영모, 『다석어록: 죽음에 생명을, 절망에 희망을』(홍익재, 1993), 22, 27.
104) 박영호, 『다석 유영모의 기독교 사상』(문화일보사, 1994), 127 이하 내용.
105) 정양모, 『나는 다석을 이렇게 본다』(두레, 2009), 44-45.

106) 위의 책, 46-47 참조.
107) 이정배, 『없이 계신 하느님, 덜 없는 인간』, 193-200 참조.
108) 이는 일명 관념으로부터 해탈한 존재를 뜻하기도 한다. 관념을 깨치고 순수 직관에 부닥트린 사람만이 거짓된 자아로부터 벗어날 수 있다는 말이다. 김홍호, 『생각 없는 생각』(솔출판사, 2002), 172.
109) A. 네그리 외, 『제국』(이학사, 2001) ; 동 저자, 『다중』, 조정화 외 역 (세종서적, 2009) 참조. 필자 역시도 토착화 신학, 특별히 多夕의 시각에서 네그리의 다중 개념을 비판적으로 다룬 적이 있다. 졸고, "민족과 탈민족 논쟁의 시각에서 본 토착화 신학: 제3세대 토착화론에 대한 비판적 탐색 - A. 네그리의 '제국'과 '다중'의 비판적 독해를 중심하여", 「신학사상」 151집 (2010 겨울), 151-201.

2. 多夕신학 속의 자속自贖과 대속代贖, 그 상생相生적 의미

1) 이정배, 『토착화와 세계화 - 한국 신학의 두 과제로서』(한들출판사, 2006) 참조.
2) 스승 기독론에 대한 논의는 졸고『없이 계신 하느님, 덜 없는 인간』(모시는사람들, 2009), 58-83 참조.
3) 존 쉘비 스퐁, 『새 시대를 위한 새 기독교』, 최종수 역 (한국기독교연구소, 2005), 1장.
4) 불트만에 따르면 원시 기독교는 구약성서, 유대교, 밀의종교, 영지주의 그리고 스토아 철학 등의 혼합적 현상으로 이해될 수 있다고 했다. 그의 책『서양 고대 종교 사상사』(*Das Urchristentum im Rahmen der antiken Religionen*), 허혁 역 (이화여대출판부, 1969) 참조. 물론 불트만은 "기독교 실존은 한계를 모른다"는 말로서 기독교 케리그마를 역사(歷史) 이상으로 보고 있다. 그가 십자가와 부활을 기독교 고유한 것으로 보는 것도 이런 차원이다.
5) 불트만 좌파에 속했던 부리 교수는 비신화론의 논리적 한계를 지적하며 불트만이 포기할 수 없었던 케리그마까지 탈(脫)해야 함을 강조했다. 케리그마는 서구 전통과 관계할 뿐 강요될 사안이 아니라는 것이다. 이에 관한 그의 논문으로는 첫 논문에서 소개했던 "신학 함에 있어 비신화화인가 비케리그마화인가?"(*Die Entmythologisierung oder die Entkerygmatisierung in der Theologie?*)가 있다.
6) 조태연, "신을 먹고 신처럼 되어 - 바울 신학의 밀의 종교적 기원", 이화여대 인문대학 교수 학술제 발표논문 (1997. 5. 9) 참조.
7) 성서신학자라면 누구도 부인할 수 없는 가장 오래된 복음서, 'Q'에는 초월적 유신론의 흔적이 일체 없다. 그것이 쓰인 연대를 바울 서신의 저작 시점, 즉 기원 후 50년경으로 보고 있다.
8) J. Kriger, *The New Universalism - Foundation for a global Theology* (New York: Orbis Books, 1991).

9) 비유란 본래 'It is, but it is not'의 구조를 지니고 있다. 예수를 하느님의 한 비유로 본 것은 그가 하느님 이면서 동시에 하느님이 아닌 것을 뜻한다. 이는 예수를 현실에 대한 '사실 적합한' 답으로 제시하려는 노력의 일환이다.
10) 이들 양자의 관계에 대한 토론에 관해서는 다음 책을 보라. 폴 코팬, 『진짜 예수는 일어나 주시겠습니까? - 예수의 역사적 사실과 신앙적 의미에 관한 논쟁』, 유기쁨, 방원일 역 (누멘, 2010).
11) 마커스 보그, 『예수 새로 보기』, 김기석 역 (한국신학연구소, 1997), 140-149; 존 도미닉 크로산, 『예수 - 사회적 혁명가의 전기』, 김기철 역 (한국기독교연구소, 2001), 70-95. 이하 내용은 여기에 근거한 것이다.
12) 이와 짝하는 다른 개념은 '거룩(성결)의 정치학'이다. 율법을 근거로 종교 지도자들의 입지를 강화하는 수단이었다. 이 점에서 예수는 하느님의 자비로 이념화된 인간의 종교와 맞선 대안적 종교문화의 창시자로 불린다.
13) 여기서 민중이란 '땅의 사람'을 일컫는 '암하렛츠'로 이해하면 좋을 것이다. 당시 성결법 체제하에서 죄인으로 내몰리던 집단이었다.
14) M. 보그, J. 크로산, 『예수의 마지막 일주일』, 오희천 역 (중심, 2007) 참조.
15) M. 보그, 『기독교의 심장』, 김준우 역 (기독교연구소, 2009) 참조.
16) 이정배, 『간(間)문화 해석학과 신학적 상상력』 (감신대출판부, 2005), 187-213. 여기서 필자는 '믿음'과 '수행'의 접점을 찾고자 했다.
17) 박성배, 『깨침과 깨달음』, 윤원철 역 (예문서원, 2002) 참조.
18) 학자들은 대개 지금으로부터 9000년 전의 경전으로 본다. 고려시대 몽고족 침입시, 그리고 일제치하에서 본 경전은 무시, 폄하되고 신화로 간주되었으나 이를 지키려는 노력 역시 사라지지 않았다. 조선시대 사료에도 이 책에 대한 기사가 적지 않다. 최민자 주해, 『천부경, 삼일신고, 참전계경』 (모시는사람들, 2006), 29-49.
19) 유영모, "천부경 풀이", 『다석 사상으로 본 불교, 반야심경』, 박영호 (두레, 2001), 378-407.
20) 유동식, 『풍류도와 요한복음』 (한들출판사, 2007), 52-57.
21) 김상일, 『동학과 新서학』 (지식산업사, 2000), 32-58.
22) 이정호, 『훈민정음의 구조 원리와 그 역학적 연구』 (아세아문화사, 1990). 최근에는 민족의 대표적 민속놀이인 '윷놀이' 역시 〈천부경〉의 삼재사상에 근거한 것이며 '삼신 할매' 이야기 역시 그렇다는 학설이 제기되고 있다. 김석진, 『대산의 천부경』 (동방의 빛, 2009); 이찬구, 『천부경과 동학 - 한웅과 수운의 고리 찾기』 (모시는사람들, 2009) 참조.
23) 유영모, "천부경 풀이", 386, 407.
24) 이정배, 『없이 계신 하느님, 덜 없는 인간』, 142 참조.
25) 유영모, 『다석어록: 죽음에 생명을, 절망에 희망을』, 박영호 편 (홍익재, 1993), 176.

26) 김흥호는 多夕의 직계 제자로서 이화여자대학교에서 교목으로 활동한 분이다. 多 夕사상을 교회적 틀 안에서 수용하려는 노력을 경주했다. 다석일지(多夕日誌)를 1만 장 분량의 원고지로 풀어낸 분이기도 하다.
27) 이 경우 앞의 통섭은 진화생물학자 E. 윌슨의 'Consilience'를 말하며 후자의 통섭은 천부경을 재해석한 한국 여성정치철학자 최민자의 『통섭의 기술』(모시는사람들, 2010)에 나오는 '한국적 통섭론'을 지시한다.
28) 유영모, 앞의 책, 153.
29) 위의 책, 257.
30) 위의 책, 138.
31) 길희성, 『마이스터 에카르트의 영성 사상』(분도출판사, 2004), 171-203 참조.
32) 토마스 G. 핸드, 『동양적 그리스도교의 영성』, 이희정 역 (한국기독교연구소, 2004), 190-192.
33) 김흥호, 『생각없는 생각』(솔출판사, 1999), 172.
34) 이치석, 『씨알 함석헌 평전』(시대의창, 2005), 402-403. 이 말은 본래 1959년 「사상계」 11월호에 실린 "이단자가 되기까지"의 글에 나오는 부분이다.

3. 민족과 탈脫민족 논쟁의 시각에서 본 多夕신학

1) 이보다 5-6년 앞서 기독교와 동양사상 간의 일관성을 논한 흔적을 소금 유동식에게서 발견할 수 있다. 하지만 당시 이런 주장은 공론화되지 못했다. 해서 토착화 신학의 출발점을 1961년으로 삼는 것이 타당하다. 한국문화신학회 엮음, 『한국 문화와 풍류신학 – 유동식 신학의 조감도』(한들출판사, 2002), 13-20 참조.
2) 물론 여기서 말하는 혼합주의는 기독교 정체성의 상실로 이어지는 '종합적 혼합주의'(synthetischen Synkretismus)가 아니라 자신의 지평을 확장시키는 '공생적 혼합주의'(symbiotischen Synkretismus)를 뜻한다. E. Kamphausen, "Christentum und Kulturen - Das Problem des Synkretismus, Eine europeesche Perspektive", 1998. 6. 19. 8-14. 이정배, 『선한 벗들과 함께 신학하기 – 철학, 종교 과학 간의 간학문적 대화』(한들출판사, 2000), 115-116.
3) 필자는 선교의 과제를 시기별로 다음 4주제로 정리한 바 있다. 서세동점 시기의 '개화', 일제치하에서의 '독립', 해방 이후의 '민주화' 그리고 세계화 시대에 이른 현재에 있어 '생태계 문제'가 그것이다. 토착화 신학이 '독립'의 과제와는 조우했으나 '민주화'의 문제와는 역사적 접촉점을 찾지 못한 것이다. 이정배, 『하느님 영은 불고 싶은 대로 분다 –성령의 시대, 생명신학』(한들출판사, 1998), 26-58 참조.
4) 물론 김경재는 토착화 신학과 민중신학을 각기 문화적 토착화와 정치적 토착화로 명명하기도 했다. 김경재, "복음의 문화적 토착화와 정치적 토착화", 『한국의 신학 사상』(대한기독교서회, 1985), 304-314.

5) 一雅 변선환은 종종 자신은 토착화론자가 아니라 종교다원주의자라고 두 개념을 구별하여 말하곤 했다. 필자 보기에 이것은 海天 윤성범이나 素琴 유동식의 토착화 시각과는 다른 신학적 발상이라고 생각된다. 물론 그는 자신을 웨슬리주의자라고 명명한 적도 여러 차례 있었기에 이것을 절대화할 수는 없을 듯하다.
6) 변선환 이키브 편,『종교간 대화와 아시아 신학』전집 1권 (한국신학연구소, 1996), 특히 2, 3부 내용 참고. 본 작업을 위해 중요한 두 신학자가 있는데 한 명은 스리랑카 신학자 A. 피에리스이고 다른 한 명은 가톨릭 해방신학자 P. 니터이다. 김진희, "3세대 토착화 신학에 있어서 종교간 대화의 과제와 전망", 변선환 아카브 발표논문 (2009. 12), 1-14; 이한영, "감리교 토착화 신학의 흐름과 전망", 변선환 아카브 발표논문 (2009. 10), 1-23; 신익상, "변선환의 토착화 신학", 변선환 아카브 발표논문 (2009. 9), 1-16.
7) 이정배,『토착화와 생명문화』(종로서적, 1992), 221-229; 동 저자,『조직신학으로서의 한국적 생명신학』(감신대학교출판부, 1996), 97-150; 이은선,『한국 여성조직신학 탐구』(대한기독교서회, 2004); 동 저자,『유교와 기독교 그리고 페미니즘』(지식산업사, 2003) 참조.
8) 변선환 아키브에서는 지난 2009년 1년간 '제3세대 토착화론'이란 표제를 내걸고 토착화 논의에 대한 비판적 성찰을 시도했다. 여기서 말하는 세대 구분은 토착화의 방법론에 따른 시대적 구분일 듯싶다. 아직 3세대는 가시화되지 못한 발아(發芽)의 상태라 하겠다. 그러나 본 논문에서는 이들 소장학자들의 발표한 논문들 속에 담긴 고유한 문제의식을 적극 수용할 생각이다. 이덕주, "한국 토착교회 형성사 연구",『한국적 기독교의 뿌리를 찾아서』(한국기독교역사연구소, 2001), 13 참조.
9) 이런 시각을 대표하는 소장학자로서 박일준, 김장생 등을 들 수 있다. 박일준, "토착화 신학 3세대의 이중적 극복과제: 지구촌화와 탈식민주의 그리고 '가난한 자'", 변선환 아키브 발표논문 (2009. 4), 1-22; 김장생, "민족주의와 토착화 신학", 변선환 아키브 발표논문 (2009. 5), 1-17 참조.
10) 탈민족주의를 옹호하는 대표적 학자로서 임지현, 권혁범, 태혜숙 등이 있다. 그리고 베네딕트 엔더슨의『상상의 공동체』(나남출판, 2005)와 A. 네그리의『제국』(이학사, 2001)이 탈민족주의 담론을 주도하고 있다. 이정배,『토착화와 세계화 - 한국 신학의 두 과제』(한들출판사, 2007), 67-97 참조.
11) A. 네그리,『다중』, 조정환 외 역 (세종서적, 2009).
12) J. 리프킨의『유러피언 드림』(민음사, 2009)을 보라.
13) 여기서 필자는 최민자의『통섭의 기술』(모시는사람들, 2010)의 내용을 염두에 두었다.
14) 김장생, 앞의 글, 1-5; E. 르낭,『민족이란 무엇인가?』, 신행선 역 (책세상, 2002).

15) 민족주의는 민족이 없는 곳에서 민족을 발명해 낸다", 베네딕트 앤더슨, 앞의 책, 29.
16) 임지현, 『민족주의는 반역이다』 (소나무, 2003).
17) 임지현, 『이념의 속살』 (삼인, 2001), 119-120.
18) 송두율, 『민족은 사라지지 않는다』 (한겨레신문사, 2003), 41.
19) 조정래, 『황홀한 글 감옥』 (민음사, 2009) 참조.
20) 이기상, 『지구촌 시대와 문화 컨텐츠』 (한국외국어대학교출판부, 2009), 135-136.
21) 최현배, 『우리말 존중의 근본 뜻』 (정음사, 1951), 46. 이기상, 위의 책 137에서 재인용.
22) 최봉영, 『한국문화의 성격』 (사계절, 1997), 313-314.
23) 이기상, 『이 땅에서 우리말로 철학하기』 (살림, 2003), 4-11. 여기서 이기상은 철학자 하버마스가 한국을 방문했을 때의 한 에피소드를 소개한다. 뭇 한국 학자들이 세계적 석학인 그에게 한국의 미래, 노동 현실, 인권 운동의 전망 등을 묻자 그 답을 불교와 유교 같은 한국 고유의 사상에서 답을 찾을 것을 점잖게 가르치고 돌아갔다는 것이다.
24) 이것은 다음 장의 주제가 될 A. 네그리의 『제국』에 나오는 핵심 개념이다. 그는 민족의 정체성(주권)을 초월적으로 구성된 권력이라 비판한다. 이 책 120쪽을 보라.
25) 이정배, 『한국적 생명신학』 (감신대학교출판부, 1996), 122-134.
26) 김상일, 『동학과 신서학』 (지식산업사, 2000), 32-58 참조.
27) 『율곡집』 하권 (한국문화연구소, 1977), 112; 윤성범, "한국적 신학 - 誠의 神學", 「기독교사상」 (1971. 3), 143; 이정배, 『한국 개신교 전위 토착신학 연구』 (대한기독교서회, 2003), 154-162.
28) 한국문화신학회 엮음, 『한국문화와 풍류신학 - 유동식 신학의 조감도』 (한들출판사, 2002), 162.
29) 이정배, "천부경을 통해서 본 東學과 多夕의 기독교 이해", 「신학사상」 143집 (2008 겨울), 167-216.
30) 최민자 주해, 『천부경, 삼일신고, 참전계경』 (모시는사람들, 2006), 29-49. 대략 〈천부경〉을 지금으로부터 9000년 전의 경전으로 본다. 〈천부경〉을 언급한 역사적 자료들에 대한 소개는 본 책 내용으로 대신한다.
31) 상·중·하경의 핵심 본문을 소개하면 다음과 같다. 一始無始一 析三極無盡本… (上經), 天二三 地二三 人二三 大三咸六…(中經), …人中天地一 一終無終一 (下經).
32) 필자는 〈천부경〉을 주해한 최민자 교수와 대화하는 자리에서 이렇듯 간결하며 명시적인 설명을 들었다. 최교수는 〈천부경〉 원리를 근거로 『생명에 관한 81개조 테제』 (모시는사람들, 2008)를 썼고 최근에는 유물론적 진화론자인 E. 윌슨의 『통섭』을

비판하는 동양적 통섭론을 역시 〈천부경〉에 근거하여 집필했다. 주 13) 참조.
33) 素琴 유동식은 한국 기독교의 상징으로 서구인들이 생각하는 십자가가 아니라 부활과 자유의 상징인 삼태극(三太極)이 되어야 한다는 주장을 이에 근거하여 말하고 있다. 유동식, 『풍류도와 요한복음』 (한들출판사, 2007), 52-57.
34) 이정호, 『훈민정음의 구조 원리와 그 역학적 연구』 (아세아문화사, 1990), 훈민정음 해례 제자해 참조. 이정배, 『없이 계신 하느님, 덜 없는 인간 – 多夕신학의 얼과 틀 그리고 쓰임』 (모시는사람들, 2009), 1부 3장.
35) 이정배, "천부경을 통해서 본 동학과 多夕의 기독교 이해", 179, 우실하, 『전통문화의 구성원리』 (소나무, 1998), 268 이하 내용.
36) 다석은 〈천부경〉 81자를 순수 우리말로 풀어 놓았는데 〈천부경〉을 일컬어 '하늘 댛 일 쪽 월'이라 했다. 또한 천지인(天地人)은 '계', '예' 그리고 '긋'이란 순수 우리말로 표기한 바 있다. 유영모, "천부경 풀이", 『다석 사상으로 본 불교, 반야심경』, 박영호 (두레, 2001), 378-407.
37) 최근 대표적인 민족놀이인 '윷놀이' 역시 천부경〔三才〕에 근거한 것이고 '삼신 할매' 이야기 역시 동일한 맥락에 있다는 연구결과가 나왔다. 大山 김석진의 천부경 연구서를 참고하라.
38) 이정배, 『토착화와 세계화』, 67-92. 필자는 문화적 민족주의란 말을 "Beyond Nationalism"을 주제로 한 한일 조직신학 포럼에서 사용했다. 동학(東學)에 나타난 문화적 민족주의에 대한 일본인들의 관심과 반응이 컸던 것으로 기억한다. 이런 입장이 일본에는 부재했던 탓이 아닐까 생각한다.
39) 마이클 하트, 『네그리 사상의 진화』, 정남영 외 역 (갈무리, 2008), 192.
40) 위의 책, 96, 108, 122, 134. 이 점에서 네그리는 비판적 마르크스주의자로 불린다. 오히려 노동자의 자발적 실천을 강조한 레닌의 시각에서 마르크스를 독해했다는 평가를 받기도 했다. 자본주의에 대한 이론적 비판이 중요한 것이 아니라 노동계급의 혁명 그 자체가 네그리에게 중요했던 까닭이다. 이를 위해 네그리는 그로부터 국가를 거부했으며 그로부터 진정한 주체가 출현할 수 있다고 보았다.
41) A. 네그리, 『다중』, 113.
42) 여기서 '역능'은 권력과 대비되는 개념으로 개별자가 지닌 잠재력, 특이성을 지칭한다. 권력자의 지배 개념으로부터 벗어나 개별자의 능동적 자기 구성 능력을 뜻한다. 위의 책, 535.
43) 위의 책, 121-122, 144. 이 점에서 네그리는 자신의 논리 근거를 스피노자에 두고 있다. 실패한 혁명을 성공시키기 위한 목적으로 '스피노자 기획'을 말하고 있다. 이는 대중을 일자(一者)의 지배로부터 자유롭게 하는 일로 요약된다.
44) 위의 책, 123-127. 신앙주의로 전개된 칸트 철학의 선험성은 물론 변증법을 토대로 내재성을 복원한 헤겔 역시도 대중성(직접성)을 부정한 변형된 선험주의라 보

았다. 유럽 근대는 '선험적'인 것을 필연적으로 여겼기에 '생기적'일 수 없었다고 네그리는 지적한다.

45) 위의 책, 150.
46) 위의 책, 150-151.
47) 위의 책, 178-179; E. 사이드, 『오리엔탈리즘』, 박홍규 역 (교보문고, 1991) 참조.
48) 위의 책, 154-155.
49) 위의 책, 155-156, 183-186. 네그리는 이를 '타자성의 부메랑'이라 명명한다.
50) 네그리는 저항적 민족주의가 해방적 역할을 담당하는 시점을 정작 해방되기 직전까지로 한정한다. 국민주권 국가가 형성되고 나면 그 진보성과 해방성은 소멸·약화된다고 보았다. 위의 책, 158.
51) 위의 책, 186-189.
52) 위의 책, 163.
53) 〈한겨레신문〉 2009년 7월 25일자 17면 참조.
54) 위의 책, 159.
55) A. 네그리의 다음 책 『다중』(세종서적, 2008)은 실상 이런 비판적 논의에 대한 답을 줄 목적에서 쓰였다. 553-566쪽 역자의 글 참조.
56) A. 네그리, 『제국』, 198-199.
57) 위의 책, 201; 박일준, 앞의 글, 5. 호미 바바의 주저로는 *Location of Culture* (London: Routledge, 1994)이 있다. 그는 이를 '사이 길'이란 말로도 표현했다.
58) 위의 책, 203.
59) 위의 책, 257.
60) 위의 책, 268-269.
61) 위의 책, 216.
62) 위의 책, 257.
63) 위의 책, 275-293.
64) 위의 책, 370-396 참조.
65) 위의 책, 498 이하 내용.
66) 김영명, 『세계화와 민족주의』(오름, 2004), 30-31.
67) 이정배, 『토착화와 세계화』, 78-84; 노태구, 『세계화를 위한 한국 민족주의론 - 동학사상과 관련하여』(백산서당, 1994) 참조. 동학(東學)의 핵심개념들인 侍天主, 事人如天, 廣濟蒼生, 後天開闢 등을 주목하라.
68) 이기상, 『지구촌 시대와 문화 컨텐츠』, 140-141.
69) 이정배, 앞의 책, 86-88.
70) 폴 A. 코헨, 『학문과 제국주의 - 오리엔탈리즘과 중국사』, 이남희 역 (산해, 2003), 340-349. 저자의 의견을 원용하면 이런 시각을 '한국 자신에 입각한 접근

법'이라 말할 수 있다.
71) 이찬석, "풍류신학과 언행일치의 신학", 변선환 아키브 발표논문 (2009. 11), 1-18.
72) 이기상, 앞의 책, 186-187.
73) 심광현, "한류의 미학적 특성과 문화 정치적 의미",「한류의 미학적 근원과 발전방향」, 세계생명문화 포럼 (2005. 6. 29) 발제문 참조.
74) Anselm Min, *The Solidarity of Others in a divided World - A Postmodern Theology after Postmodernism* (A. Continium press, 2004), 1-6. 안셀름 민 교수의 지론에 의하면 '타자들의 연대'를 위한 신학적이고 형이상학적인 세계관이 필요하다. 일체의 초월을 부정하는 네그리의 시각에서 가능할 것인지 깊이 고민할 주제이다.
75) 여기서 말하는 '유러피언 드림'은 J. 리프킨의 책명이다. 네그리가 자신의 미래 기획을 위해 유럽 통합 이념을 진지하게 다루지 않았기에 그 점을 본 책을 통해 지적하고자 한다. 하지만 리프킨 역시『유러피언 드림』에서 아시아에 대한 소극적 견해를 표명했다. 이 점은 마지막 장에서 재비판될 것이다.
76) 이하 내용은 A. 네그리 외,『다중』, 18-19쪽을 요약 정리한 것이다.
77) 위의 책, 19-20.
78)『제국』, 412-418 참조.
79)『다중』, 20-21, 152. 저자는 이를 '노동의 공통되기'란 말로 언표한다.
80) 위의 책, 21-22.
81) 위의 책, 21.『제국』의 번역자는 이를 '생체정치'라 풀었고『다중』을 옮긴이들은 '삶정치'라 하였다.『제국』, 109-113, 534-535와 비교하라.
82) 이 점에서 토착화 신학의 한계가 새롭게 적시될 수 있다. 제국의 현실에서 정치적 실천의 무력화가 그것이다.
83) 물론 네그리 역시도 다중(多衆)이 자본주의적 주권의 하수인이나 도구가 될 수 있음을 부정치 않는다. 하지만 그보다 노동 및 생산 개념의 질적 변화로 '공통적인 것'을 향한 소통의 힘을 더욱 신뢰하고 있는 것이다. 본 장의 핵심은 이 점에 대한 필자의 비판이 될 것이다.
84) '전유' 개념은 자본주의의 개인적 '소유', 사회주의의 국가적 '소유' 개념과 대치되는 것으로 이용, 사용의 의미로서 노동자들이 사용하는 독특한 개념이다. 여기서 '재(再)전유'란 박탈당한 것을 자신의 것으로 활용할 수 있는 의미를 함축한다.『다중』, 535;『제국』, 538-539.
85)『다중』, 356 이하 내용;『제국』, 493-497.
86)『다중』, 361-362.
87) 위의 책, 366-367.

88) 위의 책, 372.
89) 위의 책, 374.
90) 위의 책, 378-383. 네그리는 농업과 관계된 세계무역기구(WTO) 모임을 반대한 1999년의 시애틀 집회를 상당히 의미화했다. 시애틀을 전 지구적 체제에 반대하는 불만 목록들을 응집시킨 곳으로 보았던 것이다.
91) 『제국』, 463.
92) 『다중』, 392.
93) 위의 책, 408.
94) 위의 책, 391.
95) 위의 책, 410.
96) 위의 책, 411. 실제로 네그리는 저항 경험을 결집하려는 목적이 시공간의 통제권을 재(再)전유에 있다고 했다. 공간적으로는 전 지구적 시민권의 획득이고 시간적으로는 생산의 경계가 파괴되었기에 모두에게 사회적 임금권을 보장해야 한다고 말했다. 그리고 다중(多衆)의 본질을 대항적 '힘'으로만 인식하는 경향이 있다. 『제국』, 502-510.
97) 위의 책, 433.
98) Anselm Min, 앞의 책, 134-155. 안셀름 민 교수는 그리스도 몸의 비유를 통해 '타자들의 연대'의 가능성을 탐색하고 있다. 그 역시 타자의 특이성과 그들 간의 공통성을 모색했다.
99) 『다중』, 442 이하 내용.
100) 위의 책, 446-447.
101) 필자는 마지막 장에서 네그리의 다중(多衆) 개념을 변형시켜 기독론을 토착화시키는 용어로서 적극 사용할 생각이다. 이러한 생각을 하게 된 이면에는 이은선 논문의 도움이 컸다. 이은선, "종교 문화적 다원성과 한국여성신학", 『다문화와 여성신학』, 한국여성신학회 엮음 (대한기독교서회, 2008), 47-77.
102) J. 리프킨, 앞의 책, 21 이하 내용.
103) 위의 책, 15-16.
104) 위의 책, 14.
105) 위의 책, 114.
106) 위의 책, 242. 시장은 자기 이익의 극대화를 위해 타자의 이익을 최소화하려는 공간이다. 리프킨의 이런 견해는 탈식민주의 시각에서 볼 때는 비판의 소지가 없지 않을 것이다.
107) 위의 책, 249-250.
108) 1998년 출간된 본 책에서 저자는 "나는 접속한다. 고로 존재한다"는 명제를 만들어냈다.

109) 위의 책, 255-256.
110) 위의 책, 257 이하 내용.
111) 위의 책, 272-273.
112) 위의 책, 274. 물론 EU 헌법은 미국의 경우처럼 기독교적 신에 대해 언급한 것이 아니다. 하지만 세속에 녹아든 종교적 유산에 대한 이해는 유물론자 네그리를 비판적으로 극복하는 데 단서가 될 것이다. 로마 교황이 기독교 신앙에 대한 명시적 언급을 요구했으나 받아들여지지 않았다고 한다. 필자가 보기에 이 점은 결코 쉽지 않은 일이었다. 하지만 차이, 특이성을 위해 어쩔 수 없는 일로서 유럽의 기독교도 수용한 것이다.
113) 위의 책, 277.
114) 위의 책, 384.
115) 무엇보다 보편적 인권의 차원에서 증가하는 무슬림들과의 공존 및 연대가 EU의 큰 난제 중 하나일 것이다.
116) 위의 책, 311-313.
117) 위의 책, 344.
118) 위의 책, 346-347.
119) 위의 책, 348-349.
120) 위의 책, 407 이하 내용. 과학사가이자 문명비판가인 리프킨은 인류 문명의 총체적 위기 상황을 항시 염려하는 학자이다. 그래서 그는 탈근대의 과제로 '리스크(위험) 예방'에 초점을 두어야 한다고 주장하고 있다.
121) 위의 책, 349. 이는 캠브리지 대학의 정치학자 브라이언 터너의 견해이다. S. Bryans Tuner, "Outline of a Theory of Human Rights", *Sociology* vol. 27, No 3. 1993, 501 참조. 터너에 따르면 중세 시기는 인간의 타락성이 보편 조건이었고 구원 개념으로 인간을 통합시킬 수 있었다면 근현대 시대는 실용주의적 사적 욕망을 인간의 근본 조건으로 이해했고 물질적 진보로 인간을 단결시킬 수 있었다고 했다. 그러나 탈근대 시대에서는 연약성과 취약성이 인간의 보편 조건으로서 이에 대한 해결을 위해 세계화 의식이 필요한 상황이 되었다고 했다.
122) 위의 책, 350.
123) 그러나 공감 개념 속에는 이성이나 신앙이 결코 배제되지 않았다. 오히려 이성과 신앙을 상호 보완적으로 생각하는 합(合)의 차원에서 공감을 말한 것이다. 리프킨은 이들의 관계를 미묘한 합(合)이라 했다. 위의 책, 351-352.
124) 위의 책, 351; S. Bryans Tuner, 앞의 글, 506.
125) 위의 책, 362.
126) 위의 책, 363.
127) 위의 책, 484 이하 내용.

128) 위의 책, 467. 그는 동양인들은 모순으로 가득 찬 세계를 수용하는 데 익숙하기에 문제 해결 능력이 없다고 했다. 즉 소외 동기를 갖지 못한 '조화적 사유체계'의 한계를 적시한 것이다.
129) 위의 책, 469-470.
130) 필자의 책 제목 『토착화와 세계화 - 한국적 신학의 두 과제』 (한들출판사, 2007) 를 기억하라.
131) 주 14) 참조. 여기서 말하는 '서구적 통섭론'은 다음의 책을 일컫는다. E. 윌슨, 『통섭』 (사이언스북스, 2005). 최민자의 '한국적 통섭론' 곧 『통섭의 기술』은 이 책에 대한 비판적 독해의 결과물이다.
132) 한스 큉, 『세계윤리구상』, 안명옥 역 (분도출판사, 1992) 참조.
133) 여기서 '多衆'은 분명 A. 네그리에게서 배운 개념이 틀림없으나 필자는 多夕의 '얼기독론' 시각에서 의미를 새롭게 부여하여 이를 '다중기독론'으로 칭했던바, 이는 여성신학자 이은선으로부터 차용한 것이다. 이은선, "종교 문화적 다원성과 한국 여성신학", 74 이하 내용. 여기서 이은선은 이를 '공동지성'이라 부르기도 했다.
134) 최민자, 앞의 책, 26-27.
135) 최민자, 위의 책, 30-31, 135-136. 저자는 이를 생물학적(과학적) 제국주의일 뿐이라고 비판했다.
136) 노자 『도덕경』 13장을 보라.
137) 최민자, 앞의 책 2부 내용 참조.
138) 위의 책, 32-33.
139) 위의 책, 37.
140) 위의 책, 73.
141) 위의 책, 45, 155-163; 최민자, 『생명에 관한 81개조 테제』 (모시는사람들, 2008), 58-63. 여기서 말하는 '3화음적 구조'는 첫 장에서 언급했듯 본질, 현상 그리고 본질/현상 간의 일치를 뜻한다.
142) 위의 책, 77-78.
143) 위의 책, 79-80.
144) 켄 윌버, 『감각과 영혼의 만남』, 조효남 역 (범양사, 2000), 114-115; 이정배, 『켄 윌버와 신학』 (시와 진실, 2008), 56-57 참조. '네 상한'이란 온 우주의 네 모습을 말하는 것으로 좌상 상한(내면적 개체적 의식), 우상 상한(외면적 개체적 영역), 좌하 상한(내면적 문화적 차원) 그리고 우하 상한(외면적 집합적 사회)을 말한다.
145) 『생명에 관한 81개조 테제』, 6장 전 내용 참조. 실제로 최민자는 한국과 중국, 러시아의 경계지역에 UN의 지원을 받아 국제 평화 공원(UN 세계평화센터)을 건

립하는 계획을 추진 중이다. 인접한 세 나라의 동의하에 세계 평화를 위한 상징적 공간이 만들어질 전망이다. 한국적 통섭을 주장하는 여성정치학자의 원대한 꿈이 대단히 놀랍다.

146) 다석학회 편,『다석강의』(현암사, 2006), 507; 이정배,『없이 계신 하느님, 덜 없는 인간 - 多夕신학의 얼과 틀 그리고 쓰임』(모시는사람들, 2009), 1장 내용; 정양모,『나는 다석을 이렇게 본다』(두레, 2009), 32-36. 이하 내용은 주로 이런 책들을 근간으로 필자가 자유롭게 풀어쓴 것이다. 동일한 내용을 여러 차례 다뤘기에 상세한 주석은 생략할 것이다.
147) 유영모,『다석어록: 죽음에 희망을, 절망에 생명을』, 박영호 편 (홍익재, 1993), 278.
148) 다석학회 편, 앞의 책, 460. 이 점에서 예수는 궁극적 '하나'와 일치를 이룬 효자였다.
149) 이 말은 하루 한 끼 식사, 부부간의 해혼(解婚), 언제든 걸어 다니며 아침마다 말을 끊고 기도하는 일상적 수행을 함축적으로 표현한 것이다. 多夕의 제자 김흥호도 이를 철저히 믿고 따랐다. 김흥호, "유영모 - 동양적 기독교 이해", 다석 선생 탄생 101주기, 서거 10주기 기념강연 (1991. 3. 9) (백제문화사, 1992), 2.
150) 다석학회 편, 앞의 책, 732-733; 정양모, 앞의 책, 45. 정양모는 예수를 천직(天職)에 매달리다 순직한 존재라고 자신의 언어로 재개념화했다.
151) 박영호,『다석 유영모의 기독교 사상』(문화일보사, 1994), 140.
152) 이에 대한 풀이를 보려면 정양모, 앞의 책, 252-264를 보라. 여러 편의 오도송에 대한 소개가 잘 되어 있다. 필자의 책,『없이 계신 하느님, 덜 없는 인간』, 22-23에는 다석의 오도송을 노래로 만든 곡이 실려 있다.
153) 요한복음 14:12; 다석학회 편, 앞의 책, 805.
154) 이은선, "종교 문화적 다원성과 한국 여성신학", 63 이하 내용. 여기서 이은선은 유교의 핵심을 '聖人之道'로 보고 유교의 가르침이 다중기독론을 향한 여정에 큰 도움이 될 수 있다고 강조한다. 이는 물론 유교 전통에 대한 현대적 재해석에 근거한 발상이다.
155) 이은선, 위의 글, 65-66.
156) 로마서 8:18-25 참조.
157) 김흥호 편,『다석일지 공부』2권 (솔출판사, 2001), 383.
158) 다석학회 편, 앞의 책, 507.
159) 김흥호 편,『다석일지 공부』1권 (솔출판사, 2001), 458, 529.
160) 박영호,『씨알의 메아리: 다석일지 공부』1권 (홍익재, 1993), 310.
161) 다석학회 편, 앞의 책, 453.
162) 김흥호 편, 앞의 책, 458.
163) 천규석,『윤리적 소비』(실천문학사, 2010) 참조.

164) 위의 책, 14.
165) 위의 책, 11.
166) 커피뿐 아니라 사탕수수 그리고 온갖 차들이 공정무역 거래의 핵심 품목들이다.
167) 위의 책, 31-45, 84. 그렇다고 천규석이 일체의 무역 자체를 부정하는 것은 아니다. '윤리적 소비'에 입각하여 그는 다음과 같은 실례를 소개한다. "쿠바는 자신들이 앞서 가진 의료기술과 교육 프로그램을 볼리비아에 제공한다. 베네수엘라는 볼리비아의 석유 분야에 기술지원과 투자를 하고 미국과 멕시코 간의 자유무역협정(FTA)으로 수출길이 막힌 볼리비아의 농산물을 구매키로 약속했다…."
168) 위의 책, 53; 최민자, 『통섭의 기술』, 289.
169) 위의 책, 86-87 참조.
170) 반다나 시바, 마리아 미즈, 『에코페미니즘』, 손덕수, 이난아 역 (창작과비평사, 2000), 386 이하 내용. 천규석, 앞의 책, 98-99에서 재인용. 여기서는 이 말을 '자급적 관점'이라 번역했다.
171) 위의 책, 103.
172) 이를 일명 '작은 예수'라 해도 틀리지 않을 듯하다. 역사적 예수 연구가들의 말대로라면 예수가 받은 영을 우리도 받을 수 있다는 것이다. 그것을 받지 못한 현실을 안타깝게 생각해야지 그것 자체를 부정해서는 곤란하다는 것이다.

제2부 두 번째 자축시대와 회통적 기독교 - 종교다원주의의 한국적 이해

1. 귀일歸—사상에 근거한 多夕의 유교 이해
1) J. 리프킨, 『공감의 시대』, 이경남 역 (민음사, 2010).
2) 카렌 암스트롱, 『축의 시대 - 종교의 탄생과 철학의 시작』, 정영목 역 (교양인, 2010).
3) 이곳에 소개된 말의 전문은 본 영화의 말미에 활자로 소개되어 있다. 필자는 그 말을 나름대로 축약하여 소개했다. KBS 방송이 지난 연말 성탄특집으로 이태석 신부를 소개한 바 있는데 거기서도 이런 글귀를 접할 수 있었다.
4) 류영모, 『다석 마지막 강의 - 육성으로 듣는 동서 회통의 종교 사상』, 박영호 풀이 (교양인, 2010). 이곳에 맹자, 대학, 중용 그리고 주역 등의 본문에 대한 다석 고유한 신학적 해석이 실려 있다.
5) 히라카와 스케히로, 『마테오 리치 - 동서문명 교류의 인문학적 서사시』(동아시아, 2002).
6) 마테오 리치, 『천주실의』, 송영배 역 (서울대학교출판부, 1999), 99-100, 119-120.
7) 위의 책, 274 이하 내용. 이를 내세론의 '공리주의화'라 일컫는다.

8) 위의 책, 82-87.
9) 히라카와 스케히로, 앞의 책, 13부 내용. 물론 리치가 임종할 순간까지 중국 전체를 기독교로 개종시킬 생각을 품고 있었다는 것이 정설이다.
10) 이 책은 『闢衛編 - 한국 천주교 박해사』(명문당 1987)에 실려 있다. 본 책 72-73 참조.
11) 심일섭, "한국신학 형성의 선구자 - 최초의 선교론과 변증론을 중심으로", 「신학사상」 44집, 39, 51.
12) 茶山과 多夕의 상관성을 다룬 필자의 논문을 참조할 것. 이정배, 『없이 계신 하느님, 덜 없는 인간』(모시는사람들, 2009), 241-257. 하지만 茶山의 천주사상을 징험(徵驗), 일명 상제에 대한 도덕적 체험, 혹은 신독(愼獨)을 통해서 열리는 상제에 대한 내재적 초월 이해의 산물로 보는 시각도 있다. 이들의 호교론이 사회적 측면에서만이 아니라 내면적(도덕적) 차원에서 비롯했다는 주장인 셈이다. 필자 역시 이 점을 긍정했고 해서 다산을 긍정적으로 다룬 바 있다. 하지만 그의 한계 역시 윗글에서 명시했다. 특히 '징험'에 대해서는 한국철학사전편찬위원회, 『한국철학사전』(동방의빛, 2011), 537-539를 보라.
13) 한형조, 『주희에서 정약용으로』(세계사, 1996), 271-272. 특별히 이기형이상학의 우주자연관은 현금의 생태학적 위기 상황에서 대단히 유익하다.
14) 함석헌, 『뜻으로 본 한국역사』(한길사, 2003)
15) 최병헌, "종교 변증론 (2)", 「神學世界」 제1권, 4호 (1916), 101.
16) 이정배, 앞의 책, 239 이하 내용 참조.
17) 위의 책, 240.
18) 혹자는 '戀'을 사모할 연으로 읽고 기독교만 사모하라는 배타적 의미를 각인시키고자 한다. 이주익, 『몽양원 탁사 최병헌 강연집』(탁사, 1999), 85.
19) 최병헌, 『성산명경』(정동황화서제, 1910), 87; 한국문화신학회 편, 『한국 신학 이것이다』(한들출판사, 2008), 10-34 참조.
20) 일반적으로 '종교적 선험성'을 근간으로 하는 대표적 신학자로서 절대 의존 감정의 출처로서 신(神)을 이해한 F. 슐라이에르마허, 역사 속에서 규범(종교)을 창출해내는 이성의 역할을 강조한 E. 트뢸치 그리고 존재와 당위의 일치로서 신을 이해했던 포이에르바하 등이 거론된다. 20세기 신학자 칼 바르트는 이런 종교적 선험성의 신학들을 파괴하는 데 일조한 사상가이다. 이정배, 『현대 자유주의 신학사조』(감신대출판부, 1992) 참조.
21) 여기서 전이해(前理解)란 칼 바르트와 함께 20세기 신학의 꽃을 피운 R. 불트만의 핵심 개념이다. 불트만에게 전이해는 '이해'를 발생시키는 토대였던바, 윤성범은 기독교 복음을 이해하는 전거(典據)로서 한국 문화를 활용한 것이다. 전이해가 없다면 이해 자체가 불가능하다는 맥락에서이다.

22) 본래 海天은 바젤 대학교 신학부에서 칼 바르트를 논문 주심 교수로 하여 학위 과정을 마쳤다. 당시 제출한 박사 논문 제목은 "Der Protestantismua in Korea (1930-1955)"이다.
23) 이에 대해 다른 생각을 지닌 이도 있다. 성(誠)과 계시의 등가적 이해는 결국 타 종교에 대한 기독교적 성취설로 귀결될 뿐이란 것이다. 필자 역시도 이 점을 십분 긍정하며 그런 논리를 편 적도 있었다. 海天에게서 이 점은 불분명하고 헷갈리는 부분이다. 김광식이 이런 海天을 일컬어 '바르트를 배반한 바르티안'이라 본 것은 정확하다. 이에 대한 필자의 글, 한국기독자교수협의회 편, 『대화를 넘어 서로 배움으로』(맑은울림, 2003), 244-248 참조.
24) 윤성범, 『誠의 신학』(서울문화사, 1971), 19.
25) 위의 책, 142-146.
26) 『율곡집』(한국문화연구소, 1977), 112 참조.
27) 윤성범, 『孝 - 윤리학 원론』, 59.
28) 필자 보기에 이런 海天의 생각은 유승국 교수로부터 배운 유산이라 생각한다. 유승국 선생은 多夕을 진심으로 좋아했고 그 영향을 받아 인생을 사신 분이다. 유학자로서 그는 유교가 하느님을 잊으면 유교 자체를 포기하는 것과 같다고 말할 정도로 평소 유교적 종교성을 강하게 주장했다. 필자는 유승국으로부터 海天이 위 두 서적을 집필하는 과정에서 한겨울 내내 전화기를 통해 그의 질문에 응답했다는 진술을 들은 바 있다.
29) 윤성범, "예수는 모름지기 효자였다", 「기독교사상」(1967. 7), 20-31.
30) 김광식, 『토착화와 해석학』(한국신학연구소, 1975), 89. 주 23) 참조.
31) 박영호, 『진리의 사람, 다석 유영모』 상권 (두레, 2001), 111. 그러나 여기서 '모세' 이름이 언급된 것은 다소 생경하다. 박영호가 자신의 기억에 토대하여 한 말이겠으나 다소 의아스럽다. 오히려 '바울'이라면 모를까.
32) 물론 이런 세 가지 병폐는 多夕이 여기저기서 언급한 바 있으나 이렇듯 세 가지로 한정시켜 명시한 적은 없었다. 이것은 필자가 찾아 정리한 내용임을 밝힌다.
33) 이런 관점에서 예배와 제사를 비교한 필자의 논문을 참조하라. 이정배, "제사와 예배 - 조상 제례의 신학적 재구성", 「문화와 신학」 2집 (2008), 43-77.
34) 여기서 조상신은 최고신의 휘하에서 산천(山川) 사직(社稷)을 관장하는 자연신 역할을 감당했다. 조상의 신령한 힘과의 교감을 믿었기에 초혼 재생의 믿음하에 제사를 중시했던 것이다. 즉 제사를 통해 인간과 죽은 조상 간의 감통(感通)의 리얼리티가 있었다는 말이다. 이정배, 위의 논문, 51-58.
35) 박영호, 『다석 유영모의 생각과 믿음』(문화일보사, 1994), 85.
36) 다석학회 편, 『다석강의』(현암사, 1996), 122-123.
37) 그렇다고 다석을 오늘의 관점에서 탈가부장주의자로 이해하긴 어렵다. 여성에 대

한 그의 견해는 여전히 납득하기 어려운 부분도 있다. 특히 여성들의 노출 많은 옷차림에 대해 상당히 불쾌하게 여겼다. 여성의 살림살이에 대해 가치를 인정한 흔적이 일절 보이지 않는 것도 사실이다. 그러나 그것은 시대적 한계일 수는 있어도 그를 오늘의 잣대로 가부장주의자로 폄하하는 것은 가부장주의와의 단절을 선포했던 다석의 핵심을 놓치는 부분이라 생각한다.

38) 다석학회 편, 앞의 책, 585.
39) 필자 알기로 이 일로 인하여 다석이 자유당 정권에 의해 핍박받은 일이 적지 않았다. 그 단적인 예로 YMCA 강당에서 열린 연경반이 정부의 요구로 수차례 중단될 위기에 처하기도 했다.
40) 다석학회 편, 앞의 책, 587.
41) 위의 책, 592.
42) 위의 책, 94-95.
43) 위의 책, 95.
44) 위의 책, 460, 849 이하 내용.
45) 위의 책, 119-220. 물론 여기서 多夕은 민족의 문제를 전면 부정하지 않는다. 민족(국가)을 민체(民體)라는 말로 바꿔 이해할 것을 바랬다. 그리고 국가(國家) 대신 국방(國方)이란 말은 쓰기 원한다. 이는 전 인류가 살 수 있는 나라를 뜻한다.
46) 이 말은 앞서 언급한 多夕이 새롭게 이해한 '신종추원'(愼終追遠)과 같은 뜻이다.
47) 다석학회 편, 앞의 책, 326-327.
48) 위의 책, 328.
49) 위의 책, 329.
50) 위의 책, 331.
51) 정양모, 『나는 다석을 이렇게 본다』(두레, 2009), 194.
52) 다석학회 편, 앞의 책, 322.
53) 위의 책, 110.
54) 위의 책, 255.
55) 최민자 주해, 『천부경, 삼일신고, 참전계경』(모시는사람들, 2006), 56-120 참조; 이정배, "천부경을 통해서 본 동학과 다석의 기독교이해", 「신학사상」 143집 (2008 겨울), 174-176.
56) 다석학회 편, 앞의 책, 255.
57) 위의 책, 335-336.
58) 김흥호, 『다석일지 공부』 1권 (솔출판사, 2001), 671.
59) 필자 보기에 기독교가 원죄를 강조해왔으나 역사적 예수 어록에 의하면 인간은 본래 '빛'으로 불린 존재가 틀림없다. 여기서 빛이 되라는 것은 존재의 각성인바, 윤리적 성취는 그의 결과일 뿐이다.

60) 박영호, 『진리의 사람 다석 유영모』 하권 (두레, 2001), 383.
61) 다석학회 편, 앞의 책, 602, 606. 여기서 괄호 속의 말은 필자가 첨언한 것이기는 하지만 多夕의 생각과 일치하는 언어 표현임이 틀림없다.
62) 위의 책, 937 이하 내용.
63) 주지하듯 多夕 연구가 박영호는 지나칠 정도로 바울신학에 대해 적대적이다. 일리(一理) 없는 것은 아니나 왜곡된 바울 이해의 탓이다. 하지만 정작 多夕은 곳곳에서 바울 서신을 원용하며 자신의 논지를 펼치고 있다. 위의 책, 857.
64) 위의 책, 927-937 참조.
65) 위의 책, 361.
66) 위의 책, 781.
67) 위의 책, 804-805.
68) 『공자가 사랑한 하느님 – 다석 강의로 다시 읽는 중용 사상』, 유영모 번역/박영호 풀이 (교양인, 2010); 박영호, 『다석 유영모의 유교사상』 상하 (문화일보, 1995).
69) 多夕 자료의 진정성 문제에 대해 꼼꼼하게 문제제기를 한 사람은 김흥호의 제자로서 多夕을 연구한 영문학자 이명섭이다. 이들 자료 외에도 여럿을 진정성의 관점에서 이의 제기하고 있다. 이명섭, "유영모의 '가운찍기'와 엘리옷의 '정점'(still point)", 『생각하는 백성이라야 산다』, 씨알사상연구소 편 (나녹, 2010), 285-288.
70) 유영모, 『다석 마지막 강의 – 육성으로 듣는 동서 회통의 종교 사상』, 박영호 풀이 (교양인, 2010).
71) 물론 박영호만큼 多夕을 잘 이해하고 그를 대중화시킨 사람은 없을 것이다. 하지만 제자로서 선생에 대한 해석도 중요하나 선생의 글을 원형 그대로 소개하는 일 역시 더 필요 막급한 일이다. 필자는 박영호의 바울 이해를 비롯해 지나친 몸나/얼나의 구별, 그리고 종교다원주의의 제 유형 및 그에 대한 신학적 이해 없이 다석을 종교다원주의자로 몰고 가는 것에 문제가 있다고 생각한다. 자료의 진정성 문제를 제기한 이명섭과도 이 주제를 놓고 대화했으며 김흥호는 물론 류승국, 이동준과도 본 사안을 놓고 토론한 적이 있다.
72) 『다석 마지막 강의』, 15-16.
73) 위의 책, 16-17.
74) 위의 책, 38.
75) 위의 책, 30-32, 38. 多夕은 맹자를 통해 하느님을 알게 된 것을 감사하다고까지 말했다.
76) 위의 책, 35. 중용의 '천명지위성'(天命之謂性)이 이를 일컫는 말이다.
77) 인천 길병원 병상에서 죽음을 앞두었으나 유승국은 多夕의 핵심 사상을 이 말에서 찾았고 자신 역시 받은 뜻을 충분히 살아냈다는 말씀을 주셨다. 물 한 방울 넘기지

못하셨으나 이런 말씀을 주실 때는 눈에 물기를 머금었고 힘이 실려 있었다.
78) 이하 내용은 위의 책, 39-45을 정리한 것이다.
79) 위의 책, 46.
80) 위의 책, 48-49.
81) 유영모 옮김, 『에세이 중용: 마음 길 밝히는 지혜』(성천문화재단, 1994), 29.
82) 김홍호, 『다석일지 공부』 6권 (솔출판사, 2001), 586.
83) 『다석 마지막 강의』, 63-64.
84) 『공자가 사랑한 하느님』, 43.
85) 박재순, 『다석 유영모』 (현암사, 2007), 308.
86) 이명섭, 앞의 글, 237.
87) 유영모, 『다석일지』, 박영호 편 (홍익재, 1990), 1973년 5월 15일자 일기 내용.
88) 증자(曾子)가 말한 일일삼성(一日三省)에 해당하는 충신습(忠信習)에 대해서는 『다석강의』, 2강(33-57) 내용 참조. 이하 내용은 여기에 근거하여 요약 정리한 것이다.
89) 『다석 마지막 강의』, 67-68.
90) 김홍호, 『주역강해』 (사색, 2003).
91) 박영호, 『다석 유영모의 유교사상』 하권 (문화일보사, 1995). 본 책 속에는 주역의 괘사에 대한 多夕의 생각을 담은 내용들이 상당수 실려 있다. 그러나 각 주제에 대한 내용은 그리 길지 않다.
92) 다석학회 편, 『다석강의』, 12강(266-287) 참조.
93) 위의 책, 268.
94) 위의 책, 274.
95) 위의 책, 287.
96) 위의 책, 283. 필자는 여기서 '한글로 신학하기의 전형'을 본다.
97) 박재순, 앞의 책, 306.
98) 『다석 마지막 강의』, 108.
99) 『다석강의』, 433. 바울이 예수를 왜곡했듯이 주자 역시 유교 본지를 흐렸다고 보는 것은 일리는 있되 온전치는 못한 듯 보인다. 多夕이 주자 해석을 의지하여 대학을 풀이한 것을 유념해야 할 것이다. 『공자가 사랑한 하느님』, 42 참조.
100) 『다석강의』, 426.
101) 위의 책, 435.
102) 위의 책, 437.
103) 위의 책, 499.
104) 위의 책, 499-500.
105) 이정배, 『없이 계신 하느님, 덜 없는 인간』, 73-83 참조.

106) 이정배, 『토착화와 세계화』(한들출판사, 2007), 118-122, 140-142 참조.
107) 필자는 본 개념을 이전에도 수차례 인지한 바 있으나 최근 병상에 계신 유승국 선생님으로부터 다시 들었다. 이하 내용은 당시 이야기를 바탕하여 필자가 짧게 재서술한 것이다. 동학이 이를 시천주(侍天主) 사상으로 발전시키기도 했으나 多夕 자신은 정작 동학에 대해 많은 언급을 남기지 않았다. 필자는 이를 안타깝게 생각하여 多夕과 동학의 관계를 연구하여 서울대학교에서 열린 22차 세계철학자대회에서 발표하였다. 당시 발표한 논문 제목은 다음과 같다. "천부경을 통해서 본 東學과 多夕의 기독교이해". 여기서 〈천부경〉은 귀일사상의 근원처로서 대단히 중요하게 다루어졌다.
108) 『다석강의』, 35강(790-811) 참조.
109) 위의 책, 37강(828-850). 이하 내용은 여기에 근거하야 필자가 재서술한 것이다.
110) 위의 책, 834-845.
111) 위의 책, 838.
112) 위의 책, 846.
113) 위의 책, 848.
114) 정양모, 앞의 책, 270 참조; 김용옥, 『논어 한글 역주』 1권 (통나무, 2008), 530 참조. 여기서 도올은 '군자불기'의 군자를 스페셜리스트가 아니라 제네럴리스트라고 풀어냈다. 필자 역시도 이 말을 근거로 알랭 바디우의 사도 바울 이해를 담아냈다. 다메섹 체험 이후 바울은 유대인의 특수주의, 헬라인의 거짓된 보편주의와 싸웠으나 동시에 헬라인에게는 헬라인처럼, 유대인에게는 유대인과 같은 방식의 삶을 살았다는 것이다. 알랭 바디우, 『사도 바울』, 현성환 옮김 (새물결, 2008); 이정배, 『생태영성과 기독교의 재주체화』(동연, 2010), 11-30 참조.
115) 『다석강의』, 850.
116) 『다석 마지막 강의』, 459.
117) 위의 책, 463.
118) 위의 책, 463-465, 562. "이 사람은 하느님을 좇아서 자꾸 '우'로 올라가고 올라가는 종, 인간의 정신을 다 해서 올라갈 때까지 올라간 종을 예수로 봅니다."
119) 『다석강의』, 39강(864-884). 여기에 요한복음 17장 풀이 전반이 소개되었다. 김흥호는 多夕이 17장 구절로 수차례 성서 강의를 했다고 증언한다. 본 책 부록에 실려 있는 김흥호의 증언 내용(962-967) 참조. 多夕은 요한복음 17장을 특별히 순우리말로 풀어내기도 했다. 918-919.
120) 위의 책, 870.
121) 위의 책, 879.
122) 위의 책, 880-882.
123) 위의 책, 9강(184-206) 참조. 이것은 인과성을 뛰어넘는 일로서 多夕은 베드로

전서 3장 13-17절에서 이 점을 명시했다. "선을 행하다가 고난을 받는 것이 악을 행하다가 고난 받는 것보다 낳습니다"는 말씀을 풀이하면서 자신을 이전보다 낫게 만들려면 '하나'를 얻는 길밖에 없다고 했다. 인과율의 법칙을 깨야만 '자기를 낳을 수 있다'(나라)는 것이 강의 요지이다.

124) 위의 책, 804-805.
125) 위의 책, 857.
126) 『다석 마지막 강의』, 13장(311-323) 참조.
127) 『다석강의』, 917.
128) 위의 책, 915.
129) 『다석 마지막 강의』, 320.
130) 위의 책, 316-317
131) 위의 책, 317.
132) 위의 책, 322.
133) 『다석강의』, 25강, 특히 561-575 참조.
134) 위의 책, 562.
135) 위의 책, 567.
136) 위의 책, 568.
137) 위의 책, 568.
138) 위의 책, 606.
139) 위의 책, 572.
140) 위의 책, 963.

2. 多夕신학 속의 불교

1) 고은, 『만인보』 8권 (창작과비평사, 1989), 54-55.
2) 우실하, 『전통문화의 구성원리』(소나무, 1998), 268; 최민자 주해, 『천부경, 삼일신고 참전계경』(모시는사람들, 2006), 29-49.
3) K. Nishirtani, *Was ist die Religion?* (Inselverlag, 1982), 1장 내용.
4) 필자는 3장에서 이에 대한 구체적 내용을 소개할 것이다. 불교적 수행론에 대한 구체적 논쟁은 강건기, 김성호가 편집한 『覺(깨달음), 돈오점수인가 돈오돈수인가』(민족사, 1992) 참조.
5) 박영호, 『다석 사상으로 본 불교, 반야심경』(두레, 2001), 168. 이 말은 본래 『다석어록』에 수록된 적이 있다. 저자가 페이지를 언급하지 않고 인용한 관계로 필자 역시도 간접 인용 형태를 취했다.
6) 우실하, 앞의 책, 73-162.
7) 유영모, "천부경 (하늘 댕일 쪽월) 풀이", 박영호, 앞의 책, 378-401.

8) 유동식, 『풍류도와 요한복음』 (한들출판사, 2007), 52-57.
9) 김흥호, 『다석 유영모 명상록』 1권 (솔출판사, 1998), 89-92; 이정배, 『없이 계신 하느님, 덜 없는 인간 - 多夕신학의 얼과 틀 그리고 쓰임』 (모시는사람들, 2009), 110-114.
10) 이하 내용은 오정숙의 『다석 유영모의 한국적 기독교』 (미스바, 2005), 4장의 구조에 빚졌음을 밝힌다.
11) 이정배, 앞의 책, 3장 내용 참고. 여기에 실린 논문의 제목은 "천부경을 통해서 본 동학과 多夕의 기독교 이해"로서 본래 2008년 8월 서울대학교에서 열린 세계철학자대회에서 발표할 목적으로 작성한 것이다.
12) 위의 책, 148-157.
13) 김흥호, 『원각경 강해』 (사색, 2006), 69-83.
14) 위의 책, 59.
15) 다석학회 편, 『다석강의』 (현암사, 2006), 747.
16) 위의 책, 142.
17) 위의 책, 18강 전체 내용이 이를 언급하고 있다.
18) 위의 책, 143.
19) 松本史朗, 『연기와 공』 "여래장 사상은 불교가 아니다", 혜원 역 (운주사, 1994); 「불교평론」 38집 (2009 봄)에 실린 동 저자의 논문 "여래장사상과 본각사상", 361-386 참조.
20) 김흥호, 『법화경 강해』 (사색, 2004), 57. 김흥호는 여기서 일불승(一佛乘)이란 개념을 사용한다. 아라키 겐고, 『불교와 유교 - 성리학·유교의 옷을 입은 불교』, 심경호 역 (예문서원, 2007), 13-18.
21) 박성배, 『깨침과 깨달음』, 윤원철 역 (예문서원, 2002), 91.
22) 신옥희, 『일심과 실존 - 원효와 야스퍼스의 철학적 대화』 (이화여대출판부, 2000), 87.
23) 박영호, 앞의 책, 224.
24) 최근 프랑스 철학자 알랭 바디우가 사도 바울의 종교 체험을 일컬어 '하느님 아들의 주체성의 탄생'이라 정의했다. 비록 바울이 거짓된 보편성인 헬라의 지혜와 편협한 특권인 유대인 율법을 거부했으나 다시금 유대인에게는 유대인의 모습으로, 헬라인에게는 헬라인 모습으로 자신의 삶을 재정의한 것을 높이 평가한 것이다.
25) 「불교평론」 38집 (2009 봄), 358 참조.
26) 박성배, 앞의 책, 52-60.
27) 김상일, "몰트만과 장춘센 신학을 통한 한국적 문화 신학의 정립에 관하여", 한국문화신학회 발표 논문(미간행 논문), 2009년 6월 12일 감신대, 1-3 참조.
28) 윤원철 외, 『불교사상의 이해』 (불교시대사, 2007), 123 참조.

29) 박성배, 앞의 책, 90.
30) 아라키 겐고, 앞의 책, 37.
31) 위의 책, 26.
32) 유아사 야스오, 『몸과 우주』, 이정배, 이한영 옮김 (지식산업사, 2004), 25-34.
33) 아라키 겐고, 앞의 책, 57.
34) 이정배, 앞의 책, 171-202. 여기서 필자는 多夕및 多夕학파의 신학의 본질을 '自他不二'적 구원론이라 했고 이들 기독교 이해를 탈기독교적 기독교라 언표했다.
35) 『다석강의』, 870.
36) 위의 책, 690 이하 내용.
37) 유영모, 『다석어록: 죽음에 생명을, 절망에 희망을』, 박영호 편 (홍익재, 1993), 176.
38) 변선환, "야기 세이찌의 장소적 기독론", 「신학사상」16권, 205-233.
39) 이정배, 앞의 책, 56-57. 필자는 개인적으로 이 점에서 多夕신학을 교토학파의 기독교이해보다 월등하다고 평가한다. 수행적 측면이 강화된 것이 그 이유이다. 유교적 에토스를 십자가 사건과 결부시킨 결과라 여겨진다.
40) 김흥호, "유영모 - 기독교의 동양적 이해", 다석 선생 탄생 101주기, 서거 10주기 기념강연 (1991. 3. 9), 2.
41) 「불교평론」32집 (2007 가을). 본 호의 특집은 "금욕과 깨달음"이었다.
42) 「불교평론」32집 (2007 가을), 99.
43) 『다석강의』, 539.
44) 이정배, 앞의 책, 221-227. 필자는 이를 '역사적 예수 삶의 토착화' 란 말로도 표현했다.
45) 유아사 야스오, 앞의 책, 72-95 참조.
46) 요한복음 14:12-20; 『다석강의』, 804-805.
47) 성철, 『선문정로편역』, 법어집 1집 3권 (장경각, 1993); 강건기, 김성호 편저, 앞의 책. 특히 박성배와 김성호의 논쟁(238-298)에 주목하라.
48) 아라키 겐고, 앞의 책, 96-97
49) 위의 책, 121.
50) 위의 책, 144-145, 152-154.
51) 강건기, 김성호 편저, 앞의 책, 274-275.
52) 박성배, 앞의 책, 253.
53) 박영호, 『죽음에 생명을, 절망에 희망을』, 233.
54) 박성배, 앞의 책, 254-255.
55) 이정배, 앞의 책, 46-47, 168-169.
56) 「불교평론」30호 (2007 봄), 102-103. 이 말은 철학자 김형효 교수와의 대담의 내용 중 일부이다.

57) 『다석강의』, 458, 529.
58) 위의 책, 490, 499.
59) 위의 책, 497.
60) 위의 책, 650.
61) 위의 책, 490.
62) 『다석일지 공부』 2권 (솔출판사, 2002), 383.
63) 필자는 이 세 관점을 미국의 생태신학자 J. B Mcdaniel의 *Earth, Sky, God and Mortals: A Theology of ecology for the 21st Century* (Orbis, 1994), 95-110에서 배웠다. 이정배, 『켄 윌버와 신학』(시와 진실, 2008), 184-187 참조.

3. 기독교의 동양적, 생명적 이해

1) 필자는 多夕사상의 본질을 이 말 속에서 찾았고 이를 이 글에서 생태학적으로 이해할 것이다. 이것은 서구와 전적으로 다른 생태적 세계관의 일면을 보여주고 있다. 생태적 위기를 겪고 인류가 이런 정신적 에토스를 지녀야 미래생존의 희망을 품을 수 있다는 것이 필자의 소견이다.
2) 토머스 프리드먼, 『코드 그린 - 뜨겁고, 평평하고, 붐비는 세계』, 최정임 외 옮김 (21세기북스, 2008), 50 이하.
3) 이에 관한 대표적 사례로 필자는 다음 두 책을 꼽는다. Ilia Delio, *Christ in Evolution* (New York : Merknoll, 2008) ; S. 맥페이그, 『기후변화와 신학의 재구성』, 김준우 역 (한국기독교연구소, 2008).
4) 안옥선, 『불교윤리의 현대적 이해』(불교시대사, 2002), 157-158.
5) 「불교평론」 30 (2007 봄), 만해사상 실천선양회 편, 87-129.
6) M. Wallace, *The Fragments of Spirit* (New York : Continuum press, 1992) 참조.
7) 이정배, 『없이 계신 하느님, 덜 없는 인간』(모시는사람들, 2009), 255-287 참조.
8) 2008년 서울에서 열렸던 12차 세계철학자대회에서 多夕은 그의 제자 함석헌과 함께 한국을 대표하는 세계 철학자로서의 위상을 확보했다. 그때 발표된 15편의 논문을 모은 책이 최근 출판되었다. 씨알사상연구소 편, 『생각하는 백성이라야 산다』(나눅출판사, 2010).
9) 본래 여래장 사상과 불교의 관계에 대한 비판적 논의가 많이 있으나 여기선 생략하겠다. 松本史郞, 『연기와 공』(운주사, 1994).
10) 유영모, 『명상록』 3권, 김흥호 풀이 (성천문화재단, 1998), 228.
11) 니시타니 게이이치, 『종교란 무엇인가』, 정병조 역 (대원정사, 1993) 1장 내용 참조.
12) 이 점에서 우실하는 한국 전통문화의 구성 원리를 '삼재론 중심의 음양 오행론'이라 풀었다. 삼재론은 시베리아 샤머니즘 문화의 핵으로서 중국의 농경문화의 산물

인 음양오행론과도 구별된다. 중국의 영향을 받았으되 그것을 삼재론 중심으로 재편한 것이 한국 문화의 본질이라 했고 한글 속에는 이런 세계관이 잘 반영되어 있다고 보았다. 우실하, 『전통문화의 구성원리』(소나무, 1998), 268 이하 내용; 이정호, 『훈민정음의 구조원리, 그 易學적 구조』(아세아문화사, 1990).

13) 多夕은 〈天符經〉을 '하늘에 꼭 닿일 말씀'이라 하여 전문 81자를 순수 한글로 풀어냈다. 한글로 풀이된 전문은 박영호의 『다석사상으로 본 반야심경』(두레, 2001)의 부록으로 실려 있다.
14) 우실하, 앞의 책, 73-132.
15) 이정배, 앞의 책, 132-140 참조.
16) Ilia Delio, 앞의 책, 174.
17) 다석학회 편, 『다석강의』(현암사, 2006), 47.
18) 위의 책, 334.
19) 위의 책, 690 이하.
20) 다석의 다음 말을 기억하라. "몸성히 건강한 육체를 갖고 남을 도와주다 죽는 것이 죽음이다", "욕심이 없는 사람에겐 가난이란 없다". 김흥호, 『다석일지 공부』 2권 (솔출판사, 2001), 94, 267, 355.
21) 이정배, 앞의 책, 80-83.
22) 『다석강의』, 671.
23) Ilia Delio, 앞의 책, 179.
24) 유아사 야스오, 『몸과 우주(신체의 우주성) - 동양과 서양』, 이정배, 이한영 역 (지식산업사, 2004), 23-38.
25) 이는 본래 김흥호가 스승인 多夕의 사상을 정리한 말이지만 多夕 역시도 그리 생각했다. 김흥호, "다석 유영모의 동양적 기독교 이해", 다석 선생 탄신 101주기, 서거 10주기 기념 강연 (1991. 3. 9), 8.
26) 『다석강의』, 539.
27) 위의 책, 567.
28) 『다석일지 공부』 1권, 870.
29) 『다석강의』, 499.
30) 위의 책, 446, 622.
31) 『다석일지 공부』 2권, 656.
32) 유영모, "소식 2", 『제소리: 다석 유영모 강의록』(솔출판사, 2001), 348, 656.
33) 유영모, 『다석어록: 죽음에 생명을, 절망에 희망을』, 박영호 편 (홍익재, 1993), 344.
34) 『다석일지 공부』 2권, 562-563.
35) 이은선, 『유교와 기독교 그리고 페미니즘』(지식산업사, 2003).
36) 『다석강의』, 458.

37) 위의 책, 529.
38) 위의 책, 622.
39) 『다석일지 공부』 2권, 383; 박영호 편, 『동방의 성인 다석 유영모』(성천문화재단, 1994), 122.
40) 『다석강의』, 740 이하.
41) 토머스 프리드먼, 앞의 책, 434-436. 이 점에서 프리드먼은 우리 시대 환경운동의 슬로건을 '백만 척의 방주, 백만 명의 노아 되기'라 하였다. 문자적 성서 읽기에 익숙한 한국 교회로서도 채택할 만한 운동이다. 하지만 중요한 것은 방주의 성격이다. 누구도 배척되지 않고 이분법적 가치 판단이 없는 공간임을 유념할 일이다.
42) 대니얼 골먼, 『에코지능』, 이수경 역 (웅진지식하우스, 2009). 여기서 말하는 '에코 지능'은 감성과 대척점에 있는 지능이 아니라 지성과 감성 그리고 영성을 포함한 총체적 개념이다.
43) 재닌 M. 베니어스, 『생체모방』, 최돈찬 외 역 (시스테마, 2010). '자연 따라 살기'가 여기서 생체모방(生體模倣)이란 한자어로 표현되었다. '자연 따라 살기'가 훨씬 정감 있는 표현이다.
44) 천규석, 『윤리적 소비』(실천문학사, 2010).
45) 이기상, 『글로벌 생명철학』. 여기서 신의 본질인 '없이 있음'은 인간 역시도 실체가 아니라 '사이 존재'라는 사실과 맥을 같이한다. 본래 '사이 존재'인 인간에게 준칙이 있다면 그것이 바로 '없이 살음'이란 것이다. 이를 자각하는 것이 바로 생태적 회심이라 할 수 있을 것이다.
46) 대니얼 골먼, 앞의 책, 71-84 참조.
47) 재닌 M. 베니어스, 앞의 책, 18.
48) 필자는 이런 생각을 이미 지난해 썼던 논문에서 밝힌 바 있다. 이정배, "기후변화와 종 멸종 시대의 신학과 윤리", 연세대학교 기독교 문화 연구소 연속강좌(2010년 5월 27일), 17.
49) 대니얼 골먼, 앞의 책, 11, 50.
50) 위의 책, 25-26, 40-41.
51) 천규석, 앞의 책, 98-99.
52) 여기서 말하는 통섭(通涉)은 E. 윌슨이 말한 통섭(統攝, Consilience)과 구별된다. 앞의 것이 상즉상입의 생태적 연결망을 뜻한다면 나중 것은 큰 줄기로 모든 것을 통합한다는 뜻이다. 이정배, 앞의 글, 10-11. 최민자, 『통섭의 기술』(모시는사람들, 2010), 26-27.

제3부 多夕으로 오늘의 세상 읽기 - 多夕신학과 현대 사조와의 만남

1. 생명담론의 한국적 실상

1) 당시 JPIC 모임을 주창했던 책자를 소개한다. 칼 프리드리히 폰 바이젝커, 『시간이 촉박하다』, 이정배 역 (대한기독교서회, 1987) 참조.
2) 구도완 외, 『마을에서 세상을 바꾸는 사람들』 (창비, 2009) 참조; 이정배, 『생태영성과 기독교의 재주체화』 (동연, 2010), 1장 .
3) 이경숙, 박재순 외, 『한국 생명사상의 뿌리』 (이화여대출판부, 2007).
4) A. 슈바이처, 『문화와 윤리』, 김석목 역 (선일출판사, 1977), 264.
5) A. Schweitzer, *Geschichte des Leben Jesu Forschung* (Tuebingen, 1933), 642.
6) A. 슈바이처, 위의 책, 352.
7) H. Jonas, *Das Prinzip Verantwortung* (Frankfurt am Main, 1983).
8) H. Jonas, *Das Prinzip Leben* (Frankfurt am Main, 1994).
9) 위의 책, 234-236.
10) J. 리프킨, 『생명권 정치학』, 이정배 역 (대화출판사, 1996), 68-69.
11) H. Jonas, *Das Prinzip Leben*, 17-20.
12) 위의 책, 18; H. Jonas, *Materie, Geist und Schoefung* (Frankfurt am Main, 1988), 11; 한정선, 『생명에서 종교로』 (철학과현실사, 2003), 4장 논문 참조.
13) J. Haught, *God after Darwinism: A Theology of Evolution* (Westview press, 2000), 176.
14) 위의 책, 325; 문창옥, 『화이트헤드의 과정철학 이해』 (통나무, 1999), 1-3장 내용.
15) 이정배, "과정생태사상", 『현대 생태사상과 그리스도교』 (바오로딸, 2010), 188-206.
16) 문창옥, 앞의 책, 2장 참조.
17) 위의 책, 같은 장.
18) J. B. McDaniel, *Of God and Pelican* (Louisville: Westminster/John Knox press, 1989), 108 이하 내용.
19) F. 카프라 외, 『신과학과 영성의 시대』, 김재희 역 (범양사, 1997).
20) M. Fox & R. Sheldrake, 『창조, 어둠 그리고 영혼에 관한 대화』, 이정배 역 (동명사, 1996). 역자는 원제목 *Natural Grace* 대신 부제를 역서의 제목으로 삼았다.
21) F. 카프라, 앞의 책, 147-208.
22) 위의 책, 246 이하 내용.
23) M. Fox & R. Sheldrake, 앞의 책, 42.

24) 김재희 편,『신과학 산책』(김영사, 1994), 209-258.
25) 장회익,『삶과 온생명』(솔출판사, 1998).
26) 장회익, "온생명과 현대문명",「과학사상」12호 (1995 봄), 140.
27) 위의 글, 144.
28) 과학사상연구회 편,『온생명에 대하여 - 장회익의 온생명과 그 비판자들』(통나무, 2003), 313-340; 한면희,『환경윤리』(철학과현실사, 1997), 264-267.
29) 켄 윌버,『감각과 영혼의 만남』, 조효남 역 (범양사, 2000).
30) 켄 윌버,『모든 것의 역사』, 조효남 역 (대원정사, 2004).
31) Ken Wilber, *Sex, Ecology & Spirituality* (Boston, 1995).
32) 이정배,『켄 윌버와 신학 - 홀아키론과 기독교의 만남』(시와 진실, 2008). 본 책에서 필자는 이런 관점하에 기독교 신학을 재서술했고 구체화시켰다.
33) Ken Wilber, 앞의 책, 78.
34) 켄 윌버,『감각과 영혼의 만남』, 24-30.
35) 이정배, 앞의 책, 82-83.
36) 위의 책, 209.
37) R. 도킨스,『만들어진 신』, 이한음 역 (김영사, 2006).
38) E. 윌슨,『통섭』, 최재천 역 (사이언스북스, 2005).
39) 찰스 다윈은 자신의 주저『종의 기원』말미에 품었던 이런 생각을 기초로 도덕의 탄생을 주제로 한 별도의 책을 집필할 수 있었다. 박성관,『종의 기원 - 생명의 다양성과 인간 소멸의 자연학』(그린비, 2010), 888 이하 내용.
40) E. 윌슨,『생명의 편지』, 권기호 역 (사이언스북스, 2006); 동 저자,『바이오 필리아』, 안소연 역 (사이언스북스, 2010).
41) 위의 책, 123-135.
42) 위의 책, 230.
43) 최민자,『통섭의 기술』(모시는사람들, 2010).
44) 최민자,『생명에 관한 81개 테제』(모시는사람들, 2008).
45) 최민자,『통섭의 기술』, 23-34.
46) 위의 책, 37.
47) G. Deluezе, *Difference and repetition*, trans. P. Patton (Athlone press, 1994).
48) 알랭 바디우,『조건들』(*Conditions*), 이종영 역 (새물결, 2006).
49) 알랭 바디우,『사도바울 - 제국에 맞서는 보편주의 윤리를 찾아서』, 현성환 역 (새물결, 2008).
50) 이 책에 대한 소개는 주 39) 참조.
51) 키스 안셀 피어슨,『싹트는 생명 - 들뢰즈의 차이와 반복』, 이정우 역 (산해, 2005), 95.

52) 위의 책, 244 이하 내용; 기독교통합학문연구소 편, 『신학의 저항과 탈주 - 다윈 진화론과의 비판적 대화』(모시는사람들, 2010). 본 책 마지막 장에 실린 박일준의 논문을 보라; 제이슨 바커, 『알랭 바디우 비판적 입문』, 염인수 역 (이후, 2009), 저자 서문 참조.
53) 키스 안셀 피어슨, 앞의 책, 298.
54) 알랭 바디우, 『조건들』(*Conditions*), 236.
55) 알랭 바디우, 『사도 바울』, 189-214 참조.
56) 김지하, 『생명학』 1권 (화남출판사, 2003).
57) 위의 책, 92-111.
58) 위의 책, 182-221.
59) 이기상, 『글로벌 생명학, 동서통합을 위한 생명담론』(자음과모음, 2010), 7장 참조. 이 책은 이기상이 생명학을 시작한 김지하에게 헌정한 책으로 알려져 있다.
60) 이기상, 『다석과 함께 여는 우리말 철학』(지식산업사, 2003), 322 이하 내용.
61) 위의 책, 186.
62) 위의 책, 159-164.
63) 이정배, 『없이 계신 하느님, 덜 없는 인간』(모시는사람들, 2009), 책 제목 참조; 다석학회 편, 『다석강의』(현암사, 2005), 666-667. 여기서 '덜'은 악령의 순우리말 표현이기도 하다.
64) 이기상, "생명은 옹일름을 따르는 몸사름", 『생각하는 백성이라야 산다』, 씨알사상연구소 편 (나녹, 2011), 150-151.
65) 다석학회 편, 『다석강의』, 490.
66) 이은선, "한국 페미니스트 기독론의 시각에서 본 우리 · 인간 · 한국 그리스도인", 한국 기독교학회 39차 정기학술대회 자료집, 294-302.
67) 이황, 『성학십도(聖學十道)』, 이광호 역 (홍익출판사, 2001), 83.
68) 이은선, 『한국 여성조직신학 탐구 - 聖 · 性 · 誠의 여성신학』(대한기독교서회, 2004).
69) 이은선, 『잃어버린 초월을 찾아서 - 한국 유교의 종교적 성찰과 여성주의』(모시는사람들, 2009).
70) 본 관점은 독일 여성정치학자인 H. 아렌트의 것이나 이은선은 이를 차용하여 한국 내 종교 현상을 비판하는 맥락에서 적극 활용하고 있다.
71) 이은선, 앞의 논문, 299. 이은선, "종교문화적 다원성과 한국 여성신학", 『다문화와 여성신학』(대한기독교서회, 2008), 70-73 내용 참조.
72) 특히 화쟁론에 관해서는 다음 것을 보라. 교수신문 엮음, 『생명에 관한 9가지 에세이』(민음사, 2002). 여기에 실린 이도흠의 논문이 중요하다; 기독자/불자교수협의회 엮음, 『생명과 화쟁』(동연, 2010).

73) 오재길, 『새천년 맞이 생명을 위한 제언』 (홍익재, 1999).
74) 윤구병, 『잡초는 없다』 (보리, 1998).
75) 천규석, 『윤리적 소비』 (실천문학사, 2010).
76) 대표적 주자로서 김용복 박사를 들 수 있겠다. 그가 세우고자 하는 대학원 명칭은 정확히 〈아시아 태평양 생명학 대학원〉인바, 그 실현을 눈앞에 두고 있다.
77) 주지하듯 2010년은 한국 역사를 되돌아볼 수 있는 중요한 시점이었다. 하여 진보 기독교 그룹에서 2010년 생명평화선언을 밀도 있게 준비하여 지난해 부활절 날 선포하였고 이를 종교개혁운동으로 이끌기 위하여 후속 노력을 준비하고 있다. 〈생명과 평화를 여는 2010년 한국 그리스도인 선언〉이란 소책자가 한글과 영문으로 발간되어 있다.
78) 마커스 보그, 존 도미닉 크로산, 『첫 번째 바울의 복음』, 김준우 역 (한국기독교연구소, 2010).
79) 다석학회 편, 『다석강의』, 790 이하 내용(35강 내용).
80) 이 책은 본래 새길교회 내 새길강좌에서 10번에 걸쳐 행했던 강의를 묶은 것으로 2004년 도서출판 새길에서 출간되었다.
81) 이정배, "기후붕괴와 종 멸종 시대의 신학과 윤리", 「기후변화 무엇이 문제인가」, 연세대학교 기독교문화연구소 (2010. 5. 27), 1-26.
82) 이정배, "진화론과 우주적 그리스도 그리고 없이 계신 하느님 – 종의 기원과 종의 멸종 사이에서", 「신학과 세계」 (2010 봄), 343-376.
83) 이정배, "민족과 탈민족 논쟁의 시각에서 본 토착화 신학 – A. 네그리의 '제국'과 '다중'의 비판적 독해를 중심으로", 「신학사상」 151집 (2010 겨울), 151-199.
84) 이정배, "다석 사상에서 본 역사적 예수의 기독론", 『그리스도론』, 한국조직신학회 편, (대한기독교서회, 2011).

2. 한국적 통섭론痛涉論으로서의 多夕신학

1) 토머스 프리드먼, 『코드 그린 – 뜨겁고, 평평하고, 붐비는 세계』, 최정임 외 옮김 (21세기북스, 2008) 참조. 이 단어는 전염병이란 뜻의 'Influenza'와 풍요를 뜻하는 'Affluence'의 합성어이다.
2) 최근 영국 BBC 방송의 보도에 의하면 한국인은 포르노 중독, 성형수술 그리고 명품에의 욕구 등 10개 이상의 지표에서 상위 그룹에 속해 종합적으로 욕망지수 1위라는 평가를 얻었다. 욕망과 반비례하는 것이 종교의 본질이고 보면 한국이 종교(기독교) 대국이란 말이 한없이 초라하게 느껴진다.
3) 〈한겨레신문〉 2010년 3월 27일자 26면에는 이에 관한 칼럼이 실려 있다.
4) 토머스 프리드먼, 앞의 책. 여기서 저자는 "100만 명의 노아, 백만 척의 방주"라는 표제어하에 새로운 인간상과 문명론을 펼치고 있다.

5) E. 윌슨, 『생명의 편지』, 권기호 역 (사이언스북스, 2006).
6) 신재식 외, 『종교전쟁』 (사이언스북스, 2009). 이 책 후반부에는 기독교를 보수 편향된 시각에서 바라보는 윌슨의 시각이 정당치 않다는 신학자의 비판이 언급되어 있다. 필자 역시 이 점을 인정하나 윌슨이 대상으로 한 것은 소수의 진보 신학자가 아니었다. 오히려 미국을 비롯한 전 세계 기독교 교회의 실상을 반영한 것이라 이해하면 좋을 것이다.
7) 필자는 이미 「기독교사상」 2010년 1월호 특집에 "어떻게 우리는 기후붕괴 원년을 살게 되었는가?"라는 글을 발표한 바 있다. 「기독교사상」 2009년 11월호에도 "시간이 촉박하다"는 명제하에 기후 변화에 대한 신학적·목회적 성찰을 담은 글들이 여러 편 소개되었다. 좁은 의미의 '기후 변화'에 대한 신학적 대응은 이를 참고하면 좋을 것이다.
8) E. 윌슨, 앞의 책, 11. 이 점에서 윌슨은 포스트모던 사조를 거부한다. 35 참조.
9) 위의 책, 17 이하 내용.
10) 위의 책, 26-27, 51 참조.
11) 위의 책, 35.
12) 토마스 베리 외, 『신생대에서 생태대로』, 김준우 역 (에코조익, 2006), 12; 이정배, 『켄 윌버와 신학』 (시와 진실, 2008), 193-212.
13) E. 윌슨, 앞의 책, 41-42.
14) M. 라이너스, 『6도의 악몽』, 이한중 역 (세종서적, 2008), 21-27.
15) E. 윌슨, 앞의 책, 80-81.
16) 위의 책, 96-107.
17) 위의 책, 111-122.
18) Th. 프리드먼, 『코드 그린』, 49 이하 내용 참조.
19) E. 윌슨, 앞의 책, 123-135, 138-139. 윌슨은 예외주의의 또 다른 형태로 인간 재능에 의지한 과학적(세속적) 예외주의를 거명한다. 그가 대다수 생명공학자들과 같은 과학 지상주의자가 아님을 반증하는 대목이기도하다. 이 글 후반부에서 설명코자 하는 생체모방(Biomimicry)은 윌슨이 추구하는 새로운 생물학(과학)으로서 자연 개조가 아니라 자연(생명)의 모방을 기본 원칙으로 한다. 재닌 M. 베니어스, 『생체모방』, 최돈찬 외 역 (시스테마, 2010) 참조.
20) 위의 책, 125-126, 142-145, 170. 여기서 말하는 열점(熱點)은 기후 붕괴, 서식지 파괴로 생명 종이 위험에 처해 있는 지역들 일컫는다. 현재 열점으로부터 자유로운 지역은 지구 전 면적의 2-3% 정도밖에 되지 않는다고 한다. 열점 지역이 육지를 넘어 바다로까지 계속 확장되는 것이 오늘의 추세이다.
21) 위의 책, 127.
22) 열점(熱點) 지역 생명체들의 멸종으로 인한 경제 피해는 그것을 보존함에 있어 소

요되는 경제 비용보다 수십 배 많다는 것이 환경 경제학자들의 판단이다.
23) 위의 책, 134-135. 여기에는 토양 1톤 속에 400만 종의 미생물이 살아 있다는 점이 전제되어 있다. 인간에 의해 알려지지 않은 소위 '암흑물질'(dark matter)이 지구를 유지하는 소중한 역할을 한다는 것이다.
24) 위의 책, 229 이하 내용.
25) 필자 역시도 생태신학자 맥 다니엘에게서 배운바, 녹색 은총의 감각은 주변의 식물, 곤충 등의 이름을 아는 것에서 시작한다는 논지를 편 적이 있다. 이정배, 앞의 책, 167-192.
26) E. 윌슨, 앞의 책, 230.
27) 위의 책, 230-231.
28) 이정배, "진화론, 우주적 그리스도 그리고 없이 계신 하느님 – 종의 기원과 종의 멸종 사이에서", 「신학과 세계」(2010 봄) 참조.
29) 토머스 프리드먼, 앞의 책, 172-176.
30) 토마스 베리, 앞의 책, 235.
31) 위의 책, 20, 93-94. 이 점에서 베리 신부는 성서 66권(가톨릭 73권) 속에 하느님 계시가 완벽히 드러났다는 생각을 더 이상 인정하지 않고 있다.
32) 위의 책, 56-57. 이 점에서 베리 신부는 화이트헤드의 과정사상이 유기체의 상호작용성을 밝히는 데는 공헌했으나 우주가 지향하는 방향성에 대해 명쾌하지 않다고 비판했다. S. Dunn & A. Lonergan, eds. *Befriding the Earth: A Theology of Reconciliation between Humans and Earth: Th. Berry in Dialogue with Th. Clarke* (Mystic, CT: Twenty third Publication), 28; 이재돈, "토마스 베리 생태사상과 생태신학", 「가톨릭 철학」 11호 (2008) 참조.
33) 흔히 이 지점에서 '인간 원리'(Anthropic principle)가 말해진다. 그러나 베리 신부는 인간의 인격적 초월성을 말할 목적으로 이 개념을 차용치 않았고 오히려 인간과 자연의 상호 관계성에 무게 중심을 두었다. 이정배, 앞의 책, 198 참조.
34) 위의 책, 36.
35) 이재돈, 앞의 글, 5 참조.
36) 토마스 베리, 앞의 책, 150.
37) 생명 공학과 반대되는 핵심 개념인 '생체 모방'에 대한 이해 및 소개는 마지막 장에서 적시할 생각이다. 필자는 이미 앞에서도 이 개념을 언급했으나 충분히 설명치 않았다.
38) 이하 내용은 이재돈, 앞의 글, 8-9의 요약적 재서술이다.
39) 이 점에서 실험 단계를 넘어선 '유럽연합'은 환경과 인권을 공동 헌법의 서문에서 중요하게 다룬 첫 번째 법안으로 주목받고 있다. J. 리프킨, 『유러피언 드림』(민음사, 2009), 272-273, 384.

40) 토마스 베리, 『위대한 과업』, 이영숙 역 (대화문화아카데미, 2008).
41) S. 맥페이그, 『기후변화와 신학의 재구성』, 김준우 역 (기독교연구소, 2008), 164-165.
42) S. Mcfague, *The Body of God: An Ecological Theology* (Minneapolis : Portress press, 1993).
43) S. 맥페이그, 앞의 책, 34-35. 미국을 중심한 북미와 서유럽의 이산화탄소 배출량은 세계 배출량의 2/3에 달하며 반면 아프리카 대륙은 3%에 불과한 실정이다. 하지만 가뭄, 홍수 등 기후 붕괴의 폐해는 이들 빈국에서 거듭된다.
44) 앞서 언급한 대로 맥페이그는 기후 붕괴를 인간이 맞서 싸워야 할 '새로운 나치'라 했다. 위의 책, 24.
45) 위의 책, 59 이하 내용.
46) 위의 책, 55.
47) 생태학적 시편으로 알려진 시편 104편을 참고하라.
48) 위의 책, 78-81.
49) 위의 책, 82-83.
50) 여기서 '아메리쿰'(Americum)이란 새로운 신조어를 소개해야겠다. 이는 미국적 생활방식을 하나의 에너지 단위로 생각하는 계산법인바, 하나의 아메리쿰은 국민 소득 5천 달러 이상으로 소비 성향이 급증한 인구 5천만 명이 사용하는 에너지 총량을 뜻한다. 현재 지구 상에는 6-7개의 아메리쿰이 있고 이를 기다리는 차상위 계층(중국, 인도 등)도 수없이 많다. 토머스 프리드먼, 앞의 책, 87 이하 내용.
51) Ilia Delio, *Christ in Evolution* (New York : Orbis books, 2008), 1-14(서문).
52) 하지만 맥페이그의 이런 시각은 하느님과 세계를 참으로 '하나'로 인식하는 데 많은 한계를 지닌다는 비판도 있다. 필자는 그 비판을 유의미하게 생각하고 있다. 세계가 '하느님의 몸'이란 말 속에는 그것이 하느님의 정신(영)이 될 수 없다는 이원론의 잔재를 남기는 까닭이다. M. I. Wallace, *Fragments of the Spirits* (New York : Continuum press, 1996), 140 이하 내용; 이정배, 『성령의 시대, 생명의 신학』(한들출판사, 1998), 96-132 참조.
53) S. 맥페이그, 앞의 책, 113.
54) 위의 책, 114.
55) 주 52) 내용 참조.
56) 이는 기독교와 동양적 종교들 간의 만남에 있어서도 적용되는 구별법이다. 필자는 이런 내용을 토마스 베리 신부의 생태신학을 전공한 가톨릭 이재돈 신부와의 대화 및 토론 과정에서 배웠다.
57) E. 윌슨, 『통섭』, 최재천 역 (사이언스북스, 2005).
58) 최민자, 『통섭의 기술』(모시는사람들, 2010), 26-27.
59) 필자는 본 입장을 풀어감에 있어 최민자의 『통섭의 기술』에 힘입은 바 크다.

60) 이하 내용은 위의 책, 23-34의 요약적 재서술이다.
61) 부언하면 이 경우 통(通)은 전체라는 뜻이고 섭(涉)은 건너다, 관계하다는 의미인 바, 주객의 경계가 무너지는 실상을 적시한다. 초월과 내재의 소통이라고도 하겠다. 위의 책, 특히 24-25 참조.
62) 김상일, 『동학과 신서학』(지식산업사, 2000), 32-58. 함(含)의 신학에 대해서는 다음 책을 참고하라. 필자는 여기서 含의 원리를 한국적 통섭론을 넘어 서구 종교다원주의의 한국적 이해 틀로서 발전시켰다. 한국철학사전편찬위원회, 『한국철학사전』(동방의빛, 2011), 546-548.
63) 최민자, 앞의 책, 44.
64) 이 점에서 불연기연(不然其然)의 논리를 지닌 동학 역시 통섭의 사상체계라고 할 수 있다. 동양의 체용(體用) 논리가 모두 이런 측면에서 강조될 필요가 있다.
65) 위의 책, 36-37.
66) 본래 귀일(歸一)사상은 〈천부경〉(天符經)의 골자이다. 다석을 다룰 때 천부경을 함께 거론하는 것이 옳으나 지면 관계상 생략하는 걸 양해 바란다. 이에 대한 필자의 글은 『없이 계신 하느님, 덜 없는 인간』(모시는사람들, 2009)에 잘 실려 있다.
67) 유영모, 김흥호 풀이, 『명상록』 3권 (성천문화재단, 1998), 228.
68) 최민자, 앞의 책, 37 참조.
69) 이정배, 앞의 책, 3.
70) 김흥호, "다석 유영모의 동양적 기독교이해", 다석 선생 탄신 101주기, 서거 1주기 기념강연 (1991. 3. 9), 8. 여기서 일식(一食)은 하루 한 끼 먹는 일, 일좌(一座)는 항시 무릎 꿇고 기도하는 것, 일언(一言)은 남녀 간의 관계를 삼가는 일 그리고 일인(一仁)은 어디라도 걸어 다니는 것을 뜻한다.
71) 다석학회 편, 『다석강의』(현암사, 2006), 499.
72) 위의 책, 446, 622.
73) 위의 책, 539.
74) 多夕은 흙과 돌이 지닌 땅적 물성과 생물의 그것이 인간의 본성과 같지 않다고 보았다. 땅으로부터 하늘의 太虛(빈탕)로 나가는 존재가 인간이고 그로써 인간이 만물과 소통하는 존재가 될 수 있다는 것이다.
75) 유영모, 『다석어록: 죽음에 생명을, 절망에 희망을』, 박영호 편 (홍익재, 1993), 344.
76) 유영모, 『다석일지 공부』 2권, 김흥호 풀이 (솔출판사, 2001), 562-563.
77) 캐롤린 머천트, 『자연의 죽음 - 여성과 생태학 그리고 과학 혁명』, 전규찬 외 역 (미토, 2002) 참조. 물론 혹자는 多夕이 해혼(解婚)을 통해 성(性)을 자식 낳는 도구로 전락시켰다고 비판하기도 한다. 그러나 그보다 多夕을 깊게 재해석할 일이다.

78) 다석학회 편, 앞의 책, 622.
79) 토머스 프리드먼, 앞의 책, 434-436. 저자는 우리 시대가 100만 명의 노아와 100만 척의 방주를 필요로 한다고 말한다.
80) 자끄 엘룰, 『도시의 의미』, 최홍숙 역 (한국로고스연구원, 1992).
81) 토머스 프리드먼, 앞의 책, 203 이하 내용.
82) 창세기 9:1-7 참조.
83) 로마서 8:18-25 참조. 창세기 9장과 로마서 8장을 연결시키는 신학적 입장을 필자는 독일 성서학자 E. 케제만에게서 배웠다.
84) 다석학회 편, 앞의 책, 529.
85) 김흥호, 『다석일지 공부』 2권, 383.
86) 대니얼 골먼, 『에코지능』, 이수경 역 (웅진지식하우스, 2009).
87) 재닌 M. 베니어스, 『생체모방』, 최돈찬 외 역 (시스테마, 2010).
88) 대니얼 골먼, 앞의 책, 71-84 참조.
89) 재닌 M. 베니어스, 앞의 책, 14-15.
90) 위의 책, 18.
91) 위의 책, 24-25.
92) 위의 책, 23.
93) 위의 책, 32.
94) 위의 책, 38-39.
95) 위의 책, 41.
96) 위의 책, 49.
97) 위의 책, 50-52.
98) 대니얼 골먼, 앞의 책, 11, 50. 이 말은 외면상 그린 이미지를 앞세우나 실제로는 환경 피해를 가중시키는 기업의 행위를 지칭한다.
99) 천규석, 『윤리적 소비』 (실천문학사, 2010) 참조.
100) 대니얼 골먼, 앞의 책, 24.
101) 위의 책, 26.
102) 위의 책, 25.
103) 위의 책, 40-41.
104) 위의 책, 56.
105) 위의 책, 61.
106) 위의 책, 73.
107) 위의 책, 78.
108) 위의 책, 79-80.
109) 마커스 보그, 존 도미닉 크로산, 『첫 번째 바울의 복음 - 어떻게 급진적 바울이 보

수 신앙의 우상으로 둔갑했는가?』, 김준우 역 (한국기독교연구소, 2010) 참조.
110) 이에 관한 필자의 글 『없이 계신 하느님, 덜 없는 인간』, 3장 논문 참조.
111) 반다나 시바, 마리아 미즈, 『에코페미니즘』, 손덕수, 이난아 역 (창작과비평사, 2000), 386 이하. 천규석, 앞의 책, 98-99에서 재인용. 이 책에서는 이 개념을 '자급적 관점' 이라 해석했다.

3. 種의 기원과 種의 멸종 사이에서 본 多夕의 없이 계신 하나님
1) R. 도킨스, 『만들어진 신』(*The God Delusion*), 이한음 역 (김영사, 2006).
2) 신학자와 진화론자 간의 대화를 토대로 묶어진 서적들이 세간에 주목을 받았다. 신재식 외, 『종교전쟁』(사이언스북스, 2009); 김기석, 『종의 기원 vs 신의 기원』(동연, 2009) 참조.
3) 최근 창조론을 과학적 사실로 믿는 '창조과학' 과는 별도로 혹은 그의 발전적 형태로서 소위 '지적설계론' 이 보수 기독교계에서 적극 수용되는 추세이다. 진화론을 무신론으로 보기에 유신론적 종교들의 지지를 얻고 있다. 필자가 책임자로 있는 감신대 부설 기독교통합학문연구소에서는 "진화론, 지적설계론 그리고 신학"이란 주제로 각계 전문가를 초청하여 공동 심포지엄(2009. 10. 6)을 개최한 바 있다. 당시 강사로는 진화론을 대변한 뇌 과학자 박문호 박사, 지적설계론학회 회장인 이승엽 교수 그리고 감신대의 박일준 박사가 참여했고 그때 나온 자료집(38쪽)에 이들 논문이 수록되어 있다.
4) 최근 한 조사를 보면 지난 1천 년간 기독교 서구 역사에서 가장 위대한 영향력을 행사한 사람을 선택하는 자리에서 다윈은 9위, 칼뱅은 50위를 차지했다. 첫 번째 사람은 인쇄술을 발견한 구텐베르크였고 종교개혁자 루터가 그 뒤를 이었다. 이 결과를 놓고 보면 서구 기독교 세계도 과학의 중압감을 떨치지 못하고 있는 듯 보인다. 위 자료집, 2-3 내용 참조.
5) '과학적 무신론' 으로 불리는 것은 진화론과 유전자학을 결부시켜 이해했기 때문이다.
6) 여기에는 한국에 많이 알려진 『통섭』의 저자 E. 윌슨, 인지심리학자인 D. 데넷 등이 속한다.
7) 마이클 루스, 『다윈주의자가 기독교인이 될 수 있는가?』, 이태하 역 (청년정신, 2002) 참조.
8) 일반적으로 종교와 과학 간 대화에는 다음 네 가지 방식이 있다. 대립, 독립(상호 무관심), 공명 그리고 통합. 이들 중 어느 입장을 취하느냐에 따라 다른 결과를 도출할 수 있는 것이다. Ian Barbour, *Religion in Age of Science* (New York: Haper San Francisco, 1990), 1장 내용 참조; 존 호트, 『과학과 종교, 상생의 길을 가다』, 구자현 역 (코기토, 2003).

9) 특별히 베리 신부의 책들이 중요하다.『신생대를 넘어 생태대로』, 김준우 역 (에코조익, 2006). 그의 또 다른 주저『위대한 작업』(The Freat Work)도 2009년 대화출판사에서 번역 출간되었다.
10) J. 몰트만,『창조 안에 계신 하느님』, 김균진 역 (한국신학연구소, 1986).
11) 다음 몇 권의 책들이 필자의 이런 관심을 충족시키는 데 큰 도움이 되었다. J. Haught, *God after Darwin: A Theology of Evolution* (Boulder, CO.: Westview Press, 2001) ; Ilia Delio, *Christ in Evolution* (New York : Marknoll Orbis Books, 2008).
12) 여기서 필자는 多夕 유영모의 '얼기독론'을 염두에 두고 있다. 우주적 그리스도의 한국적 표현인 '얼기독론'을 통해 인간 책임의 문제를 철저화시킬 생각이다. 이정배,『없이 계신 하느님, 덜 없는 인간』(모시는사람들, 2009).
13) 본 논쟁은 J. Haught, 앞의 책, 10장에서 본격적으로 다뤄지고 있다. 저자는 과정신학의 입장(약속)을 견지하나 필자는 '책임'의 시각을 강조할 것이다. H. Jonas, *Das Prinzip Verantwortung* (Frankfurt am Main : Insel Verlag, 1983).
14) 마크 라이너스,『6도의 악몽 - 지구 온난화와 환경 대재앙 시나리오』, 이한중 역 (세종서적, 2008) 참조. 비록 최종 결과가 1년 뒤로 미뤄졌으나 2009년 12월 코펜하겐 기후회담에 세계 정상들이 대거 참석하여 이산화탄소 감축 방안을 논한 것은 이런 위기감을 반영한 것이다.
15) 데이비드 C. 린드버그 외,『신과 자연, 기독교와 과학 그 만남의 역사』상권, 이정배, 박우석 역 (이화여대출판부, 1998), 1장 내용 참조.
16) 위의 책, 6장 내용 ; R. 후이카스,『종교개혁과 과학혁명』(솔로몬출판사, 1992). 특히 개신교 신학의 본질로 언표된 '신앙유비'(Analogia fidei)의 반자연주의적 성격을 주목하라.
17) 뉴턴 자신은 기계론적 자연 대신 자연의 '활력'(active force)을 강조했으나 자연법칙과 신적 작용을 등가적으로 보는 오류를 범한 것이다. 이를 뉴턴적 이신론이라 부르기도 한다. 데이비드 C. 린드버그, 앞의 책, 338-344; 동 저자, 하권, 494-495.
18) 다윈 진화론은 19세기 개신교 신학에 다음 세 방향에서 영향력을 미쳤다. 진화론(자연선택)을 거부하는 정통신학, 종교와 과학을 상호 독립적으로 본 자유주의 신학, 진화론에 맞게 기독교 신학을 재구성하려는 경험주의적 신학, 일명 기독교적 다윈주의자로 불리는 영국 성공회 사제 그룹 등. 데이비드 C. 린드버그, 위의 책, 하권, 498-520.
19) 필자는 본 개념을 폴킹혼에게서 배웠다. J. 폴킹혼,『과학시대의 신론』, 이정배 역 (동명사, 1999) ; 이정배,『종교와 과학의 대화에 근거한 기독교 자연신학』(대한기독교서회 2005), 105-136 참조.
20) 찰스 다윈,『종의 기원』(*On the Origin of Species*), 이민재 역 (을유문화사, 1995).

21) 이런 주장을 한 사람은 다윈의 충견(忠犬)으로까지 불렸던 토마스 헉슬리였다. 당시의 주교였던 윌버포스와의 진화론 논쟁은 대단한 의미를 지닌다.
22) 여기서 언급할 것은 다윈 역시도 처음에는 '자연도태'를 말하지 않았다는 점이다. 그 역시 '종의 불변성' 문제를 쉽게 부정할 수 없었던 까닭이다. 주목할 또 다른 사안은 '자연선택' 이론과 멜서스의 '인구론' 간에 상호 연결고리가 있다는 점이다.
23) 당시 자연신학의 주창자는 M. L. Clarke Paley이며 이 책은 캠브리지 대학에서 1802년 출판되었다.
24) '지적설계론'이 한국 교회의 담론을 형성하는 상황에서 다윈에 의한 부정은 격노할 일일 것이다. 하지만 다음과 같은 반론을 주목한다면 상한 마음이 누그러지지 않을까 싶다. "어떤 지적인 존재가 이런 현실 세계를 미리 설계해놓았고 그들은 그렇게 더럽고 끔찍한 세상에서 그토록 참혹한 현실을 살게 되었다고 말할 수 있을 것인가?…" 바로 이런 맥락에서 다윈 자신도 하느님께서 생명의 종을 특별히 창조했다는 주장을 거두어야 한다고 말한 바 있다.
25) 초기에 다윈은 자연신학을 읽을 정도로 성서에 마음을 빼앗겼으나 이신론을 거쳐 불가지론자가 되었다. 하지만 다윈은 자신을 결코 무신론자로 생각한 적이 없었다.
26) 그의 주저로는 1천 쪽 이상 분량의 다음 책이 있다. S. J. Gould, *The Structure of Evolutionary Theory* (The Belknap Press of Harvard Univ. Press, 2002). 이는 다윈 진화론의 불완전함을 수정하려는 의도로 쓰인 책이다. 전통적 다윈주의를 전제하나 진화와 발생의 관계 모색을 그 내용으로 삼았다.
27) 장대익, 『다윈의 식탁』(김영사, 2008). 본 작업을 위해 필자는 이 책의 도움을 크게 받았다. 이하 내용은 본 책의 내용을 나름대로 심화시켜 정리한 것이다.
28) 반(反)적응주의는 일명 최소적응주의로 불리기도 한다.
29) 다윈은 자연선택(적응)의 기본 단위가 개체이지만 집단을 위해 개체가 희생하는 방식으로 인간의 도덕성이 발전되어왔다고 말한 바 있다. 그래서 자연선택의 단위가 '집단'이란 말도 가능할 수 있다.
30) 이들에겐 유전자 자체가 자신을 표현함에 있어 '차이 제조자'(Difference maker)로서 역할한다는 신념이 있다. 결정론의 틀하에서 우발성을 인정하는 모양새를 하고 있다는 것이다.
31) 이 점에서 다윈 자신은 하나의 종(種)이 변화하는 기간은 상상할 수 없을 만큼 길지만 그 종이 같은 형태를 유지해온 기간에 비하면 오히려 짧다고 말한 바 있다. 이것은 '사라진 고리'에 대한 다윈식의 해명이었고 등속설(等速說)을 지지하려는 확고한 의도로 보인다. 진화론 자체가 폭이 넓다는 사실을 강조한 것이다.
32) 재론하겠으나 필자 보기에도 단속평형설은 지적설계론자들에 의해 오용된 흔적이 많다. 굴드의 원래 의도와는 상관없이 말이다.
33) 진화와 진보를 등가적으로 이해한 사람은 당시 영국 사회를 개조하려 했던 H. 스

펜서였다. 진화론이 정치가에 의해 왜곡된 대표적 경우라 하겠다. 빅토리아 왕조 시대에 있어 영국인들은 사회 진보를 진화론의 시각에서 이념화했던 것이다.

34) 이는 물질현상, 생명현상 나아가 정신현상으로의 질적 도약을 의미한다. 홀아키론에서도 비가역성은 긍정되고 있다. 하지만 홀아키론과의 차이는 퇴행도 더불어 말해진다는 점이다. 그러나 신(新)다윈주의에는 퇴행 개념이 없다. 켄 윌버, 『모든 것의 역사』, 조효남 역 (대원출판, 2004) 참조.

35) 특별히 도킨스는 진보를 주위 환경에 성공적으로 적응한 특성들이 축적된 상태로 여긴다. 그에게는 이런 진보가 진화인 셈이다.

36) 종교를 '정신바이러스'로 보고 차라리 무종교가 세계 평화에 기여할 것이란 그의 주장에 호감을 표한 독자들이 많았다는 사실을 한국 기독교계는 비판에 앞서 깊이 성찰해야 할 것이다. 당시 기획자들의 분석에 의하면 출판 호황은 한국에 잠정적 무신론자들 수가 많음을 반증한다고 했다.

37) 장대익, 앞의 책, 249-278. 여기에서 장대익은 도킨스의 3부작이라 일컫는 이들의 내용을 상세히 정리해놓았다. 이하의 내용은 본 책을 재(再)서술한 것이다. 『이기적 유전자』(을유문화사, 2006) ; 『확장된 표현형』(을유문화사, 2004) ; 『눈먼 시계공』(사이언스북스, 2004) 참조.

38) 도킨스에게 있어 '눈먼 시계공'이란 말은 자연선택의 본질 그 자체를 드러내는 은유이다.

39) R. 도킨스, 『만들어진 신』, 292 이하 내용.

40) '밈'(meme)은 'memory'의 'm'과 'gene'의 'ene'의 합성어, 일종의 조어(造語) 이다.

41) 이런 입장은 같은 무신론이라도 『통섭』의 저자 E. 윌슨과도 변별된다. 윌슨의 경우 인간 마음은 초월자를 믿게끔 진화해왔다는 '종교적응주의'를 표방했기 때문이다. 무신론자인 D. 데넷 역시도 '밈'의 역할을 병리적으로만 보지 않았다. 유전자 수준에서 이기적이지만 상위의 수준에서 협동적일 수 있는 가능성을 인정한 것이다.

42) 그래서 도킨스는 종교라는 '밈'을 제거할 것을 본 책에서 강조했다. 종교가 대물림되는 현실 속에서 그것이 결국 세상에 악을 초래한다고 보았던 것이다.

43) 신재식 외, 앞의 책, 557-563.

44) 주 26) 참조.

45) 이 글의 제목이 '생태학적 관점에서 본 진화론'인 것을 유념하라. J. Haught, 앞의 책, 9장. 여기서도 생태학과 진화론의 관계가 언급되어 있다. 굴드는 생명 역사에서 '우발성'—여기에는 환경적 요인도 포함된다—은 피할 수 없는 운명이라 보았다.

46) 굴드 자신은 이를 '중첩되지 않은 삶의 권역들'(Non-Overlapping Magisteria)이라 했다. 일명 NOMA라 줄여 말하기도 한다. 장대익, 앞의 책, 206.

47) 위의 책, 212-214. 그러나 정작 지적설계론자들은 굴드의 NOMA, 즉 과학과 종교를 상호 인정하는 태도를 거부했다. 진화론의 유신론적 근거를 배격할 목적에서이다. 종교를 자연주의적 틀 안에 가두는 결과를 초래한다고 보았던 까닭이다. 결국 이것은 종교와 과학 간 화해를 불가능한 것으로 보고 종교, 곧 기독교의 창조설만을 인정하려는 시대착오적 환상이라 여겨진다. 이승엽, 앞의 글, 14-16 참조.

48) 왜냐하면 종래의 창조/진화 간의 대립을 유/무신론의 대립으로 이끌었기에 폭넓은 지지층을 확보할 수 있었던 것이다. 전자가 종교와 과학 간 대립의 양상이었다면 후자는 종교 자체를 부정하는 결과로 비쳐졌기에 세를 결집할 수 있었다.

49) J. 호트, 『다윈 안의 신』, 김윤성 역 (지식의 숲, 2005), 287.

50) 위의 책, 342. 우주의 생성 과정 안에서 유한자에게 생겨나는 고통과 오류 등의 필연적 반응을 일컫는다.

51) 위의 책, 291, 294.

52) C. F. 바이세커, 『자연의 역사』(삼성문고, 1982)를 보라.

53) A. 화이트헤드에 의하면 우주 진화의 매 사건 속에 객관적 불멸성이 축적되어 미래에 영향을 준다고 했다. 그래서 진화 과정에서 사라져버리는 것은 아무것도 없다 하였다. J. 호트, 앞의 책, 325.

54) 위의 책, 295-296, 312-315. 이 경우 신(神)은 진화론적 생성 전체를 보존하는 '영원한 실재'(eternal entity)로서 자연 진화의 배후에 존재한다.

55) 위의 책, 312. 본 인용문은 화이트헤드의 다음 책에서 출처된 것이다. A. Whitehead, *Science and Modern World* (New York: The Free Press, 1967), 191-192. 본 책의 한국어 번역판은 다음과 같다. 『과학과 근대세계』, 김준섭 역 (을유문화사, 1993).

56) 위의 책, 302.

57) 여기서 호트는 "완벽하게 주어진 세계란 자신을 내주는 하느님 사랑과 논리적으로 적합치 않다"고 했다. 우주를 우발성의 영역으로 보는 것은 그러나 종래의 영지주의적 이원론과 비교될 수 없다. 위의 책, 342-343.

58) 위의 책, 151.

59) 위의 책, 152-153.

60) 위의 책, 160 이하 내용.

61) 위의 책, 161-162.

62) 역으로 우주와의 관계를 탈각시키는 금욕적 고립주의를 죄(죄성)라 불러도 좋을 것이다.

63) 위의 책, 10장(165-184)이 본 사안을 주제로 했다. 이하 내용은 10장 내용을 비판적으로 정리한 것이다.

64) 여기서 J. 호트는 과정사상의 시각을 선호했으나 필자는 그 입장을 뒤집어 생각할

것이다. 항차 우주적 그리스도를 한국적으로 전개시키려는 의도 때문이다.
65) 위의 책, 172-176 참조. 여기서 J. 호트는 요나스의 주저들 중 특별히 *Motality and Morality* (Evanston: Northwestern Univ. Press, 1996)에 의거하여 논지를 전개하고 있다.
66) 이를 영어로 표현하면 'mind asleep' 혹은 'mind in the state of latency' 이다. 위의 책, 170.
67) J. 몰트만 역시 '찜쫌' 내지 '쉐키나'와 같은 카발라 신비주의의 개념들을 신학화해냈다. 그러나 그는 유대적 맥락을 탈주한 방식으로 그리 한 것이다. 즉 '무로부터의 창조'와 '삼위일체론'의 단초를 이로부터 생각했기 때문이다. J. 몰트만, 앞의 책, 112-120 참조.
68) 이를 일컬어 신학은 '겸비의 기독론'(Kenotic Christology)이라 명명한다.
69) 이런 입장을 철저히 밀고 간 학자는 불트만 좌파에 속한 바젤의 신학자 프릿츠 부리(Fritz Buri) 교수이다. 다음 책들이 관련된 저서이다. *Zur Theologie der Verantwortung* (Bern, 1971), *Wie koennen wir heute noch von Gott verantwortlich reden?* (Tuebingen, 1967).
70) 위의 책, 176; H. Jonas, 앞의 책, 126 참조.
71) 그러나 요나스에게 남는 결정적 질문은 우주 초기에 있어 '잠자는 의식'을 일깨우는 것이 무엇이지, 혹은 무생명에게 생명과 의식을 허용하는 것이 누구인지에 대한 물음이 분명치 않다는 점이다. 우주 자연 속의 하이라키 구조에 대한 언급이 없는 것도 논쟁거리이다. 위의 책, 182-183.
72) H. Jonas, *Das Prizip Verantwortung*, 234; 이은선, 이정배, 『현대이후주의와 기독교』(다산글방, 1992), 349-353.
73) 프릿츠 부리는 '은총으로서의 책임'(Verantwortung als Gnade)란 말로서 자신의 책임신학의 핵심을 설명한 바 있다. 부리 교수는 '책임'을 주제로 요나스와 자신의 시각을 비교한 논문도 쓴 바 있다.
74) Ilia Delio, *Christ in Evolution* (New york: Marknoll, Orbis books, 2008), ix-xi 참조. 호트는 가톨릭 신학자인 델리오 책의 서문을 써주었다.
75) 지난 장에서 언급했듯 필자는 요나스에 따라 '목적' 개념과 비판적으로 관계한다. 우발성을 동반한 목적 내지 계획이긴 하지만 그것 역시 하느님의 최종 질서를 낙관하는 듯 보이기 때문이다. 대다수 진화신학자들이 이 범주를 떠나지 못하고 있다. 이를 부정하면 곧바로 유물론적 진화론과 같은 것으로 폄하되지만 요나스의 경우 자연의 능동성과 인간의 책임성을 긍정하면서도 신을 포기하지 않는 제3의 길을 제시하고 있는 것이다.
76) 매튜 폭스, 『우주 그리스도의 도래』, 송형만 역 (분도출판사, 2002), 121-132 참조.

77) Ilia Delio의 *Christ in Evolution*은 이 점을 밝힐 목적으로 쓰인 책이다.
78) 매튜 폭스, 앞의 책, 133-168. 여기서 저자가 언급하는 성서 본문 몇 개를 소개하면 다음과 같다. 빌립보서 2:1-24, 로마서 8:14-39, 골로새서 1:15-20, 에베소서 1:3-14, 히브리서 1:1-4 등.
79) I. Delio 앞의 책, 39.
80) 위의 책, 같은 면.
81) 주 78) 참조. 특별히 골로새서는 그리스도가 창조의 목적임을 강조한다.
82) 고린도전서 1:17 참조.
83) I. Delio, 앞의 책, 48.
84) 바로 이 점을 주목하여 연구한 종교사학자의 저서를 소개한다. 일레인 페이걸스, 『아담, 이브, 뱀 - 기독교 탄생의 비밀』, 류점석 외 역 (아우라, 2009), 1장과 6장 내용을 보라.
85) I. Delio, 앞의 책, 3장에서 저자는 본격적으로 Franciscan Cosmic Theology를 전개하고 있다.
86) 위의 책, 49.
87) 본래 '차축시대'란 말은 기독교 계시신앙을 부정하려는 철학자 야스퍼스의 역사철학적 개념이었으나 '두 번째 차축시대'란 말을 사용한 학자는 달리 있다. Ewert H. Cousins, *Christ of the 21st Century* (Rockport, Mass: Element Books, 1992). 위의 책, 9 이하 내용.
88) 위의 책, 50-51. J. A. Lyons, *Cosmic Christ in Origin & Teilhard de Chardin* (London: Oxford Univ. Press, 1982), 9-10에서 재인용.
89) 우리 시대의 핵심 과제는 그리스도와 우주를 상호 연결시키는 작업일 수밖에 없다. 위의 책, 127.
90) 위의 책, 9-11.
91) 이하 내용은 위의 책 7장과 결론 부분에 소개된 파니카의 신학 내용을 비판적으로 정리한 것이다. 다음 책을 참고하라. R. Panikkar, *Christophany: The Fullness of Man*, trans by A. DiLascia (Marknoll, New York: Orbis books, 2004).
92) 위의 책, 169. 이 점에서 기독교인이 되는 의미를 I. 델리오는 다음 두 가지 점에서 규정했다. 첫째는 자신 안에서 그리스도를 활기 있게 만드는 일이고, 둘째는 다른 종교문화와의 관계 속에 들어가는 일이라 한 것이다. 위의 책, 179.
93) 위의 책, 152.
94) 위의 책, 152-153.
95) 위의 책, 153. 이 말은 우리 시대의 통합 영성가, 켄 윌버(Ken Wilber)의 말인데 저자는 이에 대한 출처를 각주에 밝혀놓지 않았다. 이에 관해서 필자의 책, 『켄 윌버와 신학 - 홀아키적 우주론과 기독교의 만남』(시와 진실, 2008), 67-112 참조.

96) 위의 책, 167-168.
97) 심지어 I. 델리오는 그리스도의 재림을 우리 안에서의 그리스도의 탄생이라 부르기도 한다. 위의 책, 157.
98) 위의 책, 174; G. 카우프만, 『예수와 창조성』, 김진혁 역 (한국기독교출판사, 2009), 3장 논문. 여기서 저자는 역사적 예수상을 역사적 창조성의 빛에서 재해석함으로써 유사한 결론을 도출해냈다.
99) 다석학회 편, 『다석강의』(현암사, 2007) 참조; 이정배, 『없이 계신 하느님, 덜 없는 인간』(모시는사람들, 2009). 이하 내용은 필자의 多夕 이해를 기초로 자유롭게 재서술한 것임을 밝힌다.
100) 『다석강의』, 458, 529. 이런 관점에서 쓴 필자의 논문을 참조하라. 이정배, "多夕 신학 속의 불교", 「불교평론」 11권(40호) (2009 가을), 263-291.
101) E. 윌슨, 『생명의 편지』, 권기호 역 (사이언스북스, 2007).

| 논문 출처 |

"미정고(未定稿)로서의 예수 – 多夕유영모를 만나기까지", 미간행 논문, 삶의신학콜로키움, 대화문화아카데미, 2009년 5월.
"多夕신학에서 본 '역사적 예수'의 기독론", 한국조직신학회 편, 『그리스도론』, 대한기독교서회, 2011.
"多夕신학 속의 자속(自贖)과 대속(代贖), 그 상생(相生)적 의미", 미간행 논문, 2010년 8월 교토포럼 발표를 위해 준비한 글.
"민족과 탈(脫)민족 논쟁의 시각에서 본 多夕신학 – A. 네그리의 『제국』과 『다중』의 비판적 독해를 중심으로", 「신학사상」 151집 (2010년 겨울), 한국신학연구소.
"귀일(歸一)사상에 근거한 多夕의 유교 이해", 「신학과 세계」 70집 (2011년 봄), 감리교신학대학교.
"多夕신학 속의 불교", 「불교평론」 40집 (2009년 가을), 만해사상 실천선양회.
"기독교의 동양적, 생명적 이해 – '빈탕한데 맞혀 놀이'와 진물성(盡物性)을 중심으로", 미간행 논문, 2011년 10월 기독교학회 발표 예정.
"생명담론의 한국적 실상 – 생명담론으로서의 多夕신학의 자리매김을 위하여", 「인간, 환경, 미래」 6호 (2011년 봄), 인간환경미래연구원, 인제대학교.
"한국적 통섭론(通涉論)으로서의 多夕신학 – 기후 붕괴와 종 멸종 시대의 신학과 윤리", 「조직신학논총」 29집 (2011년 여름), 한국조직신학회.
"종(種)의 기원과 종(種)의 멸종 사이에서 본 多夕의 없이 계신 하느님", 기독교통합학문연구소 편, 『신학의 저항과 탈주』, 모시는사람들, 2010.